LE MEILLEUR DE LONELY PLANET

1000 IDÉES DE VOYAGE

Du plus classique au plus décalé

SOMMAIRE

PRÉFACE

Des listes de voyages à faire ? J'en dresse et j'en mets à jour en permanence : des activités qu'il me faut à tout prix découvrir, des expériences que je veux connaître à mon tour, des destinations dont je ne comprends même pas qu'elles ne soient pas encore cochées. Prenez par exemple le Transsibérien : j'ai traversé l'Asie et l'Europe en tous sens je ne sais combien de fois, alors comment se fait-il que je ne sois jamais monté à bord de ce train mythique ? Je me félicite donc qu'il figure dans notre palmarès des 1 000 idées de voyage et me rappelle qu'il est grand temps pour moi de me lancer sur les chemins de fer russes.

Mes listes de voyage tiennent un peu du catalogue de "Wouah ! Qu'est-ce que j'aimerais faire ça !" et de "Mais pourquoi diable n'y suis-je pas (encore) allé ?" C'est aussi l'esprit, puissance 1 000 et tous azimuts, de ces 1 000 idées de voyage.

Si je devais extraire cinq favoris de cette longue liste (en plus du Transsibérien, évidemment), je commencerais par les projets en souffrance. J'ai toujours rêvé de rejoindre en cargo les îles Marquises, dans les pas de Paul Gauguin. Aller du Pakistan jusqu'en Chine en bus sur la Karakoram Highway compte depuis bien trop longtemps parmi mes désirs inassouvis. Ayant déjà testé neuf des dix "À déguster sur place", je pense qu'il est plus que temps que j'aille savourer un bon gombo à La Nouvelle-Orléans. Passionné de cyclisme, j'ai passé de trop longues heures déjà à regarder le Tour de France à la télé pour attendre plus longtemps de le voir en vrai. Et j'ai adoré explorer les îles magnifiques qui bordent les côtes croates : qu'on m'inscrive sur-le-champ à la croisière en voilier dans l'Adriatique !

Et s'il fallait citer cinq expériences accomplies que je suis heureux de retrouver ici ? Je mentionnerais le circuit du mont Kailash, balade de haute altitude où vos compagnons de trek vous rappellent en permanence qu'il n'y a pas plus large sourire que celui des Tibétains. Et la découverte de toute la côte ouest de l'Afrique en voiture à l'occasion de l'Ultimate Banger Challenge : ce fut un sacré périple, depuis Londres jusqu'à Banjul, en Gambie, où il a fallu abandonner la voiture (comme l'exige le règlement) – avec la satisfaction d'avoir acheté une guimbarde qui m'est restée fidèle jusqu'au bout. Je rangerais moi aussi les îles grecques dans les plus belles croisières à faire ; la dernière fois, nous avons adopté une méthode simple et assez magique : nous nous rendions au port et prenions le premier bateau qui partait, peu importe vers quelle île – une merveille. Et si je dois avouer n'avoir pédalé que pendant deux semaines sur les quatre mois que dure le tour d'Afrique cycliste du Caire au Cap, je dois reconnaître que traverser tout le continent doit bien être le nec plus ultra du voyage africain.

Et puis il y a ces incontournables que je suis plus qu'heureux de voir ranger au rayon "déjà fait" : une nuit dans un *capsule hotel* au Japon, c'est bien assez pour toute une vie.

Tony Wheeler
Fondateur de Lonely Planet

ANDREW BURKE / LPI

Vue sur la mer Adriatique, au-delà des clochers de Rab, Croatie

LE MEILLEUR DES MEILLEURS

LE MEILLEUR DE L'AFRIQUE SAUVAGE

Les lémuriens sont un peu les mascottes de Madagascar, mais ne manquez pas les mille couleurs des autres animaux de l'île, des oiseaux aux caméléons. **p. 37**

Prenez votre courage à deux mains et partez à la rencontre des grands fauves lors d'un safari à pied dans le parc national du Serengeti. **p. 162**

Des sept sentiers de randonnées qui sillonnent le Kruger National Park, la Napi Trail offre le plus de chances d'apercevoir rhinocéros, buffles, éléphants, léopards et lions. **p. 25**

En montgolfière, observez tel un oiseau les troupeaux de gnous et de zèbres migrant à travers le parc national du Serengeti. **p. 227**

Les eaux de la Shark Alley, au sud du Cap, grouillent de dents de la mer bien réelles. Une plongée riche en sensations. **p. 160**

AU GRAND AIR EN OCÉANIE

Les 118 îles de la Polynésie française sont disséminées sur plus de 2 000 km dans le Pacifique. Si vous souhaitez les visiter en voilier, vous avez intérêt à être un bon skipper. **p. 230**

Tout plongeur digne de ce nom a un jour rêvé de plonger dans le lagon de Chuuk, en Micronésie. **p. 56**

La Nouvelle-Zélande se découvre idéalement par la route, et quoi de plus confortable qu'un camping-car pour ce faire ? **p. 183**

Rendez-vous en Polynésie pour mettre vos pas dans ceux de l'un des plus grands peintres français. Gauguin a séjourné à Tahiti puis à Hiva Oa, dans les Marquises. **p. 284**

En Tasmanie, le sentier de l'Overland Track serpente entre Cradle Mountain et le lac St Clair, le plus profond lac d'eau douce d'Australie. **p. 68**

L'AMÉRIQUE DU NORD EN MOUVEMENT

Rien d'étonnant à ce que le parachute ascensionnel ait été inventé à Acapulco : y a-t-il un plus beau paysage au-dessus duquel flotter ? **p. 15**

En voiture sur la piste Cabot (Canada), à vous le parc national, les baleines, les randonnées et les séjours décontractés dans les villages. **p. 46**

Dans la chaîne de l'Alaska, la température peut descendre à – 50°C et les tempêtes sont fréquentes. Un environnement hostile où se pâmer devant les montagnes et se régaler de boîtes de conserve… **p. 55**

Saluez les forces de la nature et priez pour que le supervolcan du Yellowstone ne se réveille pas pendant que vous découvrez les merveilles du plus vieux parc national de la planète. **p. 65**

Dans la Glacier Bay, en Alaska, les kayakistes pagayeront au pied de dix glaciers et au milieu d'innombrables icebergs de toutes tailles. **p. 25**

LE GOÛT DE L'AVENTURE EN ASIE

Les quelque 3 000 îles et îlots de la baie d'Along sont bordés de plages et de grottes sublimes : voguez sur des eaux émeraude pour le plus bel itinéraire en bateau qui soit. **p. 345**

L'inoubliable Bhoutan est le dernier royaume bouddhiste au monde, et ce joyau (où le succès se mesure en "bonheur national brut") reste couvert à 70% de forêts. **p. 29**

Isolé sur le plus haut plateau indien, le Ladakh est parsemé de monastères bouddhistes et entouré de profonds canyons et de pics enneigés. **p. 53**

Besoin d'un vélo ? D'un cheval ? En Chine, sur le marché de Kachgar, on vend absolument de tout, du plus indispensable au plus improbable. **p. 49**

Engagez les paris et prenez place dans le stade pour un match de boxe thaïe (*muay thai*). Mieux encore, inscrivez-vous à un cours et montez vous-même sur le ring. **p. 336**

LA FRANCE SOUS TOUS LES ANGLES

Jouez les passagers clandestins à bord d'une barge sur le canal de Bourgogne, un verre de vin à la main. **p. 159**

Il y a mille occasions d'apercevoir la tour Eiffel à Paris, mais c'est sans doute depuis la terrasse du café de l'Homme, au Trocadéro, que vous l'apprécierez le plus. **p. 297**

Val-Thorens, Méribel et Courchevel sont les stations qui donnent accès au domaine skiable des Trois Vallées. Quelque 300 pistes sur lesquelles glisser au milieu de paysages somptueux. **p. 303**

Luxe et volupté semblent indissociables de la Côte d'Azur. Plages privées et yachts feraient presque oublier les innombrables trésors de cette côte qui séduisit tant d'artistes. **p. 255**

Dénichez le mausolée d'Abélard et Héloïse dans le cimetière du Père-Lachaise, à Paris, pour échanger le baiser le plus romantique de votre existence. **p. 124**

CINQ PÉRIPLES EUROPÉENS

Les côtes occidentales de l'Écosse ne sont que lochs, vallées, montagnes, châteaux et adorables villages où un bon verre de whisky attend le voyageur frigorifié. **p. 44**

Le Transsibérien vous attend ! À vous l'aventure ferroviaire sur pas moins d'un tiers de la planète, de Moscou à Vladivostok. **p. 88**

Pendant 15 jours, parcourez le GR®20 à travers toute la diversité naturelle de la Corse, de forêts denses en paysages lunaires. Attention aux ponts branlants et aux parois rocheuses glissantes. **p. 68**

La Haute Route et ses 140 km qui relient Chamonix à Zermatt s'offrent à vous à pied ou à skis, selon la saison. **p. 24**

Traversez l'Europe centrale, entre la Bavière et Prague, à bord d'un camping-car, pour un itinéraire riche en trésors architecturaux et en paysages bucoliques. **p. 183**

EXPÉRIENCES INSULAIRES

En croisière dans les Galápagos, vous ne ferez pas que paresser sur un voilier : vous vous émerveillerez devant un environnement naturel unique, parmi les mieux préservés de la planète. **p. 347**

Les fêtes à Koh Pha-Ngan ne sont certainement pas de la roupie de sansonnet. Le lendemain, apaisez tous vos maux de tête et remettez-vous de ces excès sur de longues plages désertes à l'ombre des cocotiers. **p. 13**

Les eaux peu profondes de l'île de Samarai, en Papouasie-Nouvelle-Guinée, sont un paradis pour les plongeurs, qu'ils soient novices ou expérimentés. **p. 56**

Vents constants, courants apaisés, baies abritées : telles sont les îles Vierges britanniques, soit la recette de la parfaite croisière. **p. 228**

Les beautés du Cap-Vert ne sont plus à vanter, mélange unique et préservé de culture africaine et d'héritage colonial portugais. **p. 247**

SUR LES EAUX EUROPÉENNES

Laissez le vent vous porter le long des côtes croates, sur les eaux cristallines de l'Adriatique, entre 1 185 îles : jetez l'ancre, selon l'envie, sur l'île branchée de Hvar ou devant des criques secrètes et de paisibles villages de pêcheurs. **p. 229**

Voguez dans la baie de Disko, au Groenland, et zigzaguez entre les icebergs. **p. 345**

Chaque année durant trois mois, les orques viennent chasser le hareng dans le Tysfjord, en Norvège. Les humains migrateurs iront à leur rencontre en kayak et les plus braves sauteront à l'eau parmi ces baleines carnivores. **p. 26**

Circuit dans les îles grecques ? Oui, mais à votre rythme, en faisant voile d'une île à l'autre dans les eaux d'azur, en jetant l'ancre dans une anse abritée ou devant une crique déserte. **p. 347**

Adoptez le mode de transport des Vénitiens, le vaporetto. Certes, on est loin des gondoles romantiques, mais c'est une expérience originale à partager avec les habitants. **p. 169**

FESTIVITÉS DE CHOIX

Le Jazz Fest, c'est un condensé de La Nouvelle-Orléans. Écoutez le meilleur du gospel, du funk, du zydeco, du rock, des musiques caribéennes et du jazz dans un cadre inégalable. **p. 244**

Fêtez Noël sous le soleil de Porto Rico et emplissez-vous durant un mois de cochon à la broche et de salsa. **p. 201**

C'est lors du solstice d'été que Stonehenge révèle toute sa magie, lorsque druides et amateurs de percussions se réunissent sur ce site mégalithique auréolé de mystère. **p. 141**

Sortez vos plus excentriques atours à New York à l'occasion de la Village Halloween Parade, qui attire deux millions de spectateurs et quelque 50 000 fous de déguisements. **p. 154**

Au Japon, lors du Hadaka Matsuri (fête de l'homme nu), des milliers d'hommes se débarrassent de tous leurs oripeaux pour se baigner dans de l'eau glacée et déambuler en tenue d'Adam en se laissant toucher par les passants désireux de s'assurer une nouvelle année prospère. **p. 240**

EXPÉRIENCES GOURMANDES

La bouillabaisse, c'est la saveur de la Méditerranée dans votre assiette. Et si on en prépare de très bonnes tout le long de la côte, c'est à Marseille qu'il vous faut y goûter. **p. 293**

Soupe aux boulettes de matza, sandwich au pastrami ou pickles, ces délices nées en Europe de l'Est sont aujourd'hui emblématiques de la cuisine new-yorkaise. **p. 266**

Vous en trouverez de succulents dans le quartier chinois de toutes les grandes villes de la planète, mais les raviolis vapeur ne sont nulle part meilleurs qu'à Shanghai. **p 138**

Envie de grignoter en balade dans Tel-Aviv ? Le sabich irakien, pain pita rempli à ras-bord de toutes sortes de salades, légumes et sauces, n'attend que vous. **p. 223**

Peu importe son goût amer : un bon thé de feuilles de coca (et la vue de Machu Picchu) guérira tous vos maux sur le chemin de l'Inca. **p. 94**

LES PLUS BELLES PLAGES DE LA PLANÈTE

FELIX HUG / LPI

VOUS CHERCHEZ UNE PLAGE DE RÊVE, EXACTEMENT SOUS LE SOLEIL, POUR UN MOMENT DE FARNIENTE INOUBLIABLE ? PETIT TOUR D'HORIZON…

01 DAHAB (ÉGYPTE)

Destination de rêve encore peu connue située en bordure du désert du Sinaï, cet endroit tire son nom de la couleur de son sable : "*dahab*" signifie "or" en arabe. Adossé à une chaîne montagneuse donnant sur la baie de Mashraba, le village bédouin d'Assalah est prisé pour ses plages, son charme intact et ses cafés en bord de mer. Des lieux d'hébergement très abordables, à deux pas de l'eau, permettent de passer sans transition du sac de couchage à la mer. Plus au nord se trouvent des spots de plongée réputés.

Les hôtels d'El Kura, que l'on peut gagner en bus, sont plus confortables, mais plus chers et moins décontractés que ceux d'Assalah.

02 L'ISTHME DE COURLANDE (LITUANIE)

Cette langue de sable longue de 98 km est un curieux mélange de dunes (certaines hautes de 200 m) et de forêt – le parfum des pins baignera vos siestes. Alexander von Humboldt estimait qu'un voyage ici était essentiel à la nourriture de l'âme. Thomas Mann fut lui aussi attiré par ce lieu merveilleux, hors du temps. On prétend que quelque 14 villages seraient enfouis sous les dunes immenses et mouvantes qui font de cet isthme une sorte de Sahara balte.

Pour vous rendre à la "grande dune" (52 m de hauteur), à Nida, prenez le ferry de Klaipeda à Neringa (environ 10 € par voiture), puis suivez la route sur 50 km.

03 JAMBIANI (TANZANIE)

Cette plage semble avoir été oubliée par le temps. Les femmes y ramassent des algues le jour ; au coucher du soleil, les hommes partent pêcher en boutre sur les récifs. Il n'y a pas grand-chose à y faire (l'eau n'est pas assez profonde pour nager), si ce n'est se dorer au soleil, ouvrir quelques noix de coco pour se désaltérer, s'assurer qu'on ne rêve pas – vous êtes bien à Zanzibar, île africaine mythique ! –, puis se prélasser à nouveau longuement.

On peut louer des vélos au village de pêcheurs pour explorer les environs. Pour admirer la plage dans toute sa splendeur, demandez aux pêcheurs de vous emmener sur leur bateau au coucher du soleil.

Croisière sur les *backwaters* du Kerala, un réseau de canaux conduisant à des plages paradisiaques

04 CÔTE DU KERALA (INDE)

Les amoureux des plages sont rarement emballés lorsqu'on leur parle de l'Inde, sauf les mieux informés. Le long des 600 km de côte du Kerala s'étirent une série de plages bordées de cocotiers et d'eaux d'un bleu limpide. Elles sont jalonnées de grandes stations comme Kovalam et d'endroits moins connus, parfaits pour surfer en toute tranquillité ou paresser dans un hamac en contemplant une baie dont le sable s'étend à perte de vue. Cerise sur le gâteau : personne ne viendra vous pincer pour vous dire que vous ne rêvez pas.

Le meilleur endroit pour admirer le coucher du soleil est le spa de Varkala Papanasam Beach. Suivez le chemin des Pèlerins sur 42 km depuis Thiruvanathapuram.

05 PULAU PERHENTIAN (MALAISIE)

Entre forêt pluviale tropicale et plages de cocotiers, les îles Perhentian sont aussi paradisiaques qu'elles en ont l'air. On y est parfaitement au calme : personne pour vous embêter, aucune trace de mercantilisme. Snorkeling, plongée, farniente sur la plage et baignade, le tout dans un cadre exceptionnel, seront vos seules occupations.

Départs de Tok Bali ou de la jetée de Kuala Besut, plus proche. Les bateaux rapides mettent à peu près moitié moins de temps que les ferries, qui font le trajet en 1 heure 30 à 2 heures.

06 ÎLES KAI (INDONÉSIE)

De plus en plus de voyageurs considèrent leurs plages de sable blanc comme les plus belles du monde. Peu touché par le développement touristique, l'archipel des Kai est demeuré tel que la nature l'a modelé. Si les plages de sable fin, les eaux turquoise, les récifs coralliens, les poissons splendides et les oiseaux aux couleurs chamarrées vous laissent de marbre, épargnez-vous le voyage.

À votre arrivée à Pasir Panjang ou à Kei Kecil, on vous proposera de loger dans l'un des bungalows sommaires construits sur la plage. Le prix inclut normalement l'eau potable et les repas.

07 ISLA MUJERES (MEXIQUE)

Toute proche de Cancún mais à des années-lumière de son atmosphère clinquante, cette île minuscule – 7 km de longueur sur à peine 1 km de largeur – est dotée de plages tropicales très prisées. Les plages du sud de l'île sont appréciées pour leurs eaux turquoise paisibles (l'île formant un rempart contre les vents les plus forts). Sur la Playa Norte, très fréquentée, on vous sortira le grand jeu caribéen ; des serveurs vous apporteront vos boissons sur le sable. Pour plus d'intimité, choisissez la Playa Paraiso ou la Playa Indios.

Les bateaux des coopératives de pêche qui organisent des circuits vous déposeront le long de la Rueda Medina. On peut louer des vélomoteurs, des vélos ou des voiturettes de golf sur l'île. Pour plus d'infos, consultez le site www.isla-mujeres.com.mx.

08 PLAGE DE RONDINARA (FRANCE)

Le charme de cette plage corse ? Une anse quasi parfaite fermée par deux presqu'îles couvertes de langues de maquis, qui s'avancent l'une vers l'autre. Entre les deux, un liseré de sable blanc et des eaux cristallines, turquoise, peu profondes. L'image est proprement idyllique. En été, il faut ajouter au tableau la silhouette des yachts mouillés dans la baie et les

Séjour royal dans les bungalows du complexe hôtelier de Thong nai Pan, sur l'île de Pha-Ngan

09 KO PHA-NGAN (THAÏLANDE)

Cette belle île aux plages quasi désertes est faite pour les amoureux de la solitude – et les amoureux tout court –, qui éviteront toutefois Hat Rin, dont les célèbres fêtes de la Pleine Lune sont plutôt destinées aux hédonistes. Les baies jumelles de Thong Nai Pan sont prisées par la famille royale thaïe, ce qui explique peut-être pourquoi elles ont été épargnées par les excès du développement touristique. Nichées dans un écrin de montagnes et de cocotiers, elles dégagent une félicité d'une intensité presque insoutenable.

Le lagon de Tha Laem Nai et celui de *La Plage* de Danny Boyle ne font qu'un. Pour des renseignements sur le parc marin, consultez le site www.phangan.info.

SIME/STADLER OTTO / 4 CORNERS IMAGES

couleurs de l'arc-en-ciel des parasols et serviettes de bain. Car Rondinara est superbe, et ça se sait. D'autant plus qu'elle est située entre Bonifacio et Porto-Vecchio, deux villes très fréquentées.

Hormis la location de pédalos, les services se limitent à un camping et à un restaurant, ouverts de mai à septembre.

10 PUNALU'U (ÉTATS-UNIS)

Cette merveilleuse plage hawaiienne de sable noir a été plusieurs fois élue la plus belle plage des États-Unis ces dernières années. Il est vrai que ses eaux d'un bleu saphir, son sable couleur de jais et ses palmiers vert émeraude forment un décor de rêve, à contempler confortablement allongé dans un hamac. Peut-être surprendrez-vous une tortue à écailles venue pondre dans le sable. Dans ce cas, n'essayez pas de la toucher, cette espèce en voie de disparition étant sensible aux bactéries.

Les tortues à écailles (dont le nom local est *honu'ea*) viennent pondre de mai à septembre. Les bactéries transmises par l'homme peuvent leur être fatales.

LES PLUS GROSSES MONTÉES D'ADRÉNALINE

VOUS AIMEZ LES SENSATIONS FORTES ?
RESPIREZ À FOND ET ACCROCHEZ-VOUS, ÇA VA REMUER !

11 BIG SHOT (ÉTATS-UNIS)

Le Big Shot est installé au sommet de la Stratosphere Tower, un hôtel de Las Vegas dont les 110 étages culminent à 280 m de hauteur. La vue est imprenable, mais n'espérez pas en profiter : solidement harnaché, vous allez bientôt être propulsé avec une force incroyable à l'intérieur d'une minitour de 49 m de hauteur, en 2 secondes seulement (grâce à un système fonctionnant à l'air comprimé) ! Préparez-vous à être secoué dans tous les sens, et priez pour ne pas restituer votre petit déjeuner à 329 m au-dessus du sol.

Le Stratosphere Hotel se trouve sur le Strip. Le Big Shot est ouvert de 10h à 1h du dimanche au jeudi, jusqu'à 2h vendredi et samedi.

13 ESCALADE (ÉTATS-UNIS)

La Yosemite Valley passe pour être le paradis des varappeurs. On vient du monde entier pour se frotter à ses parois, dont le niveau de difficulté a nécessité de nombreuses innovations techniques. Encore aujourd'hui, alors que certaines de ses voies les plus ardues subissent des éboulements, les grimpeurs désignent toujours El Capitan – un mur de granite de 915 m de hauteur – comme la plus belle ascension du monde. Et ce n'est pas parce qu'il s'agit désormais d'un grand classique qu'on peut s'y lancer les yeux fermés : plus d'une vingtaine d'alpinistes expérimentés y ont trouvé la mort depuis les années 1970. Si vous parvenez au sommet, vous pourrez frimer sans retenue !

Initiez-vous aux techniques de sauvetage personnel avant de partir. Le camping au pied des parois est interdit. Plus d'infos sur www.nps.gov/yose.

12 TRAJET EN MOTO-TAXI (THAÏLANDE)

Les chiffres l'attestent – les accidents de la circulation à Bangkok font trois morts par heure –, c'est l'une des expériences les plus dangereuses du monde. Les conducteurs de moto-taxi se faufilent à une vitesse insensée entre des files interminables de voitures, grimpant souvent sur les trottoirs. Les accidents sont très fréquents et les victimes généralement transportées à l'hôpital non pas en ambulance mais à bord du premier *túk-túk* passant par là. Accrochez-vous, rentrez les genoux pour éviter les voitures, croisez les doigts et faites vos prières.

Les conducteurs agréés de moto-taxi portent une veste orange et sont tenus de disposer d'un casque supplémentaire. Ils stationnent généralement au bout des ruelles, à proximité des artères principales.

CHRIS FALKENSTEIN / PHOTOLIBRARY

Accrochez-vous bien et ne regardez pas en bas ! Escalader El Capitan n'est pas un jeu d'enfant

14 PARACHUTISME ASCENSIONNEL (MEXIQUE)

Rien d'étonnant à ce que cette discipline soit née à Acapulco : la région offre un cadre merveilleux pour dériver dans les airs en jouissant d'une vue inoubliable sur la ville, les collines et les îles au large de la baie. On décolle de la plage et on atterrit sur la plage. L'expérience promet de vraies sensations fortes, tout en étant sans danger… si l'on excepte les chiens qui se précipitent vers vous en grondant lorsque vous vous posez.

De nombreux prestataires sont installés à Contesa Beach et vous n'aurez aucun mal à vous inscrire pour un vol (environ 20 $US/5 min), sauf durant les vacances de printemps (période très touristique).

15 RAFTING SUR LE ZAMBÈZE (ZAMBIE ET ZIMBABWE)

Il faut une certaine trempe pour se mesurer aux eaux du Zambèze. Cette descente de classe V a tout pour séduire les amateurs de sports de l'extrême : des rapides très agités, une forte déclivité et des toboggans naturels impressionnants. L'un des rapides, surnommé "Oblivion" (oubli), aurait renversé plus de rafts que n'importe quel autre au monde. Après l'avoir affronté, vous devrez encore vous mesurer au "Devil's Toilet Bowl" (toilettes du diable), au "Gnashing Jaws of Death" (dents grinçantes de la mort) et au "Commercial Suicide". Préparez-vous à être chahuté par les flots comme une vulgaire brindille.

Les tour-opérateurs comme Safari Par Excellence (whitewater.safpar.com) sont représentés sur les deux rives. Les mois de juillet à janvier offrent les conditions les plus favorables. Une excursion à la journée coûte de 110 à 145 $US.

Ascension du pont de Sydney au lever du soleil, un début de journée étourdissant

16 ENCIERRO (ESPAGNE)

Quelle vision plus incroyable que celle de milliers de personnes accompagnant dans leur course folle les taureaux lâchés dans les rues étroites de Pampelune ? Hélas, il arrive que les choses tournent mal : les accidents ne sont pas rares. Depuis qu'Ernest Hemingway a rendu célèbre cette manifestation, l'*encierro* est devenu un symbole de virilité. On reconnaît aisément ceux qui y participent chaque année à leur démarche particulière, due aux blessures provoquées par les coups de cornes.

Le lâcher de taureaux a lieu tous les jours à 8h du 7 au 14 juillet. Les participants doivent se trouver sur place avant 7h30. Il n'est théoriquement pas possible de s'arrêter de courir après le départ de l'*encierro*.

18 NAGER AVEC LES REQUINS (AFRIQUE DU SUD)

Les dauphins sont des animaux trop paisibles à votre goût ? Que diriez-vous de nager à côté d'un requin blanc, au large de l'île de Dyer. Il vous suffit d'entrer dans une cage, que l'on plongera au beau milieu d'un banc de squales affamés. Vous serez peut-être tenté de ricaner au moment où leurs petits yeux cruels vous convoiteront désespérément. Il arrive quand même que de petits requins parviennent à se faufiler entre les barreaux. Vous la vouliez cette montée d'adrénaline, non ? Cette activité est sujette à polémique, certains tour-opérateurs appâtant les requins pour l'organiser. Réfléchissez bien avant de vous lancer.

D'avril à août, la plupart des prestataires assurent que les squales seront presque à coup sûr au rendez-vous. Comptez environ 1 500 rards (transport depuis votre hôtel compris) pour cette journée en mer.

19 AUX PORTES DE L'ESPACE (RUSSIE)

C'est sans doute la plus extrême des expériences de vol. Sanglé dans un avion de chasse MiG-29 filant à une vitesse de Mach 3,2, vous volerez à 25 km d'altitude, aux portes de l'espace, là où le ciel est noir et la Terre toute petite au-dessous. Le pilote vous laissera peut-être prendre les commandes, mais attention à ne pas trembler : votre avion risquerait de partir en vrille et vous seriez contraint de recourir au siège éjectable, comme on vous l'aura montré lors de la séance d'entraînement.

Un vol en MiG-29 coûte environ 15 500 €. Adressez-vous à l'Institut de recherche aéronautique de Joukovsky et consultez le site www.flymig.com.

17 ASCENSION DU PONT DE SYDNEY (AUSTRALIE)

Marchez sur les traces de l'acteur australien Paul Hogan qui, avant de connaître la notoriété grâce à *Crocodile Dundee*, fit partie des ouvriers engagés pour peindre cet immense pont métallique – le plus large du monde. Le Harbour Bridge domine la baie de Sydney du haut de ses 134 m. L'ascension dure plus de trois heures. Frissons garantis, surtout lorsque les voitures et les passants ne semblent pas plus gros que des fourmis. Le fabuleux port de Sydney se déploie sous vos pieds. Rassurez-vous : des mamies et de jeunes enfants (accompagnés d'adultes) ont déjà tenté l'expérience, et même Kylie Minogue, dit-on, s'y est risquée… Alors qu'attendez-vous pour vous lancer ?

Réservez sur www.bridgeclimb.com. Des ascensions sont également organisées au crépuscule ou à l'aube. De 218 à 318 $AU.

20 NAGER AVEC LES RAIES MANTAS (POLYNÉSIE FRANÇAISE)

Les raies mantas, créatures gracieuses pouvant atteindre 4 mètres d'envergure, font frissonner de bonheur tous ceux qui les approchent. L'archipel des Tuamotu compte deux “stations de nettoyage” dans lesquelles des raies viennent presque quotidiennement se faire déparasiter par des labres. Les plongeurs se plaquent discrètement au sol pour observer les évolutions de ces ballerines au-dessus d'eux.

Direction le Cirque, sur l'atoll de Manihi, ou la Ferme perlière, sur l'atoll de Tikehau.

LES PLUS BELLES PLACES DU MONDE

LES ENDROITS RÊVÉS, AUX QUATRE COINS DU MONDE, POUR S'ATTABLER À UNE TERRASSE ET PROFITER DU SPECTACLE AMBIANT.

21 GRAND-PLACE DU MARCHÉ, CRACOVIE (POLOGNE)

La Rynek Główny de Cracovie a été miraculeusement préservée des dégâts provoqués par la Seconde Guerre mondiale. Ce trésor de l'architecture médiévale se trouve au cœur de l'ancienne capitale royale de la Pologne. L'étonnante basilique Sainte-Marie aux tours asymétriques jouxte la place. Dominant la Rynek Główny, la halle aux draps, construite au XVIe siècle afin d'accueillir le marché aux étoffes, abrite aujourd'hui des boutiques d'artisanat et de souvenirs. Marchands de fleurs et artistes de rue contribuent à entretenir la magie des lieux. Venez en juillet à l'occasion du festival de théâtre de rue ou en décembre pour admirer les scènes de la Nativité.

Cracovie accueille durant tout un mois un marché de Noël réputé, dont les étals sont dressés devant la halle aux draps.

23 PLACE ROUGE, MOSCOU (RUSSIE)

Quel moment inoubliable que celui où l'on pénètre pour la première fois sur la Krasnaya plochtchad (place Rouge), large place pavée encadrée des plus célèbres édifices du pays (et interdite à la circulation). Si chacun de ces monuments est un chef-d'œuvre en soi, l'ensemble, surtout le soir, lorsque la place est illuminée, est d'une beauté à couper le souffle. Symbole du pouvoir politique, le Kremlin, avec ses murs et ses tours rouges, se dresse sur le côté ouest de la place. Adossé à ses murailles se trouve le mausolée de Lénine et, en face, le Goum, le centre commercial historique de la capitale. Visitez le musée d'Histoire et, enfin, la cathédrale Basile-le-Bienheureux, édifice qui symbolise plus que tout autre la Russie avec ses dômes à bulbes colorés et son architecture unique.

Le Kremlin, les monuments et les musées qu'il abrite sont ouverts du lundi au vendredi. Visites guidées en français (www.kreml.ru).

22 PLACE SAINT-MARC, VENISE (ITALIE)

Comment résister aux charmes romantiques de la Sérénissime ? Au cœur de la ville, la Piazza San Marco incarne la splendeur de son passé. La place est aujourd'hui constamment envahie par les touristes (et les pigeons), d'où les tarifs exorbitants pratiqués par ses cafés. Mais s'y dresse la basilique Saint-Marc, l'un des trésors architecturaux de Venise, avec un remarquable mélange de styles associant flèches, coupoles byzantines, marbres et mosaïques. À côté s'élève le palais des Doges, chef-d'œuvre gothique aux tons roses et blancs.

Le café Florian (www.caffeflorian.com) est agrémenté de peintures romantiques et de grands miroirs. L'après-midi, un orchestre assure une ambiance sympathique.

MARTIN MOOS / LPI

L'imposant musée d'Histoire d'État illuminant la place Rouge de Moscou

24 PLACE STANISLAS, NANCY (FRANCE)

La place Stanislas constitue le joyau architectural de l'élégante ville de Nancy. De style néoclassique, cette place date de l'époque où la ville était la capitale des ducs de Lorraine. Avec ses fontaines rococo, ses grilles en fer forgé dorées à l'or et les édifices opulents (dont l'hôtel de ville et le théâtre) qui l'encadrent, la place forme un bel exemple de l'architecture française du XVIIIe siècle.

Ne manquez pas le remarquable musée des Beaux-Arts (http://mban.nancy.fr/) sur le côté ouest de la place.

25 PLAZA MAYOR, SALAMANQUE (ESPAGNE)

Considérée comme la plus belle place d'Espagne, la Plaza Mayor est bordée d'arcades surmontées de bâtiments à trois niveaux. Elle a été construite au milieu du XVIIIe siècle dans un style baroque très harmonieux. Sous la lumière crue du soleil de midi ou à la nuit tombée, la place dégage une atmosphère unique. Prenez le temps de l'apprécier en vous installant à la terrasse de l'un de ses nombreux cafés. Vous assisterez peut-être à l'une des fêtes locales et, assurément, au joyeux tumulte qu'y entretient la population étudiante de Salamanque.

Jouxtant la Plaza Mayor, le marché central de Salamanque propose quantité de charcuteries, pâtisseries et pains tout frais.

26 PLACE DE LA VIEILLE-VILLE, PRAGUE (RÉPUBLIQUE TCHÈQUE)

La Staroměstské náměstí (place de la Vieille-Ville), et ses édifices de couleur pastel, est l'une des grandes curiosités de Prague. Des flèches de style gothique, parfaitement symétriques, de Notre-Dame-de-Týn à l'architecture baroque de l'église Saint-Nicolas, cette place qui accueillit le marché de la ville durant des siècles est aussi l'une des plus belles d'Europe. Elle offre un remarquable point de vue sur le beffroi de l'hôtel de ville : regardez les visiteurs s'agglutiner en attendant que l'horloge astronomique sonne l'heure et s'anime. Certes, l'endroit est très touristique, mais la place est de toute beauté. Difficile de résister à la magie du spectacle.

L'horloge indique quatre heures différentes : celle d'Europe centrale, celle de l'ancienne Bohême, celle de Babylone (où la longueur des heures varie en fonction des saisons) et celle du soleil. Mettez-vous d'accord sur le cadran si vous donnez un rendez-vous sur la place !

DOUG MCKINLAY / LPI

En cas de petite faim, il y a l'embarras du choix sur les stands de Djemaa el-Fna

27 GRAND-PLACE, ANVERS (BELGIQUE)

Certes, Bruxelles possède la plus belle place du pays, mais la Grote Markt d'Anvers mérite également qu'on lui rende hommage. Tout aussi charmante et animée que la Grand-Place de Bruxelles, elle affiche cependant des proportions plus modestes. De style Renaissance, l'hôtel de ville ou *stadhuis*, du XVIe siècle, constitue le point d'orgue de cette place piétonne de forme plus ou moins triangulaire. La Grand-Place possède aussi une fontaine austère et des maisons des corporations richement ornementées (la plus haute et la plus photogénique se trouve au n°7), derrière lesquelles se dresse la flèche de la cathédrale gothique. Pourquoi ne pas profiter du spectacle depuis la terrasse d'un café tout en grignotant une gaufre ou en appréciant une bière blonde…

Les meilleures gaufres sont celles de Désiré de Lille (Shrijnwerkersstraat 16), qui propose un large choix.

28 ZÓCALO, MEXICO (MEXIQUE)

Sans être la plus belle place du monde, cette vaste esplanade, lieu des grands rassemblements de la capitale mexicaine, dégage une effervescence unique. Cœur historique de Mexico, la Plaza de la Constitución (alias El Zócalo) accueille manifestations, concerts et événements de toutes sortes, comme un échiquier à taille humaine ou une galerie d'autels pour les célébrations du jour des Morts. De remarquables monuments encadrent le Zócalo, dont le palais présidentiel, la cathédrale, un temple aztèque, ainsi que des hôtels de luxe. Des simples citadins sirotant une boisson aux danseurs aztèques accompagnés de leurs tambourins, l'animation est ici permanente.

Ne manquez pas les grands rendez-vous musicaux – le Zócalo peut accueillir jusqu'à 200 000 personnes. Consultez le programme sur www.mexicocity.gob.mx.

29 PLACE DE L'IMAM, ISPAHAN (IRAN)

La place de l'Imam, également connue sous le nom de place Naqsh-e Jahan, est un joyau du XVIIe siècle où se concentrent quelques-uns des plus beaux édifices du monde musulman. À l'extrémité sud de cette vaste place de plus de 500 m de longueur se dresse la mosquée de l'Imam et ses célèbres mosaïques bleu pâle et jaune. Au nord, la haute porte Qeysarieh donne sur le grand bazar d'Ispahan. Entre les deux s'élèvent la mosquée de Sheikh Lotfollah et le palais Ali Qapu, deux réalisations grandioses. Le soir venu, la luminosité s'adoucit, tous ces bâtiments s'illuminent et les fontaines se mettent en route. Le moment est idéal pour admirer cette place somptueuse en flânant au milieu des habitants.

Les ressortissants français qui sollicitent un premier visa pour l'Iran doivent déposer leurs d'empreintes digitales auprès de l'ambassade d'Iran à Paris.

30 DJEMAA EL-FNA, MARRAKECH (MAROC)

En 2001, l'Unesco a classé la place Djemaa el-Fna chef-d'œuvre du patrimoine mondial, notamment pour sa capacité à faire revivre tous les soirs la tradition orale du Maroc et les légendes de la ville. Ce carrefour historique, centre névralgique de Marrakech, offre un spectacle à ciel ouvert permanent. Charmeurs de serpent, tatoueurs au henné et vendeurs d'eau côtoient une foule hétéroclite de visiteurs qui sirotent un jus d'orange fraîchement pressé ou se laissent entraînés par les rythmes bluesy de musiciens gnaoua. Les échoppes fleurissent par dizaines au coucher du soleil sur cette place qui vibre de l'aube jusque bien après minuit.

Les soirs de fraîcheur, rien de tel pour se réchauffer qu'un thé au gingembre et à la cannelle (4 dirhams) vendu par les nombreux marchands ambulants de la place.

LES MEILLEURS PLANS BOULOT EN VOYAGE

LE MOYEN IDÉAL DE DÉCOUVRIR UN PAYS DE L'INTÉRIEUR TOUT EN FINANÇANT LA SUITE DE SON VOYAGE… AU TRAVAIL !

31 ACCOMPAGNATEUR DE VOYAGES

Voyager tout en étant payé, le rêve… Il vous suffit pour cela d'accompagner dans leurs pérégrinations un groupe de touristes. Votre rôle ? Vous assurer du bon déroulement du voyage, pour la plus grande satisfaction du groupe. La plupart des voyagistes exigent la maîtrise d'une langue étrangère, ainsi qu'un engagement pour au moins deux saisons. Le salaire n'est pas mirobolant, mais vous ne paierez ni l'hébergement ni le transport, et les repas sont habituellement pris en charge.

Vous aurez d'autant plus de chances de décrocher un job que votre profil sera original. Les sportifs pourront contacter Allibert (www.allibert-trekking.com) ou Terres d'aventure (www.terdav.com).

32 PROFESSEUR DE LANGUE

Pourquoi ne pas donner des cours de français, même si cette langue est moins recherchée que l'anglais ? Si vous disposez d'un diplôme d'enseignement et avez déjà un peu d'expérience, vous pourrez être recruté par un établissement scolaire étranger ou par un établissement de coopération et d'action culturelle. La rémunération peut s'avérer intéressante et, après un an passé au Japon ou en Corée du Sud, il y a des chances que vous ayez pu mettre de côté une somme d'argent non négligeable.

La plupart des écoles exigent un diplôme de FLE (français langue étrangère). Offres d'emplois sur le site www.fdlm.org et informations sur www.euroguidance-france.org.

33 JF OU JH AU PAIR

Quelle meilleure manière de se familiariser avec une culture étrangère que de vivre et de travailler au sein d'une famille ? Ce n'est peut-être pas le mieux payé des boulots, mais il permet de se doter d'un atout inestimable : la maîtrise d'une langue étrangère. Aimer les enfants est indispensable mais ne suffit pas. Ce travail implique de sérieuses responsabilités et vous devrez apporter la preuve que vous avez déjà un peu d'expérience. La plupart des familles préfèrent recruter des jeunes entre 17 et 27 ans, célibataires et sans enfant.

Renseignez-vous sur les meilleures agences de placement et les destinations les plus prisées sur www.ufaap.org.

34 JOBS D'HIVER

Les opportunités d'emploi dans les stations de ski ne manquent pas, même si la concurrence est rude. Ceux qui ont décroché un diplôme international de moniteur de ski peuvent donner des cours. Le salaire est modeste, mais il y a beaucoup de bons côtés – skier toute la journée et faire la fête le soir venu, un programme alléchant, non ? Les autres peuvent postuler auprès des hôtels et des centres de vacances qui recherchent du personnel pour la cuisine et le ménage. Un petit boulot certes moins prestigieux et moins rémunérateur, mais il règne en général un excellent esprit d'équipe entre les saisonniers.

Les grandes stations comme Whistler (www.whistlerblackcomb.com), au Canada, organisent des sessions de recrutement à l'étranger. Vous pouvez aussi consulter le site de votre station préférée et tenter votre chance.

35 PIGISTE

Vivre de sa plume tout en voyageant n'est pas réservé aux seuls grands reporters. Si vous savez dénicher l'info et rédiger un article dans les règles de l'art, envoyez votre papier au rédacteur en chef du journal ou du magazine susceptible d'être intéressé par votre sujet. Cette activité implique d'être joignable et de pouvoir transmettre ses textes dans les délais impartis.

Envoyez vos récits de voyage aux grands journaux ou aux magazines, qui réservent généralement un budget aux piges de ce genre.

36 SERVEUR OU BARMAN

Que vous choisissiez de servir en salle dans un café animé ou derrière le comptoir dans un bar de village, vous devrez avoir le sens du contact, une qualité essentielle dans la restauration. Les horaires à rallonge et le faible montant de la paie sont compensés par les pourboires, souvent appréciables, et la possibilité de rencontrer toutes sortes de gens. La plupart des établissements, notamment les bars, où il faut savoir changer les fûts et préparer les cocktails, n'engagent que des personnes déjà expérimentées.

Le site www.eurodesk.org regroupe de nombreuses offres en Europe.

37 AIDE DE CUISINE

Si vous êtes le roi des fourneaux (et que vous êtes qualifié), vous pouvez postuler en tant que cuisinier dans un hôtel ou un restaurant. Sinon, il est toujours possible de se faire embaucher dans les cuisines comme commis ou plongeur. La restauration est un milieu où l'on rencontre souvent d'autres voyageurs. Un bon moyen de gagner un peu d'argent dans une ambiance sympathique.

Gumtree.com recense de nombreuses offres d'emplois (notamment de plongeur) à travers le monde.

38 TRAVAILLEUR AGRICOLE

Si vous n'avez pas peur de vous abîmer les mains, optez pour un emploi saisonnier dans le secteur agricole – parfait pour améliorer son teint tout en renflouant (modérément) son compte bancaire. Que vous soyez engagé pour semer des légumes ou cueillir des fruits, préparez-vous à des journées longues et fatigantes, et à un salaire modeste – l'hébergement est toutefois gratuit et les tentations de dépenser son argent sont limitées. Ces travaux ne requièrent pas de compétences spécifiques, si ce n'est endurance et détermination.

Recherchez l'exploitation susceptible de vous engager sur le site de World Wide Opportunities on Organic Farms (www.wwoof.org).

39 BÉNÉVOLE

Rendez-vous utile dans un domaine qui vous tient à cœur, tout en découvrant une nouvelle destination et en élargissant vos compétences. Les opportunités de bénévolat sont nombreuses et variées. Il peut s'agir d'un stage destiné à acquérir une expérience professionnelle, d'une mission au sein d'une organisation non gouvernementale ou d'un chantier visant à restaurer un monument. Il n'y a en général pas de rémunération à attendre. Au contraire, il vous arrivera parfois de participer à la nourriture et aux frais généraux.

Les sites www.volunteerabroad.com www.volontariat.org et www.coordinationsud.org répertorient des centaines de missions de bénévolat à travers le monde.

40 MATELOT

Embarquer sur un voilier est un excellent moyen de découvrir des régions de rêve, comme les îles de la mer Égée, de l'océan Pacifique, de l'océan Indien ou des Caraïbes. Il suffit pour cela de maîtriser les fameux nœuds marins, d'aimer travailler en équipe et de savoir supporter une certaine pression. Les tâches varient selon le type d'embarcation mais concernent généralement le gréage, le nettoyage et la maintenance du bateau. Mieux vaut avoir déjà une petite expérience, ne serait-ce que pour connaître sa résistance au grain. Il est souvent demandé aux membres d'équipage une petite participation financière, notamment pour la nourriture.

Quantité de sites Internet mettent en relation capitaines et équipages, dont www.yotspot.com.

LE TOP DES SPORTS D'AVENTURE

VOUS SOUHAITEZ TESTER VOS LIMITES ? NE CHERCHEZ PLUS ET ACCROCHEZ-VOUS. PETIT TOUR DU MONDE DES SENSATIONS FORTES…

41 LA HAUTE ROUTE À SKI (FRANCE ET SUISSE)

L'itinéraire entre les deux stations alpines de Chamonix et de Zermatt constitue l'une des plus grandes aventures à ski de la planète. Il faut une semaine à la plupart des skieurs pour parcourir les 140 km de ce raid, qui permet d'admirer certains des plus beaux pics des Alpes. Il ne s'agit pas d'une promenade de santé : le parcours est difficile, avec plus de 10 000 m de dénivelé et 20 glaciers à franchir. Si vous préférez la randonnée, attendez l'été pour faire la Haute Route à pied.

Les raids guidés partent de Chamonix ; le tarif – 1 115 € au minimum – dépend de la taille du groupe. Notions d'alpinisme et de hors-piste indispensables.

42 L'ICEFIELDS PARKWAY À VÉLO (CANADA)

Considérée comme l'une des plus belles routes du monde, l'Icefields Parkway s'étend sur 230 km entre Jasper et Lake Louise, traversant une vallée ponctuée de lacs, entre deux chaînes des Rocheuses. Une formidable aventure pour les cyclistes. Deux jours suffisent aux plus pressés pour la parcourir, mais les campings et les auberges de jeunesse jalonnant le parcours permettent de faire durer le plaisir quatre ou cinq jours, pour prendre le temps de contempler montagnes et lacs et d'observer toutes sortes de mammifères : chèvres, mouflons, wapitis, orignaux, voire – qui sait ? – ours bruns et grizzlys.

Consultez la carte sur www.icefieldsparkway.ca. On peut louer des vélos à Banff (Alberta), pour environ 40 $C/jour.

43 SAUTER À L'ÉLASTIQUE DEPUIS LE BARRAGE DE VERZASCA (SUISSE)

On l'a surnommé le saut de Golden Eye, car c'est depuis ce barrage du Tessin que Pierce Brosnan, alias James Bond, a effectué un saut spectaculaire dans le fameux film. Pour copier cette cascade, vous devrez effectuer le saut à l'élastique le plus long du monde : 220 m. Que vous choisissiez le classique saut de l'ange ou le saut renversé, la chute durera 7,5 secondes, qui vous paraîtront une éternité. Vous savourerez longtemps votre exploit : on ne refait pas tous les jours la cascade élue la meilleure de toute l'histoire du cinéma. Sauts organisés de Pâques à octobre.

Le saut de Golden Eye coûte 255 CHF la première fois et moitié moins si vous renouvelez l'exploit dans la même journée. James Bond, lui, n'hésiterait pas.

44 VTT À MOAB (ÉTATS-UNIS)

Moab, dans l'Utah, est la destination reine des vététistes. Ses pistes de "slickrock" en font un lieu unique. Le nec plus ultra en la matière est le Slickrock Bike Trail, sans doute la plus célèbre piste de VTT du monde. Cette boucle de 20 km aux allures de montagnes russes parcourt les crêtes de grès qui surplombent la ville. Si vous n'êtes pas sûr de pouvoir affronter ce circuit, testez vos capacités sur les 3 km du parcours d'essai.

Des formules d'un ou plusieurs jours permettent de partir accompagné. On peut apporter son vélo ou en louer un sur place (tarifs sur www.poisonspiderbicycles.com).

Escalade des falaises calcaires de la plage de Railay en Thaïlande

45 ESCALADE À KRABI (THAÏLANDE)

Vous rêvez d'une plage tropicale où la mode serait au harnais plutôt qu'au Bikini ? Krabi est faite pour vous. Établie sur le rivage de la mer d'Andaman, cette ville se distingue par ses spectaculaires formations karstiques – certaines au milieu même de la rivière Krabi – qui en font l'une des destinations les plus appréciées au monde par les amateurs. Si escalader une falaise ne vous fait pas peur, rendez-vous à Railay, à l'ouest de la ville. Les parois calcaires abruptes de cette péninsule offrent notamment de bons surplombs et quelques stalactites suspendues au-dessus du vide.

Vous trouverez des lieux d'hébergement, des guides et du matériel à louer à Ao Nang et à Railay East Beach. Plus de 650 voies ont été explorées dans le secteur depuis les années 1980.

46 RAID EN KAYAK DANS GLACIER BAY (ÉTATS-UNIS)

Si le seul nom de cette baie de l'Alaska suffit à allécher tout kayakiste de mer qui se respecte, la réalité est bien plus envoûtante encore. Dix glaciers descendent des montagnes jusque dans Glacier Bay, y déposant toutes sortes d'icebergs. Le *Spirit of Adventure*, un navire assurant des circuits dans la baie, peut déposer les kayakistes en différents points. Les plus téméraires se passeront du bateau pour rejoindre à la force des pagaies les glaciers de Muir Inlet depuis Bartlett Cove (comptez environ deux semaines). Les icebergs les plus impressionnants se trouvent dans le bras ouest, mais les possibilités de camping sont limitées dans ce secteur.

Les plages des Beardslee Islands sont propices au camping. Réservation d'un kayak ou location des services d'un guide sur www.glacierbayseakayaks.com.

47 DU CAP NORD À GIBRALTAR EN VÉLO

Plus de 5 000 km séparent le point le plus septentrionnal de l'Europe, en Laponie, de son point le plus méridional, Gibraltar. Le plaisir de la performance de joindre les deux extrêmes du continent s'ajoute à la découverte des grands pays d'Europe pour faire de ce périple (le record est de 18 jours) un voyage palpitant. Imaginez le cadre : la forêt suédoise, le Bergisches Land allemand, les Ardennes en Belgique, les Pyrénées, la Costa del Sol et la Sierra Nevada en Espagne… et enfin le rocher de Gibraltar.

EuroVelo (www.eurovelo.org) a développé un réseau de voies de longue distance à travers l'Europe.

48 RANDONNER SUR LE LARAPINTA TRAIL (AUSTRALIE)

Comptez une quinzaine de jours pour parcourir les 223 km du Larapinta Trail, qui traverse les paysages désertiques enchanteurs de l'ouest des monts MacDonnell, l'une des plus anciennes chaînes montagneuses de la planète, située au centre de l'Australie. Le Larapinta relie Alice Springs au mont Sonder, en passant par des gorges aux allures d'oasis, des cimes de quartzite acérées et des plaines arides. Les terrains de camping et les citernes d'eau atténuent l'âpreté du désert mais non sa beauté : le "Centre rouge" de l'Australie s'offre à vous dans toute sa splendeur. La possibilité de se faire livrer de la nourriture en chemin permet d'alléger son sac à dos.

L'expédition complète coûte 3 995 $AU. Réservations sur www.treklarapinta.com.au.

49 RANDONNER DANS LE TORRES DEL PAINE (CHILI)

Semblables à une poignée de doigts cassés, les Torres del Paine culminent à plus de 2 000 m au-dessus de la steppe patagonne. Les randonneurs avertis reconnaîtront au premier coup d'œil les silhouettes des célèbres "tours de la douleur". Le circuit classique, baptisé "W", part de Laguna Amarga, grimpe jusqu'au point de vue situé juste au-dessous des pics et passe par Los Cuernos, le Lago Pehoé et le Lago Grey, fameux pour sa flottille d'icebergs.

Les sentiers sont bien balisés. Comptez 6 jours pour le circuit "W" (retour en bus depuis Puerto Natales compris). Venez l'automne ou l'hiver pour éviter la foule.

50 NAGER AVEC LES ORQUES (NORVÈGE)

Pour trouver le courage de sauter dans l'eau du Tysfjord, fermez les yeux et pensez aux gentils dauphins… plutôt qu'à leurs cousins qui élisent domicile dans ce fjord trois mois par an pour y chasser le hareng. Les orques sont suivis de près par des bateaux d'observation et quelques hardis plongeurs, prêts à braver les eaux de l'Arctique pour les approcher. Si l'idée de plonger dans l'eau glacée ne vous dit rien, sachez que vous pouvez aussi louer un kayak pour pagayer au milieu des cétacés.

L'expérience vous tente ? Consultez le site www.orcasafari.co.uk. Les circuits partent du Royaume-Uni.

Des pépites d'or ? Non, les Torres del Paine illuminées par le soleil

LE TOP DES SPORTS D'AVENTURE

LA CARTE DU BONHEUR

SOURIEZ ET L'ON VOUS SOURIRA. VISITEZ CES PAYS À LA BONNE HUMEUR COMMUNICATIVE.

51 VANUATU

Lorsqu'on évoque un cadre de vie idéal, on imagine souvent une belle plage de sable fin agrémentée de palmiers. Répondant parfaitement à ces critères, cet archipel du Pacifique sud se trouve en tête de l'indice du bonheur mondial) de la New Economics Foundation. Les plages abondent, l'eau est cristalline, les paysages luxuriants et volcaniques invitent à se perdre au milieu des arbres à pain. Mais c'est le sens de la communauté qui fait de Vanuatu un endroit si joyeux : les familles élargies se rassemblent régulièrement pour des fêtes traditionnelles. Et il y a toujours une célébration quelque part.

Choisissez la période d'avril/mai à octobre lorsque les températures vont de 18 à 28°C. La terrifiante cérémonie du saut du Gaul a lieu en avril-mai.

52 MONTRÉAL (QUÉBEC, CANADA)

Agglomération multiculturelle accueillante, Montréal affiche une gaieté toute particulière en juillet, lorsque le festival Juste pour rire s'empare de la ville. Cette manifestation constitue l'un des plus grands rendez-vous du genre et attire les meilleurs comiques anglophones et francophones. Les places se vendent comme des petits pains, car même les spectacles d'artistes moins connus offrent l'assurance de passer un bon moment. Si tout est complet, vous pourrez quand même profiter de l'événement. Tous les soirs, le Quartier latin s'anime ; au programme : spectacles de rue, marionnettes et feux d'artifice.

Renseignements sur www.hahaha.com.

53 HAPPY (TEXAS, ÉTATS-UNIS)

Happy, qui donna son nom au film *Happy, Texas* sorti en 1999, s'est proclamée la "ville sans froncement de sourcil". Cette bourgade n'est pourtant qu'une concentration décevante de grands hangars et de rues au plan quadrillé : laissez-les derrière vous et profitez des plus beaux paysages du Texas. On peut randonner entre les gorges rouges du Palo Duro, le deuxième plus grand canyon des États-Unis, admirer des bisons ou assister au coucher du soleil sur le canyon de Caprock. Les célèbres enchères de la foire au bétail d'Amarillo, où le Stetson est de rigueur, valent aussi le détour.

La foire a lieu tous les mardis. Choisissez de préférence l'automne ou l'hiver pour visiter les canyons (les étés sont torrides).

JEFF CANTARUTTI / LPI

Jeune Bhoutanais au sourire radieux devant un moulin à prières dans le monastère de Taktsang Dzong

54 BHOUTAN

Ce pays au pied de l'Himalaya, réputé pour ses monastères accrochés aux falaises, abrite une population à la gaieté communicative. Malgré sa récente modernisation, à peine perceptible, le Bhoutan demeure un haut lieu de la spiritualité bouddhiste. Sachez qu'il a l'originalité de ne posséder aucun feu de signalisation. Perché sur un col de montagne, entouré par les sommets enneigés de la plus haute chaîne du monde, avec pour seul compagnon le vent faisant danser les moulins à prières, essayez donc de ne pas vous réjouir !

Une taxe journalière est appliquée pour tout circuit organisé au Bhoutan. Consultez www.tourism.gov.bt.

Lanternes et pagode chinoise illuminant le paisible parc Tivoli de Copenhague

55 COLOMBIE

De la côte caribéenne aux rues de Bogotá, la Colombie déborde d'ambiance et d'énergie 24 heures sur 24. On peut s'en étonner : le pays est surtout connu pour ses narcotrafiquants et ses mouvements insurrectionnels. Mais, de fait, les visiteurs qui s'y sont rendus ces dernières années peuvent témoigner de l'amélioration de la sécurité dans le pays et de son grand dynamisme. Assistez à un match de football (sport national), à un spectacle de chants et de danses traditionnels (*cumbia*) ou à l'une des nombreuses fêtes religieuses pour découvrir la Colombie sous son jour le plus passionné.

Ne manquez pas le carnaval de Baranquilla (juste avant le mercredi des Cendres). Évitez octobre et novembre, mois les plus humides.

56 WUYI SHAN (CHINE)

Même si son environnement immédiat (un parking sans charme et quantité de marchands de boissons) laisse à désirer, le Tian Xing Yong, ou temple de la Félicité éternelle, mérite bien son nom. Érigé au cœur de paysages accidentés dans le nord du Fujian, cet édifice se dresse dans un écrin de vallées secrètes ponctuées de cascades et de grottes mystérieuses. Gravissez des marches taillées dans la roche, contournez des plantations de thé et des bambouseraies pour rejoindre la grotte du Rideau d'eau et le pic du Circuit céleste. Ou empruntez un simple radeau surmonté de chaises en rotin pour descendre la rivière aux Neuf Coudes et admirer, au-dessus de votre tête, des niches creusées il y a 4 000 ans dans les parois de la falaise.

Venez en milieu de semaine pour éviter l'afflux touristique. La promenade en bateau part de Xing Cun et dure 1 heure.

57 MALAWI

Pour faire le plein de sourires, mettez le cap sur le Malawi, surnommé le "cœur chaud de l'Afrique". Ses habitants sont réputés pour l'accueil qu'ils réservent aux visiteurs, en dépit de leurs conditions de vie – le pays est l'un des plus pauvres du monde. Des marchés de sculptures sur bois de la capitale, Lilongwe, aux plages de sable du lac Malawi ou à la savane aux éléphants du parc national de Liwonde, vous serez accueilli par des visages toujours aimables. Pourquoi ne pas participer à la bonne humeur ambiante en participant à une mission de bénévolat ?

La saison sèche dure d'avril à octobre. Le site www.malawitourism.com donne la liste des institutions caritatives œuvrant au Malawi.

72 BOLIVIE

En raison d'une géographie variée, d'une faible population et d'un urbanisme réduit, les parcs nationaux de Bolivie sont parmi les meilleurs endroits du monde pour observer la faune. Le Parque Nacional Madidi protège l'un des écosystèmes les mieux préservés d'Amérique du Sud. Ce paradis sauvage et peu fréquenté abrite une faune amazonienne variée et notamment 44% des mammifères du Nouveau Monde, 38% des amphibiens tropicaux, plus de 10% des espèces d'oiseaux connues et la plus grande quantité d'espèces protégées du monde.

Le parc national Madidi est situé à 30 km à l'ouest de Rurrenabaque. Préférez la saison sèche (de mai à octobre).

73 BOTSWANA

Le safari (mot qui signifie "voyage" en swahili) est le meilleur moyen de profiter des parcs naturels du Botswana. Avec 35% du territoire national protégé, lions, hippopotames, éléphants, zèbres, girafes et antilopes abondent. Sans oublier les créatures plus humbles comme le bousier ou l'agile lézard des sables.

Les safaris se font en canoë, à dos d'éléphant ou en voiture. Consultez www.botswana.co.za. Le poids des bagages est limité à 12 kg par personne à bord des petits avions du delta de l'Okavango.

74 GRANDE BARRIÈRE DE CORAIL (AUSTRALIE)

La nature a mobilisé toutes les nuances de sa vaste palette pour les répandre sur la Grande Barrière de corail. Cette barrière de 2 000 km de longueur, qui compte parmi les sept merveilles naturelles de la planète, est entièrement composée d'organismes vivants. Tortues, requins, poissons, coraux… ce récif, le plus grand du monde, abrite un nombre ahurissant d'espèces marines. En divers points de la côte du Queensland, vous trouverez sans difficulté des bateaux pour vous emmener plonger sur le récif.

De novembre à février, les tortues pondent sur North West Island, à 75 km au nord-est de Gladstone. Des catamarans s'y rendent depuis Rosslyn Bay 4 fois par semaine.

75 COSTA RICA

La jungle luxuriante du Costa Rica abrite des singes joueurs, des paresseux alanguis, des crocodiles, des lézards, des grenouilles venimeuses et un vaste assortiment d'oiseaux, d'insectes et de papillons exotiques. Les tortues de mer en voie de disparition viennent pondre sur les deux côtes et les forêts nébuleuses cachent des oiseaux insaisissables et des chats des marais. Le Costa Rica est un pays dont 27% du territoire est laissé à la nature. Les parcs naturels sont facilement accessibles aux voyageurs indépendants, mais le nombre de visiteurs y est limité.

Pour admirer la forêt tropicale et les espèces rares, visitez le parc national Piedras Blancas, accessible uniquement par Palmar, à 300 km au sud de San José.

76 EVERGLADES (ÉTATS-UNIS)

Le parc national des Everglades est la plus grande étendue sauvage subtropicale des États-Unis. Dans ce paradis marécageux, les ornithologues affluent pour observer des espèces aquatiques comme la spatule, l'aigrette et le tantale d'Amérique. C'est aussi le seul endroit au monde où coexistent alligators et crocodiles. Des sentiers permettent de longer à vélo ou à pied un itinéraire jonché d'alligators et le tout n'est qu'à 45 minutes en voiture du centre de Miami.

Certaines installations peuvent ne pas être accessibles en été durant la saison humide. L'entrée coûte 10 $US par voiture. Préparez votre voyage sur www.nps.gov/ever.

77 KENYA

La manière la plus courante d'observer la faune si étonnamment variée du Kenya est le safari – en pick-up, à dos de chameau ou en avion. Il multipliera vos chances de voir les "cinq grands" (éléphant, rhinocéros, léopard, lion et buffle), mais sachez que vous risquez de vous retrouver au milieu d'une foule d'autres visiteurs. N'hésitez pas à opter pour un hébergement de qualité car les journées de safari sont éprouvantes.

Pour les parcs équipés du nouveau système Smartcard, vous devrez payer votre entrée à l'avance. Renseignez-vous sur www.kenyalogy.com.

Iguanes marins prenant un bain de soleil sur les îles Galápagos

CATE GILLON / GETTY IMAGES

Œuvre de Banksy sur un mur londonien

84 STATUE DE LA LIBERTÉ (NEW YORK)

Est-ce à cause de son nom ? Tout le monde semble se croire autorisé à prendre des libertés avec ce qui est devenu le principal emblème des États-Unis. Après avoir failli être détruite lors d'un attentat allemand en 1916, elle fut à moitié ensevelie sous des poussières radioactives dans *La Planète des singes* (1968). Puis le magicien David Copperfield la fit carrément disparaître en 1983, elle fut transformée en créature vivante dans *Ghostbusters II* (1989), détruite dans *Independence Day* (1996) et recouverte par la neige dans *Le Jour d'après* (2004).

On ne peut accéder au piédestal de la statue que muni d'un Monument Pass préalablement acheté en ligne. Pour plus de détails, visitez le site www.statueofliberty.org.

85 MANNEKEN PIS (BRUXELLES)

Benny Hill ne renierait pas cette fontaine de bronze représentant un gamin en train de faire pipi, mais il s'agit pourtant de l'emblème de la capitale belge. Après la destruction de l'original, réalisé en 1388, les Bruxellois demandèrent son remplacement, qui leur fut accordé en 1616. Lors des grandes occasions et les jours de fête nationale, le Manneken est habillé. Il a déjà été déguisé en Elvis, en samouraï et en Mozart.

Depuis la Grand-Place, dirigez-vous vers l'hôtel de ville. La statue se trouve rue de l'Étuve, à une intersection, à une centaine de mètres sur votre gauche.

La statue de la Liberté a su rester impassible face aux plus apocalyptiques des scénarios hollywoodiens

86 RODINA MAT (VOLGOGRAD)

Chapeau bas ! La Rodina Mat ("Mère patrie"), qui surplombe le Mamaïev Kourgan (une colline devenue un vaste mémorial), est l'une des plus grandes statues du monde : 83 m de hauteur. Un gigantisme à la mesure des 30 millions de Russes morts durant la Seconde Guerre mondiale auxquels elle rend hommage. Loin de la sérénité de la statue de la Liberté, la Mère patrie semble l'expression de la puissance et de la colère : elle brandit une épée de 11 m de longueur et sa bouche se tord en un rictus rageur.

En montant vers la statue, le tunnel dans la colline abrite un monument dédié à la bataille de Stalingrad.

ANGUS OBORN / LPI

87 PARC GÜELL (BARCELONE)

Aménagé entre 1900 et 1914, le parc Güell a été conçu par Antoni Gaudí, architecte visionnaire, chéri des Espagnols. Il devait à l'origine faire partie d'une ville nouvelle, mais le projet fut vite abandonné. Gaudí a pu laisser libre cours à son goût pour une architecture atypique, inspirée des formes observées dans la nature : passages couverts évoquant un cloître enfoui au milieu des racines d'un arbre, colonnes ressemblant à des stalagmites tronquées couvertes de mosaïques multicolores, long banc en forme de serpent, grottes, niches et recoins en pagaille. Un chef-d'œuvre inégalé.

Comptez 20 minutes à pied depuis la station de métro la plus proche (Lesseps). Le parc est généralement ouvert de 10h à 19h. Entrée libre.

88 FONTAINE STRAVINSKY (PARIS)

Automates noirs métalliques ou ronds et bariolés font jaillir l'eau, la pulsent, la vaporisent, la font tourbillonner dans un rythme un peu endiablé qui rappelle le cirque ou le jazz. Réalisée en 1983 par Jean Tinguely (les machines noires) et Niki de Saint Phalle (les sculptures bariolées), cette fontaine en hommage à Igor Stravinsky évoque ainsi l'influence du jazz sur le grand compositeur russe. Installée sur la place Igor-Stravinsky, la fontaine crée une animation ludique entre les tuyauteries colorées du Centre Georges-Pompidou et le gothique flamboyant de l'église Saint-Merri.

Le musée national d'Art moderne dans le Centre Pompidou se visite gratuitement le 1er dimanche de chaque mois.

89 PEINTURES MURALES DE MISSION (SAN FRANCISCO)

Inspirées par les fresques mexicaines des années 1920 autant que par les délires psychédéliques des années 1960, ces célèbres peintures colorent d'innombrables murs du quartier latino de Mission. Motifs espagnols, aztèques et mayas, droits de l'homme, football, carnaval et cinéma mexicain sont les thèmes le plus souvent abordés, mais le plus important de tous reste la représentation de la communauté latino.

Le centre de ce quartier se trouve entre la 16th Street et Valencia Street. Vous pourrez admirer de nombreuses fresques du côté de la 24th Street. Toute l'actualité du district sur www.sfmission.com.

90 MONT RUSHMORE (DAKOTA DU SUD)

Les portraits géants de quatre présidents des États-Unis (Washington, Jefferson, Roosevelt et Lincoln) taillés dans le flanc du mont Rushmore ont profondément imprégné la culture populaire américaine, de *La Mort aux trousses* aux Simpsons, tout en conservant leur majesté. S'ils étaient dotés de corps, ces personnages mesureraient près de 150 m de hauteur.

Le mont Rushmore est accessible toute l'année sauf le 25 décembre. Consultez les horaires sur le site www.nps.gov/moru.

LES PLUS BELLES ŒUVRES EN PLEIN AIR

OÙ REFAIRE LE MONDE

LES GRANDS ESPRITS NE SE RENCONTRENT PAS TOUJOURS. POUR PREUVE, CES QUELQUES LIEUX OÙ ONT ÉCLOS DES COURANTS DE PENSÉE TRÈS DIVERS.

91 PARIS, RIVE GAUCHE ET L'EXISTENTIALISME

Le parfum scandaleux de l'existentialisme flotte encore dans les cafés de la Rive gauche. Ambiance bobo, parquets rayés et tables d'une autre époque n'ont pas leurs pareils pour ressusciter le courant de pensée associé à Jean-Paul Sartre et à Simone de Beauvoir. Célèbres pour avoir prôné (et vécu) l'amour libre, ces derniers défendaient l'idée selon laquelle l'homme façonne son destin par ses choix et ses engagements. Envahis autrefois par la fumée des cigarettes, les cafés – comme les libertés individuelles – sont aujourd'hui soumis à des lois plus tatillonnes. Vous devrez sortir sur le trottoir pour en griller une.

Luxe bobo garanti au Left Bank, 9, rue de l'Ancienne-Comédie, au cœur du Quartier latin (www.parishotelleftbank.com).

92 WASHINGTON, LA PAIX ET LES DROITS POUR TOUS

Le Reflecting Pool, une étendue d'eau de 610 m de longueur, profonde de seulement 46 cm par endroits, s'étire entre le Lincoln Memorial et le Washington Monument, érigés en l'honneur de deux des plus grands présidents des États-Unis. C'est ici que Martin Luther King lança son célèbre "J'ai fait un rêve" et qu'eurent lieu des manifestations gigantesques contre la guerre au Vietnam. Non loin de là se trouve le Vietnam Veterans' Memorial, poignant de simplicité : sur ce long mur de granit noir poli sont gravés plus de 58 200 noms.

Le Vietnam Veterans' Memorial a son propre site, www.thewall-usa.com.

93 LE CIMETIÈRE DE HIGHGATE (LONDRES) ET MARX

Prussien de naissance, puis inspirateur des révolutionnaires russes, Karl Marx est inhumé dans le plus anglais des cimetières, celui de Highgate, à Londres, où sont enterrés environ 850 célébrités. La partie ouest du cimetière, lugubre et envahie de végétation, comprend des mausolées, des croix gothiques, des caveaux victoriens et des catacombes enfouies sous le lierre. Dans la partie est trône l'énorme buste de Karl Marx, portant l'inscription "Travailleurs de tous les pays, unissez-vous". Un programme à des années-lumière de l'univers de Douglas Adams, auteur du *Guide du voyageur galactique*, enterré juste à côté. C'est aussi ici qu'est inhumé Alexandre Litvinenko, ex-agent du KGB mort empoisonné en 2006.

Le cimetière de Highgate (www.highgate-cemetery.org) est situé en haut de Highgate Hill, à 10 minutes à pied de la station Archway.

94 LA PLACE ROUGE (MOSCOU) ET LÉNINE

En Russie, le gigantesque mausolée de Lénine, sur la place Rouge, témoigne encore de la ligne politique intransigeante qui a présidé aux destinées du pays durant sept décennies. Des milliers de personnes y font toujours la queue pour défiler devant la dépouille momifiée de celui qui lança la révolution bolchevique et inspira de nombreux autres dirigeants politiques à travers le monde. Autre emblème du communisme, le Kremlin est associé à des croyances beaucoup plus anciennes, comme l'attestent les icônes, les pignons et les dômes dorés des cathédrales de l'Archange-Saint-Michel, de l'Assomption et de l'Annonciation.

La célèbre cathédrale Saint-Basile se trouve sur la place Rouge. Elle est ouverte tous les jours sauf le mardi. La station de métro la plus proche est Kitaï Gorod.

95 DELHI ET GANDHI

Ses richesses culturelles sont telles que l'on oublie vite le chaos et la pollution qui règnent à

Delhi. Ruelles sinueuses, bazars et parfums puissants résument bien l'atmosphère de la vieille ville, tandis que New Delhi se distingue par ses larges avenues ombragées, ponctuées de vestiges de l'époque britannique. Nichée dans cet écrin colonial, Birla House était la demeure du Mahatma Gandhi. L'homme qui fut à l'origine de l'indépendance indienne et inspira des mouvements nonviolents dans le monde entier en parcourait chaque soir les jardins. Après l'avoir imité, vous visiterez sa chambre, où sont exposés ses quelques effets personnels. C'est à Birla House que le grand homme fut assassiné en 1948.

Birla House abrite désormais un musée retraçant la vie de Gandhi. Il est ouvert du mardi au dimanche (entrée libre).

96 BRUXELLES ET LE SURRÉALISME BELGE

Parfaitement résumé par René Magritte dans son célèbre tableau *Ceci n'est pas une pipe*, le surréalisme a pris à rebrousse-poil toute son époque : opposé à la guerre, adepte de la pensée automatique, ce mouvement artistique a engendré des œuvres interrogeant la nature et le sens de l'art. Les surréalistes honnissaient le rationalisme qui, selon eux, avait conduit à la Première Guerre mondiale. L'action devait être dictée par l'imaginaire et l'émotion. Tout cela vous donnera peut-être envie de découvrir la très excentrique demeure bruxelloise de Magritte ou le récent musée Magritte. Ne cherchez pas de raison d'y aller : partez sur un coup de tête.

Magritte est inhumé au cimetière de Schaarbeek, à Evere. Prenez le train (ligne 26) jusqu'à la gare d'Evere, puis demandez votre chemin.

97 PRAGUE ET KAFKA

Partagé entre amour et haine pour sa ville natale, l'écrivain tchèque d'expression allemande passa presque toute sa vie à Prague. Son atmosphère médiévale inspira-t-elle à Kafka ses plongées littéraires dans l'imaginaire et l'absurde ? Joseph K., son héros victime d'un *Procès* (écrit en 1914, publié en 1925) sans queue ni tête ? Les lieux qu'il a habités et fréquentés sont quasiment tous là, intacts, de la Maison à la Minute, superbe bâtisse Renaissance de la Vieille-Ville, “ce petit cercle qui renferme toute ma vie”, disait-il, à la modeste maisonnette qu'il occupa dans l'enceinte du château.

Franz Kafka est inhumé dans le cimetière juif de Žižkov. Les admirateurs de l'écrivain viennent en pèlerinage le 3 juin, date anniversaire de sa mort.

98 BEIJING ET MAO

La Chine d'aujourd'hui, fruit d'une étrange alliance entre le communisme et le capitalisme, a bien changé depuis la Révolution culturelle. Cela est particulièrement flagrant à Beijing, où les gratte-ciel, les routes à 8 voies et les rutilantes esplanades commerçantes voisinent avec l'imposant mausolée de Mao, sur la place Tiananmen. Après avoir admiré les icônes communistes entourant le corps embaumé du Grand Timonier, allez faire un tour du côté de Wangfujing Dajie, pour observer le spectacle offert par la rencontre du maoïsme et du consumérisme.

La station de métro la plus proche de Tiananmen est celle de Qianmen, sur la ligne circulaire. Le mausolée de Mao est situé du côté de la rue Qianmen.

99 VIENNE ET FREUD

Vienne se distingue par son architecture monumentale, dénotant le goût des Habsbourg pour l'autoglorification. Freud appréciait la ville : l'homme qui théorisa le complexe d'Œdipe et le désir de pénis parcourait tous les après-midi la Ringstrasse d'un bout à l'autre. Après avoir admiré les statues qui émaillent le quartier, prenez place dans l'un de ces Kaffeehaus, où une clientèle intello sirote du café et grignote des petits gâteaux en lisant le journal. Puis sautez dans un tram pour vous rendre à l'opéra. Il faut être prêt à mettre le prix pour profiter d'une bonne place, mais on peut aussi assister au spectacle debout pour une poignée d'euros.

Les visites guidées de l'Opéra ont lieu du mardi au dimanche (6,50 €, accès au musée du Théâtre autrichien inclus). Infos sur le site www.wiener-staatsoper.at.

100 ATHÈNES ET LES ANCIENS

Le monde moderne doit beaucoup à la Grèce ancienne : la démocratie, les mathématiques et le théâtre, entre autres choses. Beaucoup de pensées profondes ont été formulées du temps de Socrate, d'Aristote et de Platon : on les trouve encore gravées en lettres capitales sur les frises et les colonnes athéniennes. Grimpez jusqu'au Parthénon et laissez-vous éblouir par ses colonnades doriques. À l'heure où la foule quitte le site, vous admirerez la ville, trépidante et tentaculaire, parsemée de temples, à travers le brouillard vespéral enveloppant 2 400 ans d'histoire.

L'Acropole est ouverte de 8h à 19h30 l'été (de 8h à 17h l'hiver). Pour tout savoir sur les sites historiques d'Athènes : www.athensinfoguide.com.

LES PLUS BEAUX ITINÉRAIRES EN VOITURE

SUR LA ROUTE, AVEC POUR SEULS COMPAGNONS DES PAYSAGES ÉPOUSTOUFLANTS.

101 LA ROUTE CIRCULAIRE (ISLANDE)

De lacs glaciaires en fjords, des petits villages côtiers à la capitale la plus septentrionale du monde, la route n° 1 offre un tour spectaculaire des charmes islandais sur près de 1 400 km. Vous pourrez observer des baleines à bosse, plonger dans le Blue Lagoon, la plus célèbre piscine géothermale du pays, randonner dans le parc national de Skaftafell et faire le plein de paysages glacés. Pour se réchauffer un peu, la vie nocturne trépidante de Reykjavik vous tend les bras.

La route n'est pas toujours goudronnée et certains virages sont audacieux.

102 CÔTE DES HIGHLANDS (ÉCOSSE)

D'une saisissante beauté, la côte ouest de l'Écosse est ourlée de routes à une voie. Partez du sud, réputé pour ses fjords profonds et ses vallées glaciaires baignées par la mer, et remontez vers la plaine centrale, adossée à de majestueuses montagnes, pour atteindre les sommets dominant les étendues sauvages du nord. Un parcours magnifique, jalonné de châteaux et de petits villages parfaits pour marquer une pause – ou déguster un verre de whisky à l'issue d'une longue journée au volant.

Le site du National Trust of Scotland (www.nts.org.uk) comprend une carte fort utile pour repérer les sites et monuments à ne pas manquer (rubrique "Plan a visit").

103 D'AMSTERDAM À ISTANBUL

Ce ne sont jamais que 2 200 km à vol d'oiseau, mais cela représente beaucoup plus en voiture. Tout dépend du nombre de pays que vous choisirez de visiter en chemin. Vous devriez au moins passer par l'Allemagne, la République tchèque, la Slovaquie, la Hongrie, la Roumanie et la Bulgarie avant d'atteindre la Turquie. Préparez-vous à jongler d'un code de la route à l'autre, et à vous adapter à la qualité variable de la chaussée.

Lorsque vous arriverez enfin à Istanbul, offrez-vous une ou deux nuits à l'Arena Hotel (www.arenahotel.com).

104 DE DELHI À AGRA (INDE)

Si vous vous sentez le courage d'affronter le côté dément des routes indiennes, ce périple est pour vous. Pour savourer le voyage tranquillement assis sur la banquette arrière, louez les services d'un chauffeur. 240 km séparent la capitale – mégalopole chaotique de 12,8 millions d'habitants – d'Agra, au Sud-Est, où se dresse le somptueux Taj Mahal.

Si vous ne voulez pas voyager seul, connectez-vous sur www.delhitoagra.com. Vous y trouverez des infos sur des circuits organisés et des conseils pour votre séjour.

Seul ou avec un guide, frissons garantis sur les routes d'Inde du Nord

105 CÔTE EST DE L'AUSTRALIE

Un itinéraire classique traversant trois États et de superbes parcs nationaux, le long de plages splendides. Profitez de l'atmosphère cosmopolite de Melbourne, puis parcourez les régions agricoles et les paysages sauvages et reculés du sud-est du Victoria, avant de remonter vers le nord jusqu'à l'étonnante Sydney. Passez sans transition du consumérisme propre aux grandes métropoles aux communautés hippies établies plus au nord. Les villes du Queensland rappellent l'ambiance de Las Vegas, mais cet État se distingue avant tout par la beauté de ses côtes tropicales. L'excellente qualité des routes permet de dévorer les kilomètres sans se poser de questions.

Les sculptures ultrakitsch qui se dressent de loin en loin le long de la route sont affectueusement surnommées les "Big Things".

106 LA PISTE CABOT DE L'ÎLE DU CAP-BRETON (CANADA)

La piste Cabot (298 km de longueur) forme une boucle parcourant le nord de l'île du Cap-Breton, proche de la côte est du Canada, en Nouvelle-Écosse. Les occasions de se dégourdir les jambes sont nombreuses : la route longe le parc national des Hautes-Terres du Cap-Breton, où les possibilités de balades ne manquent pas. L'observation des baleines étant un passe-temps courant dans le secteur, n'oubliez pas vos jumelles. La piste Cabot est une route facile, jalonnée de villages.

Le parc national des Hautes-Terres du Cap-Breton est ouvert toute l'année, mais certaines de ses installations ne fonctionnent que de mi-mai à octobre. Plus d'infos sur www.pc.gc.ca/pn-np/ns/cbreton/index_F.asp.

Splendide paysage de la côte amalfitaine – difficile de rester concentré sur la route

107 ROUTE AUSTRALE (CHILI)

La Route australe, l'une des plus extrêmes du monde, traverse la Patagonie sur 1 240 km, entre Puerto Montt et Villa O'Higgins. Rarement goudronnée, elle longe des paysages sublimes faits de forêts primaires, de glaciers, de fermes de pionniers, de rivières turquoise et des vagues du Pacifique qui viennent se fracasser sur la côte. Même s'il s'agit souvent d'une enfilade d'ornières et de nids-de-poule, cette route mythique attire pourtant les voyageurs qui n'y croisent aucune des enseignes jalonnant habituellement les autoroutes. Prévoyance et prudence sont de mise, car les camions forment le gros de la circulation et les intempéries rendent parfois la route difficilement praticable.

Mieux vaut partir l'été (décembre à mars). En dehors de cette saison, les ferries sont rares et le climat est rigoureux.

109 DU CAP À HERMANUS (AFRIQUE DU SUD)

De charmants villages côtiers et quelques merveilleux sites naturels jalonnent le littoral sud du pays. Après avoir exploré la ville chamarrée du Cap, ainsi que les plages et les vignobles alentour, dirigez-vous vers l'est le long de False Bay. Prenez votre temps pour parcourir les 122 km qui vous séparent de Hermanus : les réserves naturelles qui émaillent le parcours abritent des zones humides (fréquentées par des hippopotames) et de vastes plages méritant des haltes prolongées. Une fois à Hermanus, vous pourrez observer les baleines qui croisent au large entre juin et novembre.

Un marché au poisson se tient tous les dimanches (dès 8h30) à Hermanus. Consultez le détail des activités et lieux d'hébergement sur www.hermanus.co.za.

110 LA ROUTE 66 (ÉTATS-UNIS)

La Route 66 reste un mythe. S'étirant sur 4 000 km entre Chicago et la Californie, elle traverse le Kansas, le Texas et l'Arizona. Un périple à vivre au volant d'une vieille Pontiac ou d'une Chevrolet, comme à la grande époque. Vous ne couperez pas aux hamburgers-frites, aux parts de tarte et aux sodas servis dans des gobelets en carton. Main Street USA ou Mother Road, comme on la surnomme affectueusement, a beau être remplacée, portion après portion, par des autoroutes flambant neuves, sa légende n'est pas près de s'éteindre.

Selon la National Historic Route 66 Federation (www.national66.org), qui œuvre à la préservation de cette route déclassée, environ 85% de la route d'origine existeraient encore.

108 CÔTE AMALFITAINE (ITALIE)

Sur 50 km entre Sorrente et Salerne, les paysages splendides de la côte amalfitaine attirent irrésistiblement le regard – on en oublie presque de regarder la route. L'étroit ruban asphalté longe des falaises aux pieds baignés d'eaux cristallines et traverse les belles villes de Positano et d'Amalfi. Conduire le long de cette côte est parfois éprouvant, les chauffeurs de bus ayant tendance à négocier avec nonchalance les virages en épingle à cheveux. L'été, la route n'est qu'un long embouteillage, ce qui donne tout le temps d'admirer le paysage.

Visitez la région entre juin et août afin de profiter des festivités organisées dans les villages côtiers. Détail des dates et des lieux sur le site www.amalficoast.com.

LES MARCHÉS LES PLUS SAVOUREUX

PETIT TOUR DU MONDE DES MARCHÉS OÙ S'APPROVISIONNER ET DÉNICHER DES SOUVENIRS APRÈS UNE BONNE DOSE DE MARCHANDAGE (ET DE COUDE À COUDE).

111 KHAN EL-KHALILI (ÉGYPTE)

Fondé en 1382, le souk de Khan el-Khalili abrite quelque 900 échoppes, vendant pour la plupart verreries, cuivres, parfums et bijoux. Certains artisans travaillent directement sous vos yeux. Ne manquez pas la "rue" des fabricants de tentes, un souk au cœur du souk. Dans ce dernier marché couvert du Caire sont réalisées des tentes aux motifs élaborés.

Dirigez-vous vers l'ancienne porte de la cour qui accueillait à l'origine le souk, à mi-chemin de la rue Sikkit al-Badistan. Le Khan longe aussi le marché de Muski à l'ouest.

112 CHATUCHAK (THAÏLANDE)

Il faut voir ce marché de Bangkok pour y croire. Sorte de ville miniature s'étendant sur plus de 14 ha, Chatuchak abrite entre 9 000 et 15 000 étals, selon les jours et les décomptes. Quelque 200 000 personnes s'y pressent le samedi et le dimanche. Entre autres merveilles, on y trouve de l'artisanat et des objets thaïlandais anciens. Lorsque le temps est chaud et humide, l'affluence rend la visite difficilement supportable.

Prenez le train aérien et descendez à la gare de Mo Chit, ou le métro jusqu'à la station Suan Chatuchak.

113 TEMPLE STREET (HONG KONG)

Le marché de nuit de Yau Ma Tei ne désemplit jamais. Lancez-vous dans une partie d'échecs endiablée avec un champion local ou achetez un bijou porte-bonheur en jade. Restaurez-vous à l'une des innombrables échoppes et découvrez votre avenir auprès d'un perroquet. Surnommée la "Rue des Hommes", Temple Street doit son sobriquet aux multiples vêtements pour homme en vente, au grand nombre de films de gangsters tournés sur place et aux adjuvants du plaisir proposés ici à la clientèle masculine.

Le marché nocturne (18h-minuit) s'étend de Man Ming Lane à Nanking St.

114 KACHGAR (CHINE)

Comme Chatuchak, ce vaste marché attire 200 000 visiteurs tous les dimanches. À Kachgar, on peut vendre et acheter à peu près tout et n'importe quoi : un cheval ou des meubles, une bicyclette ou… sa grand-mère. L'endroit est parfait pour profiter du spectacle de la rue. Alors, faites-vous discret, ouvrez grand les yeux et goûtez cette expérience.

Le marché de Kachgar se tient à la sortie nord-est de la ville. Il s'agirait du plus grand marché en plein air du monde.

115 CHIANG MAI (THAÏLANDE)

Le marché de Chiang Mai n'ouvre qu'à la tombée de la nuit. Ce temple des bonnes affaires propose étoffes, soieries, pierres précieuses, mais aussi contrefaçons de toutes sortes. Vous y trouverez bien sûr de quoi combler un petit creux. S'élevant sur trois étages, le bâtiment du bazar de nuit constitue le centre névralgique du marché. N'oubliez pas de marchander ferme.

Le marché se tient tous les dimanches sur Ratchadamnern Road (l' "Avenue royale"), dans la vieille ville. À ne pas confondre avec le bazar de nuit de Chan Klan Road.

ALAMER / PHOTOLIBRARY

Stand du marché Kachgar où s'amoncellent perles, pains, fruits et couvertures

Même cette jeune femme passe inaperçue à Camden Stables…

116 CAMDEN (ANGLETERRE)

Organisé autrefois uniquement le week-end, ce marché de Londres a désormais lieu tous les jours (et met les bouchées doubles les samedi et dimanche). Il s'étend sur de nombreuses rues, attirant une foule hétéroclite (punks, gothiques, hippies, raveurs, rappeurs…) et intergénérationnelle. Camden se répartit entre Lock Market, qui séduit les amateurs d'artisanat, Camden Stables, vivier alternatif, et Electric Ballroom, marché couvert axé sur la mode.

Échappez à la foule du week-end en venant en milieu de semaine. La plupart des étals ouvrent de 11h à 18h.

117 MARCHÉ AUX POISSONS DE TSUKIJI (JAPON)

Le marché aux poissons de Tokyo est l'un des marchés les plus vastes et les plus animés du monde. S'étirant sur trois pâtés de maisons, il séduit tous les visiteurs pris dans sa frénésie. La vente des innombrables poissons, crustacés et mollusques est régie par un code de conduite précis. Ici, les vendeurs ont leur propre jargon et les acheteurs sont reconnaissables à leur combinaison en caoutchouc. Il se négocie à Tsukiji environ 3 000 tonnes de poisson par jour et presque 800 000 tonnes par an. Avis aux nez délicats.

La criée au thon n'est ouverte au public qu'entre 5h et 6h15. Calendrier du marché sur www.tsukiji-market.or.jp.

118 GRAND BAZAR (TURQUIE)

Le Grand Bazar d'Istanbul est le plus grand marché couvert de Turquie (et peut-être du monde), avec environ 4 000 échoppes exposant bijoux, tapis, cuivres, articles en cuir, narghilés, céramiques et poteries. Ce dédale d'une soixantaine de rues attire 400 000 personnes par jour, une affluence presque étouffante. Le bazar, établi en 1520, abrite également une mosquée, 21 auberges, deux marchés sous arcades, sept fontaines et 18 portes.

Ouvert du lundi au samedi de 9h à 19h, le bazar se trouve à 15 minutes de marche de la Mosquée bleue.

119 MARCHÉ DE NUIT DE DONGHUAMEN, BEIJING (CHINE)

Animation et profusion de saveurs sont au rendez-vous dans ce marché nocturne. Parmi les mets proposés, les moins téméraires se contenteront de brochettes d'agneau, de bœuf ou de poulet. Épis de maïs, nouilles et fruits confits garnissent aussi les étals. Les plus aventureux – ou les curieux – se tourneront vers des plats plus "exotiques" : cigales, sauterelles, vers à soie ou mille-pattes frits ou grillés font de sympathiques introductions aux mille-et-une saveurs de la gastronomie chinoise. Les innombrables stands sont dressés chaque soir, à partir de 17h30. Les différentes pancartes sont généralement régigées en mandarin et en anglais.

Plus au sud, le marché de Panjiayuan attire chaque week-end 50 000 visiteurs venus négocier antiquités et babioles en tout genre.

120 PIKE PLACE MARKET (ÉTATS-UNIS)

Certains affirment que ce marché de Seattle est un piège à touristes, d'autres qu'il s'agit d'un trésor national. C'est le plus ancien marché américain encore en activité, fréquenté quotidiennement par 40 000 visiteurs. On trouve ici, sur 4 ha, des livres et des objets d'art anciens, ainsi que les produits habituels des grands marchés. Pike Place est réputé pour son vaste choix de poissons. Méfiez-vous lorsque vous passez commande, on vous lancera peut-être votre poisson à la figure ; le geste est presque une coutume pour quelques poissonniers sur place (des lecteurs d'Astérix, peut-être…).

Découvrez en direct Pike Place grâce à la webcam du marché sur www.pikeplacefish.com.

LES MILIEUX LES PLUS EXTRÊMES

NOTRE PLANÈTE SE CARACTÉRISE PAR UNE GRANDE DIVERSITÉ DE GÉOGRAPHIES ET DE CLIMATS, CERTAINS SI EXTRÊMES QUE LA PRÉSENCE DE L'HOMME Y TIENT DU MIRACLE.

Le monastère de Lamayuru Gompa, à Leh, capitale du district isolé du Ladakh

121 ATACAMA (CHILI)

Le plus sec des déserts de la planète se trouve dans l'Atacama chilien. Certaines zones n'ont jamais reçu la moindre goutte de pluie, et les seules précipitations qui tombent ici sont apportées par le brouillard. Encadrée d'un côté par les chaînes côtières du Pacifique et de l'autre par les sommets enneigés des Andes, cette succession de *salares* (déserts de sel) n'abrite quasi aucune végétation.

Un trek encadré de 7 jours est la formule la plus sûre pour visiter cette région. Comptez 1 500 $US, au départ de San Pedro.

GARRY WEARE / LPI

122 SAHARA (MALI)

Des sommets enneigés au cœur du Sahara et une température de seulement 14°C en hiver ? Tout cela est-il bien correct pour un désert digne de ce nom ? Heureusement pour l'imagerie populaire, le sable est bien là lui aussi, tout comme le soleil et l'immensité. De nos jours, le Sahara s'étend sur 8 370 km et couvre pas moins de 9 000 000 km^2, soit une superficie équivalente à celle des États-Unis. Et il progresse de jour en jour.

Randonnez dans les zones escarpées avec un guide fiable. Il est par ailleurs judicieux de suivre les conseils d'autres voyageurs. Pour vos achats, emportez des euros.

123 DELHI (INDE)

Quelque 13,8 millions d'habitants vivent ici sur seulement 1 483 km^2, dans cette ville aux contrastes saisissants, coupée en deux mondes extrêmement différents. Allez et venez entre le chaos apparent des ruelles de la vieille ville et le calme trompeur des larges avenues plantées de New Delhi. L'été à Delhi n'est pas de tout repos : le mercure monte à 45°C, associé à de violentes tempêtes de sable et aux pluies de mousson.

Vous trouverez un peu de fraîcheur à l'ombre du mémorial de l'India Gate, dans le centre de New Delhi. Non loin, un hangar à bateaux loue des pédalos.

124 PARC NATIONAL DE BANFF (CANADA)

Ce parc de 6 641 km^2 englobe une partie des Rocheuses canadiennes et des paysages montagneux spectaculaires. Avec plus de 25 sommets majestueux dépassant les 3 000 m, la ligne d'horizon est à couper le souffle. Mais la beauté est partout, avec des lacs aux eaux turquoise et des forêts verdoyantes,

125 LADAKH (INDE)

Leh, la capitale du Ladakh, se niche tout au fond d'une vallée entre les massifs de l'Himalaya et du Karakoram. Les spectaculaires étendues désertiques du Ladakh se trouvent sur le plus haut plateau indien et abriteraient le col le plus élevé du monde, à 5 602 m d'altitude. La vallée est jalonnée de monastères bouddhiques, uniques traces humaines dans ces paysages nus et contemplatifs. Des passerelles précaires se balancent au-dessus de canyons gigantesques, et les pics enneigés sont souvent parsemés de glaciers.

Les mois de juin à septembre sont les moins froids. D'importantes chutes de neige ferment la plupart des routes dès octobre. L'été, les monastères sont à la fête.

Champ de nuages cotonneux recouvrant le désert de Gibson dans l'Outback australien

126 OUTBACK (AUSTRALIE)

Hormis les sables du désert de Simpson et la terre rouge de la chaîne des MacDonnell, l'intérieur de l'Australie, entre l'extrémité sud de l'île-continent et Darwin, très, très loin au nord, n'est que spinifex, soleil écrasant et cieux immenses. Parfois, on n'entend guère que les croassements rauques et mélancoliques des corbeaux, en parfaite harmonie avec les paysages qu'ils survolent. L'Outback, immensité vide, est à la fois une invitation à la méditation et sa parfaite métaphore.

Les serpents eux aussi adorent l'Outback. Avant de partir, apprenez à réaliser un bandage d'immobilisation sur le site de l'Australian Venom Research Unit : www.avru.org.

des cours d'eau alimentés par la fonte des neiges et de hautes prairies. Une faune et une flore variées trouvent ici un habitat de choix. Orignaux, ours, bisons et loups partagent le parc avec skieurs, kayakistes et alpinistes.

Le mois de juin est idéal pour la marche : les lacs ont dégelé leurs eaux turquoise, et la foule estivale n'est pas encore là.

127 DÉPRESSION DANAKIL (ÉTHIOPIE)

La température à l'ombre est sans doute agréable, mais, dans le désert de sel de la dépression du Danakil, la seule ombre que vous trouverez est celle de vos mains en visière sur vos yeux. À plus de 100 m au-dessous du niveau de la mer, le Danakil est le point le plus bas des terres émergées et serait aussi la région la plus chaude du globe.

Organisez plutôt votre voyage en décembre ou janvier, les mois les plus frais, même si les tour-opérateurs sont généralement actifs jusqu'en mars.

128 CHAÎNE DE L'ALASKA (ÉTATS-UNIS)

Un climat arctique rude et hostile balaie cette chaîne montagneuse d'Amérique du Nord. En hiver, les températures peuvent descendre jusqu'à – 50°C et les tempêtes alimentées par la mer voisine sont fréquentes. Dans ce milieu tourmenté, la gravité pousse les glaciers à "s'écouler" telles des rivières glacées dans le détroit peu profond. L'État rémunère les habitants pour qu'ils résident en Alaska, c'est dire ! Pendant l'hiver, lorsque la neige monte jusqu'aux fenêtres des maisons, les Alaskiens sont condamnés à se nourrir de conserves.

La compagnie publique Marine Highway System permet de se déplacer en bateau à bas prix tout l'été. Le pass See Alaska, avec trois escales, est à 160 $US. Renseignements sur www.state.ak.us.

129 CORDILLÈRE DES ANDES (ÉQUATEUR)

La cordillère des Andes coupe en deux ce pays relativement peu étendu. Rares sont les visiteurs qui se rendent sur les hauts plateaux du centre, aux formations volcaniques ondulantes. Cette "Avenue des volcans", dont certains sont en activité, façonne des paysages rocheux labourés par les éruptions successives. Sous sa cime neigeuse, le Tungurahua (5 016 m), le volcan le plus au nord, envoie secousses, vapeur, gaz et cendres à des kilomètres alentour. Plus isolé encore, le volcan Sangay (5 230 m) ne cesse de cracher pierres et gaz sulfureux depuis les années 1930.

Pour le Tungurahua, prenez un bus pour Baños, puis une *camioneta* jusqu'à l'entrée du parc, et marchez 3 heures jusqu'au refuge, point de départ de l'ascension.

130 MEXICO (MEXIQUE)

Mégapole bouillonnante, aussi enivrante qu'oppressante, Mexico est un cocktail d'ingrédients contradictoires qui créent une confusion permanente : musique et vacarme, air vicié et espaces verts, palais coloniaux et gratte-ciel, musées réputés et bidonvilles en perpétuelle expansion. La pollution atteint des niveaux spectaculaires en raison de la circulation, des activités industrielles et d'une population de 18 millions d'habitants, formant un nuage maintenu au-dessus de la capitale par les montagnes qui l'encerclent.

Fraîcheur et culture vous attendent au Museo Universitario Arte Contemporáneo (www.muac.unam.mx).

LES PLONGÉES LES PLUS ÉPOUSTOUFLANTES

POUR DESCENDRE DANS LE GRAND BLEU, SUIVEZ LE GUIDE VERS LES SITES DE PLONGÉE LES PLUS INCROYABLES DE LA PLANÈTE.

131 GRAND TROU BLEU (BELIZE)

Vu d'en haut, le Grand Trou bleu ressemble à la pupille d'un œil qui serait l'océan. De l'intérieur, cette grotte sous-marine est une caverne d'Ali Baba pour les plongeurs. Cette formation d'environ 400 m de diamètre, entourée de récifs, plonge à près de 145 m. À 40 m de profondeur se dressent les formations rocheuses qui attirent les plongeurs du monde entier : des stalactites sous-marines mesurant jusqu'à 15 m. En revanche, la vie sous-marine brille par son absence. Mais quand on nage au milieu de stalactites, quelle importance ?

Départ des excursions à 6h, avec retour à 17h30 (à moins que vous ne préfériez passer la nuit à bord). Scrutez l'onde à la recherche du serpent de mer aperçu dans les années 1960.

132 LAGON DE CHUUK (MICRONÉSIE)

Ce lagon micronésien héberge des coraux et des poissons tropicaux chatoyants. Mais ce qui attire les plongeurs dans ce lagon de 70 km de largeur, c'est une concentration d'épaves presque unique au monde. Le lagon servit de base navale aux Japonais pendant la Seconde Guerre mondiale, et des dizaines de navires et d'avions y sombrèrent lors d'offensives américaines en 1944. On plonge ainsi sur l'épave du *Fujikawa Maru*, aux cales abritant des avions de chasse intacts, et sur le *Shinkoku Maru*, décoré d'éponges et de coraux par dame Nature.

Un permis de plongée est nécessaire. Organisez votre sortie avec Blue Lagoon Dive Shop (www.bluelagoondiveresort.com).

133 MANTA RAY VILLAGE (HAWAII)

On devine sans peine quel est l'animal phare de ce site de plongée au large des côtes de Kona, sur l'île de Hawaii (la Grande Île), mais ce n'est pas son seul atout : on plonge ici de nuit. Les prestataires braquent de puissants spots sur l'eau pour y attirer le plancton, qui à son tour amène les raies manta (qui à leur tour drainent le plongeur). Toutefois, rien ne garantit que vous en verrez. Il semble que la nouvelle lune soit particulièrement propice aux rencontres.

Au choix, 3 heures de snorkeling aller-retour ou une plongée bouteille certifiée, de nuit. Réservations sur www.hawaiiactivities.com.

134 SAMARAI (PAPOUASIE-NOUVELLE-GUINÉE)

Retour en enfance ! Allez vous ébrouer dans les eaux sablonneuses de cette île, capitale mondiale du "muck-diving" (plongée à visibilité réduite), pour découvrir l'une des merveilles de la mer. Il n'y a ni requins-baleines, ni raies manta, ni murènes sur cette île au large de la pointe sud-est de la Papouasie-Nouvelle-Guinée. Samarai est réputée pour ses minuscules créatures typiques des eaux troubles, notamment ses nudibranches. Des eaux peu profondes rendent ces trésors marins accessibles même aux novices, et vous y verrez aussi des coraux et poissons tropicaux aux couleurs exubérantes, ainsi que des vestiges de l'histoire troublée de l'île.

Renseignements sur Internet ou auprès des prestataires dans la baie de Milne.

135 PULAU SIPADAN (MALAISIE)

Adoptez le rythme de la tortue pour mettre le cap sur cette île qui figure dans tous les classements des meilleurs sites de plongée de la planète. Tortues vertes et carets sont ici comme des poissons dans l'eau, et le site comprend même un "cimetière de tortues", à 22 m de profondeur, où s'entassent de nombreuses carapaces. Pour une décharge sous-marine d'adrénaline, direction Barracuda Point, où d'immenses bancs de barracudas dansent dans les profondeurs. Et aucun plongeur digne de ce nom ne partira sans avoir admiré le célèbre Drop Off, à quelques mètres de la côte, où le fonds marin chute brutalement de 600 m.

Pour une plongée de nuit, comptez environ 150 ringgits par personne pour un à trois participants, 50 ringgits pour quatre et plus. Réservez votre permis le plus tôt possible, seuls 120 sont attribués par jour.

136 ÎLE COCOS (COSTA RICA)

C'est sur Cocos, à 600 km au large de la côte pacifique du Costa Rica, que furent tournées certaines des scènes de *Jurassic Park*, mais c'est sous l'eau que vous attendent aujourd'hui les scènes les plus saisissantes. Les requins-marteaux y évoluent en bancs gigantesques, offrant un spectacle unique à des plongeurs aussi apeurés qu'émerveillés. Innombrables aux alentours de la montagne sous-marine d'Alcyone, ils se mêlent à des requins corail et à des requins-baleines. Personne n'étant autorisé à séjourner sur l'île, les plongeurs logent sur le bateau.

De novembre à mai (saison sèche), les eaux sont plus calmes et riches en requins soyeux et en bancs de raies mobula. La saison des pluies (juin à novembre) donne à voir des bancs fournis de requins-marteaux, mais aussi des eaux plus agitées.

137 GANSBAAI (AFRIQUE DU SUD)

Remontons ensemble la chaîne alimentaire du requin-marteau jusqu'au grand requin blanc, pour nous enfoncer dans les profondeurs, à l'abri d'une cage métallique, à la rencontre du prédateur marin le plus redouté. Un effroi mêlé d'admiration vous envahit (assorti de sérieuses interrogations sur la résistance de la cage) tandis que des grands blancs longs de 6 m vous environnent.
Les prestataires de plongée de cette bourgade du Cap-Occidental utilisant des appâts pour attirer les requins, rencontres (et controverses) assurées. Vous trouverez des prestataires à Hermanus, même si leurs bateaux partent de Gansbaai, à 35 km.

La plongée en cage coûte 1 100 rands par personne. La plupart des prestataires proposent le transport depuis Le Cap.

138 PARC NATIONAL RAS MOHAMMED (ÉGYPTE)

Sur la pointe sud de la péninsule du Sinaï, ce parc national est bordé par la mer Rouge et ses merveilles sous-marines. Il abrite pas moins de 20 sites de plongée parmi les plus beaux de la région. Deux tours de corail immergées, Yolanda Reef et Shark Reef, constituent les sites phares du parc, riches en vie sous-marine. Sur le premier, vous plongerez sur les vestiges de l'épave du *Yolanda*, dont une cargaison de centaines de cuvettes de WC (et une BMW). La paroi verticale de Shark Reef est appréciée pour ses nombreux poissons et requins.

Tous les visiteurs doivent quitter le parc au crépuscule. Les récifs de corail sont fragiles, respectez-les.

139 GROTTE DE COCKLEBIDDY (AUSTRALIE)

La plaine de Nullarbor, en Australie, a tous les attributs d'un désert, mais sous cet immense bloc calcaire se cache un vaste réseau de grottes. Cocklebiddy, long tunnel de 6,7 km, tout droit et presque entièrement inondé, est un site de choix pour la plongée en grotte. C'est ici qu'en 1983 des spéléologues français battirent le record de la plus longue plongée en grotte en pénétrant jusqu'au bout de Cocklebiddy. La grotte se trouve à 10 km au nord du Cocklebiddy Roadhouse, isolé ; les plongeurs solliciteront un permis au Conservation and Land Management (CALM) d'Australie-Occidentale.

Le site est réservé aux spéléologues expérimentés et aucun prestataire ne propose cette plongée. À Cocklebiddy, le Wedgetail Inn (de 70 à 100 $AU la nuit) est l'unique hébergement disponible.

140 FOSSE AUX REQUINS (ÎLE MAURICE)

Une barrière de corail qui enserre l'île, des eaux cristallines, des températures clémentes, une faune abondante et un relief sous-marin taillé à l'emporte-pièce, l'île Maurice a de quoi séduire. Prêt pour des sensations fortes ? Laissez-vous propulser par la houle et le courant dans la Fosse aux Requins, une cuvette qui résume pour tous les plongeurs le nord de Maurice. Agrippez-vous fermement aux rochers du fond, et là, découvrez un spectacle surnaturel : de magnifiques requins à queue noire qui tournoient à quelques mètres de votre masque, attirés par des eaux très oxygénées.

Magique ! Mais une bonne expérience est requise.

LES SPOTS DE SURF MYTHIQUES

CHAQUE OCÉAN A SES ROULEAUX TRANSLUCIDES, MAIS VOICI LES MEILLEURS.

141 POROROCA, AMAZONE (BRÉSIL)

Avant de voir la vague, vous entendez les cris des singes et un grondement sourd et distant. Dans les lueurs qui précèdent l'aube, alors que vous chassez des moustiques chargés au palu, votre pouls flirte avec les 180 battements par minute. Debout sur un bateau en plein Amazone, vous êtes soit un surfeur aguerri, soit un authentique aliéné. À l'approche du mascaret, vous hurlez tout ce que vous pouvez pour évacuer toute cette adrénaline qui monte : ça y est, vous vous jetez à l'eau et ramez de toutes vos forces en espérant ne pas vous faire happer par les forts courants. Si vous arrivez à vous mettre debout sur votre planche, un très long ride vous attend – le record est de 37 minutes.

Pendant 3 jours (et nuits) en février-mars, les pluies de mousson et la pleine lune créent une vague immense à l'embouchure de l'Amazone dans l'Atlantique : c'est le plus long mascaret de la planète.

142 ULUWATU, BALI (INDONÉSIE)

À l'extrémité sud-ouest de la péninsule de Bukit, les vagues du *break* le plus célèbre de Bali sont parmi les plus hautes de l'île (de 2 à 2,5 m). Les premiers à surfer cette vague mythique, un groupe d'Australiens intrépides, bataillèrent pour traverser la jungle et se retrouvèrent bloqués par des falaises de 15 m. Seule une grotte permettait d'accéder à l'eau, et ils construisirent une échelle en bambou qui leur permit d'y descendre. Aujourd'hui, une volée de hautes marches l'a remplacée. L'esprit d'aventure n'a pas pour autant quitté l'endroit, et la baie d'Uluwatu ne semble vivre que pour le surf.

Si la région peut impressionner, elle compte de nombreux autres spots où vous trouverez forcément votre bonheur. Un peu plus loin, essayez Racetrack.

143 LANCE'S LEFT, ÎLES MENTAWAI (INDONÉSIE)

Tout a commencé le 18 mars 1991, quand Lance Knight, un jeune surfeur venu de la côte est de l'Australie, a débarqué dans le petit village indonésien de Katiet, sur l'île de Sipora. Comme nombre d'autres routards arrivés aux Mentawai, il ne savait pas trop ce qui l'attendait, mais il n'a pas tardé à comprendre :

PAUL KENNEDY/LPI

l'une des vagues les plus parfaites de l'océan Indien. Ce rouleau qui déroule sur un fond de corail et de calcaire est amusant à 1 m, peut-être même à 1,50 m encore, mais au-delà, c'est un monstre rugissant qui vous court après à peine avez-vous réussi votre *take off*.

Juillet et août sont les meilleurs mois, aussi ne vous étonnez pas de trouver à l'eau 20 embarcations chargées chacune d'une dizaine de surfeurs. Prenez un avion pour Padang depuis Singapour.

144 BAIE DE TAMARIN (ÎLE MAURICE)

Capricieuse et peu profonde mais sublime, telle est la vague à Tamarin. En juin et juillet, des cellules orageuses subantarctiques remontent

Surfeur dévalant le "Pipeline mexicain"

dans l'océan Indien, passant près du Cap, puis de Madagascar, avant d'attaquer de front le sud-ouest de cette île paradisiaque. Il n'est pas rare de devoir attendre des semaines avant que la houle apparaisse dans la baie de Tamarin, mais, dès que les bateaux commencent à tirer sur leurs amarres, c'est comme si l'alerte était donnée. Les White Shorts, ainsi qu'on appelle les surfeurs locaux, sont globalement sympathiques, mais n'oubliez pas qu'ils ont fait leurs armes sur cette vague et que c'est la leur : armez-vous de patience.

Vous trouverez des spots moins bondés à 20 minutes en voiture, sur la presqu'île du Morne. Les vagues sont moins belles, mais elles sont souvent désertes. Essayez à One Eye.

145 PUERTO ESCONDIDO, OAXACA (MEXIQUE)

Boum ! Mais que se passe-t-il ? Les fragiles baraques de plage sont prises de tremblements à chaque vague qui déferle sur la côte. Les verres s'entrechoquent, les nerfs sont à vif. Le "Pipeline mexicain" est un *beach break* redoutable, sans doute aussi parfait que périlleux. D'immenses rouleaux se précipitent vers la plage, offrant aux surfeurs quelques-unes des vagues les plus creuses et les plus puissantes. Les locaux, aguerris, sont toujours prêts à affronter le monstre, mais les voyageurs en *surf trip* trouveront de nombreux spots alentour pour goûter à ce petit bout de Pacifique à l'état brut.

La meilleure période va de mars à octobre, mais même si la houle ne bat pas son plein, Puerto Escondido est une ville animée et chaleureuse, avec de nombreuses *cantinas* où refaire le monde.

146 BANZAI PIPELINE, CÔTE NORD D'OAHU (HAWAII)

Il n'est pas de palmarès du surf digne de ce nom sans la mention du fameux "Pipe", où des rouleaux compresseurs de 3 m déferlent depuis l'ouest pour casser sur un haut fond de lave. La mort attendant toujours au tournant du Pipeline, le spot est l'épreuve du feu pour tout surfeur expérimenté et a été le théâtre de nombreux duels au sommet, surfeur contre vague. La patrouille hawaiienne officieuse des Wolfpack ("meute de loups") fait la loi sur le *line-up* avec une férocité animale et un orgueil tout hawaiien. Malgré sa gloire de titan, le Pipeline se surfe aussi quand il ne dépasse pas le mètre et que les locaux l'ont franchi pour aller taquiner la vague plus au large : c'est là que le surfeur lambda peut espérer se faire une idée de la merveille.

Règle d'or à observer en toutes circonstances : quoi qu'il arrive, quel que soit le défi que vous aient lancé vos amis, ne risquez pas le "drop-in" (griller la priorité) avec un surfeur local.

147 SUPERBANK, GOLD COAST (AUSTRALIE)

La plus belle vague du monde n'est pas l'œuvre de Dame Nature. Ce sont les barges qui draguent le sable dans la Tweed River, idéalement situées à 1 km au sud du Superbank, qui déposent la quantité exacte de petits grains dorés nécessaires pour créer ici un tube parfait et presque infini. C'est la Formule 1 du *surf break* : rapide, tonitruant et hyper glamour. Les meilleurs surfeurs de la planète sont souvent dans le coin : c'est comme se faire un 18-trous à côté de Tiger Woods ou lancer des paniers à trois points avec Michael Jordan. Vous avez intérêt à être en forme : quand la vague est là, 300 autres surfeurs sont parfois à l'eau.

Le Quiksilver Pro a lieu pendant 14 jours fin février : la plus belle épreuve des championnats du monde sur la plus belle vague, et tout ça pour pas un sou !

148 DESERT POINT, LOMBOK (INDONÉSIE)

Dès les premiers pas dans l'eau, les vagues sont violentes, mais cela ne dissuade pas des milliers de surfeurs de rejoindre ce spot éloigné, le plus souvent en bateau. Et pour cause : Desert Point est l'une des vagues les plus spectaculaires de toute l'Indonésie. Ses cavernes tubulaires déferlent sur une barrière corallienne à fleur d'eau et peuvent engloutir le surfeur. Les plus doués sont littéralement recrachés par la vague qui se termine en eaux profondes. Quand la marée change et que le courant forcit, la seule possibilité de rester en place est de prendre les vagues en sens inverse, transformant une position déjà périlleuse en lutte frénétique. Une vague manquée, et vous pourriez échouer à plusieurs kilomètres et devoir revenir en clopinant sur des rochers coupants.

Le bateau est votre meilleur atout pour atteindre la vague.

Mieux vaut avoir le cœur bien accroché pour s'attaquer aux vagues de Bells Beach

149 COCONUTS, CÔTE SUD D'UPOLU (ÎLES SAMOA)

La musique de la soirée précédente fredonne encore dans votre subconscient quand une douce brise tropicale vient bruisser dans les fales et vous éveiller en douceur. Il vous suffit de lever à peine la tête de votre oreiller pour voir l'écume et les embruns qui ourlent les vagues. Un petit-déjeuner rapide ou à l'eau tout de suite ? Vous n'hésitez pas longtemps, l'eau est tout simplement trop bleue. Et puis il y a le kava de la veille, qui rend indispensable une session rafraîchissante avant toute ingestion de nourriture. Bien que peu profond, ce spot est à jamais parfait et il n'y a que vous et vos amis sur cette droite, du fun à l'état pur.

Le Coconuts Resort offre un accès direct à ce spot, et d'autres hébergements sont situés à proximité. Pas besoin de bateau pour vous y rendre, mais il faudra ramer 20 minutes.

150 BELLS BEACH (AUSTRALIE)

C'est sur Bells Beach, berceau du surf australien dans l'État du Victoria, que se tient chaque année à Pâques le Rip Curl Classic. Pour le commun des mortels, c'est un endroit où l'on passe des heures sur le parking, les mains enfoncées dans les poches pour se protéger d'un froid mordant, à regarder la houle dérouler sur des milliers de kilomètres depuis l'Antarctique. Passer la barre n'est pas une mince affaire, alors que tout l'océan Austral semble venir déferler sur ce petit bout de littoral, mais une fois que vous avez surfé le Bells Bowl, vous êtes accro.

Dès que le vent est au nord et que la houle vient du sud-ouest, mettez le cap sur Torquay, à 1 heure de route de Melbourne. Et emportez une combi 4/3.

RODNEY HYETT / LPI

LES SPOTS DE SURF MYTHIQUES

LÀ OÙ LA TERRE TREMBLE ET RUGIT

PLAQUES TECTONIQUES, LIGNES DE FAILLE, LACS EN FUSION...
LA FRAGILE CROÛTE TERRESTRE SUBIT D'ÉTONNANTS PHÉNOMÈNES.

151 ANAK KRAKATAU (INDONÉSIE)

Avec 129 volcans actifs, l'Indonésie compte le plus grand nombre de volcans en activité. Cet archipel de 17 000 îles s'égrène le long de la limite entre les plaques tectoniques eurasienne et australienne. Le volcan le plus imposant, l'Anak Krakatau (l'enfant du Krakatau), a provoqué la plus grosse explosion jamais enregistrée. En 1883, son éruption, entendue à 3 000 km de distance jusqu'à Perth (Australie), équivalait à l'énergie de 13 000 bombes atomiques de Hiroshima. Il s'est depuis apaisé. Des volutes de fumée s'élèvent au-dessus des eaux turquoise du détroit de la Sonde séparant Java de Sumatra. Une excursion en bateau idéale au clair de lune.

Découvrez les îles volcaniques de l'archipel à la saison sèche (avril à octobre). Le camping est autorisé sur le Krakatau. Organisez une visite ou une croisière depuis Labuan, sur la côte ouest de Java.

152 LA SOUFRIÈRE (GUADELOUPE)

L'un des neuf volcans actifs de la région des Petites Antilles, "la vieille dame", comme on surnomme la Soufrière, se dresse dans le sud de l'île de Basse-Terre, en Guadeloupe. Son dôme de lave aux bords accidentés culmine à 1 467 m. Sa dernière éruption remonte à 1976. C'est l'un des sites naturels les plus visités de l'île. Différents sentiers de randonnée sillonnent le massif de la Soufrière, paysage rocheux, chaotique et quasi lunaire, dont certains gagnent les crevasses et fumerolles du sommet. La brume enveloppe souvent le volcan en fin de matinée : partez de bonne heure pour profiter de la vue.

Du parking des Bains-Jaunes, un sentier gagne l'ancien parking de la Savane-aux-Mulets (1 142 m), d'où partent plusieurs randonnées, dont l'ascension du volcan (1 heure).

153 LAGUNA BOTOS, VOLCAN POÁS (COSTA RICA)

Se dressant à 2 700 m, le volcan Poás, au Costa Rica, possède le plus gros cratère actif du monde, mesurant 1,6 km de diamètre et plus de 300 m de profondeur. Les fréquentes éruptions de geysers, les lacs de soufre en fusion et les nuages de vapeur contribuent à rendre l'endroit hostile. On se sent nettement mieux au bord de la superbe Laguna Botos voisine, un lac d'eau douce à l'intérieur d'un cratère éteint, né de l'accumulation d'eaux de pluie dans un réservoir de magma effondré. Les pentes du volcan sont couvertes de forêts tropicales abritant de nombreux oiseaux, dont le colibri, le toucan et l'endémique quetzal doré. L'Escalonia Trail est une randonnée ardue qui traverse la forêt pour rejoindre les rives de ce beau lac.

Le parc national du volcan Poás (entrée 10 $US, tlj 8h-15h30) se trouve à 2 heures de route de San José.

Grotte de glace près du mont Erebus, dans l'Antarctique

154 GROTTE DE GLACE SUR L'ÎLE DE ROSS (ANTARCTIQUE)

Sous les flancs gelés du mont Erebus, volcan en activité à l'extrême sud de la planète, se cache une surprenante grotte de glace. Cette formation géologique résulte de l'infiltration de vapeurs volcaniques par une ouverture en profondeur. À la surface, une haute cheminée de glace née de la rencontre entre la vapeur d'eau et l'air glacial se dresse vers le ciel. La glace fondue dégoulinant sur les roches bouillantes se transforme en vapeur qui réchauffe la grotte et en fait un formidable sauna. Les rares visiteurs jouissent d'un panorama époustouflant et profitent d'un bain de vapeur sans pareil.

L'aérodrome de la station McMurdo est situé à 40 km du sommet. Les avions américains et néo-zélandais, qui desservent le site, décollent de Christchurch.

155 FAILLE DE SAN ANDREAS, CALIFORNIE (ÉTATS-UNIS)

Cette faille de la croûte terrestre qui s'étire sur 1 100 km à travers la Californie a provoqué des séismes destructeurs. En 1906, un tremblement de terre a déchiré le tronçon nord de la faille, de Shelter Cove à San Juan Bautista. À certains endroits, le sol s'est soulevé de 6 m. Le séisme de Loma Prieta, en 1989, demeure dans les mémoires avec les images spectaculaires des routes effondrées et des immeubles ravagés de San Francisco. Les experts estiment inévitable la survenue d'une nouvelle grande secousse (*The Big One*) dans les années à venir, comparable à celle de 1906.

Réservez un écotour en jeep ou une randonnée guidée à pied ou à vélo (www.red-jeep.com).

156 SOURCES CHAUDES DE BEPPU (JAPON)

Les fumées qui s'élèvent en permanence au-dessus de Beppu annoncent la couleur : ce serait la ville "la plus géothermique" du monde. À cause du battage médiatique, elle déçoit un peu au premier abord, mais son charme opère progressivement. Beppu compte deux types de sources thermales, qui fournissent chaque jour près de 100 millions de litres d'eau chaude : les *jigoku* (enfers), où l'eau jaillit en bouillonnant du sol, et les onsens, pour les bains.

Le Tsuru-no-yu, à la lisière d'Ogiyama, est un bain naturel isolé, parfait pour les puristes, accessible en juillet et en août. Des cartes sont disponibles à l'office du tourisme de la gare de Beppu.

Magnifique couleur saphir de la Morning Glory Pool, source chaude du parc national de Yellowstone

157 SOURCES CHAUDES DE LANDMANNALAUGAR (ISLANDE)

Située à cheval sur la dorsale médio-océanique, l'Islande est l'île la plus volcanique du monde. Dans le Sud, à l'intérieur des terres, Landmannalaugar offre des paysages lunaires de montagnes aux couleurs douces, de champs de lave et d'inquiétantes fumerolles. Ne manquez pas les sources chaudes, où des eaux bouillantes sont refroidies par un torrent. Cet endroit désolé n'est accessible que durant les mois d'été. Réservez un circuit organisé ou louez un 4x4 pour vous y rendre. À pied, le splendide trek au départ de Þórsmörk mène jusqu'au Fjallabak.

Accessibles uniquement de juin à septembre, les sources chaudes se trouvent à une journée de voyage de Reykjavík. Comptez environ 110 € pour un circuit organisé.

158 MASSIF DU TONGARIRO (NOUVELLE-ZÉLANDE)

Magnifique randonnée d'une journée, le Tongariro Crossing traverse de remarquables paysages volcaniques de l'archipel. Le trek commence par une ascension redoutable : une longue marche sur un éboulis de lave. En arrivant sur le plateau au pied de l'inquiétant mont Ngauruhoe, vous aurez la sensation de vivre un moment inoubliable. Par beau temps, le soleil scintille sur les lacs couleur azur, le Red Crater rougeoie et dégage de la chaleur. Le panorama est spectaculaire dans ce lieu ponctué de matières volcaniques, de coulées de boue et de lave déchiquetée.

Il existe 4 refuges de grande randonnée sur le circuit nord du Tongariro. Des options plus luxueuses sont disponibles au village de Whakapapa ; réservez bien à l'avance en haute saison.

159 TERRASS[ES DE] PAMUKKA[LE] (TURQUIE)

S'étirant sur 3 km le long d'[un] plateau montagneux, les terra[sses] de Pamukkale, hautes de 160 m, constituent une merveille géothermique de la vallée du Méandre. Nées de l'activité sismique, ces sources minérales riches en calcite ruissellent à flanc de coteau. Au fil des siècles, les amas de carbonate de calcium et de calcaire blanc se sont solidifiés et transformés en bassins incurvés, parfaits pour un bain bouillonnant dans un cadre superbe. Surnommé le "Château de Coton", le site de Pamukkale a souffert de la haute fréquentation touristique mais demeure une merveille de la nature.

Ouvertes de 8h à 18h, les terrasses se trouvent à 10 minutes de route de Denizli. Des circuits en bus sont organisés au départ de la plupart des villes voisines. Pour plus de renseignements : www.pamukkaleturkey.com.

160 CALDEIRA DU YELLOWSTONE, WYOMING (ÉTATS-UNIS)

Le parc national de Yellowstone, le plus ancien du pays, abrite une gigantesque caldeira, dont les geysers et les fumerolles font le bonheur des visiteurs. Les sismologues estiment quant à eux que ce volcan aux proportions démesurées est l'un des plus dangereux. La caldeira, de 4 000 km² de superficie, est née de l'effondrement d'un cône il y a 600 000 ans. Depuis, une certaine quantité de magma se trouve sous pression sous la caldeira. Si elle explosait, la majeure partie de l'Amérique du Nord serait recouverte de cendres et la planète subirait un refroidissement catastrophique. Rares sont les endroits qui recèlent une telle puissance dévastatrice.

La caldeira se trouve dans la partie Wyoming du Yellowstone. Organisez votre séjour sur www.yellowstonepark.com.

LES HÉBERGEMENTS LES PLUS INSOLITES

DANS UNE GROTTE OU PERCHÉ DANS LES ARBRES... VOICI 10 HÔTELS PROPOSANT DES SÉJOURS INOUBLIABLES.

161 HÔTEL DES NEIGES MAMMUT (FINLANDE)

Chaque année, en janvier, un château est réalisé à l'aide de la neige et de la glace qui recouvrent alors la ville de Kemi, en Laponie finnoise. Dans ce château de neige se trouve le Mammut Snow Hotel, vaste établissement dont les chambres affichent – 5°C de température ambiante ! Avant de s'emmitoufler pour la nuit dans un sac de couchage, mieux vaut faire le plein de calories au Snow Restaurant, équipé de tables de glace et de chaises recouvertes de peaux de renne. La chapelle des neiges œcuménique offre aux accros au froid polaire la possibilité de se marier sur place.

À 10 minutes en voiture de l'aéroport de Kemi, l'hôtel propose des chambres de 145 à 340 € (www.snowcastle.net).

162 SOUS UNE TENTE BÉDOUINE (JORDANIE)

Dormez sous un ciel étoilé, à l'abri dans une tente bédouine, au cœur de l'impressionnant désert du Wadi Rum, dans le sud de la Jordanie, qui servit de décor à de nombreux films, dont *Lawrence d'Arabie*. Difficile de trouver cadre plus spectaculaire, surtout lorsque le soleil disparaît derrière les roches de grès qui semblent jaillir du sable. La plupart des campements bédouins sont destinés aux touristes, ce qui limite quelque peu l'authenticité de l'expérience. Pourtant, après un festin à base de viandes grillées, quel plaisir que de se prélasser sous une tente en peau de chèvre, entouré de tapis et de coussins multicolores.

En partant d'Aqaba ou de Pétra, mettez le cap sur le Wadi Rum où les Bédouins vous proposeront de camper dans le désert.

163 HÔTEL IMPERIAL BOAT HOUSE (THAÏLANDE)

Si l'idée de passer une nuit en bateau vous séduit mais que vous êtes sujet au mal de mer, alors l'Imperial Boat House Hotel, sur l'île thaïlandaise de Ko Samui, est fait pour vous. Cet établissement a racheté plusieurs dizaines de barges à riz, les a ramenées sur la terre ferme et transformées en luxueux bungalows. Chacun a été agrémenté de teck ciré et de tout le confort nécessaire. Les voyageurs en mal d'eau salée pourront se rendre sur la plage de Choeng Mon, située non loin.

Réservez une suite de 91 m² sur www.imperialhotels.com/boathouse ; l'hôtel se trouve à 5 minutes en taxi de l'aéroport.

164 LIBRARY HOTEL (ÉTATS-UNIS)

Seul un bibliophile passionné pouvait imaginer un hôtel dont chaque étage correspondrait à une catégorie de la classification décimale de Dewey, utilisée dans le monde entier pour ranger les ouvrages des bibliothèques. Chaque chambre de cet hôtel sur Madison Avenue À New York est ainsi décorée dans un style faisant écho au thème de son étage : les chambres du 8e étage (littérature) sont consacrées à la poésie ou à la littérature érotique. L'étage dévolu à l'informatique (le 10e) est particulièrement calme.

Consultez www.libraryhotel.com pour connaître les offres spéciales (forfaits Broadway ou Erotica) et celles des jours fériés.

165 CUEVAS PEDRO ANTONIO DE ALARCÓN (ESPAGNE)

En quête d'une expérience authentique ? Séjournez dans un logement troglodytique à Guadix, dans les contreforts de la Sierra Nevada. Les Cuevas Pedro Antonio de Alarcón louent 23 chambres aménagées dans des grottes creusées dans l'argile. Ces cavernes à flanc de colline étaient semble-t-il déjà occupées à l'époque préhistorique, ce qui a inspiré l'hôtel dans le choix de sa décoration. L'établissement dispose néanmoins de toutes les infrastructures modernes, avec cuisine équipée, Jacuzzi et accès pour fauteuil roulant.

Guadix ne se trouve qu'à 60 km de Grenade. En haute saison, un logement pour deux avec Jacuzzi revient à 120 € la nuit (www.cuevaspedroantonio.es).

166 HOTEL 1929 (SINGAPOUR)

On devine aisément d'où vient le nom de cet élégant hôtel, aménagé dans un ancien magasin parmi les plus typiques de Singapour et datant de… 1929. On s'interroge davantage sur le fait que le propriétaire ait choisi d'accorder une telle place dans la décoration intérieure aux chaises vintage, concept décliné jusqu'à plus soif. Si cette ambiance quelque peu surfaite vous séduit, sachez que les chambres sont extrêmement exiguës, mais que l'Hotel 1929 est agrémenté de cabines de douche transparentes, de couvre-lits psychédéliques et des fameuses chaises, sans oublier la clientèle jeune et branchée qui peuple le restaurant du rez-de-chaussée.

Très prisées, les suites avec terrasse disposent d'une véranda privative sur le toit. Réservez sur www.hotel1929.com.

167 GRAND DADDY HOTEL (AFRIQUE DU SUD)

Posées sur le toit du Grand Daddy Hotel, au Cap, sept caravanes Airstream vintage, emblématiques du rêve américain, brillant de tout leur aluminium, vous attendent pour un voyage inattendu. En toile de fond, la montagne de la Table. L'intérieur a été luxueusement relooké par des artistes du Cap, avec une fantaisie, une gaité et un humour qui transportent. Quelle porte pousserez-vous ? Celle d'*Afro-funk*, de *Boucle d'Or et les trois ours*, de la *Ballade de John et Yoko* ? Clin d'œil à la fameuse chanson *Imagine*, le lit occupe les trois-quarts de cette dernière caravane, baignée de blanc.

L'hôtel vibre tout entier sur les notes étonnamment créatives de stylistes sud-africains (www.daddylonglegs.co.za).

168 VILLA-CHEMINÉE (FRANCE)

Cette drôle de maison, installée au sommet d'une cheminée d'usine, détonne dans son cadre verdoyant des bords de Loire bretons. Créée dans lors de l'édition 2009 du festival d'art contemporain Estuaire, l'œuvre de l'artiste japonais Tatzu Nishi fait écho aux cheminées de la centrale thermique de Cordemais, située en amont du fleuve. De par sa situation, la maison bénéficie d'une vue imprenable sur la Loire et la campagne environnante, dont on peut profiter lors des visites gratuites qui ont lieu tous les dimanches, de 14h à 18h.

Comptez de 95 à 99 € la nuit. La maison peut accueillir deux personnes au maximum. Accès, renseignements et réservations sur le site www.uncoinchezsoi.com.

169 MAISON DANS LES ARBRES DE KADIR (TURQUIE)

Au milieu des pins et des lauriers de la vallée d'Olympos, dans le sud de la Turquie, vous jouerez les Robinson Crusoé en passant une nuit en haut des cimes. Kadir's Tree House est spécialisé dans les maisons perchées dans les arbres et un grand nombre de ses cabanes sont construites au-dessus de larges troncs. Certaines sont extrêmement rustiques, parfois même si délabrées que l'on se sent un peu nerveux, surtout à pareille hauteur. Pourtant, ces cabanes sont, dit-on, aussi sûres qu'une maison. Le principal inconvénient tient au manque d'intimité : l'ensemble peut héberger quelque 300 personnes.

Kadir propose différentes solutions d'hébergement. Les cabanes dans les arbres peuvent accueillir jusqu'à 5 personnes. Tarifs et conditions sur le site Internet www.kadirstreehouses.com.

170 ST BRIAVEL'S CASTLE (ANGLETERRE)

Construction normande du XIIIe siècle, le château de St Briavel fut jadis le pavillon de chasse de Jean sans Terre. Cette forteresse entourée de douves, au cœur de la campagne verdoyante du Gloucestershire, abrite aujourd'hui une auberge de jeunesse affiliée à la Youth Hostel Association. Sa grande salle a été rénovée en conséquence et accueille chaque semaine des banquets médiévaux.

De Chepstow, empruntez le bus n°69 jusqu'à Monmouth ; le château se dresse à 2,5 km. Les portes ferment à 23h30 ; prenez vos dispositions pour ne pas vous retrouver contraint de passer la nuit dans les douves.

DES TREKS À COUPER LE SOUFFLE

DES RANDONNÉES EXIGENTES MAIS DES PAYSAGES SPECTACULAIRES EN RÉCOMPENSE.

171 LE TOUR DES CIRQUES (ÎLE DE LA RÉUNION)

Les cirques forment le cœur géographique de La Réunion, mais aussi son âme. Une randonnée exigeante (4 000 m de dénivelé positif et autant de descente) permet de les parcourir tous les trois lors d'une boucle de 4 ou 5 jours. Au départ de Hell-Bourg, vous passerez ainsi par les paysages luxuriants du cirque de Salazie, par le cirque de Cilaos, plus touristique, et par le cirque de Mafate, mystérieux et impressionnant avec ses pics acérés, ses arêtes saillantes et ses points de vue vertigineux. La marche passe également par le piton des Neiges, point culminant de l'île (3 070 m).

Avant de partir, téléphonez à Météo France (0892 68 08 08).

172 OVERLAND TRACK (AUSTRALIE)

L'Overland Track permet de s'enfoncer au sein des espaces naturels intacts de Tasmanie. Serpentant sur 80 km entre Cradle Mountain et le lac St Clair (lac d'eau douce naturel le plus profond d'Australie), ce sentier balisé, qui comporte des tronçons sur planches, longe des montagnes escarpées, de superbes lacs et de vastes étendues de landes et de forêts. Si cette randonnée de 5-6 jours vous laisse sur votre faim, empruntez les nombreux sentiers adjacents vers des vallées, des cascades ou des sommets, dont le plus haut de Tasmanie, le mont Ossa (1 617 m).

Pour randonner, préférez la période de novembre à avril. Les frais d'accès à la piste (200 $AU) servent à couvrir son entretien. Renseignements et réservations sur www.parks.tas.gov.au.

173 GR®20 (FRANCE)

Comptez 15 jours pour effectuer ce circuit mythique de 168 km à travers la Corse. Réputé pour la diversité de ses paysages, le GR®20 longe des forêts, des reliefs de granite, des lacs glaciaires, des torrents, des tourbières, du maquis, des sommets enneigés, des plaines et des névés. Les efforts à fournir sont proportionnels à la beauté du décor : ce sentier rocailleux, parfois escarpé, comporte des passages sur des ponts branlants et des parois rocheuses glissantes. Ouvert en 1972, le GR®20 relie Calenzana, en Balagne, à Conca, au nord de Porto-Vecchio.

Il est possible de suivre le GR® en ski de fond de février à avril. Soyez prudent et prenez connaissance des prévisions météorologiques au 04 95 62 87 78.

174 TRAVERSÉE DES HIGHLANDS DE L'OUEST (ÉCOSSE)

Des montagnes au ras de l'océan, des châteaux mystérieux drapés de brume, un ciel bleu azur ou un crachin interminable… les splendides paysages écossais font de la marche l'un des passe-temps favoris des habitants du cru comme des touristes. De la banlieue de Glasgow jusqu'à la petite ville touristique de Fort William, la traversée des Highlands de l'ouest est certainement la plus belle randonnée du pays.

Comptez 7 jours pour faire la randonnée complète, dont l'itinéraire (entre autres renseignements) est disponible sur le site www.west-highland-way.co.uk. La meilleure période est de mai à septembre.

Petite pause détente pour ces lamas sur le chemin de l'Inca au Pérou

175 CHEMIN DE L'INCA (PÉROU)

Remontant aux Incas, cette piste de 33 km, la plus connue d'Amérique du Sud, est empruntée chaque année par des milliers de randonneurs. Elle s'étire de la Vallée sacrée à Machu Picchu en serpentant entre les montagnes. On franchit trois cols au cours de ce périple qui offre une vue exceptionnelle sur des sommets enneigés et des forêts tropicales d'altitude. Les vestiges accrochés à la falaise qui jalonnent le parcours ajoutent à sa magie.

Les nouvelles réglementations n'autorisent pas plus de 500 personnes sur la piste ; les services d'un guide sont obligatoires. Réservez le plus tôt possible.

Campeurs de l'extrême admirant la vue exceptionnelle sur l'Himalaya

176 HIMALAYA (INDE)

La partie indienne de la chaîne de l'Himalaya est la moins fréquentée. Si vous appréciez la solitude, optez pour une randonnée dans l'Himachal Pradesh. Les randonneurs aguerris devront compter environ 24 jours pour affronter la piste qui suit les sommets montagneux du Spiti au Ladakh. Ce trek difficile, très isolé, emprunte d'anciennes routes commerciales. "Ce sont les dieux, sans doute, qui vivent ici ; il n'y a pas de place pour les hommes", s'était exclamé Rudyard Kipling face à ces paysages désertiques de haute altitude.

Rishikesh se trouve à 25 km de Haridwar et l'on peut s'y rendre en bus, en train ou en voiture. Non loin, Shivpuri permet de se mettre en jambes avec des randonnées moins ardues, ou de faire du rafting.

GARRY WEARE / LPI

177 GLACIER DU BALTORO ET K2 (PAKISTAN)

Ce trek à travers un couloir de glace mène à l'imposant K2 (8 611 m), le deuxième plus haut sommet du monde. Voici une piste unique qui traverse des paysages de toute beauté. Après avoir longé des rivières de glace, on rejoint le glacier proprement dit avant d'atteindre des montagnes de granite, dont le Paiju (6 610 m), l'Uli Biaho (6 417 m), la tour de Trango (6 286 m) et, enfin, le K2. Si ces 15 jours ne vous suffisent pas, faites un détour par d'autres glaciers couverts de moraines.

Odyssée Montagne organise des treks dans la région au départ de la France (www.odyssee-montagne.fr).

178 LA HAUTE ROUTE (FRANCE ET SUISSE)

De Chamonix, en France, jusqu'à Zermatt, dans le sud du Valais, la Haute Route traverse les paysages d'altitude les plus somptueux des Alpes. En été, la randonnée (sur un autre tracé que la célèbre piste de ski de randonnée) s'effectue en une semaine. L'ensemble du trajet nécessite une excellente condition physique, notamment en raison du passage de plusieurs cols.

La randonnée prend 5 jours au minimum. Skiez de fin mars à mai, lorsque les refuges sont ouverts.

179 LES ZION NARROWS (ÉTATS-UNIS)

Remarquable circuit de 26 km au cœur de canyons spectaculaires sculptés au fil des siècles par la Virgin River, les Narrows se déploient au sein du parc national de Zion. La piste se confond parfois avec la rivière et plus de la moitié du parcours consiste à avancer dans l'eau – on est même parfois contraint de nager. La randonnée peut s'effectuer dans la journée, même si certains préfèrent passer la nuit dans l'un des 12 campings du parc pour profiter des jardins suspendus et des sources naturelles.

Les crues subites sont fréquentes ; renseignez-vous auprès du centre d'informations (www.zionnational-park.com). Un bus assure une navette au point d'arrivée, Chamberlain's Ranch.

180 CAMP DE BASE DE L'EVEREST (NÉPAL)

Culminant à 5 545 m, au Kala Pattar, ce trek de trois semaines est très prisé des randonneurs désireux d'inscrire à leur palmarès le camp de base de la plus haute montagne du monde. Cet itinéraire emprunté par les sherpas du Khumbu offre un panorama d'une beauté exceptionnelle. C'est une randonnée ardue qui nécessite de s'accoutumer à une altitude extrême et à l'alternance de montées et de descentes dans les vallées.

La clinique du camp de base de l'Everest (www.basecampmd.com) s'occupe des randonneurs et fournit de précieux renseignements pour tout séjour dans la région.

DIX ESCAPADES URBAINES

PARFOIS, LES PLAISIRS BUCOLIQUES N'Y PEUVENT RIEN : C'EST UNE BONNE DOSE D'ANIMATION ET D'ASPHALTE QU'IL VOUS FAUT.

181 AMSTERDAM (PAYS-BAS)

Demeures du XVIIe siècle, canaux, galeries et musées valent à Amsterdam le surnom de "Venise du Nord". La ville a suffisamment de délices à offrir pour occuper les visiteurs les plus versatiles, et ses innombrables cafés sont autant de refuges à l'abri des foules. La plupart des atouts d'Amsterdam se concentrent dans la ceinture des canaux : majestueux quartiers historiques, bars ultracool, pubs à l'ancienne, ponts élégants et églises excentriques. Comme les Néerlandais, enfourchez un vélo pour en voir le maximum en un week-end.

L'été, rendez-vous au Vondelpark pour des spectacles en plein air (programme sur www.openluchttheater.nl).

182 SINGAPOUR

Tout en néons et en modernité, Singapour n'en conserve pas moins une véritable authenticité asiatique et un riche mélange de traditions chinoises, malaises et indiennes. Si la cité-État a troqué son image de temple de l'opium et du *rickshaw* pour celui de Mecque du high-tech et de la finance, rien ne vous empêche de plonger dans l'ambiance coloniale en sirotant un Gin Sling sous les ventilateurs du Raffles Hotel. L'idéal est de visiter Singapour en janvier pour le Thaipusam, une fête de purification hindouiste spectaculaire, en avril pour le Festival de la gastronomie ou bien en juin pour une frénésie de shopping lors de la Great Singapore Sale.

Il est même possible de faire du ski à Singapour, à la Snow City (www.snowcity.com.sg).

183 BARCELONE (ESPAGNE)

Barcelone s'est imposée comme l'une des villes les plus dynamiques de la planète, à l'avant-garde dans tous les domaines, gastronomie, mode, design ou musique – et fêtes, bien sûr ! La capitale catalane bruisse d'événements et de bonne humeur toute l'année, mais l'été y est trépidant, avec des fêtes permanentes et des animations jusqu'aux petites heures du jour. Barcelone est aussi la ville de Gaudí et de ses fantaisies architecturales et abrite des œuvres majeures de Picasso et de Miró. Et si l'art ne vous fascine pas, les exubérants Barcelonais ne manqueront pas de vous enthousiasmer.

Plongez dans le Moyen Âge en déambulant dans le Barri Gòtic, qui vous attend à proximité des Ramblas.

184 ISTANBUL (TURQUIE)

Parsemant les deux rives du Bosphore d'innombrables dômes et minarets, Istanbul est une ville aux mille visages, à cheval sur deux continents. Flânez dans les rues où défilèrent croisés et janissaires, admirez de sublimes mosquées ancrées dans l'histoire de l'islam, jetez un œil dans le harem d'un sultan ou faites des affaires sur le Grand Bazar : la plupart des attraits d'Istanbul sont à deux pas les uns des autres. Que peut demander de plus un voyageur manquant de temps dans l'une des villes les plus romantiques de la planète ?

La balade, à pied ou en tramway, sur l'avenue Divan Yolu mène à l'université d'Istanbul via la place Sultanahmet, l'hippodrome et le Grand Bazar.

Moment de calme dans un bar de Shinjuku – quartier de Tokyo où la densité de la population est de 17 000 habitants/km^2

185 TOKYO (JAPON)

Il ne faut pas longtemps pour être emporté par la folie de Tokyo : l'énergie pure de la capitale japonaise, excitée par un consumérisme poussé à outrance, entre ici en collision frontale avec les traditions. Sa visite est tantôt une débauche d'impressions sensorielles qui vous laisse béat, tantôt une prise de conscience stupéfiée que les images d'Épinal sont loin du compte. En plein cœur de Shinjuku, au milieu de tous ces néons et de ces looks tous plus improbables les uns que les autres, vous aurez peut-être le sentiment d'avoir débarqué sur une autre planète. Un sentiment que viendra confirmer un voyage dans le métro tokyoïte…

Pour faire une pause, rejoignez Omiya au nord-est et son village de bonsaïs (la plus impressionnante collection de la planète), ouvert tous les jours sauf le jeudi.

Verre entre amis sous les lumières de la Postdamer Platz de Berlin

186 BERLIN (ALLEMAGNE)

Bienvenue à Berlin, capitale et cœur culturel de l'Allemagne, riche en majestueux édifices, musées et théâtres fascinants, restaurants chics, bars trépidants et boîtes de nuit endiablées. Les amateurs d'art et d'architecture seront au paradis, les fous de culture apaiseront leur soif dans les fantastiques musées berlinois, et les fanas de musique auront l'embarras du choix entre opéra, danse, théâtre, cabaret, techno ou jazz. Difficile de s'y ennuyer, même sans même avoir beaucoup planifié. Et si vous ne trouvez rien pour vous occuper, plus qu'une chose à faire : brûlez votre passeport sur-le-champ.

Des étudiants berlinois proposent de passionnants circuits guidés d'une demi-journée, pour environ 12 € en fonction du nombre de participants. Prêtez attention aux prospectus dans les gares et hébergements.

187 PRAGUE (RÉPUBLIQUE TCHÈQUE)

Sortie du communisme avec une facilité déconcertante, Prague n'a pas tardé à devenir l'une des capitales européennes les plus courues, où tables gastronomiques, bars à cocktails et cafés branchés ne cessent de se multiplier. La ville compte encore quelques tavernes et restaurants traditionnels et pleins de charme pour savourer une copieuse spécialité à base de porc et de quenelles arrosée d'une bonne bière. À l'ombre d'un château vieux de onze siècles, la Vieille Ville médiévale de Prague concentre un dédale de ruelles pavées, des cours séculaires, des passages sombres et d'innombrables églises. Sa seule visite suffit à se faire une excellente idée de la culture de l'une des plus belles villes d'Europe.

Découvrez le patrimoine baroque de Prague au restaurant du Palffy Palace (www.palffy.cz).

188 ÉDIMBOURG (ÉCOSSE)

Parfait condensé d'ancien et de moderne, Édimbourg est une destination incontournable pour un week-end. Dans n'importe quelle rue, la promenade est source de contrastes, révélant ici une discothèque aménagée dans une bâtisse du XVe siècle, là des cracheurs de feu officiant devant des demeures georgiennes. Poussez un peu plus loin, et vous découvrirez hauts remparts, volcans éteints et collines nimbées de légendes séculaires. Et ce n'est pas pour rien si on la surnomme "Festival City" : réservez longtemps à l'avance si vous entendez assister au Festival international d'Édimbourg (programmation sur www.eif.co.uk/French), la plus grande manifestation de la planète consacrée aux arts du spectacle, qui se tient en août.

Autre manifestation d'importance : l'Edinburgh Jazz and Blues Festival. Programmation sur www.edinburghjazzfestival.co.uk.

189 ZAGREB (CROATIE)

S'il est une capitale méconnue, c'est bien celle de la Croatie. Zagreb a pourtant tout d'une grande : culture, architecture, gastronomie… Plus un charme tout particulier, qui tient au voisinage entre le faste de son héritage austro-hongrois et une culture populaire balkanique débridée. La Ville haute abrite les édifices emblématiques les plus anciens de Zagreb, la Ville basse, les musées d'art les plus attrayants. On flâne avec plaisir dans ses rues, on se détend dans ses cafés et on profite d'une scène musicale et artistique en pleine effervescence.

Procurez-vous l'avantageuse Zagreb Card (www.zagrebcard.fivestars.hr).

190 NEW YORK (ÉTATS-UNIS)

Vous rêvez d'une escapade chic et branchée, riche en événements d'envergure mondiale et vernissages en tout genre ? Ne cherchez plus : la Grosse Pomme offre tout ce qu'il y a de plus flamboyant, musées de réputation internationale ou statues et buildings gigantesques, excès hédonistes ou élégance des plus stylées, sans oublier cette ambiance un rien arrogante si typique de NYC. Et puis il y a l'Empire State Building, Times Square, Greenwich Village ou Soho, et le ferry pour Staten Island, un must de tout séjour new-yorkais.

Découvrez un New York méconnu au Secret Chinese Garden de Staten Island que l'on rejoint par le bus S40 depuis le débarcadère des ferries de St George.

LES PAYS OÙ ÊTRE ACCUEILLI À BRAS OUVERTS

TOUR D'HORIZON DES PAYS PARTICULIÈREMENT RÉPUTÉS POUR LEUR SENS DE L'HOSPITALITÉ.

191 IRLANDE

Éprouvés par un passé douloureux, marqués par les conquêtes, les famines et les périodes d'émigration, les Irlandais manient aujourd'hui un sens de l'humour délicieusement piquant. Ils savent accueillir généreusement leurs visiteurs et feront tout pour leur faire plaisir. Découvrez le fameux *craic* (prononcez "crack"), cette aptitude locale à prendre du bon temps en bonne compagnie, dans les moments joyeux comme dans les temps difficiles. Depuis la fin des Troubles, l'Irlande affiche un optimisme prudent, laissant penser qu'elle est de nouveau une terre de tous les possibles.

À Dublin, le Guinness Storehouse de la brasserie St James's Gate est une halte incontournable (www.guinness-storehouse.com).

192 ÉTATS-UNIS

Bien qu'on leur reproche un nombre de maux incalculable, de la menace d'une troisième guerre mondiale à la pollution atmosphérique, en passant par leur goût pour les armes ou leur tendance à parler trop fort, les Américains ont l'art d'accepter les critiques sans sourciller. Ils savent que la notion d'"Américain type" n'a pas de sens, alors oubliez les stéréotypes ! Certes, le pays de l'Oncle Sam affiche un fort sentiment patriotique, mais il en va de même des autres pays de cette liste. Les Américains ont avant tout un sens de l'accueil exceptionnel et se mettront en quatre pour vous faire apprécier votre séjour.

Le guide officiel de Los Angeles (www.discoverlosangeles.com) répertorie les sites incontournables et les meilleures adresses de la ville.

193 MALAWI

Alors que d'autres nations africaines sont en proie aux luttes intestines et aux conflits, les Malawiens se décrivent comme le peuple le plus sympathique d'Afrique vivant dans le cœur chaud du continent. Les visiteurs pourront témoigner de la cohésion entre les différents groupes ethniques, tout comme de la propension des habitants à les accueillir aussi chaleureusement dans leur pays que dans leur maison. Certes, le Malawi est un petit pays, pauvre et dépourvu de nombreuses infrastructures, mais une telle hospitalité fait largement oublier le confort à l'occidental.

Des vols relient Lilongwe, la capitale, à Nairobie et Johannesburg, desservies par des compagnies européennes. La meilleure période pour se rendre au Malawi est de mai à octobre (saison sèche).

194 ÎLES FIDJI

Les habitants de ces îles, qui ont subi un nombre étonnamment élevé de coups d'État, sont généralement considérés comme le peuple le plus chaleureux de la planète. Avec une végétation luxuriante, des récifs de toute beauté, une mer de cobalt, une faune marine exceptionnelle, d'excellents sites de plongée, un littoral plein de charme et une cuisine savoureuse, les Fidji offrent largement de quoi se réjouir. La gentillesse est communicative sur cet archipel où l'on se sent tout de suite à son aise. De quoi vivre une merveilleuse expérience et profiter au maximum de son séjour… à condition de ne pas parler politique !

Découvrez la vie au sein d'un village grâce à un séjour chez l'habitant. Renseignements sur www.fijihomestays.com.

195 THAÏLANDE

Le pays le plus visité d'Asie du Sud-Est est forcément associé à de multiples images d'Épinal : îles et plages superbes, douceur du climat, mets délicieux, belles boutiques, etc. La Thaïlande abriterait dit-on les habitants les plus sympathiques. Avec les îles Fidji et Samoa, un troisième prétendant au titre ? Oui, l'accueil charmant des Thaïlandais est difficile à égaler. Difficile aussi de savoir pourquoi ils sont si accommodants et prompts à échanger un sourire, mais cette bonne humeur est terriblement contagieuse.

Dirigez-vous vers Chiang Rai, dans le nord du pays, pour assister au King Meng Rai Festival du 26 janvier au 1 er février. Plus d'infos sur www.chiangrai.sawadee.com.

196 SAMOA

Les îles Samoa prétendent elles aussi abriter le peuple le plus accueillant du monde. Étant donné qu'il n'existe pas d'organisme délivrant de titre officiel et que les îles Fidji affichent les mêmes prétentions, pourquoi ne pas se lancer dans une petite recherche sur Internet ? L'expression "*Fiji world's friendliest people*" donne 46 400 réponses sur Google, tandis que "*Samoa world's friendliest people*" n'en obtient que 29 700. Le Web a parlé, mais que nos lecteurs se rassurent : les superbes îles Samoa hébergent des habitants charmants, chaleureux et qui laissent une impression durable aux visiteurs.

Empruntez le bus pour rencontrer les Samoans : il est fréquent de partager un même siège (autrement dit de s'asseoir sur les genoux d'un autre passager). La plupart des bus partent du marché aux puces, dans le centre-ville d'Apia.

197 VIETNAM

Quantité d'images et de stéréotypes collent à la peau du Vietnam, les plus nombreux étant sans doute liés aux années de guerre, de l'"agent orange" au ronronnement des hélicoptères dans les films de Hollywood… Mais le pays est depuis devenu le nouveau tigre de l'économie asiatique et rien ne semble pouvoir entamer la gentillesse des habitants et leur sens de l'hospitalité.

Visitez le Vietnam au moment du Têt (fin janvier ou début février, selon le calendrier lunaire), que les familles de tout le pays célèbrent durant une semaine.

198 INDONÉSIE

Vivant sur un archipel où cohabitent de nombreuses cultures, les Indonésiens sont réputés pour leur capacité à accueillir les étrangers à bras ouverts. Et cette renommée est justifiée, même si les médias mettent surtout l'accent sur le sort réservé par les forces de l'ordre locales aux trafiquants de drogue ou aux terroristes. Un conseil : si vous visitez la merveilleuse île de Bali, la consommation de substances illicites est plus que déconseillée. Outre les conséquences fâcheuses que vous auriez à subir, vous risqueriez de nuire aux relations diplomatiques entre les pays, de compromettre le bon accueil des futurs visiteurs et de nous faire regretter d'avoir inc[illegible] dans cette liste.

Ne manquez pas l'ensemb[illegible] Prambanan, à 15 km de Jog[illegible] L'option la moins onéreuse p[illegible]endre consiste à participer à un circuit organisé.

199 ÉCOSSE

L'Écosse est en passe de devenir la destination préférée des voyageurs se rendant dans les îles Britanniques, devant Londres, où l'individualisme règne en maître. Bien que partie intégrante de la Grande-Bretagne depuis 1707, elle a su conserver une identité propre, forgée dans ces terres au climat rude. Cette capacité à surmonter les épreuves a doté les Écossais d'un caractère optimiste et extraverti, ainsi que d'un patriotisme teinté d'humour noir. Cette attitude déteint sur les visiteurs, d'autant que les Écossais sont loin d'être avares des beautés de leur terre.

Il faut découvrir les Highlands en juillet ou en août, pendant les Highland Games (consultez www.visithighlands.com).

200 TURQUIE

Loin de l'image d'un pays hostile à laquelle le film *Midnight Express* a contribué, la Turquie et ses habitants jouissent d'une réputation exceptionnelle en matière d'hospitalité. Possédant une cuisine succulente, un littoral de rêve et de beaux sites historiques, les Turcs ont de quoi redoubler de fierté.

Donnant sur la mer, le Kismet Hotel (www.kismet.com.tr) de Kusadasi a vu défiler rois et premiers ministres ; son personnel vous réservera un accueil exceptionnel.

ES MONUMENTS LES PLUS EMBLÉMATIQUES

XXZ114 / ISTOCK IMAGES

DEPUIS DES SIÈCLES, L'HOMME ÉRIGE DES MONUMENTS AUSSI COLOSSAUX QUE MAGNIFIQUES, CHERCHANT TOUR À TOUR À DÉFIER LA NATURE ET À LUI RENDRE HOMMAGE.

201 BIG BEN (ANGLETERRE)

Big Ben est le petit nom donné à la cloche et à la tour de l'horloge du palais de Westminster, à Londres, mais on se demande encore à quel "gros Benjamin" elle le doit. Peut-être s'agissait-il de Ben Hall, qui était commissaire des travaux publics lors de sa construction en 1888. Ou bien de Ben Caunt, un champion de boxe poids lourd, tout comme la cloche de la tour, qui pèse 13,76 tonnes. Big Ben est légèrement inclinée (22 cm vers le nord-ouest), en raison de la topographie du site.

Les résidents du Royaume-Uni peuvent réserver auprès de leur député une visite guidée de 75 minutes. Comptez de trois à six mois d'attente.

202 CHRYSLER BUILDING (ÉTATS-UNIS)

Construit en pleine course pour le plus haut gratte-ciel du monde, le Chrysler Building, édifice Art déco de 77 étages, fut achevé en 1930. En acier inoxydable et inspiré des enjoliveurs qui ornaient les voitures de la marque à la fin des années 1920, le bâtiment était alors la plus haute structure du monde (319 m) grâce à sa flèche de près de 60 m que l'architecte William van Alen fit assembler en secret dans l'immeuble lui-même. Elle fut installée en 90 minutes, à la surprise générale.

C'est depuis l'Empire State Building qu'on mesure la beauté de l'immeuble, de jour comme de nuit.

203 TOUR EIFFEL (FRANCE)

Combien d'électriciens faut-il pour changer les ampoules sur la tour Eiffel ? Sans doute un sacré nombre, quand on sait que quelque 10 000 ampoules illuminent ce monument de 324 m. Érigée en 1889 pour l'Exposition universelle commémorant le centenaire de la Révolution française, la célèbre tour parisienne fut conçue par Stephen Sauvestre et baptisée du nom de Gustave Eiffel, spécialisé dans les constructions métalliques, à l'origine également de la statue de la Liberté et d'innombrables ponts.

L'été, rafraîchissez-vous avec élégance au bar à champagne du dernier étage.

La Grande Muraille de Chine sublimée par le coucher du soleil

204 MONT RUSHMORE (ÉTATS-UNIS)

Dans les Black Hills (Dakota du Sud), ce monument pharaonique fut érigé pour commémorer 150 ans d'histoire américaine. Les visages hauts de 18 m de quatre présidents des États-Unis, Washington, Jefferson, Roosevelt et Lincoln, furent sculptés dans la roche (entre 1927 et 1941). Le projet initial était d'immortaliser de grandes figures du folklore américain. Cependant, le sculpteur Gutzon Borglum jugea trop trivial de consacrer ce qui serait l'œuvre de sa vie à des figures populaires, d'où les bustes…

Vous aurez du mal à découvrir ce monument avec le soleil et sans la foule…

205 GRANDE MURAILLE (CHINE)

Depuis des siècles et jusqu'à aujourd'hui, des hordes de barbares assaillent la Grande Muraille. Bâtie entre la fin du XVe et le début du XVIe siècle (sur une fortification antérieure vieille de 2 000 ans), elle s'étend sur pas moins de 6 350 km. Sa ligne dentelée et sinueuse qui serpente dans les montagnes entre la Chine et la Mongolie illustre l'ardeur folle que mettent les hommes dans leurs entreprises guerrières et défensives. Le tronçon le plus touristique, à Badaling, est à éviter : préférez une randonnée entre Simatai et Jinshanling.

La douceur automnale rend le mois d'octobre idéal pour la visite. Plus vous vous éloignerez de Beijing, plus la foule se raréfiera. Le téléphérique au niveau de Mutianyu est saisissant.

CHRISTOPHER GROENHOUT / LPI

Miroir, qui est le plus beau du pays ? À ce jeu-là, il y a peu de chances que l'Angkor Wat soit battu

206 ANGKOR VAT (CAMBODGE)

Cet ensemble de temples érigé au début du XIIe siècle par plusieurs souverains khmers successifs faisait partie d'un plus vaste centre administratif et religieux. Bâties en l'honneur du dieu hindou Vishnou et abandonnées au XVe siècle, nombre de ces structures monumentales ont depuis été envahies par les racines tentaculaires de banians ou recouvertes par la forêt environnante. Le plan des temples serait inspiré de la disposition de la constellation du Dragon en 10 500 av. J.-C. afin de favoriser l'harmonie entre la terre et le ciel.

Vous trouverez à Siem Reap, non loin, des chambres pour tous les budgets. Venez sur le site d'Angkor vers le lever du soleil pour éviter la foule, et méfiez-vous des guides peu scrupuleux.

207 GRANDE PYRAMIDE DE GIZEH (ÉGYPTE)

Le pharaon Kheops, en 2560 av. J.-C., creusa sa propre tombe… pour la gloire. Une sépulture complexe et superbe, la Grande Pyramide. Quelque deux millions de blocs de pierre de deux tonnes chacun furent apportés à Gizeh pour ce faire. La pyramide de Kheops, le tout premier site touristique de l'histoire de l'humanité (qui vit passer Marc Antoine, l'amant de Cléopâtre, ou encore Napoléon), se dresse aujourd'hui non loin de deux autres pyramides et d'une autre attraction phare, le Sphinx.

N'oubliez pas de vous désaltérer et d'acheter un en-cas à emporter si votre budget est serré, et prenez garde aux déjections de chameaux, omniprésentes.

208 MACHU PICCHU (PÉROU)

"Cité perdue des Incas", le Machu Picchu (littéralement, "vieille montagne") est installé à 2 350 m d'altitude. Invisible en contrebas, cette ville cachée qui comprend aujourd'hui des vestiges de palais, de bains publics et de temples aurait servi de "maison de campagne" aux souverains incas. Sa construction aurait débuté vers 1440, et elle fut redécouverte en 1911. La ville fut construite partiellement sans mortier, les pierres étant ajustées avec une précision extrême.

Pour emprunter l'incontournable chemin de l'Inca depuis Cuzco, comptez 4 jours. L'accès au site est soumis à une réservation (6 mois à l'avance !) auprès d'un agent agréé.

209 STONEHENGE (ANGLETERRE)

Personne ne sait vraiment pourquoi ces blocs de pierre de 50 tonnes ont été acheminés jusqu'ici depuis le sud du pays de Galles il y a 5 000 ans. On sait en revanche que le complexe fut construit entre 2500 et 2000 av. J.-C. et qu'il fallait près de 600 personnes pour bouger un seul de ces mégalithes. Avec une enceinte circulaire de piliers surmontés de linteaux, une structure intérieure en fer à cheval, un cercle extérieur et un fossé, Stonehenge avait vraisemblablement des fonctions astronomiques et religieuses.

Informations sur le site www.english-heritage.org.uk/daysout/properties/stonehenge/. Circuits en bus depuis Salisbury (www.thestonehengetour.info).

210 TAJ MAHAL (INDE)

Il fallut 23 ans (1630-1653) pour bâtir cette splendeur à la symétrie parfaite. Elle fut commandée par l'empereur Chah Djahan qui souhaitait un mausolée pour son épouse Arjumand Banu Begum (plus connue sous le nom de Mumtaz Mahal). Tout de marbre blanc, ce tombeau est décoré d'ornements délicats dans lesquels était incrusté du lapis-lazuli, malheureusement dérobé au XIXe siècle.

Le Taj Mahal se trouve à Agra, à seulement 40 minutes d'avion de Delhi (4 heures par la route). Les mois de mars à octobre sont les plus cléments.

LES DESTINATIONS LES PLUS FAMILIALES

QUI A DIT QUE DES VACANCES EN FAMILLE PASSAIENT FORCÉMENT PAR CERTAINS PARCS D'ATTRACTIONS SOUS L'ÉGIDE D'UNE CÉLÈBRE SOURIS ? ÉLARGISSEZ VOS HORIZONS ET OFFREZ À VOTRE PROGÉNITURE UNE ESCAPADE INOUBLIABLE.

À Legoland, la réplique de Copenhague est si bien faite qu'on s'y croirait

211 SPLENDEUR DANS LE DÉSERT (INDE)

Malgré la sécheresse, le paysage ne manque pas de couleur, car les milliers de saris du Rajasthan y dessinent un véritable arc-en-ciel. Étape touristique incontournable, le plus chatoyant des États indiens constitue une bonne introduction au sous-continent pour ceux qui voyagent en famille. Les hôtels y sont confortables et les transports, bien développés. Vous pourrez vous croire dans un conte de fées dans la vieille ville labyrinthique de Jaisalmer, vous balader dans Jodhpur, la ville bleue, ou dans les palais dorés des rois disparus. Les enfants sont toujours épatés par la variété des modes de locomotion – éléphants, chameaux, *rickshaws* – et par le spectacle, les bruits et les odeurs qui les attendent le long de leur route indienne.

Découvrez le Rajasthan en détail sur le site touristique officiel : www.rajasthantourism.gov.in.

212 AU PAYS DU PÈRE NOËL (LAPONIE)

Pas de vrai Noël sans neige, ni Père Noël ni quelques rennes. Pas de meilleur cadre pour les admirer que la Laponie, en Finlande. Située bien au-dessus du cercle polaire arctique, cette région vous attend avec ses balades en traîneau, la maison et la poste du Père Noël, ses pins immenses, ses hôtels de glace et ses aurores boréales. Descendez à l'hôtel à Rovaniemi où, lorsque vous serez lassés de tout ce folklore, vous pratiquerez le saut à ski et vous détendrez dans un sauna. Évitez que vos enfants ne voient les plats à base de renne sur le menu des restaurants – ils risqueraient d'être traumatisés à l'idée de manger Rodolphe, le petit renne au nez rouge.

Visitez en ligne la poste du Père Noël (www.santaclaus.posti.fi) et son village (www.santaclausvillage.info).

HOLGER LEUE / LPI

213 AU PAYS DES LEGO (DANEMARK)

Copenhague, joyeuse capitale du Danemark, est une excellente destination pour de courtes vacances en famille. Après avoir rendu hommage, comme il se doit, à la statue de la petite sirène d'Andersen, allez admirer les magnifiques jardins de Tivoli, dont le champ de foire fait la joie des enfants depuis 1843. Les ados et leurs parents seront sans doute attirés par le quartier alternatif de Christiania, tandis que les architectes en herbe visiteront avec plaisir Legoland, le royaume des petits cubes multicolores, une excursion faisable dans la journée.

Offrez-vous une visite de Copenhague sur www.visitcopenhagen.com, et de Legoland sur www.legoland.dk.

214 AU PAYS DES OASIS (SULTANAT D'OMAN)

Avec ses eaux claires, ses immenses complexes hôteliers, ses dunes envoûtantes et son climat subtropical au nord, Oman est l'endroit idéal pour une escapade originale en famille. Après votre arrivée à Mascate, une ville blanche traditionnelle en bord de mer, partez vers le désert pour une randonnée à dos de chameau et une partie de camping à la mode bédouine. Paressez sur les plages de la région de Sharqiya, mais n'oubliez pas de visiter la réserve de tortues de Ras al-Jinz. Comme dans tous les pays où l'on aime les enfants, les vôtres seront choyés et accueillis par un *ahlan wa salan* ("salut et bienvenue"). Toute la famille sera enchantée de cette odyssée au Moyen-Orient.

Pour réserver votre séjour en famille dans le désert sous une tente bédouine, connectez-vous sur www.nomadicdesertcamp.com.

215 TOKYO, VILLE LUMIÈRE (JAPON)

Quoi de plus excitant que l'idée d'un long week-end dans cette ville aux allures de parc d'attractions, royaume du high-tech et du kitsch. Les petites filles voudront s'offrir tous les objets imaginables à l'effigie de Hello Kitty, tandis que les garçons se jetteront sur les Dragonball. Les ados seront sûrement intrigués par les "*cosplay*", ces jeunes prêts à tout pour ressembler à leur personnage de manga favori. Les fans de Hello Kitty ne manqueront pas de lui rendre visite "chez elle" au parc Sanrio Puroland (www.puroland.co.jp/english). Après quoi, pour un panorama impressionnant, vous pourrez monter dans l'observatoire de la Tokyo Tower (www.tokyotower.co.jp/english), d'où, par temps clair, on voit jusqu'au Fujiyama.

Pour faire le plein d'idées afin d'occuper les petits dans cette métropole, visitez le site www.tokyowithkids.com.

216 L'ÎLE AUX ENFANTS (FIDJI)

Les parents avides de se reposer et de se régénérer ne peuvent rêver mieux qu'une parenthèse aux Fidji, ce somptueux archipel vert posé au milieu du Pacifique sud. Ici, les complexes luxueux s'adressent à toute la famille. Au Fiji Islands Resort, par exemple, une nounou est attribuée à chaque enfant dès leur arrivée et elle le prend entièrement en charge. Vous voilà libre de recharger vos batteries, allongé sur la plage ou en profitant du spa à volonté. Les Fidjiens adorent les enfants. Aussi, soyez sûrs que les vôtres seront autant chouchoutés – sinon plus – que vous, les pauvres parents qui travaillez dur et aimeriez enfin goûter à de vraies vacances.

Pour vous faire une idée des distractions familiales du Fiji Islands Resort de Jean-Michel Cousteau, rendez-vous sur www.fijiresort.com.

MASON FLORENCE / LPI

Repos bien mérité pour ces chameaux, sous la chaleur du désert égyptien

217 D'EST EN OUEST SOUS LA TENTE (ÉTATS-UNIS)

La route à perte de vue, voilà ce qui vous attend aux États-Unis. Après avoir loué une voiture à New York (une décapotable de préférence si vous voulez pousser le cliché dans ses derniers retranchements), mettez tranquillement le cap vers l'ouest, par les autoroutes, les petites routes et les petites villes, jusqu'à San Francisco. Ce qui rend ce voyage si particulier, ce sont les nuits passées sous la tente dans les parcs nationaux – qui sont sans doute l'un des plus beaux atouts de ce pays. Rien de tel, après une journée sur la route, que de planter les sardines en famille au milieu des arbres et de se faire griller des épis de maïs pour le dîner.

Planifiez vos haltes camping en utilisant le site du National Park Service : www.nps.gov.

218 SUR LES TRACES DE NESSIE (ÉCOSSE)

L'Écosse, ce n'est pas seulement du bétail à poil long, du whisky et des Highlands noyées dans le brouillard. L'été, le nord de l'Écosse réjouira toute la famille. Commencez par le loch Ness : pas très original, certes, mais vous n'allez tout de même pas leur refuser une rencontre avec Nessie. Ensuite, gagnez les Hébrides pour vous balader en ferry au milieu des phoques, macareux et dauphins et barboter le long des plages désertes. Vous pourrez aussi hurler tout votre saoul au vent de l'Atlantique. Redescendez vers Édimbourg pour le festival de théâtre alternatif : les artistes qui se produisent le long du Royal Mile jonglent, blaguent et font des claquettes pour le plus grand plaisir de vos enfants.

Consultez le programme du festival sur www.edfringe.com.

219 SUR LA ROUTE DES KANGOUROUS (AUSTRALIE)

Louez un camping-car, munissez-vous de la bande originale de *Priscilla, folle du désert* et partez à l'aventure dans les grands espaces australiens. Les naturalistes en herbe se documenteront sur les bêtes venimeuses qui se cachent sous les rochers. Les plaisirs du grand air, de la cuisine au feu de bois et de la route à perte de vue raviront toute la troupe. Admirez Uluru (Ayers Rock) pour vivre la quintessence du désert. Emmenez les plus petits visiter l'"École des ondes" (School of the Air) pour leur montrer comment on éduque leurs pairs dans le "bush". Le long de la route, vos enfants pourront tranquillement compter les kangourous.

Rendez-vous sur www.australiancampervans.com pour choisir votre camping-car.

220 À DOS DE CHAMEAU AU CAIRE (ÉGYPTE)

Visiter le Caire, c'est plonger dans une cacophonie à l'échelle d'une ville entière – de quoi couper le sifflet aux gamins les plus bruyants et laisser sans voix les ados les plus rétifs. Commencez par une visite du Musée égyptien, où vous attendent les trésors des pharaons – vos petits monstres adoreront la salle des momies. Puis, allez déambuler dans les souks et goûter des en-cas achetés à des marchands ambulants. Pour terminer, rendez-vous à Gizeh, pour vous aventurer dans les couloirs des pyramides, ou succomber au plaisir suprême : une balade dans les dunes au coucher du soleil, sur ces bestioles inconfortables qu'on surnomme les "vaisseaux du désert".

Descendez au luxueux Mena House (www.oberoimenahouse.com) pour permettre à vos bambins de piquer une tête dans un cadre chargé d'histoire.

LES TRAINS LÉGENDAIRES

CONFIEZ VOTRE MALLE AU PORTEUR ET EMBARQUEZ POUR REVIVRE L'ÂGE D'OR DU VOYAGE FERROVIAIRE.

TASHKA / ISTOCK IMAGES

Étroit chemin de fer s'étendant à travers les forêts de pins, les lacs et les montagnes des Rocheuses canadiennes

221 BLUE TRAIN (AFRIQUE DU SUD)

Durant près de 1 600 km, le Blue Train traverse les plaines d'Afrique du Sud et offre un point de vue magnifique sur des paysages et une faune indomptés. Ce service ferroviaire, l'un des plus luxueux au monde, est un descendant des trains affrétés par l'Union Limited et l'Union Express, qui visaient à offrir un voyage tout confort et très sélect aux passagers qui prenaient un bateau pour l'Angleterre au Cap. Le trajet, de Pretoria au Cap, prend environ 27 heures, qui confirment une évidence : ce qui compte, c'est le voyage, pas la destination.

Informations, tarifs et réservations sur le site www.bluetrain.co.za.

222 LIGNE METTUPALAYAM-OOTY (INDE)

Quoi de plus romantique que de gagner Ooty (2 240 m), la station climatique la plus célèbre d'Inde du Sud, par le train miniature ? Cette ligne de montagne qui relie Mettupalayam à Ooty, dans les Ghats Occidentaux, réserve des vues à couper le souffle tout au long de son parcours, surtout si l'on voyage en 1re classe. La ligne ferroviaire a été classée au patrimoine mondial de l'Unesco en 2005. Comptez environ 3 heures 30 de trajet.

Pour être sûr d'avoir une place assise, réservez 24 heures à l'avance ou présentez-vous 1 heure avant le départ.

224 TRAIN DE LA BARRANCA DEL COBRE (MEXIQUE)

Le Ferrocarril Chihuahua al Pacifico ("El Chepe" de son petit nom) emprunte 36 ponts et 97 tunnels au cours d'un périple de 655 km. Reliant les terres montagneuses arides du nord du Mexique à la côte pacifique, cette ligne serpente entre canyons vertigineux, cascades et déserts d'altitude. Deux trains circulent sur l'itinéraire Los Mochis-Chihuahua : le *primera express* (première classe) offre restaurant, bar et sièges inclinables et s'arrête moins souvent que le *clase económica* (classe économique).

Canyon Travel (www.canyontravel.com) propose un wagon privé avec plate-forme extérieure pour profiter du spectacle.

225 NARIZ DEL DIABLO (ÉQUATEUR)

Quittant Riobamba vers le sud, ce tronçon de voie ferrée qui défie l'impossible court d'Alausí à Sibambe et porte le nom de Nariz del Diablo ("nez du diable"). La construction débuta en 1908. Au niveau de Sibambe, il fallut creuser dans la roche des Andes une série de tunnels en épingle à cheveux pour permettre au train de monter près de 1 000 m jusqu'à Alausí, à 2 607 m d'altitude. Certains casse-cou descendent le "nez du diable" debout sur le toit plat du train.

Achetez vos billets la veille au soir pour éviter les longues files d'attente de la journée. Le trajet dure de 4 à 5 heures.

223 ROCKY MOUNTAINEER (CANADA)

Ce périple de deux jours dans les magnifiques montagnes Rocheuses canadiennes s'effectue de jour, vous permettant d'admirer à loisir chaque canyon époustouflant, la moindre rivière émeraude, toutes les vallées verdoyantes et les lacs glaciaires miroitants. En quittant Vancouver et la côte ouest, pressez votre nez contre la vitre pour regarder défiler les glorieux sommets de la Colombie-Britannique. Laissez ensuite les Rocheuses se dévoiler petit à petit pendant que vous traverserez les parcs Jasper et Banff, puis Calgary et, enfin, l'Alberta.

Trois itinéraires sont proposés : Kicking Horse, Yellowhead et Fraser Discovery. Horaires et renseignements sur www.rockymountaineer.com.

226 DE CUZCO À PUNO (PÉROU)

Avec sa réputation de vieux tacot, ce train effectue le trajet de 10 heures entre la capitale inca Cuzco et Puno, sur les rives du lac Titicaca. À l'altitude à laquelle se trouve le lac, l'air est d'une pureté inégalable et la clarté absolue de la lumière sublime les paysages de l'Altiplano et les eaux profondes du Titicaca. À l'autre bout du voyage, Cuzco offre un mélange unique de merveilles coloniales et religieuses érigées sur les fondations des Incas.

Le billet de train (environ 220 $US l'aller) comprend le déjeuner et le thé. Pour en savoir plus, www.perurail.com.

227

TRANSSIBÉRIEN (RUSSIE-MONGOLIE-CHINE)

Ce grand classique du voyage ferroviaire part de la gare Iaroslavl de Moscou et parcourt un tiers de la circonférence du globe jusqu'aux charmes décatis de Vladivostok. Vous longerez le lac Baïkal, qui semble surgir de nulle part au milieu de la taïga sibérienne. Bifurquant de la ligne principale, le Transmongolien longe d'opulentes maisons russes et d'épaisses forêts, avant de pénétrer sur la steppe infinie et sous les cieux immenses de la Mongolie. Continuant sa route vers Beijing, il longe la spectaculaire muraille de Chine. Que vous le fassiez en une semaine ou dix, c'est une authentique épopée.

Le Transmongolien part de Moscou tous les mardis et met 6 jours pour faire le trajet. À partir de 650 $US environ l'aller en couchette de seconde classe.

Le Transsibérien longeant le lac Baïkal, en route vers les steppes de Mongolie

228 VENISE SIMPLON-ORIENT EXPRESS (ITALIE)

Amateurs d'élégance et de glamour, ce voyage en train vous fera ronronner de plaisir de Venise jusqu'à Londres. Le luxe est omniprésent, du wagon-restaurant somptueusement équipé (argenterie française, belles nappes, verres en cristal) à la voiture piano-bar. N'oubliez pas vos smokings et robes de soirée. Et vos escarpins Manolo Blahnik mesdames, qui seront parfaits pour déambuler dans les rues des villes les plus romantiques d'Europe : l'Orient-Express fait l'honneur de son passage à Vienne, Paris, Prague et Istanbul.

Le tarif comprend les repas en "table d'hôte", mais les délices de la carte et du service en compartiment 24h/24 sont en sus. Mettez-vous en appétit sur www.orient-express.fr.

229 COAST STARLIGHT (ÉTATS-UNIS)

Longeant toute la côte ouest des États-Unis, le *Starlight* fait halte dans quelques-unes des grandes villes américaines, Seattle, Portland et Los Angeles. Il lui faut pas moins de 35 heures pour traverser l'État de Washington, l'Oregon et la Californie. Toutes sortes de commodités font agréablement passer le temps à bord, dont un wagon-restaurant et une salle de loisirs. Pourtant, ce sont les fenêtres qui offrent le spectacle le plus enthousiasmant, laissant défiler montagnes imposantes et océan à perte de vue.

Le voyage dure 35 heures et vous avez le choix entre plusieurs niveaux de confort : renseignements sur http://francais.amtrak.com/coast-starlight-train

230 VIEJO EXPRESO PATAGÓNICO (ARGENTINE)

Avec 35 km/h de moyenne, c'est aller vite en besogne que de l'appeler "Express". Plus connu sous son surnom de *La Trochita*, ce train historique crache sa vapeur sur 402 km d'Esquel à Ingeniero Jacobacci, s'arrêtant en chemin dans une demi-douzaine de gares et neuf *apeaderos* (haltes secondaires). Des petites fenêtres de votre compartiment tout de bois datant des années 1920, vous verrez défiler les Andes chiliennes, qui bordent le tronçon sud de la voie et viennent interrompre de vastes étendues désertiques. La partie la plus étroite de ce chemin de fer présente un écartement d'un mètre et date de 1922.

La fréquence varie d'un mois à l'autre. Le départ se fait souvent à 10h, et le tarif plein pour un adulte est de 180 pesos.

LES PLUS BEAUX PÉRIPLES DE L'HISTOIRE

PRENEZ VOTRE BOUSSOLE, ENFOURCHEZ VOTRE MONTURE ET PARTEZ SUR LES TRACES DES PLUS CÉLÈBRES AVENTURIERS.

231 JULES VERNE : LE TOUR DU MONDE EN 80 JOURS

Marchez sur les traces de Phileas Fogg qui fit (sur le papier) le tour du monde en moins de trois mois à la fin de l'époque victorienne. Publié en 1873, *Le Tour du monde en 80 jours* est considéré comme l'hommage de Jules Verne aux progrès technologiques du XIXe siècle. Vous devrez donc vous contenter du chemin de fer, du vapeur et… de l'éléphant pour réaliser le périple suivant : Londres, Suez, Bombay, Calcutta, Hong Kong, Yokohama, San Francisco, New York et Londres de nouveau. C'est parti !

Réservez un billet d'avion tour du monde et organisez vos propres aventures en prenant inspiration au festival de cinéma Jules Verne (www.julesvernefestival.com/).

232 GENGIS KHAN

Grâce à son intelligence militaire hors pair, Gengis Khan, né au XIIIe siècle, parvint à unifier les peuples d'Asie centrale pour former le grand Empire mongol (1266-1368). Parti de Mongolie, il conquit progressivement Beijing, puis l'est et l'ouest de la Chine, avant d'atteindre la Russie. Trente millions de personnes seraient mortes sous le règne de ce chef impitoyable.

La plupart des visiteurs ont besoin d'un visa pour pénétrer en Mongolie. Renseignez-vous sur www.mongoliatourism.gov.mn. Assurance de voyage vivement recommandée.

233 IBN BATTUTA

Né en 1304 au Maroc, Ibn Battuta, fin lettré et homme de loi, partit à 20 ans en pèlerinage à la Mecque et ne cessa de voyager durant près de trente années. Le récit de ses pérégrinations, la *Rihla*, évoque les 120 700 km qu'il parcourut à travers le monde musulman mais aussi bien au-delà, puisqu'il sillonna l'équivalent actuel de 44 pays. Tombée dans l'oubli, la *Rihla* fut redécouverte au XVIIIe siècle et traduite dans plusieurs langues européennes. Procurez-vous votre propre exemplaire et réservez les trente ans à venir.

Retrouvez Ibn Battuta et d'autres dans *Voyageurs arabes* (Gallimard, 1995).

234 LE CHEMIN DE L'INCA

Remontant à l'Empire inca (1438-1533), cette piste historique au Pérou est aujourd'hui un trek bien balisé qui s'étire sur 33 km jusqu'à la "Cité perdue des Incas" (plus connue sous le nom de Machu Picchu). Le circuit traverse des forêts d'altitude et longe le flanc de la montagne avant de rejoindre l'ancienne cité secrète, qui aurait fait office de résidence d'été de la royauté inca. Vous aurez le souffle coupé par la beauté du parcours… et l'altitude (2 350 m) !

Prenez l'avion, ou le bus de nuit, pour le trajet Lima-Cuzco, d'où part le chemin. Vous devrez louer les services d'un guide pour cet itinéraire envisageable uniquement à la saison sèche (avril à octobre).

235 CHARLES DARWIN : LE VOYAGE DU BEAGLE

Le naturaliste britannique embarqua à bord du *Beagle* pour observer, cinq années durant, l'environnement naturel au cours d'un voyage qui le mena en Amérique du Sud, aux Galápagos, à Tahiti et en Australie. Darwin regagna ensuite son pays natal après une dernière halte aux îles Keeling. Le récit de ses aventures fut publié en 1839 sous le titre *Voyage d'un naturaliste autour du monde* et rapidement surnommé le "Voyage du *Beagle*". Les observations du naturaliste sur la biologie, la géologie et l'anthropologie posèrent, rétrospectivement, les jalons de la théorie de l'évolution.

Le projet Beagle (www.hmsbeagleproject.org) vise à fabriquer une réplique du navire pour renouveler l'aventure de Darwin.

236 LES BAGAGES D'EVELYN WAUGH

Entre deux mariages, l'écrivain satiriste Evelyn Waugh voyageait inlassablement. Dans *Bagages enregistrés* (1930), il relata sa traversée de la Méditerranée. Ses haltes à Malte, au Caire, à Naples et à Constantinople (Istanbul) sont prétextes à des observations empreintes d'ironie, qu'il s'agisse de descriptions de veuves s'enthousiasmant pour des textes publicitaires ou de louanges ambiguës des œuvres de Gaudí à Barcelone. Le voyage est avant tout satirique, alors n'oubliez pas votre sens de l'humour.

Partagez le goût de Waugh pour Gaudí en découvrant le parc Güell (10h-19h ; entrée libre), à Barcelone. Suivez les pancartes à la sortie de la station de métro Lesseps.

237 ALEXANDRE LE GRAND

Considéré tantôt comme un génie, tantôt comme un destructeur, Alexandre III fut sans doute le plus grand chef militaire de l'Antiquité. Ses conquêtes l'entraînèrent, aux côtés de ses armées, dans quelque 16 pays, de la Grèce à l'Inde, dans une campagne qui dura près de dix ans. Il fut à l'origine de la défaite de l'Empire perse et de l'invasion de l'Inde. La légende voulait qu'il chevauchât un cheval magique. Il mourut à l'âge de 33 ans.

Partez de Pella, ville natale d'Alexandre, où les mosaïques du palais sont demeurées intactes. Le musée de Pella (6 €) présente des objets provenant des sites archéologiques de la région.

238 LEWIS ET CLARK

Pour suivre ces deux Américains intrépides jusqu'au Pacifique, vous devrez réunir une trentaine d'hommes, être prêt à affronter engelures, mais aussi ours et bisons… Tel fut le quotidien de Meriwether Lewis et William Clark durant les trois années (1804-1806) qu'ils consacrèrent à l'exploration des vastes territoires à l'ouest du Mississippi. Leur voyage avait pour véritable objectif de se "présenter" aux Indiens, qui ne furent pas véritablement impressionnés par leurs présents à base de perles, dés à coudre et autres babioles.

Début octobre, le festival Lewis and Clark est organisé à Clarksville, dans l'Indiana, d'où partit l'expédition en 1804. Renseignements sur www.lewisandclarkinclarksville.org.

239 MARCO POLO

Marco Polo (1254-1324) est né à Venise, d'un père explorateur qui lui a sans doute communiqué le goût du voyage. L'aventurier italien longea en bateau la côte ouest de la Grèce jusqu'à la Turquie, avant d'emprunter la route de la Soie en passant par le Moyen-Orient, l'Asie centrale et la Chine. Certains doutes planent sur la véritable distance parcourue par Marco Polo, qu'il avait lui-même estimée à plus de 39 000 km.

Deux cinéastes ont retracé l'intégralité du voyage de 40 000 km sur www.thirteen.org/marcopolo. Choisissez votre point de départ quelque part sur cet itinéraire.

240 BURKE ET WILLS

La traversée du continent australien conduisit Robert Burke et William Wills à leur perte. Pourtant bien équipée, l'expédition partit de Melbourne en août 1860 et gagna le nord du territoire, dans le but d'obtenir la récompense promise par le gouvernement de Victoria aux premiers aventuriers capables de traverser ces terres alors inexplorées. Les hommes atteignirent leur destination – Normanton, dans le golfe de Carpentarie – mais moururent de malnutrition à Cooper's Creek en juin 1861, pendant le voyage de retour. Le Dig Tree, arbre sur lequel est gravé un message d'un des membres de l'expédition, est toujours visible à Inniminka.

En mars, les chais Burke and Wills (à 101 km de Melbourne), qui donnent sur la fameuse piste, accueillent un festival de musique folk.

OÙ DÉGUSTER LE MEILLEUR THÉ

DES SALONS DE THÉ HUPPÉS AUX PLANTATIONS D'ALTITUDE, LE TEA TIME DANS TOUS SES ÉTATS.

241 LONDRES (ANGLETERRE)

Attention, robe (ou cravate) de rigueur ! Le *tea time* au Ritz se distingue par son atmosphère guindée et la splendeur du décor de Palm Court : lustres et grands miroirs, théières en argent et porcelaine fine. Vous y serez en excellente compagnie – d'Édouard VII à Charlie Chaplin, d'innombrables célébrités ont pris le thé ici (toujours servi à 16h précises). Cette expérience est assez onéreuse. Si votre budget est insuffisant, essayez une institution d'un autre genre, les Classic Cafes, des établissements dont le cadre, parfois d'époque, rappelle les années 1950. Inutile de revêtir sa plus belle tenue pour venir y boire le thé.

Il est parfois nécessaire de réserver 3 mois à l'avance au Ritz (www.theritzlondon.com/tea), où jeans et baskets sont interdits. Inutile de réserver dans les cafés membres de www.classiccafes.co.uk.

242 TRANSSIBÉRIEN (RUSSIE-ASIE CENTRALE)

Il faut 6 jours pour se rendre de Moscou à Beijing par le Transsibérien. Le meilleur moyen de passer le temps est de faire connaissance avec ses compagnons de voyage : hommes d'affaires russes, commerçants mongoles ou moines bouddhistes. Dans chaque wagon, on trouve un samovar, où chacun vient remplir sa tasse d'eau chaude. Le samovar est plus qu'une bouilloire : cet emblème de la culture russe sert de prétexte à se retrouver autour d'une tasse de thé. Alors remplissez votre tasse et contemplez avec vos nouveaux amis l'Europe se perdre dans les confins de l'Asie.

L'été, les tarifs augmentent de 40% (environ 700 $US l'aller simple Moscou-Beijing). Prévoyez des visas pour la Russie, la Mongolie et la Chine.

243 PARAGUAY, URUGUAY ET ARGENTINE

Le maté est la boisson nationale de ces trois pays d'Amérique du Sud. Tout le monde en consomme, en ville comme dans la pampa. Il est préparé à partir des feuilles de la yerba maté et, selon les Guaraní, aurait été offert aux humains par la déesse de la Lune pour les remercier de l'avoir sauvée des griffes d'un jaguar. Munissez-vous de l'équipement réglementaire – une *bombilla* en argent (paille pour boire l'infusion) et la *guampa* (gourde) qui va avec –, glissez le tout dans votre sacoche et joignez-vous aux gauchos. Cette "plante liquide" vous aidera à chevaucher sans fatigue toute la nuit.

Apprenez-en plus sur le maté sur le site de l'Institut national de la yerba maté : www.yerbamateargentina.org.ar.

244 YUÈYÁNG (CHINE)

Depuis le jour où, selon la légende, une feuille de thé tomba par hasard dans la tasse d'eau chaude de l'empereur Shennong, vers 2700 av. J.-C., les Chinois louent les vertus médicinales et sociales de ce breuvage. On boit du thé partout et à toute heure en Chine. Mais seuls les théiers de l'île de Junshan – étendue couverte de bois et de bambous située à 45 minutes en bateau de Yuèyáng (dans le Hunan), sur les eaux argentées du lac Dongting – donnent le légendaire "thé aux aiguilles d'argent", l'un des plus rares de Chine, autrefois prisé des empereurs et réputé prolonger la vie.

Du port pour passagers de Changsha partent des bateaux à destination des principales villes du lac Dongting. Pour plus de renseignements, consultez le site http://en.changsha.gov.cn/.

Le thé, une tradition qui remonte à presque 5 000 ans en Chine

FRANK CARTER / LPI

245 SAHARA

Boire un thé dans le désert nord-africain est une expérience mémorable. Pour les Touareg, la préparation du thé demande patience et application. Chaque pause qui lui est dédiée donne lieu à la dégustation de trois thés. Selon un proverbe, "le premier est amer comme la mort, le deuxième sacré comme l'amitié et le troisième doux comme l'amour". Chaque fois, il s'agit autant d'étancher sa soif que de passer du temps ensemble, sans se presser. Pour vivre ce moment privilégié, rendez-vous sous les dattiers de l'oasis de Terjit, en Mauritanie, ou dans la mer de sable de Ghat, en Libye.

L'oasis de Terjit se trouve dans la région de l'Adrar, en Mauritanie. En juillet et août, vous pourrez assister à la *getna* (cueillette des dattes).

246 UJI (JAPON)

Célèbre pour ses temples, la ville d'Uji est aussi considérée comme la capitale japonaise du thé. Le thé vert pousse ici en abondance, et on le trouve partout : dans les boîtes traditionnelles en bois alignées dans les boutiques, mais aussi dans les nouilles soba et dans les cornets de glace. Ne manquez pas la cérémonie du thé, ou *chanoyu*, qui revêt une grande importance au Japon ; admirez les ustensiles de toute beauté et la délicatesse du service caractérisant ce rituel minutieux. Dans les petits salons tapissés de tatamis de la maison de thé Taiho-an, vous serez servi par des femmes en kimono.

Uji se trouve entre Kyoto et Nara. La maison de thé Taiho-an est à 10 minutes à pied de la gare Keihan. Elle est ouverte de 10h à 16h. Entrée : 500 yens.

Champs de thé à perte de vue à Darjeeling

247 MACHU PICCHU (PÉROU)

Vous voici à plus de 4 000 m d'altitude, à cours d'oxygène, dans un décor dominé par d'imposants pics montagneux, mais bien décidé à atteindre Machu Picchu, la merveille inca. Tout ira mieux après un bon thé à la coca. Appréciée dans toute la cordillère des Andes, cette boisson n'a pas un goût inoubliable mais possède la faculté d'augmenter l'absorption d'oxygène dans le sang. Ce remède naturel au mal d'altitude doit tout aux feuilles de coca qui le composent (et servent aussi à fabriquer la cocaïne). Les conditions idéales pour le déguster ? Accroupi à flanc de montagne, dans une vallée parsemée de ruines incas, sous les étoiles, au petit matin.

Inkaterra (www.inkaterra.com) organise des visites de plantations de thé près de Machu Picchu, suivies d'une dégustation dans un salon de thé.

248 BOSTON (ÉTATS-UNIS)

En 1773, des Bostoniens en colère jetèrent par-dessus bord la précieuse cargaison de trois navires britanniques, soit l'équivalent de 24 millions de tasses de thé. Une plaque commémorant cet événement est apposée à l'angle de Congress Street et de Purchase Street. On peut aussi visiter la Old South Meeting House, où Samuel Adams prononça les discours enflammés qui déclenchèrent la révolte. Pour acheter du thé, allez au Ming's Market. Ce grand magasin chinois en propose des centaines de variétés, censées soigner tous les maux, des simples boutons aux problèmes plus intimes.

L'Old South Meeting House se trouve dans le centre-ville. Pour en savoir plus sur ce bâtiment, notamment sur les manifestations qui y sont organisées, consultez le site www.oldsouthmeetinghouse.org.

249 DARJEELING (INDE)

Dans le petit train à vapeur qui vous emmène à Darjeeling, vous pourrez goûter au nectar relevé de masala que vendent les *chai wallah*. Mais ce n'est rien comparé à ce qui vous attend sur place. Une fois sorti de la gare, perchée à 2 000 m d'altitude, vous baignerez dans les effluves de thé qui s'échappent des cafés et du bazar. La ville est environnée de collines couvertes de plantations, l'Himalaya en toile de fond. On peut les visiter d'avril à novembre (époque de la cueillette et de la fabrication) et découvrir tout ce qui se cache derrière un simple sachet de thé.

On peut aussi gagner Darjeeling depuis Siliguri, à bord d'une "jeep collective" (90 roupies environ). À Darjeeling, des taxis proposent des excursions touristiques (les tarifs sont généralement affichés sur la lunette arrière).

250 RÉGION MONTAGNEUSE (SRI LANKA)

Vue du ciel, cette région du Sri Lanka couverte de théiers depuis la fin du XIXe siècle semble avoir été méticuleusement coloriée en vert. Seuls les saris aux couleurs vives des cueilleuses tranchent sur la teinte uniforme des plantations. Pour déguster le fruit de leur labeur, rendez-vous à Nuwara Eliya. Avec son golf et son country club vieillot, on imagine difficilement plus *british*. Pour vous enfoncer dans les plantations, empruntez à pied ou à vélo les sentiers de la vallée de Bogawantalawa.

Ceylon Tea Trails (www.teatrails.com) organise des circuits de luxe dans la vallée de Bogawantalawa. Premier prix pour une chambre double : 143 €/nuit.

LES PLUS BELLES SAISONS DES PLUS BEAUX SITES

UNE VILLE, UNE RÉGION PEUVENT COMPLÈTEMENT CHANGER DE VISAGE D'UNE SAISON À L'AUTRE. CHOISISSEZ BIEN VOTRE MOMENT !

251 BARCELONE PENDANT LE CARNAVAL (ESPAGNE)

Le *carnestoltes* (carnaval, en catalan) de Barcelone a lieu en février ou en mars. Il comprend plusieurs jours de défilés et de réjouissances qui prennent fin 47 jours avant le dimanche de Pâques, un mardi. La Gran Rua – grande parade de chars et d'attelages réunis pour accueillir le roi Carnaval – débute sur ou près de la Plaça d'Espanya, pour suivre vers l'ouest la Carrer de la Creu Coberta. Le mercredi suivant a lieu l'Enterrament de la Sardina (enterrement de la sardine), souvent sur la colline de Montjuïc. Cette cérémonie marque le début du carême. Une version plus agitée du carnaval se déroule à Sitges, où bars et night-clubs sont pris d'assaut par les fêtards plusieurs jours durant.

Chaque quartier de Barcelone a sa propre fête : passez de l'un à l'autre. Voyez ce qui se mijote sur www.barcelona.es.

252 LE QUÉBEC EN HIVER (CANADA)

Avec des températures moyennes de -22°C en janvier sur une grande partie du territoire et de -10°C dans la vallée du Saint-Laurent, fi des moustiques. Mais surtout, le Québec se prête alors à quantité d'activités grisantes : ski de piste, randonnées en traineau à chiens et en raquettes, équipées en ski de fond ou en motoneige sur la piste du P'tit Train du Nord qui relie Saint-Jérôme à Mont-Laurier (200 km). Des milliers de patineurs évoluent sur Canal Rideau, près de Saint-Sauveur, ou tourbillonnent sur le lac aux Castors du parc du Mont-Royal, en plein Montréal. L'équipe de hockey de la métropole dispute ses matchs dans le splendide centre Bell d'octobre à mai.

Le Québec possède 150 stations de ski de piste, à 1 heure de Montréal et à 30 minutes de Québec.

253 ROME L'ÉTÉ (ITALIE)

De fin juin à août, la Ville éternelle est en proie à un climat chaud et humide, parfois à la limite du supportable. Mais c'est aussi la saison où Rome est la plus vivante et la plus sensuelle. Les gens sont dans la rue et les festivals en plein air abondent ; les femmes sortent vêtues de robes divines ; on déguste des *gelati* toute la journée, avant de dîner en terrasse. Les clochers de la capitale du christianisme se détachent en ocre orangé sur un ciel généralement bleu. Tout invite à prendre le temps de se dorer au soleil sur les terrasses des cafés, de se perdre dans les ruelles pavées et de paresser dans les *trattorie*.

Classé parmi les meilleurs restaurants de la ville par les Romains, le Ponte Milvio (www.met-roma.it), sur le Piazzale di Ponte Milvio, est un établissement incontournable.

GLENN BEANLAND / LPI

Dîner en terrasse sur le Campo de' Fiori à Rome, lors d'une chaude soirée d'été

254 REYKJAVÍK AU SOLEIL DE MINUIT (ISLANDE)

Les Islandais ont l'habitude de plaisanter sur l'imprévisibilité du climat de leur pays. L'été toutefois, les températures sont généralement correctes et il fait jour 22 heures sur 24. Mois les plus secs et les plus chauds de l'année, mai, juin et juillet forment la meilleure période pour visiter le pays. La haute saison s'étend de début juin à fin août. Le reste de l'année, beaucoup de galeries, de musées et de sites touristiques de la capitale ont des horaires d'ouverture restreints.

Reykjavík est une ville chère. La plupart des logements et des restaurants adaptés aux petits budgets sont réunis à l'ouest, dans la vieille ville.

255 LES PAYS-BAS PENDANT LA SAISON DES TULIPES

Le printemps est la saison des amours mais aussi celle de la floraison des tulipes. Cela fait des siècles que les Néerlandais vouent un culte à cette plante raffinée. Pour admirer les différentes variétés et découvrir l'impressionnante palette de couleurs que déploie la tulipe, rendez-vous au Keukenhof, le plus grand jardin fleuri du monde. Ce parc de 32 hectares héberge sept millions de bulbes issus de 600 variétés de tulipes, trônant parmi d'autres fleurs telles que les narcisses ou les lys. La visite de ces champs peut s'effectuer à pied, à vélo ou en bateau.

Le jardin n'est ouvert au public que pendant 8 semaines au printemps (de mi-mars à mi-mai). Il se situe entre Hillegom et Lisse, au sud de Haarlem. Plus d'infos sur www.keukenhof.nl

Cerisiers en fleurs bordant les douves du château d'Edo, à Tokyo

256 TOKYO PENDANT LE HANAMI (JAPON)

Les Japonais sont aux anges pendant la courte saison du *hanami* (éclosion des fleurs) : les pruniers fleurissent les premiers, en février, puis c'est au tour des pêchers, en mars, et des cerisiers fin mars-début avril. À Tokyo, deux endroits sont dédiés à l'adoration du bourgeon en fleur : les parcs Ueno et Yoyogi, d'anciennes casernes transformées en jardins publics. Yoyogi, le plus célèbre, est une vraie ruche à cette période de l'année. Shinjuku-gyōen, l'un des plus grands espaces verts de la ville (58 ha), offre une atmosphère plus sereine.

La rivière Meguro est également un bon endroit pour jouir de ce spectacle : elle est bordée de plus de 800 arbres que l'on peut voir depuis la gare de Nakameguro (ils sont illuminés la nuit).

257 LONDRES EN MAI (ANGLETERRE)

Au premier rayon de soleil, les Londoniens troquent leurs tenues ternes contre des robes à sequins et des T-shirts excentriques. Lorsqu'il se met à faire vraiment chaud, plutôt que de chercher l'ombre et la fraîcheur comme on le ferait plus au sud, nombreux sont ceux qui s'exposent au soleil pour améliorer leur teint. Le moindre centimètre carré d'herbe du plus petit jardin public est pris d'assaut à l'heure du déjeuner. Plus tard dans la journée, on prend une bière devant les fenêtres ornées de jardinières des pubs. Des airs de musique jubilatoires s'échappent des fenêtres ouvertes et il arrive même qu'on vous sourie dans le métro.

Captez ce frémissement préestival lors d'une balade dans Hampstead Heath.

258 GOA EN BASSE SAISON (INDE)

On dit que la meilleure saison pour visiter Goa est celle où le temps est le plus frais, entre novembre et mars. Mais beaucoup d'habitants de Goa préfèrent la période de mousson, entre juin et fin septembre. La pluie est accueillie par des fêtes et des célébrations, et la campagne verdit pratiquement du jour au lendemain. L'avantage d'un voyage à cette époque de l'année, c'est que vous n'aurez pas à supporter la foule et que les prix sont plus bas. En octobre, au tout début de la saison touristique, les plages sont encore agréablement vides.

Le vaccin contre la typhoïde et un traitement contre le paludisme sont fortement recommandés pendant la mousson.

259 DUBLIN À NOËL (IRLANDE)

Le mois de décembre est très animé à Dublin. Lors du "Christmas Dip at the Forty Foot", baignade organisée à 11h le jour de Noël, à Sandycove (village immortalisé par James Joyce dans *Ulysse*), les plus courageux font l'aller-retour à la nage jusqu'aux rochers, à 20 m du rivage. Pendant le déjeuner de Noël, on trinque en écoutant *Fairytale of New York*, des Pogues. Remettez-vous des repas de fête et oubliez votre blues d'après Noël en assistant aux très populaires Leopardstown Races (26-30 décembre). Pour terminer, rendez-vous à Funderland, fête foraine traditionnelle dublinoise qui se tient du 26 décembre au 9 janvier.

Grisé par la Guinness, vous oserez peut-être tenter le Christmas Dip au Ringsend Pier (à 2 ou 3 km du centre-ville), où les hurlements du vent intimident les plus aguerris.

260 NEW YORK EN JUIN (ÉTATS-UNIS)

Le premier mois de l'été, New York n'est que parades, fêtes de rues et concerts en plein air. SummerStage, propose une étourdissante programmation dans Central Park, d'autant plus appréciable qu'il fait alors en général plus de 20°C. Pendant la Restaurant Week, vous profiterez de remises intéressantes dans des restaurants haut de gamme. Quant au mois de la Gay Pride, il culmine le dernier dimanche de juin avec un grand défilé dans Fifth Avenue auquel participent drag-queens, policiers gays, homos en cuir et bien d'autres représentants de la communauté arc-en-ciel.

Presque tous les concerts du SummerStage sont gratuits (une participation est parfois suggérée). Plus d'infos sur www.summerstage.org.

OÙ ALLER POUR SE VANTER AU RETOUR

ANECDOTES INSOLITES, PHÉNOMÈNES ÉTRANGES, SECRETS D'INITIÉS… AJOUTEZ UNE PAGE À VOTRE FLORILÈGE D'HISTOIRES EXTRAORDINAIRES.

261 NUIT DE FÊTE DÉBRIDÉE (INDE)

Tout récit de voyage commençant par "Quand je suis arrivé à Goa" se termine invariablement par "Je planais sérieusement, mon pote". Depuis les années 1970, Goa fait figure de haut lieu de la communauté hippie. S'étirant langoureusement entre la chaîne des Ghats occidentaux et la mer d'Oman, ses plages accueillent aujourd'hui les fameuses fêtes de la Pleine Lune, dont les excès fournissent à d'innombrables jeunes voyageurs la matière de récits narrant leurs exploits, sur fond de musique transe aux accents psychédéliques.

Un *bhang lassi* – servi en toute légalité pour moins de 10 $US au Bhang Shop, à Jaislamer – suffit en général à vous plonger dans un état second.

262 CLUB DU 7e CIEL (ANGLETERRE)

Vous rêvez de vous ébattre en plein ciel avec votre partenaire, à 1 500 m d'altitude ? Les pilotes de Mile High Flights, installé à l'aéroport de Gloucestershire (Angleterre), vous permettent de réaliser ce fantasme. Coût : 640 £ pour profiter du matelas douillet aménagé dans le Cessna Grand Caravan. Un rideau assure l'intimité des passagers. Ce vol pas comme les autres séduit des couples de tout âge.

Renseignements et réservations sur le site www.milehighflights.co.uk. D'autres compagnies proposent ces vols, notamment en Europe et au États-Unis.

263 SPECTRE DE BROCKEN

Cet extraordinaire phénomène optique tire son nom du plus haut sommet du massif du Harz, qui culmine à 1 141 m dans la province allemande de Saxe-Anhalt. Il se produit la plupart du temps à proximité de hauts sommets, lorsque l'atmosphère est humide et le soleil bas. Ceux qui en font l'expérience peuvent alors voir leur ombre nimbée d'un halo lumineux, en général au niveau de la tête. On imagine qu'un tel phénomène a dû passer pour une manifestation divine pendant des milliers d'années.

BerlinLinienBus (www.berlinlinienbus.de) dessert Goslar, porte d'entrée du Harz, moyennant environ 30 €.

264 FRAUDE DANS LE TRAMWAY (AUSTRALIE)

Certains voyageurs trouvent normal d'emprunter les transports en commun sans jamais débourser le moindre centime. Une étude récente estimait à 1 million de $AU la perte de revenus quotidienne imputable aux fraudeurs dans les tramways de Melbourne – en circulation depuis 1885. À Hong Kong, dont le réseau de tramways transporte en moyenne 231 000 passagers par jour, on est parvenu à dissuader les resquilleurs en mettant en place un système de billetterie élaboré. Comble de l'ironie, ce dispositif a été conçu par des ingénieurs australiens.

Le tram City Circle, qui fait le tour de Melbourne, est gratuit ; les autres itinéraires sont payants. Détails sur www.metlinkmelbourne.com.au.

265 MENDIANTS PROFESSIONNELS (CHINE)

Selon la rumeur, on aurait plus d'une fois aperçu des mendiants cesser subitement de claudiquer à l'issue d'une longue journée passée à feindre la misère pour disparaître à l'arrière d'une grosse voiture avec chauffeur. On raconte aussi que de nombreux mendiants préfèrent demander l'aumône aux étrangers plutôt que d'accepter les aides de l'État qui leur sont proposées. Une étude officielle sur Canton (Guangzhou) a conclu que 80% des mendiants sillonnant cette ville côtière située dans le nord du delta de la rivière des Perles étaient des "professionnels". Cela dit, plus de 90 millions de Chinois vivent avec moins de 1 $US par jour, alors n'hésitez pas à vous délester de votre menue monnaie.

Le site www.prdguide.com répertorie les horaires de plus de 1 000 bus, trains et bateaux à destination de Guangzhou.

266 CLASSE AFFAIRES

Un avion compte bien plus de passagers rêvant d'être surclassés que de sièges pouvant les accueillir. Bien que certaines techniques passent pour être efficaces – porter une cravate, glisser quelques billets au personnel, se faire passer pour une célébrité voyageant incognito –, la probabilité de siroter une coupe de champagne en grignotant des petits fours sans surcoût est proche de zéro. Le règlement de la plupart des compagnies aériennes précise que surclasser un passager sans l'autorisation spécifique d'un responsable ou du pilote (en cas d'urgence) constitue une infraction passible de mise à pied.

Les formules préférentielles proposées par certaines compagnies peuvent augmenter vos chances de voyager en première. Vous pouvez aussi adhérer à un programme Frequent-Flyer à cet effet.

267 NEWGRANGE (IRLANDE)

Ce tumulus d'environ 80 m de diamètre et de 13 m de haut est l'un des sites préhistoriques les plus remarquables d'Europe. On ignore toujours sa vocation, pourtant, du 19 au 23 décembre, à 8h20 précises, les premiers rayons du soleil passent directement dans la fente au-dessus de l'entrée et illuminent la chambre mortuaire pendant 17 minutes.

Pour visiter durant le solstice d'hiver, il faut participer à une loterie (www.newgrange.com). Le tirage a lieu le 30 septembre.

268 SEULS EN TOSCANE (ITALIE)

Quoi de plus romantique qu'un dîner en tête à tête ? Surtout lorsqu'on a le restaurant pour soi. Situé à San Miniato, au cœur de la Toscane, le Peperino, le plus petit établissement au monde, n'accueille qu'une seule table et ne sert qu'un seul couple par soir. La décoration est excessivement romantique, les meubles sont d'époque et le serveur ne vient que si vous le sonnez. Au retour de votre voyage, vous pourrez vous vanter d'avoir réservé un restaurant rien que pour vous deux.

Renseignements sur le site www.peperino.net. Bien évidemment, il faut réserver des mois à l'avance.

269 YONAGUNI-JIMA (JAPON)

L'île habitée la plus à l'ouest du Japon apparaît sur la carte des énigmes en 1985, lorsque des plongeurs découvrent ce qui semble être des ruines sous-marines : parois lisses, angles droits, lignes droites. La plupart des scientifiques concluent à une sorte d'Atlantide japonaise et les études les plus récentes tendent à prouver que le site était à l'air libre il y a un peu plus de 2 000 ans. Près de 30 ans plus tard, le mystère reste entier : s'agit-il d'une construction humaine ou bien d'un phénomène naturel, éventuellement modifié par l'homme ? Dans les deux cas, le "monument de Yonaguni" est une splendeur pour les plongeurs.

Des vols partent de Naha pour Yonaguni-jima, également reliée à l'île d'Ishigaki par deux ferries hebdomadaires.

270 ROUTE 66 (ÉTATS-UNIS)

Sur la route, le célèbre roman de Jack Kerouac, a inspiré des générations d'aventuriers à travers le monde. Ses héros, deux jeunes beatniks, partent à la poursuite du rêve américain le long de la Route 66. Cette route mythique s'étire sur 4 000 km entre Chicago et la Californie. Louez une vieille décapotable et filez en direction de la côte Ouest en écoutant un bon morceau de jazz, l'air mélancolique.

Pour des détails sur la fameuse Route 66, consultez le site www.historic66.com.

LES LIEUX ÉLUS DES DIEUX

TOUTES LES ADRESSES DU GHOTA DIVIN.

271 IFE (NIGÉRIA)

Pas facile de se lancer dans la création du monde. Oludumare, dieu suprême des Yoruba, s'est montré particulièrement ingénieux. Il demanda à son fils, Oduduwa, de descendre des cieux le long d'une chaîne dorée jusqu'au site de l'actuelle Ife, équipé d'un peu de sable, d'un poulet pour creuser le sol et d'une noix de palme à planter dans ce trou. Et… bingo ! Le monde et 16 clans yoruba apparurent. Ife est aujourd'hui une vaste ville universitaire, vibrant d'une énergie peu commune (c'est bien le moins pour la première ville de l'univers).

L'impressionnant Muséum d'histoire naturelle du Nigeria se trouve à Ife.

Le mont Kailash où résident les dieux de quatre religions

272 JÉRUSALEM (ISRAËL)

Dieu préfère rester évasif quant aux lieux qu'il fréquente. Mais les humains aiment avoir des points de repère. Pour les Juifs de l'Antiquité, ce repère fut l'Arche d'alliance, déposée dans le Saint des Saints du temple de Salomon, lui-même édifié sur la pierre de la Fondation. Cette même pierre est adorée par les musulmans comme celle d'où Mahomet s'éleva vers le paradis. Elle se trouve dans le dôme du Rocher, un édifice du VIIe siècle dont la coupole dorée domine Jérusalem.

Seuls les musulmans peuvent pénétrer dans le dôme du Rocher. On peut accéder au mont du Temple par la rampe qui part de la place du Mur Ouest.

273 TEMPLE DE SOMNATH (GUJARAT, INDE)

Il y a les sites anciens et ceux qui remontent à la nuit des temps. Si l'on en croit la légende, Somnath appartient à la deuxième catégorie. Ce temple aurait été témoin de la création de l'univers (comment un édifice a-t-il pu exister avant la création de toute chose ? C'est une énigme que nous vous laissons le soin de méditer). Édifié par Somraj, dieu hindou de la Lune, puis reconstruit à de multiples reprises par des célébrités, notamment Krishna, le bâtiment actuel n'est plus ce qu'il a été. Mais ne boudez pas votre plaisir : on ne visite pas tous les jours un temple plus ancien que le temps lui-même. Tout proche, le port de Veraval et ses nombreux boutres traditionnels en bois valent également le détour.

L'aéroport le plus proche est celui de Keshod, d'où des bus partent régulièrement pour Somnath, à 55 km. Caméras et appareils photo sont interdits.

274 MONT KENYA (KENYA)

C'est le deuxième plus haut sommet d'Afrique. Les alpinistes les plus expérimentés hésitent à entreprendre l'ascension de son pic le plus haut, le Batian (5 199 m). Quant aux randonneurs qui atteignent la pointe Lenana (4 985 m), ils s'exposent au manque d'oxygène, à une accélération du rythme cardiaque et à des températures au-dessous de zéro. Mais jusqu'où n'irait-on pas pour atteindre la demeure d'un dieu ? Pour les Kikuyu, ethnie la plus importante du Kenya, Ngai réside au sommet du mont Kenya, dont le nom dérive de "Kere Nyaga" (montagne brillante). Une demeure au reste agréable, avec sa flore variée, sa vue panoramique et sa faune sauvage – hyrax, singes, éléphants, zèbres, etc.

Le parc national du mont Kenya est à 175 km de Nairobi. On peut loger sur place dans des huttes. Plus d'infos sur le site du Kenya Wildlife Service (www.kws.org).

BILL WASSMAN / LPI

275 MONT KAILASH (TIBET)

Le puissant mont Kailash est une adresse très convoitée par les dieux. Il est sacré aux yeux de 4 religions : pour les bouddhistes, c'est ici que réside le Bouddha Demchok ; le fondateur du jaïnisme atteignit le nirvana sur ses flancs ; dans la religion pré-bouddhiste bön, c'est un lieu spirituel primordial ; enfin, les hindouistes y voient la demeure de Shiva. "Nombril du monde", le Kailash, ou mont Meru, est qualifié de "demeure légendaire des dieux" et de "source de quatre fleuves sacrés". Les croyants des quatre confessions effectuent le pèlerinage autour de ce pic isolé afin que la fortune leur soit favorable et pour accroître leur mérite. Les simples randonneurs peuvent aussi parcourir cet itinéraire situé dans une région reculée de l'Himalaya.

Si vous désirez suivre l'itinéraire des pèlerins, comptez au moins 3 ou 4 jours pour le tour complet du pic sacré.

Pèlerins en position au sommet du mont Sinaï pour admirer le lever du soleil

276 MONT SINAÏ (ÉGYPTE)

Dieu étant omnipotent et omniprésent, il peut s'avérer difficile de le localiser. Quoi qu'il en soit, il se trouvait certainement du côté du mont Sinaï quand les Juifs commencèrent leur errance. C'est là qu'il dicta sa Loi – gravées sur des tables de pierre – à Moïse. Construit au VIe siècle, le monastère de Sainte-Catherine se dresse à l'endroit où le Buisson ardent s'adressa au Prophète. Contactez les guides bédouins pour explorer la région et découvrir les traditions locales (manifestations divines non garanties).

Les pèlerins se mettent en route à 2h du matin pour atteindre le sommet au lever du soleil. Ce n'est pas une randonnée facile, mais on peut en parcourir les deux premiers tiers à dos de chameau.

277 TAI SHAN (CHINE)

Avant l'aube des temps, l'univers était un tourbillon chaotique et informe. Jusqu'au jour où le dieu Pan Gu, chevelu et cornu, sortit d'un œuf cosmique. Passons rapidement sur les 18 000 ans qui suivirent (séparation de la terre et des cieux par Pan Gu, création du monde tel que nous le connaissons, etc.) pour en venir au moment où ce dieu succomba à un épuisement bien compréhensible. Des restes de son corps naquirent les cinq montagnes sacrées des taoïstes. Le Tai Shan, dans la province de Shandong, est la plus vénérée d'entre elles. Temples, inscriptions anciennes, maisons de thé et rivières jalonnent l'ascension de ce pic de 1 545 m d'altitude, qui offre aussi de superbes vues.

Quatre itinéraires différents mènent au sommet du Tai Shan. Le plus proche de la ville de Tai'an est le passage de Hongmen, à 2,5 km au nord-est de la gare.

278 ISLA DEL SOL (LAC TITICACA, BOLIVIE)

Machu Picchu a beau être plus célèbre, c'est à Isla del Sol, que naquit, d'après la légende, le puissant Empire inca. L'"île du soleil" s'étend sur les eaux azurs du lac Titicaca. On peut s'y rendre en bateau depuis la petite ville de Copacabana. À l'extrémité nord de l'île, sur le site de Chincana, se trouve la pierre sacrée qu'utilisa Viracocha pour créer Manco Capac et sa sœur Mama Ocllo, fondateurs de la dynastie inca. Après avoir arpenté l'île pour admirer les ruines incas, regardez le soleil se coucher sur les eaux du lac. Le spectacle est magnifique.

Il y a des ruines incas à l'extrémité sud de l'île, à Pilko Kaina (entrée 0,60 $US). Le musée du village de Cha'llapampa vaut aussi le détour (entrée 1,25 $US).

279 OLYMPE (GRÈCE)

Meurtres, infidélités, incestes, trahisons : les mythes grecs nourriraient le scénario d'une série télévisée haletante. Zeus, Apollon et consorts ont élu domicile sur le plus haut sommet du secteur, l'Olympe, décor grandiose de leurs aventures. Pour atteindre le pic Mytikas (2 917 m), il faut grimper pendant deux jours à travers des forêts verdoyantes et des paysages de toute beauté. Même si l'ascension ne requiert pas de pouvoirs surhumains, vous pouvez préalablement vous rendre sur le site de l'antique Dion, où Alexandre le Grand fit un sacrifice avant de partir à la conquête du monde.

Depuis le village de Prionina, il faut marcher 3 heures avant d'atteindre le refuge A, où l'on peut passer la nuit. De là, le Mytikas est à 3 heures de marche.

280 LAC CHELAN (WASHINGTON, ÉTATS-UNIS)

Le Créateur mit un certain temps à former le monde et les animaux. Lorsqu'il modela enfin les humains, il eut la bonne idée de leur laisser un mode d'emploi, sous la forme d'une série de pictographes ocre rouge représentant des scènes de chasse et d'autres activités. Si beaucoup sont aujourd'hui engloutis ou effacés, on peut encore en admirer quelques-uns sur des rochers situés à l'extrémité nord du lac Chelan, dans l'État de Washington. Vous devrez prendre un bateau pour voir ces graffitis divins.

Ce lac (www.lakechelan.com/) est un paradis pour l'aventure. Le parcourir à vélo est la meilleure solution.

OÙ FAIRE SA CRISE DE LA QUARANTAINE

VOUS VOULEZ CHANGER DE VIE ? VOICI QUELQUES LIEUX POUR RETROUVER VOS 20 ANS.

D'après ce saint homme, une voiture de sport ne résoudra pas la crise de la quarantaine

281 S'OFFRIR UN RELOOKING BLING-BLING À DUBAÏ

Il est temps de refaire votre garde-robe ? Destination Dubaï, royaume des galeries marchandes. Ici, on ne plaisante pas avec la mode. Quand vous aurez rempli votre sac de chiffons aux couleurs vives, allez admirer les bijoux dans le souk de l'or. Plus de 25 tonnes de ce métal précieux sont étalées dans les vitrines des bijoutiers. Faites votre choix en n'oubliant pas que plus c'est voyant, mieux c'est.

Les grandes enseignes de joaillerie sont toutes présentes à Dubaï, mais préférez-leur le souk de l'or et ses joailliers indépendants.

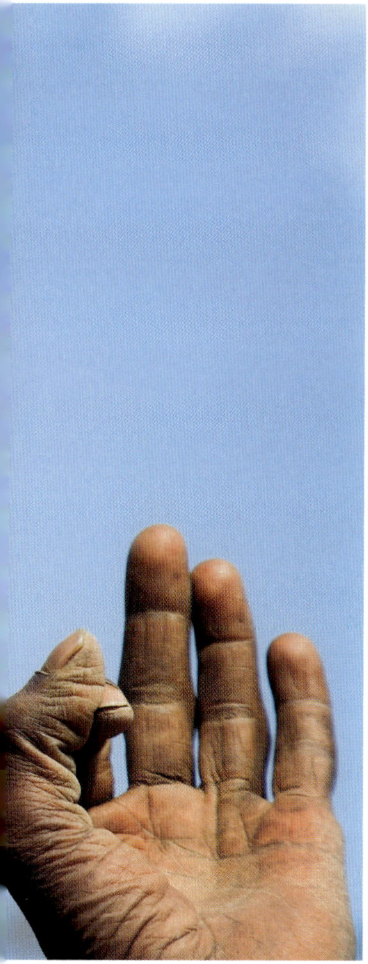

JANE SWEENEY / LPI

282 ROULER SUR LA ROUTE 66 CHEVEUX AU VENT (ÉTATS-UNIS)

Retrouvez la liberté sur la route en effectuant un *road trip* à travers l'immensité américaine. Avant tout, il vous faut une Harley ou une bonne vieille décapotable et pas mal de questions à méditer. Ce ne sont pas les routes qui manquent, mais, si vous voulez tutoyer la légende – cinématographique, littéraire et musicale –, c'est la Route 66, de Chicago à Santa Monica, qui s'impose. N'oubliez pas de filmer votre périple. Ni de faire le plein.

Louez une décapotable chez www.alamo.com pour rouler cheveux (grisonnants) au vent. À partir de 10 $US/jour.

283 "UNE VODKA-MARTINI AU SHAKER, PAS À LA CUILLER !" À MONACO

Brossez votre smoking et révisez vos classiques pour vous mêler à la jet-set de Monte-Carlo dans le plus pur style James Bond. Les people tentent

284 FAIRE UNE RETRAITE SPIRITUELLE EN INDE

Si vous traversez une crise spirituelle et cherchez un sens à l'existence, faites votre choix parmi les lieux où trouver votre voie : Saint-Pierre de Rome, Lhassa au Tibet ou La Mecque en Arabie saoudite sont à envisager. Sachez toutefois que le lieu idéal a pour nom Rishikesh, au bord du Gange, le fleuve sacré des hindous, au pied des contreforts de l'Himalaya. Les ashrams (lieux de retraite spirituelle) abondent et les saints hommes se mêlent aux touristes et à quelques célébrités de passage. C'est dans cette "capitale mondiale du yoga" que les Beatles étaient venus s'imprégner des enseignements et de la philosophie hindous. Tout un programme…

Rishikesh est situé à 238 km de Delhi. Pour éviter la surchauffe, on s'y rend de mai à octobre.

de ravir la palme du glamour à coup de yacht, les businessmen surveillent leurs investissements depuis ce paradis fiscal et les touristes dorés sur tranche fréquentent le casino. Le rallye de Monte-Carlo (janvier) et le grand prix de Monaco (mai) permettent quelques décharges d'adrénaline à moindre frais.

Goûtez au raffinement des ballets de Monte-Carlo (www.balletsdemontecarlo.com) ou offrez-vous un tour vraiment économique sur le site de la principauté www.monte-carlo.mc.

285 DIRE "OUI" À UN(E) INCONNU(E) À LAS VEGAS (ÉTATS-UNIS)

Vous avez enfin compris ce qui manquait à votre premier mariage : un sosie d'Elvis, costume en polyester compris, et un(e) partenaire qui soit presque un(e) inconnu(e). Il est temps de parier sur un deuxième/troisième/septième mariage à Vegas. On y trouve plus de trente endroits pour dire "oui", ce que font plus de 100 000 couples chaque année, y compris un certain nombre de célébrités. La Little White Wedding Chapel reste ouverte 24h/24. Donc, quand vos regards se croiseront au-dessus de la table de poker, inutile d'attendre pour vous passer la corde au cou.

La Chapel of the Flowers (www.littlechapel.com) est un surprenant havre plein de romantisme au milieu d'un univers kitsch. Enfin, il y a romantisme et romantisme…

286 S'OFFRIR UN PETIT LIFTING

Marre de vous désespérer devant le miroir ? Vous songez à la chirurgie esthétique, mais vous ne voulez

Rien ne va plus, les jeux sont faits ! Au casino Lisboa de Macao

287 DESCENDRE DANS L'ENFER DU JEU À MACAO

En misant votre pension de retraite et en hypothéquant votre maison, vous devriez tout juste parvenir à vous faire ouvrir les portes du Crown Casino sur l'île de Taipa, à Macao. Avec six étoiles et plus de 200 tables de jeu, c'est un établissement où il faut savoir aligner les zéros. Sinon, Macao compte 27 casinos. Vous trouverez notamment le casino de l'Emperor Palace, situé sur la péninsule, somptueusement décoré à grand renfort de marbre et d'or. Vous pouvez aussi tenter votre chance au célèbre Casino Lisboa.

Le Lisboa, situé sur l'Avenida de Lisboa, est ouvert 24h/24. Si vous êtes fatigué de jouer, sachez qu'il compte aussi 650 chambres.

pas qu'on voie vos bleus après l'opération ? Les prix attrayants et la perspective de faire sa convalescence au soleil amènent de plus en plus de clients à Phuket, à Kuala Lumpur ou à Manille. Mais tout a commencé en Inde, il y a 4 000 ans, quand Shiva fixa une tête d'éléphant sur le corps de son fils (Ganesh). Aujourd'hui, les techniques ultramodernes font d'un lifting ou d'une pose de prothèse de hanche une simple formalité avant de retourner sur la plage.

La chirurgie des seins est la grande affaire de la Phuket Plastic Surgery Clinic (www.phuket-plasticsurgery.com), mais ce n'est pas tout…

288 NÉGOCIER LES VIRAGES À SILVERSTONE (ANGLETERRE)

Il n'est pas trop tard pour réaliser votre rêve de devenir pilote de course – du moins durant quelques heures. Depuis les années 1960, les foules acclament les Stewart, Senna et Prost sur le légendaire circuit de Silverstone, où se déroule le grand prix d'Angleterre. Vivez la même expérience en vous offrant une journée de conduite sur ce circuit. Imaginez les acclamations tandis que vous usez la gomme d'une Ferrari ou dérapez au volant d'une vieille monoplace. Mais n'essayez pas de renouveler l'exploit en conduisant vos enfants à l'école.

On peut s'inscrire en ligne (www.silverstone.co.uk) pour un forfait à Silverstone. Trois tours en Aston Martin V8 Vantage coûtent 99 £.

289 SE PRENDRE POUR INDIANA JONES À PÉTRA (JORDANIE)

Pétra, où se déroule une grande partie du film *Indiana Jones et la dernière croisade* (1989), n'est pas seulement un décor de cinéma. Par un étroit canyon, on accède à sa célèbre porte, sculptée dans une pierre calcaire rose foncé. Dès votre entrée, vous êtes accueilli par la façade compliquée du célèbre Khazneh (le Trésor). Ce site renferme bien d'autres monuments à explorer, comme le temple des Lions ailés. En revanche, pas l'ombre d'une flèche empoisonnée ou d'un rocher meurtrier. Aucun danger à l'horizon, si ce n'est celui de devoir jouer des coudes avec 3 000 autres visiteurs.

Levez-vous tôt pour profiter au maximum des heures d'ouverture du site, de 6h à 17h.

290 TESTER SA VÉLOCITÉ LORS D'UNE SAMBA À RIO DE JANEIRO (BRÉSIL)

La meilleure façon de participer au carnaval de Rio, c'est de se joindre à l'une des bandas ou blocos, ces processions de percussionnistes et de chanteurs qui entraînent dans leur sillage quiconque veut entrer dans la danse, à condition parfois d'être déguisé (drag-queen, Indien d'Amazonie, etc.). Reste ensuite, dans l'exubérance générale, à vous pénétrer du rythme vigoureux de la samba brésilienne, d'en esquisser le pas et d'en effectuer les troublants déhanchés saccadés… jusqu'au bout de la nuit !

La plupart des écoles de samba accueillent les étrangers. Pour participer au défilé officiel du carnaval, contactez l'école choisie bien à l'avance.

OÙ FAIRE SA CRISE DE LA QUARANTAINE

À VOIR AVANT QU'IL NE SOIT TROP TARD

JUSQU'ICI TOUT VA BIEN… MAIS CES SITES PARMI LES PLUS FASCINANTS DE LA PLANÈTE SONT MENACÉS : L'ALERTE EST DONNÉE.

291 FORÊT AMAZONIENNE (AMÉRIQUE DU SUD)

Six millions de kilomètres carrés répartis entre le Brésil, le Pérou, l'Équateur, la Colombie et le Venezuela : l'Amazonie est la plus vaste forêt tropicale de la planète et son poumon vert. Mais, déjà, environ 15% de la forêt ont disparu sous l'effet de la déforestation. Pour la seule année 2004, environ 26 000 km^2 (soit l'équivalent de la Sicile) se sont envolés. En 2005 et 2006, le rythme de la déforestation a diminué de moitié, et une surface égale à celle de la France est désormais protégée au Brésil. N'empêche, l'Amazonie est pour l'heure un poumon salement perforé.

La plupart des écotours partent de Manaus (Brésil) ou d'Iquitos (Pérou). Il faut parfois des jours juste pour pénétrer dans la jungle proprement dite, et l'on prend souvent du retard : prévoyez plusieurs semaines pour une découverte réussie.

292 NEIGES DU KILIMANDJARO (TANZANIE)

Qui verra “les derniers feux du soleil sur la neige du Kilimandjaro” ? Partout, les glaciers régressent, et la situation est grave pour les célèbres neiges du Kilimandjaro, vantées par Kessel ou Hemingway. Au cours du dernier siècle, la calotte qui couvre son sommet, situé pile sur l'équateur, a diminué de plus de 80%. Pour certains, les glaciers du plus haut sommet africain auront totalement disparu d'ici à 2020, et avec eux l'une des images emblématiques de l'Afrique.

L'ascension guidée coûte environ 1 500 $US par personne ; un pourboire de 150 $US est bienvenu pour les porteurs et cuisiniers.

293 GRANDE BARRIÈRE DE CORAIL (AUSTRALIE)

Les problèmes sont légion sur ce site unique au monde : la Grande Barrière de corail est menacée par les sédiments venus des fleuves du Queensland et par les navires qui s'y échouent régulièrement, mais aussi par le réchauffement climatique. Le plus vaste récif corallien de la planète, qui s'étend sur plus de 2 000 km le long des côtes orientales de l'Australie, est victime d'un coup de chaud. Résultat : la barrière a connu ces dernières années deux blanchissements coralliens massifs, avec une décoloration de près de 90% des coraux. Selon des experts, si le Pacifique poursuit son réchauffement, la Grande Barrière de corail aura presque totalement disparu d'ici à 2050.

Contribuez à la préservation de cet écosystème en choisissant un tour-opérateur certifié haute qualité (liste complète sur le site www.gbrmpa.gov.au).

294 TUVALU

Tuvalu a l'infortune d'être un archipel d'atolls et d'îles “culminant” à guère plus de 5 m au-dessus d'un océan dont les eaux montent. Situées à plus de 1 000 km au nord des Fidji, ces îles sont peu à peu submergées en raison du réchauffement climatique. Selon certaines prévisions, il pourrait suffire de quelques décennies pour que l'archipel soit la nouvelle Atlantide, et l'on élabore déjà des plans d'évacuation de ses 11 600 habitants. Pour découvrir Tuvalu avant qu'il ne devienne une destination réservée aux plongeurs, prenez l'avion ou le bateau depuis Suva, aux Fidji.

Air Pacific et Air Fiji desservent Funafuti les mardi et vendredi (www.timelesstuvalu.com).

295 LES MALDIVES

Pour les mêmes raisons que Tuvalu, la principale préoccupation écologique nationale paraît évidente : les îles les plus basses devraient commencer à disparaître sur les flots dans les prochaines décennies. Malgré des solutions à court terme comme l'élévations de digues, l'avenir est sombre pour une grande partie du pays. Le projet le plus remarquable est l'île artificielle de Hulhumalé, créée à 2 m au-dessus du niveau de la mer à proximité de l'île de Malé : elle doit accueillir, à terme, la moitié de la population du pays.

Un "fond souverain", récemment créé par le gouvernement, doit servir à acheter des terres à d'autres pays (comme l'Inde, l'Australie ou le Sri Lanka) pour y loger tout ou partie de la population.

296 VENISE (ITALIE)

La cité des amoureux sera certainement moins romantique quand il faudra la visiter en scaphandre. Comme Tuvalu, la Sérénissime et ses canaux sont menacés par la montée du niveau de la mer, mais cela n'a rien d'une nouveauté pour les Vénitiens, qui luttent contre les inondations depuis la création de la ville au VIe siècle. Pourtant, cette fois, la catastrophe est plus proche que jamais : le phénomène de l'*acqua alta* est de plus en plus fréquent, et la moindre marée de l'Adriatique transforme la place Saint-Marc en aquarium. Sans garantie de succès, le projet MOSE prévoit l'installation de vannes pour retenir les marées hautes.

En novembre, Venise est régulièrement inondée. Pour le carnaval (fin jan-début fév), réservez longtemps à l'avance.

297 BABYLONE (IRAK)

La guerre d'Irak a fait de nombreuses victimes, mais aucune aussi ancienne que Babylone. À 90 km au sud de Bagdad, la cité biblique est le plus célèbre des nombreux sites de l'ancienne Mésopotamie. Ses sublimes Jardins suspendus (sans doute purement légendaires) étaient considérés comme l'une des Sept Merveilles du monde. Saddam Hussein, désireux d'associer son nom pour l'éternité à celui du grand souverain de Babylone Nabuchodonosor II, avait lancé un programme de reconstruction. Las ! depuis 2003, l'installation de la coalition américaine aurait à nouveau endommagé ce site fragile, dont le célèbre palais de Nabuchodonosor.

Le gouvernement irakien envisagerait de rouvrir l'aéroport de Babylone afin d'encourager le tourisme. Mais l'insécurité est trop grande pour que nous vous encouragions à vous y rendre.

298 LOUXOR (ÉGYPTE)

En Haute-Égypte, dans la vallée du Nil, non loin de l'agitation de l'actuelle Louxor, les pharaons bâtirent les somptueux temples de l'ancienne Thèbes. Ici, la Vallée des Rois, le temple de Louxor et une pléthore de trésors antiques constituent la deuxième attraction d'Égypte après les pyramides de Gizeh. Mais pour combien de temps encore ? La remontée des nappes phréatiques, favorisée par l'essor de l'agriculture irriguée, menace désormais les fondations des sites. La course contre la montre a commencé.

Les mois de septembre à avril sont plus frais, mais toujours très fréquentés ; en croisière sur le Nil, vous découvrirez les sites d'un tout autre point de vue.

299 TROIS-GORGES (CHINE)

Avec ses 6 300 km, le Yangzi Jiang (fleuve Bleu) est le troisième plus long fleuve du monde. Entre les villes de Fengjie, au Sichuan, et de Yichang, dans le Hubei, il traverse trois extraordinaires gorges, en contrebas de pics et de falaises spectaculaires. Le site des Trois-Gorges (baptisées Qutang, Wu et Xiling) s'étend sur plus de 200 km, mais il se heurte désormais à la sortie de la gorge de Xiling à un fameux barrage. Partez en croisière dès maintenant pour découvrir ce cadeau proprement somptueux fait par la nature à la Chine : quand le niveau d'eau aura atteint son maximum, les gorges, englouties, appartiendront au passé.

Comptez environ 750 $US pour une croisière de 3 jours, généralement au départ de Chongqing. Depuis Shanghai, prévoyez au moins neuf jours.

300 CANAL DE PANAMÁ (PANAMÁ)

Cette prouesse du génie civil n'est pas en soi menacée, mais le canal risque de perdre son statut de grande route marchande. Bien plus au nord, sous l'Islande et le Groenland, au-dessus du Canada et de l'Alaska, se trouve le célèbre passage du Nord-Ouest. Cette route fait miroiter aux marins depuis des siècles une économie de quelque 7 000 km sur les autres itinéraires – à ceci près qu'elle est prise dans les glaces. Aujourd'hui, avec la fonte de la banquise, le passage du Nord-Ouest pourrait devenir praticable. Au détriment du canal de Panamá.

Des traversées partielles du canal sont proposées par www.pmatours.net, à partir de 115 $US, avec guide, boissons et repas.

LES PAYSAGES LES PLUS ONIRIQUES

DEVANT CES PAYSAGES FANTASTIQUES, L'ANGOISSE VOUS SAISIRA PEUT-ÊTRE : AURIEZ-VOUS ÉCHOUÉ SUR UNE AUTRE PLANÈTE ?

DAVID CURL / LPI

Il ne reste plus que le lit de la rivière qui coulait autrefois entre les cônes rouges des Bungle Bungle

301 SALAR DE UYUNI (BOLIVIE)

Ce site irréel, posé à quelque 3 656 m au-dessus du niveau de la mer dans l'Altiplano bolivien, serait-il un mirage créé par l'altitude ? un autre monde inséré dans le nôtre ? L'immense plaine de sel proche des sommets des Andes, d'un blanc aveuglant, semble tout droit sortie d'un tableau de Dalí. Dans le fascinant Salar de Uyuni vous attendent cieux d'un bleu intense, lacs rouges et verts, flamants roses, volcans éteints, cactus géants, sources chaudes et geysers. Inhospitalier, désolé et balayé par les vents, c'est le plus vaste désert de sel de la planète, renfermant quelque dix milliards de tonnes d'or blanc, dont 20 000 tonnes extraites chaque année.

Trois points de départ pour rejoindre le Salar : depuis Oruro en bus/train, depuis Potosí en bus ou depuis Villazón (Argentine) en bus/train.

302 PARC NATIONAL DE PURNULULU (AUSTRALIE)

Avant les premières photos aériennes, au début des années 1980, cette région isolée et sauvage d'Australie-Occidentale était quasi inconnue du reste du monde. Exploité par les Aborigènes Kija pendant la saison humide, ce dédale rocailleux tout en ravins, falaises, gorges, dômes et crêtes recèle de nombreux sites d'art rupestre et de multiples sépultures. Modelés par 20 millions d'années d'érosion, les cônes de grès de la chaîne des Bungle Bungle ont des airs de ruches ; leurs strates orange et grises sont la toile de fond du sublime labyrinthe naturel qu'est l'Outback australien.

Au programme des mois de juin à août, fraîcheur de l'air et grande affluence. Mai est plus calme mais chaud (plus de 30°C la journée). Pour connaître les activités offertes, renseignez-vous auprès du centre d'accueil des visiteurs (8h-12h et 13h-16h).

303 FORÊT PÉTRIFIÉE (ARGENTINE)

Plus époustouflante qu'un décor extraterrestre de *Star Wars*, cette plaine aride, dans la province patagonienne de Santa Cruz, est parsemée d'arbres fossiles. Il y a 130 millions d'années, au jurassique, des forêts d'araucarias géants couvraient la région ; puis la formation des Andes débuta, et une activité volcanique intense recouvrit la Patagonie de cendres et pétrifia les forêts. Aujourd'hui, d'imposants arbres aussi durs que de la pierre parsèment une superficie de près de 35 km² battue par les vents. La flore est clairsemée, les animaux sont rares (à l'exception, çà et là, d'un guanaco ou d'un renard gris de Patagonie) et les paysages proprement… pétrifiants.

Par la Ruta 3, les locaux des gardes forestiers se trouvent à mi-chemin de Caleta Olivia et de San Julián : prenez à gauche et poursuivez sur la Ruta 49 pendant 50 km. Soyez prévoyant : il n'y a aucune infrastructure d'accueil sur place.

304 WADI RUM (JORDANIE)

C'est dans le cadre magnifique et impressionnant du Wadi Rum que fut tourné *Lawrence d'Arabie* en 1962. La photogénie de ce désert du Sud jordanien n'est plus à démontrer : vallées de sable et dunes rouges y alternent avec un dédale de roches monolithiques, d'arches naturelles et de canyons impressionnants. Les couleurs sont superbes à l'aube et au crépuscule et les nuits constellées d'étoiles. De hauts sommets de grès et de granite parsèment ces quelque 720 km². Les nomades y laissèrent des inscriptions rupestres il y a des millénaires, et aujourd'hui encore vivent des Bédouins, installés sous leurs tentes en peau de chèvre.

Suivez le panneau indiquant le village de Rum depuis la Desert Highway (Amman-Aqaba). Sur place, le centre d'accueil des visiteurs est ouvert tous les jours (7h-22h).

305 PAINTED DESERT (ÉTATS-UNIS)

Qui aurait cru que des mouvements tectoniques il y a des millions d'années créeraient un "désert peint", chef-d'œuvre de la nature ? Écrasé de soleil, sur un haut plateau dans le centre-nord de l'Arizona, le Painted Desert est une superposition de strates rouges, orange, jaunes, bleues, grises et roses sur 19 400 km². Ces grès multicolores, buttes époustouflantes, falaises vermillon et mesas sont le territoire des Hopi et des Navajo, connus pour leurs peintures sur sable réalisées à partir des sédiments mous de la région. Des paysages aussi uniques que magiques.

Basez-vous à Holbrook (Arizona), à 40 km à l'ouest du Painted Desert National Park par l'I-40. Ne manquez pas la Petrified Forest, mais n'y prélevez aucun morceau de bois sous peine d'une lourde amende – et de mauvais karma.

Habitation et église troglodytiques de Cappadoce, seuls refuges contre le soleil de plomb

306 CAPPADOCE (TURQUIE)

Ces paysages lunaires au cœur de la Turquie sont si étranges et inhospitaliers que leurs premiers habitants se firent troglodytes, bâtissant maisons, églises et monastères dans la roche. De véritables cités souterraines apparurent et servirent de refuge aux premiers chrétiens persécutés par les Romains. Au-dessus, sculptés par l'érosion et par des éruptions volcaniques il y a neuf millions d'années, piliers rosés, falaises "trouées", formations rocheuses surnaturelles, "cheminées de fées" (grandes colonnes d'origine volcanique) et gorges vertigineuses composent des paysages fabuleux. Avec ses églises taillées dans la roche et ses fresques byzantines, le centre monastique de Göreme est l'un des sites phares de la Cappadoce.

Frissons garantis avec un circuit en montgolfière : renseignements sur www.cappadociaturkey.net.

307 LAC BOGORIA (KENYA)

L'écorce terrestre est si fine dans ces paysages désolés que la surface du lac, avec ses sources bouillantes, ses fumerolles imposantes et ses geysers jaillissants, a tout d'un gigantesque chaudron magique. Le lac Bogoria et ses rives font partie d'une réserve nationale de 107 km² dans la vallée du Rift, au Kenya. Riche en sels de sodium et en minéraux, ce lac alcalin n'abrite aucune vie à l'exception d'algues bleu-vert, des aigles qui le survolent et des immenses colonies de flamants roses barbotant dans ses eaux. Parfois, pas moins de deux millions de ces échassiers sont réunis ici pour se nourrir : spectacle garanti.

Choisissez un hébergement au bord du lac Baringo, à 25 km de là, ou campez dans la réserve. Emportez tout le nécessaire, car il n'existe aucune infrastructure sur le site, sauf le Jacuzzi naturel du camping Fig Tree.

308 BAIE D'ALONG (VIETNAM)

Along signifie en vietnamien "là où le dragon descend dans la mer". Selon la légende, un dragon vivant dans la baie aurait un jour violemment martelé la terre : des montagnes s'effondrèrent, des vallées inondées se formèrent et seuls les sommets restèrent émergés, le tout créant cette merveille naturelle du nord du Vietnam. La spectaculaire baie d'Along est parsemée de quelque 3 000 rochers calcaires surgissant des eaux émeraude devant les côtes nord-ouest du golfe du Tonkin. Ces îlots karstiques creusés de grottes sont répartis sur 1 500 km², dessinant un paysage à l'encre de Chine.

Comptez environ 85 $US/pers pour réserver une jonque luxueuse durant une journée pour une croisière dans la baie. Renseignements sur le site halongbay-vietnam.com.

309 VALLÉE DE LA DÉSOLATION (DOMINIQUE)

Aussi désolée qu'elle soit aujourd'hui, cette vallée de l'île de la Dominique, dans les Antilles, fut une forêt tropicale verdoyante jusqu'à une éruption volcanique, en 1880. Lézards, fourmis et blattes composent aujourd'hui l'essentiel de sa faune, vivant sur des sols vert-violet couverts de mousses et de lichens. Ces paysages étonnants donnent à voir boues en ébullition, petits geysers, fumerolles et sources chaudes multicolores. Une courte randonnée mène au Boiling Lake, lac bouillonnant formé dans une fosse de la croûte terrestre, le deuxième du monde par sa superficie.

Nombreux (et difficiles) sentiers pour la vallée au départ de Laudat. Le Boiling Lake est accessible en 2 à 4 heures de marche. Un guide est fortement recommandé.

310 LAC MÝVATN (ISLANDE)

À la fin des années 1960, la Nasa envoya les astronautes qui s'apprêtaient à marcher sur la Lune s'entraîner dans les champs de lave du nord de l'Islande. Entre autres dans le lac Mývatn (37 km²), qui a tout d'un paysage lunaire : îlots volcaniques, cratères, cônes volcaniques, hautes colonnes de lave, mares de boue et sources chaudes. Sans les innombrables canards qui la peuplent, on pourrait se croire sur une autre planète.

Reykjahlíð, sur la rive nord-est, ou Skútustaðir, ville plus petite de la rive sud, sont de bonnes bases. Pour les randonneurs, le tour du lac fait 36 km.

LES DIX PLUS BEAUX PARCS ET RÉSERVES

QUEL CRÈVE-CŒUR DE DEVOIR N'EN CHOISIR QUE DIX ! MAIS NOUS VOUS METTONS AU DÉFI D'OUBLIER VOTRE VISITE À L'UN DES SUIVANTS.

311 PARC NATIONAL DU NAMIB-NAUKLUFT (NAMIBIE)

Les sables brûlants du parc national du Namib-Naukluft sont emblématiques du plus parfait des déserts : il suffit de voir des photos pour avoir soif. Les dunes de Sossusvlei seraient les plus anciennes du monde. Les vents puissants qui soufflent ici ont sculpté le désert, formant des dunes pouvant atteindre 300 m de hauteur. C'est grâce à Éole également que l'on peut découvrir le parc en montgolfière, pour un point de vue unique sur ses paysages époustouflants : de là-haut, le Namib ressemble à un océan de déferlantes orangées.

Il existe des sites de camping un peu partout dans le parc, mais le camping est interdit à Sandwich Harbour. Plus d'infos sur www.namibweb.com.

313 PARC NATIONAL DE MUNGO (AUSTRALIE)

Ces dernières années, de nombreux sites du légendaire Outback australien ont connu un afflux de visiteurs : c'est le cas d'Alice Springs, des montagnes Bleues ou encore d'Uluru (Ayers Rock). Le parc national de Mungo, lui, reste encore à l'écart des sentiers battus. Longtemps, dans ces vastes étendues paisibles abritées derrière leur "Muraille de Chine" de buttes d'argile, grouilla une abondante mégafaune et brillèrent des lacs aujourd'hui disparus. L'homme vivait ici il y a plus de 40 00 ans ! Aujourd'hui, c'est un désert sublime et saisissant, si vaste qu'on y distingue la courbure de la Terre.

Découvrez la nourriture du bush et la nature en visitant le parc avec un guide aborigène : réservations sur www.harrynanyatours.com.au.

312 PARC NATIONAL BANFF (CANADA)

Tout est surdimensionné au Canada, et le parc national Banff ne fait pas exception : les renards y semblent plus roux, les ours plus grizzlis et les orignaux plus originaux. Cette région idyllique fut découverte à la fin des années 1800 avec la construction du chemin de fer canadien pacifique, et devint rapidement une réserve naturelle. Les 6 641 km² du parc forment dans les impénétrables montagnes Rocheuses un corridor naturel qu'empruntent de nombreux animaux, offrant parfois aux visiteurs un véritable défilé de mascottes canadiennes.

Le train Rocky Mountaineer offre une découverte à la fois sublime et confortable des grands espaces naturels canadiens. Réservez sur www.purewest.com. Vous trouverez des renseignements sur le parc sur www.banffnationalpark.com.

PAUL SINCLAIR / LPI

Une des "Murailles de Chine" du parc national de Mungo dont la forme rappelle un arbre de vie

314 PARC NATIONAL DU GRAND CANYON (ÉTATS-UNIS)

À l'instar des Chevrolet et du Big Mac, le Grand Canyon est une icône américaine et incontestablement le plus gros atout de la fameuse Route 66. Cette Mecque des géologues offre à perte de vue des panoramas de gorges et de précipices où l'histoire complexe de notre planète s'est inscrite en une multitude de strates colorées. En descendant au fond de ces profondes cicatrices de l'écorce terrestre, on découvre une région semi-aride jalonnée de centaines de grottes mystérieuses. Et au plus profond du canyon (1 800 m), c'est le visage de la Terre à la préhistoire qui s'offre à un visiteur ébahi.

Pour tout savoir sur le parc, organiser votre voyage et emporter tout le nécessaire, consultez www.nps.gov/grca.

315 PARC NATIONAL DE KHAO SOK (THAÏLANDE)

Bienvenue à Jurassic Park ! Dans les paysages de jungle et de karsts de la première réserve naturelle de Thaïlande, c'est tout juste si l'on n'entend pas la musique du film – peut-être même croirez-vous apercevoir la silhouette menaçante d'un T-rex ? Cette jungle humide et suintante fait partie de la plus ancienne forêt tropicale de la planète : dans ses denses entrelacs de lianes guettent serpents, singes et tigres – à défaut de dinosaures. Le Khao Sok abrite par ailleurs la plus grande fleur du monde végétal, la *Rafflesia kerrii*, qui peut atteindre 80 cm de diamètre. Cette plante

JIM WARK / LPI

Vue saisissante sur le Grand Canyon et ses sommets recouverts de nuages crémeux parasite n'a ni racines ni feuilles propres et vit à l'intérieur des lianes.

Le trajet en bus climatisé depuis Bangkok dure 10 heures et coûte environ 450 bahts. En minibus de Phuket, comptez 4 000 bahts. Plus d'infos sur www.khaosok.com.

316 PARC NATIONAL DU NORD-EST DU GROENLAND (DANEMARK)

En ces temps troublés où l'on ne parle que de pollution et de fonte des glaces, voici une destination où voir des glaciers avant qu'ils ne disparaissent totalement de la surface de notre planète. Ce parc, le plus vaste du monde avec une superficie équivalente à deux fois la France, est une région sauvage où règnent en maîtres ours polaires et morses déambulant entre des icebergs cristallins. Le petit village d'Ittoqqortoormiit est la porte d'entrée officieuse de ce royaume des glaces et du silence. Pour l'heure, les visiteurs se limitent à des scientifiques et à quelques aventuriers de l'extrême (des circuits organisés sont proposés).

On n'accède au parc que par avion ou hélicoptère, et une autorisation est nécessaire. Plus d'infos sur www.eastgreenland.com.

317 PARC NATIONAL D'IGUAÇU (ARGENTINE/BRÉSIL)

Ce parc qui renferme des cascades si prisées que deux pays se les disputent est un véritable paradis pour les photographes. Une faille géologique proche du confluent entre le Paraná et l'Iguaçu a donné naissance à d'abruptes falaises sur lesquelles dévale la rivière dans un spectacle saisissant. Mais le parc ne se résume pas à ce site phare du tourisme : la forêt subtropicale, qui offre un écrin vert émeraude aux chutes d'Iguaçu, abrite plus de 450 espèces d'oiseaux et d'innombrables papillons d'une grande rareté.

À seulement 1 heure 30 d'avion de Buenos Aires, le parc est également accessible en train, en bus et en bateau. Plus d'infos sur www.iguazuargentina.com.

318 PARC MARIN DE SABA (ANTILLES NÉERLANDAISES)

C'est difficile à croire, mais ce petit paradis océanique n'est qu'à 15 minutes de vol des casinos et immeubles de mauvais goût de l'île voisine de Saint-Martin. Là, on se dit qu'il n'y a probablement rien de plus beau que les paysages volcaniques déchiquetés de Saba, et puis c'est la révélation : sous la surface de l'océan se cache un royaume multicolore, tout en coraux bigarrés où prolifèrent requins de récifs, tortues de mer et girelles. Les amateurs de snorkeling trouvent ici des sites de tout premier ordre, placés sous la protection vigilante de ce merveilleux parc marin.

S'il vous prend l'envie de vous attarder, pourquoi ne pas envisager 2 ou 3 mois de bénévolat avec la Saba Conservation Foundation (www.sabapark.org) ?

319 PARC NATIONAL DU MERCANTOUR (FRANCE)

Long et étroit, ce parc protège le nord-est des Alpes-Maritimes. La zone centrale renferme de nombreux pics aux contours accidentés, des gorges profondes et sinueuses, des alpages, des lacs, des forêts denses et de nombreuses espèces animales et végétales. À l'extrémité est du parc, dans un paysage minéral façonné par les glaciers du quaternaire, les vallées des Merveilles et de Fontanalbe abritent une extraordinaire collection de gravures rupestres datant de l'âge du bronze, formant la collection à ciel ouvert la plus importante du genre en Europe.

Les zones protégées de la vallée des Merveilles se visitent seulement en compagnie d'un guide. Plus d'infos sur www.tendemerveilles.com.

320 PARC NATIONAL DES GALÁPAGOS (ÉQUATEUR)

Notre top 10 serait plus qu'incomplet sans cette merveille naturelle où la science fit avec Darwin un pas de géant. Cet archipel lointain, laboratoire de la théorie de l'évolution, se compose de 19 grandes îles d'origine volcanique. Chacune abrite son propre éventail de créatures, des fameuses et gentilles tortues progressant péniblement le long d'anciennes coulées de lave aux étonnants fous à pattes bleues venant déranger les iguanes qui paressent au soleil. Si des bateaux de tourisme viennent régulièrement à proximité du parc, la réglementation environnementale, relativement draconienne, préserve des espaces assez dépeuplés pour satisfaire vos fantasmes de Robinson Crusoé.

L'entrée sur les îles coûte 100 $US. Vous pouvez réserver sorties de plongées et autres excursions multisports sur www.galapagosonline.com.

LES ARRIVÉES LES PLUS MÉMORABLES

ON DIT PARFOIS QUE LE VOYAGE EST PLUS PALPITANT QUE CE QUE L'ON DÉCOUVRE À L'ARRIVÉE. ÇA RESTE À VOIR…

321 LA GARE DE SIRKECI (ISTANBUL, TURQUIE)

Lorsqu'on arrive en train depuis la Bulgarie, l'Europe se fond à vue d'œil dans l'Orient ; les croix des églises disparaissent peu à peu, remplacées par les dômes et les minarets. L'approche de la gare de Sirkeci, à Istanbul, est un moment inoubliable. Le chemin de fer longe les anciennes murailles de la ville, au sud de Sultanahmet ; on aperçoit la Mosquée bleue et l'antique Aya Sofya sur la gauche. Après un virage vers le nord, le palais de Topkapı apparaît, contemplant l'Asie depuis la rive européenne du Bosphore, puis le train oblique vers l'ouest et longe la Corne d'Or. La gare de Sirkeci en elle-même est assez modeste, mais on peut y prendre un petit noir au café de l'Orient Express, en souvenir du voyage dont elle était le terminus.

Le pass InterRail (www.interrail.net) permet de visiter la Turquie en train (8 jours de voyage sur 1 mois, 128 € en 2e classe).

322 STONE TOWN (ZANZIBAR, TANZANIE)

Le contraste entre le côté tape-à-l'œil de Dar es-Salaam et les maisons de corail de Stone Town est vraiment saisissant et la traversée en ferry idéale pour passer en douceur de l'un à l'autre. En contournant la pointe de Shangani, le ferry longe une ribambelle de bâtiments historiques alignés au bord de l'eau : le fort arabe, la maison des merveilles, le "gros arbre"– un énorme banian – et le superbe vieux dispensaire. En posant pied à terre, jetez un coup d'œil aux boutres traditionnels qui se balancent au mouillage avant de vous laisser happer par le labyrinthe enchanteur des ruelles de la vieille ville.

Stone Town comprend 26 bâtiments classés. Les passionnés de monuments historiques peuvent consulter le site de la Zanzibar Stone Town Heritage Society sur www.zanzibarstonetown.org.

323 PÉTRA (JORDANIE)

Les colonnes du Trésor se dressant au bout du Siq (le défilé rocheux spectaculaire qui conduit à la cité) ne sont pas devenues l'image la plus célèbre de Pétra uniquement grâce à Indiana Jones. Première vue offerte au voyageur de la "cité rose", bâtie il y a 2 000 ans par les Nabatéens à partir des pierres du désert, elles forment un spectacle à couper le souffle, dont la magie n'est guère atténuée par la présence des nombreux touristes. Pour découvrir Pétra autrement, optez pour la randonnée de cinq jours au départ de la réserve naturelle de Dana ; vous entrerez dans la cité par le monastère et non par le Siq, mais vous éviterez la foule.

Prévoyez 1 à 3 jours de visite. Le site ouvre de 6h à 18h. Comptez 50/55/60 JOD pour 1/2/3 jours de visite.

SEAN CAFFREY / LPI

Le Trésor de Pétra illuminé de milliers de bougies

324 ATTARI (INDE)/ WAGAH (PAKISTAN)

La route menant à l'unique point de passage entre l'Inde et le Pakistan est plutôt morne mais réserve une belle surprise à ceux qui aiment les arrivées en fanfare, à condition de passer la frontière à l'heure de la cérémonie du drapeau. Chaque soir depuis plus de soixante ans – soit peu après la partition entre les deux pays –, des soldats en uniformes d'apparat se présentent les armes de part et d'autre de la frontière en marchant au pas de l'oie, au son d'ordres tonitruants. Bien qu'assez inquiétante, cette pantomime attire des milliers de spectateurs, pour lesquels des tribunes ont été spécialement construites.

La frontière se trouve à 30 km de Lahore. Comptez 4 € pour assister à la cérémonie dans le cadre d'un circuit touristique. Évitez le dimanche, jour d'affluence record.

325 ELLIS ISLAND (NEW YORK, ÉTATS-UNIS)

L'arrivée à New York est toujours un émerveillement : débarquer après avoir traversé l'Atlantique, survoler les gratte-ciel ou descendre d'un train dans l'immense Grand Central Station sont autant de moments grandioses. Il est aussi possible d'approcher la ville comme le firent des générations d'immigrants en prenant le ferry pour Ellis Island. Vous découvrirez le vaste bâtiment de brique rouge où furent accueillies ou refoulées jusqu'à 12 000 personnes par jour, entre 1892 et 1954. La visite permet de se faire une idée de ce qu'on ressentait au seuil de ce monde nouveau.

Le billet A/R pour Ellis Island (8 $US) inclut l'accès à la statue de la Liberté. Départs depuis Battery Park (Manhattan) ou Liberty State Park (New Jersey), moins surchargé.

326 MACHU PICCHU (PÉROU)

On a beau avoir déjà vu des centaines de photos de la citadelle perdue des Incas, le ravissement reste intact quand on s'y rend pour la première fois – surtout lorsqu'on a marché 4 jours pour l'atteindre. Le chemin de l'Inca n'est pas seulement une belle randonnée : il attise le désir de découvrir Machu Picchu, d'autant que la cité reste invisible jusqu'au dernier moment. Le dernier jour de marche, mettez-vous en route de bonne heure afin de rejoindre Intipunku (la Porte du Soleil) à l'aube. Une fois passé cet ancien poste de contrôle, les fameuses terrasses parsemées de ruines apparaissent enfin dans toute leur gloire, dominées par le pic acéré du Huayna Picchu.

Le site se trouve à 80 km de Cuzco. Seuls les groupes encadrés par un guide agréé peuvent emprunter le sentier. Le trajet en train de Cuzco jusqu'au secteur des ruines revient à environ 50 $US l'aller.

327 LEWA DOWNS (KENYA)

Le vol jusqu'à Lewa est riche en sensations. Des turbulences peuvent secouer les petits appareils à l'approche de l'impressionnant mont Kenya, mais la descente vers ce haut lieu de la faune procure des émotions d'un tout autre ordre : tandis que l'avion tourne au-dessus de la piste d'atterrissage, on commence à discerner des formes se mouvant lentement au sol. Les masses grises qui se fraient un chemin à travers de luxuriants marécages s'avèrent être des éléphants, de simples points dans le paysage, une harde de zèbres de Grévy. Juste avant l'atterrissage, on découvre les animaux au camouflage le plus performant : girafes, gazelles de Thomson, dik-diks ou rhinocéros. Bienvenu au paradis du safari.

Les sportifs programmeront leur séjour au moment du marathon Safaricom. Plus d'infos sur le parc sur www.tusk.org.

328 SAINT-JACQUES-DE-COMPOSTELLE (ESPAGNE)

Après avoir marché durant plusieurs semaines le long d'anciens chemins de pèlerinage, l'arrivée à Saint-Jacques est aussi exaltante qu'espérée, et d'autant plus forte que la traversée de ses mornes faubourgs ne laisse en rien présager le splendide spectacle offert par le centre historique. Colonnades, couvents gothiques et restaurants alléchants conduisent à l'immense Plaza do Obradoiro, la place principale où les clochers de la cathédrale rappellent au pèlerin le sens de son voyage. Lors de la messe de midi, vous pourrez observer l'énorme *botafumeiro* (encensoir) en argent se balancer au-dessus de votre tête.

Les *caminos* (chemins) de Compostelle sont légion. Pour vous faire une idée de ce périple, consultez le site www.chemins-compostelle.com.

Cité de Machu Picchu baignée de lumière, dominée par l'imposante masse du Huayna Picchu

329 PARO (BHOUTAN)

Ayez une pensée pour le pilote, car atterrir à Paro – seul site suffisamment plat pour construire une piste au Bhoutan – n'est pas une mince affaire. L'aéroport, situé à plus de 2 000 m d'altitude dans l'Himalaya, est entouré de glaciers et de pics acérés culminant à 5 000 m d'altitude. Au gré des inclinaisons de l'appareil, vous pourrez admirer vallées boisées, rizières et saules pleureurs, jusqu'au moment où votre avion se posera dans cette vallée paradisiaque. Ayez soin de réserver un fauteuil côté hublot.

En réservant au moins 2 semaines à l'avance ou en partant lundi, mardi ou mercredi, vous obtiendrez une réduction sur le vol. On peut gagner le Bhoutan depuis la Thaïlande, l'Inde ou le Népal.

330 ALDABRA (SEYCHELLES)

Cet atoll corallien de l'océan Indien est formé d'un ensemble d'îlots encerclant un lagon relié à la mer par de minuscules détroits, qui se muent en véritables autoroutes maritimes à marée montante : l'eau y pénètre à une vitesse fulgurante, ce dont profitent toutes sortes de créatures marines. Muni d'un masque et d'un tuba, laissez-vous porter par le courant à leurs côtés au moment où les flots s'engouffrent dans le lagon, décor paradisiaque de sable et de rochers, peuplé d'environ 100 000 tortues géantes.

Une expérience unique, proposée par l'Indian Ocean Explorer (www.ioexpl.com) dans le cadre de circuits de 2 semaines.

LES ARRIVÉES LES PLUS MÉMORABLES

DIX COMBINES POUR VOYAGER FAUCHÉ

À COURT D'ARGENT ? INUTILE DE DISPOSER DE MOYENS FARAMINEUX POUR VIVRE UN VOYAGE FORMIDABLE. VOICI QUELQUES TUYAUX…

341 L'ÉCHANGE OU LE GARDIENNAGE DE MAISON

Glissez-vous dans la peau d'un habitant du cru et économisez les frais d'hébergement en échangeant votre logement avec une personne ayant les mêmes objectifs. Habiter chez un particulier vous ancrera dans la vie locale de votre destination tout en vous permettant de réaliser de précieuses économies. Vous verrez le pays de l'intérieur pendant que votre hôte vous remplacera dans votre quartier. On peut aussi envisager de louer sa maison pour les vacances : vos charges sont ainsi remboursées et il se peut même que vous disposiez d'un petit pécule supplémentaire pour votre voyage.

Sites d'échange de logement : www.homelink.org, www.homeexchange.com ou www.guardianhomeexchange.co.uk. Pour le gardiennage de maison, consultez www.mindmyhouse.com ou www.caretaker.org.

342 ÉCONOMIES SUR LES TRANSPORTS

Le train est un mode de transport reposant et plein de charme, parfait pour profiter des paysages en réduisant votre empreinte carbonique et vos dépenses. Les forfaits Interail ne sont plus aussi en vogue auprès de la jeunesse que par le passé mais demeurent un moyen fantastique de parcourir des kilomètres sans sacrifier son porte-monnaie. Pour vos déplacements en avion, vous obtiendrez les meilleurs tarifs en réservant onze mois à l'avance ou au contraire à la dernière minute. Empruntez toujours la même compagnie aérienne pour cumuler les miles. Consultez les guides de voyage pour connaître les nouvelles offres intéressantes. En économisant sur les déplacements, vous pourrez consacrer bien plus à d'autres dépenses !

Consultez le site www.interrailnet.com pour voyager en train à travers l'Europe.

343 NÉGOCIATION ET IMPROVISATION

Il est souvent possible de diminuer ses frais d'hébergement en réservant au dernier moment ou en négociant les tarifs directement auprès des hôtels (qui acceptent généralement d'accorder une réduction s'ils souhaitent remplir leur établissement). Les sites Internet des hôtels proposent aussi régulièrement des promos spécial week-end. Laisser la part belle à l'improvisation peut réserver d'agréables surprises : attendez d'être sur place pour chercher où séjourner et négociez les prix. Amusant et plus authentique, un séjour chez l'habitant ou en location réserve davantage de contacts avec la population locale (adressez-vous à l'office du tourisme pour obtenir des adresses).

Certains sites, comme www.fr.lastminute.com, permettent de réserver à la dernière minute un vol ou un hôtel.

Le cyclotourisme est plus agréable par beau temps, comme ici sur le mont Tamalpais en Californie

344 CYCLOTOURISME

Vivre sur la route, le vent dans les cheveux, sans nuire à l'environnement ni entamer son budget, tels sont les grands atouts du cyclotourisme. Vous découvrez les paysages en toute liberté et à peu de frais, en séjournant en camping ou en auberge de jeunesse. On peut aussi participer à une excursion en groupe : l'esprit de camaraderie assure alors une aide mécanique et logistique bienvenue. Un circuit autoguidé permet de voyager seul sans se préoccuper des questions d'organisation. Sur Internet, des communautés de cyclistes permettent de rencontrer d'autres accros de la petite reine, d'échanger sur des aspects techniques ou de trouver des options d'hébergement (dans le même esprit que celui du *couchsurfing*).

Consultez le site de la Fédération française de cyclotourisme (www.ffct.org).

345 VOYAGE SUR CANAPÉ : LE COUCHSURFING

Site Internet comptant près de 900 000 membres, CouchSurfing.com permet aux voyageurs d'entrer en contact avec des particuliers des quatre coins de la planète qui leur prêtent leur canapé. Ces hébergeurs sont mis en relation dans un esprit de tolérance et de valeurs humanistes. Fondé sur l'hospitalité, le site prévoit néanmoins certaines garanties : les petits nouveaux sont parrainés par un membre jusqu'à ce qu'ils soient admis. Après leur admission, ils peuvent séjourner chez un hébergeur. Pour tirer le meilleur parti de cette expérience, soyez un “couchsurfeur” modèle en vous montrant discret et serviable (faites la vaisselle, la cuisine ou partagez vos mille talents).

Consultez www.couchsurfing.org pour tous les renseignements.

346 LA VALEUR DE VOTRE ARGENT

Certes, tout dépend de la devise de votre pays d'origine, mais votre argent fondra sans doute moins vite dans des destinations passionnantes comme le Bangladesh, le Cambodge, le Laos ou l'Inde. Surveillez les taux de change et mettez le cap sur les pays les plus abordables au moment de votre voyage. Quel que soit votre choix, vous pouvez encore limiter les dépenses en évitant les grandes agglomérations au profit des villes plus modestes.

Profitez de plaisirs gratuits, comme la marche, l'écriture, le dessin, le bavardage, les échecs ou le farniente…

Nuit à la belle étoile par – 40°C dans le parc national de Femundsmarka en Norvège

JOHNNY HAGLUND / LPI

347 RIEN NE VAUT LA BASSE SAISON

Voyager à la mi-saison ou en basse saison est un bon moyen d'économiser sur l'ensemble du séjour. Les visiteurs sont moins nombreux et l'atmosphère est généralement plus détendue. Ainsi, les stations balnéaires du sud de l'Italie ou du Portugal sont très agréables en juin, septembre et même octobre, lorsque les foules ont quitté les lieux et que les hôtels cassent les prix. Les montagnes du nord de l'Inde peuvent se découvrir en juin, l'air y est alors beaucoup moins étouffant que dans le reste du pays.

Vérifiez les dates de votre séjour : votre destination peut être autant prise d'assaut lors d'une fête locale qu'en plein été.

348 PARTAGER ET CUISINER

Voyager seul s'avère souvent la formule la plus onéreuse : en vous associant à un groupe, vous pourrez non seulement partager vos aventures, mais aussi vos notes de taxi, vos frais d'essence et d'hébergement, etc. Dénicher des compagnons de route si vous partez seul réserve des moments sympathiques. Optez par exemple pour les auberges de jeunesse : c'est un microcosme parfait pour faire de nouvelles rencontres et certains établissements se révèlent de précieuses adresses. En faisant vos courses sur place, vous pourrez vous immerger dans votre ville d'accueil en épargnant votre portefeuille. C'est l'occasion de déguster des produits locaux, de jouer des coudes sur les marchés et de s'essayer à la préparation de nouvelles recettes.

Lorsqu'on ajoute l'hébergement et le transport, les voyageurs en solo paient jusqu'à 50% plus cher que deux personnes se déplaçant ensemble.

349 SOUS LA TOILE ET LES ÉTOILES

À défaut d'être de tout confort, le camping se révèle une activité ludique sans même qu'il soit nécessaire de mettre les pieds hors du terrain. Se glisser sous une tente, dans une caravane ou un camping-car procure un éternel plaisir enfantin. Les options d'hébergement vont du plus rudimentaire au (modérément) sophistiqué. La communion avec la nature est totale : rien de tel qu'une nuit sous un ciel étoilé, de l'air pur à satiété et une irrésistible sensation de liberté.

Les frais de camping sont peu élevés et cette option est aussi l'occasion de nombreux pique-niques.

350 UN PETIT BOULOT

Fauché mais mourant d'envie de voyager ? Un petit boulot à l'étranger, voilà ce qu'il vous faut. Travailler au cours de votre voyage soulagera votre porte-monnaie et vous permettra de voir une autre facette du pays visité. Si vous ne disposez pas de qualifications spécifiques, essayez le secteur agricole ou le tourisme (comme guide touristique, par exemple), les postes de barman/barmaid, de fille au pair ou de professeur de langue (avec un diplôme adéquat de préférence).

Les ressortissants de l'Union européenne peuvent travailler dans tous les États membres sans permis.

LES LIEUX LES PLUS IMPROBABLES

VOICI QUELQUES DESTINATIONS TELLEMENT ÉLOIGNÉES DES SENTIERS BATTUS QUE L'UNE D'ELLES VOUS CONDUIRA EN HAUT D'UN ARBRE.

351 CAPSULES DE SURVIE DE PLATE-FORME PÉTROLIÈRE À LA HAYE (PAYS-BAS)

Dans *L'Espion qui m'aimait* (1977), Roger Moore s'accommodait fort bien de sa capsule de survie. Vous aussi, vous prendrez vos aises dans l'une des capsules orange échouées à La Haye. Construites en 1972, les capsules ont un diamètre de 4,25 m et sont équipées de toilettes chimiques. Elles ne se distinguent pas par leur luxe, mais l'intérieur, confié à plusieurs designers et artistes, décline un thème différent à chaque saison.

La nuit coûte 60 €. La location s'arrête durant l'hiver à cause du froid. Consultez le site http://capsulehotel.info pour connaître les disponibilités.

FRED DERWAL / GETTY IMAGES

Terrain de jeux sablonneux pour ce jeune Mauritanien à Chinguetti

352 HAVENKRAAN (PAYS-BAS)

C'est tout simplement un hôtel dans une grue de port. Rien de rudimentaire cependant, l'aménagement étant au contraire luxueux. Inutile de s'exposer aux intempéries pour grimper à l'échelle : la dame de fer est équipée de deux ascenseurs. Les sièges sont de Charles Eames, la lumière et l'audiovisuel sont télécommandés et le lit jouit d'une vue panoramique. La grue se trouvant sur la mer des Wadden, près de Harlingen, le panorama est saisissant. Mieux encore, grimpez à une petite échelle jusqu'au cockpit pour choisir votre vue : un levier vous permettra de faire tourner les 65 tonnes d'acier sur 360 degrés.

Harlingen est à une heure de voiture d'Amsterdam. La chambre (il n'y en a qu'une) coûte 319 € la nuit. Consultez le site www.vuurtoren-harlingen.nl pour réserver.

354 SPHÈRE AVEC VUE (CANADA)

Boniment New Age mis à part, les Free Spirit Spheres, des sphères aux allures d'ovni juchées dans des arbres, sont vraiment épatantes. Flottant dans les frondaisons, semblables à des globes oculaires, elles sont en cèdre, écolos et pourvues d'un escalier en bois maintenu par des haubans. Suspendues, elles bougent sous l'action du vent – et de votre poids. La sphère Eryn, équipée d'une petite cuisine, peut loger trois dormeurs ; Eve, plus petite, permet à deux personnes d'y avoir leurs aises.

Consultez le site www.freespiritspheres.com. Deux nuitées coûtent environ 300 $C pour 2. Il est possible d'acheter une sphère pour l'installer dans son jardin.

355 ROULOTTE DANS LES ÎLES BRITANNIQUES

Retrouvez vos racines en effectuant un voyage rustique dans une vieille roulotte, sur les petites routes d'Angleterre ou d'Irlande. Vous n'avez pas d'ancêtre parmi les gens du voyage ? Qu'importe, si vous avez l'esprit nomade. Les roulottes semblent d'époque, l'intérieur pittoresque permet de coucher de deux à quatre personnes (à l'étroit). Après avoir été présenté à vos chevaux et avoir reçu quelques instructions, vous serez livré à vous-même et au pas lent de vos amis à sabots ferrés.

Consultez le site de l'association Irish Horsedrawn Caravans (www.irishhorsedrawncaravans.com) qui fournit des adresses de prestataires. Aucune expérience équestre n'est exigée.

353 MAURITANIE

La Mauritanie est un pays méconnu deux fois grand comme la France, habité par seulement 3 millions de personnes et couvert à 75% par le désert. Son climat varie de chaud à très chaud. Si vous aimez les étendues désolées de sable saharien, les dunes, les plages immenses sans une âme à l'horizon et les rues envahies par le sable, vous ne trouverez pas mieux. La Mauritanie possède en outre le plus long train du monde (à peu près 2,5 km), qui relie Nouadhibou, dans le Nord-Ouest, aux mines de fer du Nord-Est. Il n'y a qu'un seul wagon pour les passagers – mais vous pouvez monter gratis dans les wagons à minerai. Sinon, voyager est ici synonyme d'aventure dans le désert : secoué dans des pick-up sur des routes non asphaltées, on aperçoit des chevaux galopant dans la nuit et l'on partage le thé à la menthe avec des pêcheurs.

Point-Afrique (www.point-afrique.com) propose des vols directs depuis la France.

356 PALAIS DE SEL (BOLIVIE)

Le Salar de Uyuni, en Bolivie, est l'un des plus grands déserts de sel du monde. Il s'étend sur 64 km² à 3 656 m d'altitude, au milieu des montagnes, des geysers et des colonies de flamants roses. À la saison des pluies, il se transforme en lac salé. Au centre, le Palacio de Sal, un hôtel construit en blocs de sel, qu'on rejoint non pas en bateau mais en 4x4. Les installations y sont austères, le silence assourdissant, les couchers de soleil renversants. Ici, point d'horizon, le ciel se confond avec le lac. Le seul repère visible dans la brume créée par l'étendue blanche est la Isla de Pescadores, avec ses milliers de cactus géants.

La nuitée coûte moins de 20 $US, mais encore faut-il arriver jusque-là, car Uyuni est à 15 heures de bus de La Paz.

357 CORÉE DU NORD

Chère, difficile d'accès, pleine de zones interdites, en proie aux difficultés économiques, aux restrictions d'électricité, parsemée d'immeubles sans âme et de monuments géants à la gloire du défunt Kim Il-sung, la Corée du Nord n'est pas une destination courante pour des vacances. Mais ce bastion du communisme est le pays le plus secret du monde, ce qui constitue une raison suffisante pour aller le visiter. N'espérez pas l'explorer librement : vous serez accompagné à toute heure par deux guides diligentés par le gouvernement et chargés de vous donner la version officielle de l'histoire. C'est un voyage dans un autre monde où la guerre froide n'est pas terminée.

Air Koryo assure des vols entre Beijing et Pyongyang. L'aller-retour coûte environ 300 €.

Ces formations sont bien au carré lors des Arirang Mass Games à Pyongyang, en Corée du Nord

TONY WHEELER / LPI

358 CAMPING SUR UN RADEAU AUX PAYS-BAS OU EN BELGIQUE

Camper sur la terre ferme, c'est pour les campeurs au petit pied. Camper sur un radeau, ça c'est du camping. C'est accepter la rudesse de la nature. Les cabanes en bois, en forme de tente, sont posées sur des barils flottants. On y accède seulement en canoë, muni de tout le nécessaire pour le séjour. Pas d'électricité, ni d'eau courante. Les toilettes consistent en un seau que vous allez vider sur un autre radeau, toujours en canoë. Les radeaux sont ancrés dans des coins idylliques sur des lacs des Pays-Bas ou de la Belgique.

Le prix est de 100-156 € pour 2 nuits, en fonction de la saison. Les radeaux sont situés à De Heen, à De Cleypoel, à De Wissen et à Marnemoende (www.campingraft.com).

359 KLAGENFURT (AUTRICHE)

Comment ? Vous n'avez jamais entendu parler de Klagenfurt ? C'est pourtant la sixième ville d'Autriche, la capitale de la Carinthie. C'est une ville pittoresque, avec une atmosphère légère, italienne. Elle est située sur la rive est du lac de Wörth, le plus grand et le plus chaud des Alpes. En hiver, on peut patiner durant 120 km sur le Weissensee, ce "lac blanc" qui gèle au plus froid de l'année. Au loin, les patineurs ressemblent à des petits signes de ponctuation mobiles.

D'avril à octobre, visitez le parc Minimundus Villacher et ses reproductions miniatures d'édifices célèbres du monde entier. Entrée : environ 13 €.

360 TOUR DE LA TÉLÉVISION (ROTTERDAM, PAYS-BAS)

Encore une preuve que c'est aux Pays-Bas qu'on trouve les hôtels les plus décalés ! Cette tour construite pour la télévision dans les années 1960 abrite aujourd'hui une brasserie et deux suites panoramiques baptisées "Heaven" (paradis) et "Stars" (étoiles). La Heaven donne sur le port, tandis que la Stars, équipée d'un Jacuzzi, a vue sur la ville. Luxe minimaliste, avec beaucoup de blanc brillant et quelques notes de couleur. Si loger dans cette tour vous semble trop commun, vous pouvez descendre en rappel – ou en tyrolienne – les 100 m qui vous séparent du rez-de-chaussée. Et si l'altitude ne vous effraie pas, prenez l'Euroscope jusqu'au sommet de la tour qui culmine à 185 m.

L'Euromast (www.euromast.nl) est ouvert tous les jours, jusqu'à 23h. Dernier départ de l'Euroscope à 21h45. Une descente en rappel ou en tyrolienne coûte 49,50 €.

LES LIEUX LES PLUS IMPROBABLES

OÙ APPRENDRE EN VOYAGEANT

QUELQUES SUGGESTIONS D'ACTIVITÉS POUR DÉCOUVRIR LA CULTURE DES PAYS VISITÉS.

361 SURF À HAWAII (ÉTATS-UNIS)

Où apprendre le surf sinon à Hawaii ? La Polynésie dans son ensemble est bien le creuset du surf (les Européens y virent pour la première fois du *he'e nalu*, littéralement "glisse sur la vague", au XVIIIe siècle), mais Hawaii reste la Mecque de ce sport érigé en art de vivre. Il existe une pléthore d'écoles de surf où des moniteurs d'une patience infinie vous apprendront à détecter dans l'océan l'arrivée de la houle, à ramer jusqu'à une vague et, surtout, à vous lever sur votre planche. Entre deux cours sur des spots accessibles comme Waikiki Beach et Puena Point, admirez les pros chevauchant des monstres sur des reef-breaks comme Pipeline, Off the Wall et Sunset Beach.

Le Billabong Pipe Master, dernière épreuve du championnat du monde de surf, se tient chaque année au Banzai Pipeline, l'un des spots les plus réputés au monde.

362 CUISINE À HOI AN (VIETNAM)

Sur les rives du Hoi An, qui donne son nom à la ville, le Red Bridge Restaurant and Cooking School est l'un des nombreux restaurants à s'être doublé d'une école de cuisine pour satisfaire l'intérêt croissant pour la gastronomie vietnamienne. Les programmes proposés à la journée ou à la demi-journée sont adaptés à tous, du parfait débutant au vrai cordon bleu. Après avoir visité le marché local pour choisir les ingrédients et tirer quelques enseignements des restaurateurs de rue, vous rejoindrez le restaurant pour assister à une démonstration par un expert avant de mettre en pratique vos connaissances. Au programme, rouleaux de printemps, bœuf mariné et bateau en ananas en guise de décoration.

Le stage d'une demi-journée (environ 27 $US/pers) comprend généralement la préparation de quatre plats. N'oubliez pas votre appareil photo pour immortaliser vos exploits.

363 PARAPENTE À SAINT-LEU (ÎLE DE LA RÉUNION)

La Réunion s'est forgé une réputation mondiale pour le parapente. Les conditions aérologiques dues au relief et au climat sont propices à cette pratique, surtout dans le secteur des Hauts de Saint-Leu. On peut y voler près de 300 jours dans l'année. Le décollage pour les débutants s'effectue sur une pente école à 800 m d'altitude (les autres partent depuis le Maïdo, à 1 500 m). L'atterrissage se fait sur la plage. C'est l'endroit idéal pour un baptême, en tandem, avec un moniteur. Les enfants sont acceptés dès 6 ans. Si l'expérience est concluante (et comment ne le serait-elle pas !), optez pour un stage découverte ou un stage d'initiation.

Les prestataires basés à Saint-Leu proposent des baptêmes à partir de 75 € (65 € pour les enfants).

364 YOGA À RISHIKESH (INDE)

Adeptes des expériences mystiques, rien de tel qu'un voyage dans le pays qui a vu naître le yoga. Non contente de favoriser la relaxation par la méditation, cette discipline aiderait aussi, selon des travaux de l'université du Texas, à atténuer les effets secondaires indésirables des traitements anticancéreux. À Rishikesh, dans les paysages apaisants des contreforts de l'Himalaya, des centres permettent aux novices de découvrir étirements, exercices de respiration et contemplation aux côtés de maîtres yogis. Dans certains, entre deux excursions à forte teneur spirituelle dans les montagnes, on vous encouragera aussi à jardiner dans le potager bio et à cuisiner pour la communauté.

Les ashrams proposent des stages tous niveaux, de quelques semaines à trois mois. Lancez-vous sur le chemin de la sérénité sur www.yogashramrishikesh.com.

365 ESPAGNOL EN PATAGONIE (ARGENTINE)

Entre lacs glaciaires, forêts, vallées et sommets andins, la ville de Bariloche est un cadre si exaltant qu'on y apprend l'espagnol plus efficacement en un mois que n'importe où ailleurs en une année entière. Surnommée la "Suisse argentine", elle concentre la majorité des écoles de langue de Patagonie, accueillant en permanence des étudiants de toutes nationalités – pas mal pour apprendre quelques mots d'autres langues au passage ! Une pléthore d'excursions sont proposées, du ski à Cerro Catedral, la meilleure station d'Amérique du Sud, à la randonnée en forêt jusqu'à la merveilleuse cascade de Los Cántaros.

Le choix est vaste, d'une semaine en stage intensif à 6 semaines de cours particuliers. Consultez www.spanishinbariloche.com.

366 CALLIGRAPHIE À KYOTO (JAPON)

Pour tous ceux qui aspirent à passer maîtres dans l'art de la calligraphie japonaise, le cours proposé par l'association des femmes de Kyoto, quoique instructif, pourrait mettre quelques points sur les "i". Écrire en caractères japonais n'est pas facile : restez concentré si vous voulez faire la fierté de votre professeur. Après un cours sur l'histoire de la calligraphie japonaise, vous verrez et apprendrez comment elle s'exécute. Puis ce sera à vous, petit scarabée, de tracer votre caractère japonais favori, par exemple "paix" ou "amour" (original, n'est-ce pas ?), et d'y ajouter votre signature. Un seul cours suffit pour être pris d'une compassion éternelle et infinie pour les petits écoliers japonais.

Consultez le programme de la Women's Association of Kyoto sur wakjapan.com.

367 ŒNOLOGIE DANS LE BORDELAIS (FRANCE)

Si vous souhaitez vous familiariser avec les notions qui permettent de découvrir ce qu'est un grand vin, cap sur le Bordelais et ses crus prestigieux. Plusieurs espaces dédiés au vin proposent des stages tout au long de l'année. L'école du vin de Bordeaux organise ainsi des sessions d'été ou des formations longues durant lesquelles vous apprendrez les bases de l'œnologie et à reconnaître les différents cépages. Il est également possible de participer à des week-ends œnologiques, avec visites des vignobles.

Contactez l'école du vin de Bordeaux (www.bordeaux.com), la Maison des bordeaux (www.planete-bordeaux.net) ou La Winery (www.lawinery.fr).

368 KUNG-FU AU TEMPLE SHAOLIN (CHINE)

Chaque année, des étrangers peuvent suivre des cours au temple de Shaolin, dans la province du Henan, au cœur de la belle chaîne des Song Shan. Les élèves de ce monastère vieux de 1 500 ans, berceau du kung-fu, participent à un stage exigeant conduit par des maîtres shaolin, moines-guerriers à la discipline de fer. Séjour en dortoir, mais peu importe, vous dormirez comme une masse : les activités débutent à 8h30 (5h pour les élèves chinois) pour se terminer au plus tôt à 19h. Mais si vous êtes assidu, peut-être que vous aussi, un jour, vous casserez net une barre de fer d'un coup de tête ou arriverez à transpercer du verre en y lançant un clou.

Le monastère est ouvert aux visiteurs toute l'année de 8h à 19h. Le site www.infohub.com propose un circuit de 10-30 jours avec un stage (environ 2 000 $US).

369 SURVIE DANS LA SAVANE À ESINGENI (KENYA)

Après ce stage de survie d'une semaine dans la nature sauvage du Kenya, vous vous sentirez plus humain que jamais – à condition d'avoir tenu le choc. Des guides aguerris organisent des excursions en petit groupe au départ de l'Esingeni Bush Camp, dans une réserve animalière privée. Les participants apprennent à se construire un abri, à allumer un feu, à trouver et à préparer leur nourriture et à extraire de l'eau des plantes. On leur enseigne également à s'orienter grâce aux étoiles au cœur d'une savane pleine d'odeurs, de bruits étranges… et d'animaux. Si vous vous êtes toujours demandé à quoi ressemblait la vie des hommes avant l'invention de l'agriculture, cette expérience est pour vous.

Stage de 5 jours (3 500 rands/pers) proposé par la Conservation Academy (www.conservationacademy.co.za).

370 TANGO À BUENOS AIRES (ARGENTINE)

La musique et la danse occupent une place centrale dans la culture argentine. Le tango, désormais inscrit au patrimoine culturel immatériel de l'Unesco, se pratique surtout à Buenos Aires et connaît une véritable renaissance dans toutes les tranches d'âge. Des cours sont dispensés partout en ville, dans les auberges de jeunesse, les centres culturels et dans toutes les milongas. La plupart ont lieu en anglais. Comptez entre 15 et 40 ARS.

La Catedral (www.lacatedralclub.com) est une bonne adresse pour commencer. La Marshàll (www.lamarshall.com.ar) organise des cours deux fois par semaine. Ouverte à tous, elle est néanmoins surtout connue pour être une milonga gay.

DÉGUSTER LE BON PLAT AU BON ENDROIT

METTRE LES PIEDS SOUS LA TABLE EST PARFOIS LE MEILLEUR MOMENT D'UN VOYAGE. VOICI QUELQUES SPÉCIALITÉS QUI NE DEVRAIENT PAS VOUS DÉCEVOIR.

Large choix de pâtes dans une boutique de Via Benedetto Croce à Naples

371 TAPAS À BARCELONE (ESPAGNE)

Patatas bravas (pommes de terre à la sauce tomate relevée), *calamares fritos* (calamars frits), *boquerones* (anchois), *croquetas de jamón* (croquettes de jambon), *pimientos asados* (poivrons grillés), *albóndigas* (boulettes de viande), *berenjenas gratinadas* (aubergines en gratin) : voilà juste quelques exemples de tapas pour vous mettre l'eau à la bouche. La dynamique capitale catalane excelle dans la création et la consommation de tapas, surtout le long des ramblas, tard le soir, quand Barcelonais et touristes descendent tranquillement de la Plaça de Catalunya.

Quimet i Quimet (Carrer del Poeta Cabanyes 25) est un petit paradis des tapas pour gourmets. Laissez les serveurs vous préparer un assortiment.

373 DONER KEBAB À ISTANBUL (TURQUIE)

Le *doner kebab* traditionnel est à base de mouton grille étalé sur du riz au beurre. C'est ainsi que beaucoup de restaurants le servent encore en Turquie. Mais c'est son cousin version fast-food qui est aujourd'hui le plus répandu, sous forme de pita garnie de viande marinée et rôtie, salade et sauce au yaourt. Il est de rigueur à Istanbul de se promener, muni d'un de ces bons gros sandwichs, dans Sultanahmet ou le long du Bosphore, tout en essuyant négligemment la sauce et les morceaux de salades qui s'aventurent sur votre menton.

Les puristes du kebab feront le pèlerinage à Bursa, ville natale de l'inventeur de l'*iskender kebab*. Depuis Istanbul, prendre le ferry qui traverse la mer de Marmara.

ROCCO FASANO / LPI

372 PÂTES À NAPLES (ITALIE)

Les historiens de la cuisine n'ont toujours pas établi si Marco Polo avait introduit les pâtes en Italie à son retour de Chine, au XIIIe siècle, ou si les Étrusques en connaissaient déjà la recette depuis longtemps. Quoi qu'il en soit, il est généralement admis qu'au XVIIIe siècle Naples avait fait du mélange de farine et d'eau une industrie assez sérieuse pour devenir la capitale mondiale des pâtes. Pour couronner le tout, on y a célébré le mariage d'icelles avec des tomates concassées. Bref, la prochaine fois que vous vous baladerez dans les vieilles rues du centre historique de Naples, foncez dans la première trattoria et enfournez une authentique pasta napolitana.

Après le repas, allez assister au miracle du sang coagulé de San Gennaro qui se liquéfie dans son ampoule, à la cathédrale de Naples (Via Duomo), le premier samedi de mai, le 19 septembre ou le 16 décembre.

374 RAVIOLIS VAPEUR À SHANGHAI (CHINE)

Les raviolis qu'on mange à Shanghai sont tout simplement sensationnels. Les Chinois les appellent *xiǎolóngbaō*, et on se bat pour en manger durant les fêtes d'été. Ce mets délicieux ressemble à une boule de pâte ordinaire jusqu'au moment où l'on découvre qu'elle est farcie d'une sauce brûlante au hachis de porc, au crabe ou aux légumes. Cette surprise est obtenue grâce à une astuce consistant à introduire la farce sous forme de gelée compacte qui se liquéfie lors de la cuisson. Pour éviter de vous brûler les papilles, ne mordez pas à pleines dents : grignotez progressivement jusqu'à ce que vous arriviez à la partie liquide.

Le Jiajia Tangbao (au 90 Huanghe Lu) est une toute petite échoppe où l'on sert, d'après les habitants, les meilleurs *xiǎolóngbaō* de la ville. D'autres adresses sur www.shanghai-eats.com.

RICHARD I'ANSON / LPI

Préparation des fameux raviolis à la vapeur dans un restaurant du marché Yuyuan de Shanghai

375 FEIJOADA À RIO DE JANEIRO (BRÉSIL)

Les papilles gustatives aussi ont leur carnaval : la *feijoada*, plat national brésilien, un ragoût épicé à base de haricots noirs et de porc. Sachez que, si la *feijoada* servie dans les restaurants de Rio ne contient généralement que de beaux morceaux, ce plat peut aussi cacher les oreilles, la langue et la petite queue en tire-bouchon. Attention aussi, ce mets roboratif n'est pas des plus digestes. En conséquence, prévoyez d'aller faire la sieste après l'avoir dégusté plutôt que de vous baigner sur la plage d'Ipanema.

D'après les habitants, c'est à la Casa da Feijoada (rua P Morais 10) qu'on mange la meilleure *feijoada* d'Ipanema.

376 GOMBO À LA NOUVELLE-ORLÉANS (ÉTATS-UNIS)

À La Nouvelle-Orléans, respirer le fumet d'un gombo est presque aussi incontournable que d'écouter du jazz, du zydeco ou du blues. Ce plat typique de la Louisiane est à base de produits de la mer ou de viande fumée, cuits dans un jus épaissi grâce au gombo ou à un roux, le tout servi sur une montagne de riz. Mais les variantes sont innombrables, du classique gombo créole à l'âpre gombo cajun. Big Easy a peut-être essuyé de dures épreuves récemment, mais on y mange quelques-uns des plats les plus réconfortants de la planète.

Un arrêt au restaurant Gumbo Shop dans le quartier français s'impose. Pour vous mettre l'eau à la bouche, consultez le menu des plats livrables à domicile sur www.gumboshop.com.

377 COUSCOUS À CASABLANCA (MAROC)

Sitôt arrivé à Casablanca, foncez sur le bord de mer et le boulevard de la Corniche, choisissez le café ou le restaurant le plus engageant et commandez un couscous accompagné d'un thé à la menthe. La semoule y est idéalement cuite grâce à des passages répétés dans la vapeur du couscoussier. Elle est accompagnée au choix d'une sauce uniquement à base de légumes ou d'un mélange de légumes et de viande ou de poisson.

Après le repas, allez admirer la mosquée à 800 millions de dollars du roi Hassan II, ouverte aux musulmans aux heures de prière. Les non-musulmans ne peuvent y entrer que s'ils font partie d'un groupe accompagné d'un guide.

378 NASI GORENG À PENANG (MALAISIE)

Les voyageurs qui visitent la Malaisie commandent inévitablement ce plat simple, omniprésent et délicieux appelé *nasi goreng*. Cette spécialité, dont le nom signifie littéralement “riz frit”, est aussi consommée en Indonésie et à Singapour. Elle est à base de riz pilaf, cuit avec du poulet ou des produits de la mer, des légumes, des œufs et une sauce soja douceâtre. On trouve le *nasi goreng* presque partout en Malaisie, mais c'est sur les étals de rue de l'île de Penang qu'il faut le déguster. C'est là, en effet, que les influences malaise, chinoise, indienne et baba-nonya convergent pour donner à ce plat modeste des parfums uniques.

Direction le marché de Little India (George Town), qui se tient au croisement de Market St, de King St et de Queen St.

379 CURRY À BOMBAY (INDE)

Les currys sont répandus dans toute l'Asie, du Pendjab au Japon, mais leur véritable berceau est l'Inde. Vous ne pourrez pas vous vanter d'avoir goûté un vrai curry tant que vous ne serez pas allé en déguster un à Bombay (Mumbai), dans l'État du Maharashtra. Bombay étant en bord de mer, son curry contient généralement des fruits de mer et une sauce à base de noix de coco et de masala (mélange d'épices). Les principales épices employées sont le curcuma, la coriandre, le gingembre et le piment rouge.

Le Taj Mahal Palace & Tower est réputé servir la meilleure cuisine de Bombay. Réservations sur www.tajhotels.com.

380 HOT DOG À NEW YORK (ÉTATS-UNIS)

On trouve à New York une incroyable diversité de cuisines. Pourtant, chacun sait que le seul vrai rituel culinaire à ne pas manquer dans cette ville, c'est d'acheter à un marchand ambulant, installé à un carrefour avec sa petite voiture en tôle surmontée d'un parasol multicolore, un hot dog avec ketchup, moutarde, oignons et – au choix – choucroute, condiment ou sauce piquante. Pour consommer ce must gastronomique dans des conditions extrêmes, participez au concours du plus gros mangeur de hot dogs qui a lieu tous les 4 juillet au Nathan's, sur Coney Island.

Inscrivez-vous sur www.nathansfamous.com. Attention, les places sont chères !

LES PLUS BEAUX SOLSTICES LOIN DE CHEZ SOI

LES ANCIENS CROYAIENT À LA MAGIE DU JOUR LE PLUS LONG ET DU JOUR LE PLUS COURT DE L'ANNÉE. COMME EUX, LAISSEZ LE SOLSTICE RESSOURCER VOTRE ÂME.

381 FINLANDE

Plongés dans l'obscurité la majeure partie de l'année, les habitants de l'extrême nord de la Finlande attendent avec impatience l'arrivée du solstice d'été. L'événement est fêté partout en Scandinavie, ainsi que dans les pays Baltes. D'immenses banquets nécessitant plusieurs jours de préparatifs sont organisés. Feux de joie, concerts, danses frénétiques et alcools sont au rendez-vous. Ce rituel puise ses racines dans les temps les plus reculés. Les Vikings croyaient en effet que la Terre s'arrêtait au moment du solstice. Cette croyance païenne était si bien enracinée que les premiers chrétiens de Finlande inclurent le culte du solstice dans le calendrier religieux. C'est ainsi que ce jour férié porte

Lors du solstice d'été, Stonehenge est plongé dans une atmosphère à la fois magique et mystique

aujourd'hui le nom de Juhannus, en hommage à saint Jean-Baptiste.

Finnair (www.finnair.com) dessert la Finlande depuis la plupart des pays d'Europe. Le solstice d'été étant un jour férié, il est conseillé de réserver assez tôt.

382 MACHU PICCHU (PÉROU)

Édifiée une génération avant Christophe Colomb et redécouverte seulement en 1911, Machu Picchu, la "cité perdue des Incas", émerge des nuages à quelque 2 400 m d'altitude dans les Andes péruviennes. On peut y voir les ruines de temples construits pour adorer Inti – le dieu du soleil – le jour du solstice, qui marquait son divin renouveau. Les fenêtres sont parfaitement situées pour laisser entrer les rayons du soleil. Le plus important vestige du culte du solstice est l'Intihuatana, un énorme bloc de pierre taillé avec habileté peut-être pour prédire les solstices.

Situé sur une colline surplombant la place Sacrée, l'Intihuatana est entouré d'une clôture empêchant les visiteurs de l'approcher de trop près.

383 NEWGRANGE (IRLANDE)

Vos chances de pénétrer dans cette sépulture mégalithique vieille de 5 000 ans le jour du solstice d'hiver sont très minces : plus de 30 000 personnes participent chaque année au tirage au sort donnant droit à ce privilège. Si vous figurez au nombre des heureux élus (ils ne sont que 100 !), sachez que la météo est rarement de la partie. Mais lorsque le soleil brille ce jour-là à Newgrange, le spectacle est magique : vous verrez le soleil filtrant à travers l'ouverture pratiquée dans le toit éclairer pendant 17 minutes le tunnel de 18 m de longueur menant à l'intérieur de ce vaste tumulus datant de 3200 av J.-C. Si le tirage au sort ne vous a pas été favorable, vous pouvez vous y rendre un autre jour : l'endroit vaut la peine d'être visité, même éclairé à la lumière électrique.

Visite guidée (6 €) uniquement. Inscription auprès du centre d'information Bru na Boinne (www.newgrange.com/visitor.htm).

MAGANN / ISTOCKPHOTO

385 STONEHENGE (ANGLETERRE)

Site mégalithique le plus célèbre du monde, Stonehenge est exposé à certaines nuisances dues au tourisme de masse. Druides en herbe, amateurs de percussions et hobbits envahissent régulièrement l'endroit. Stonehenge n'en reste pas moins l'un des lieux les plus exceptionnels de la planète. C'est lors du solstice d'été que se révèle sa nature magique. Vous l'aurez deviné, vous ne serez pas seul ce jour-là non plus. Une foule de néopaïens venus de Grande-Bretagne et d'ailleurs s'y donne rendez-vous pour entrer en communion avec le système solaire – un véritable spectacle !

Venez à Stonehenge à vélo, en empruntant les routes du National Cycle Network (prenez la Rte 45 depuis Amesbury). Stonehenge est un site protégé par le National Trust (www.nationaltrust.org.uk).

384 ABOU SIMBEL (ÉGYPTE)

Ramsès II aimait les jeux de lumière mais accordait moins d'importance aux solstices qu'à sa propre personne. Le grand temple d'Abou Simbel, qu'il fit édifier vers 1240 av. J.-C., comporte quatre statues monumentales le représentant en compagnie des dieux Ra, Amon et Ptah. Il est conçu de telle façon que tous les 22 octobre et 22 février, dates respectives de sa naissance et de son couronnement, la lumière du soleil éclaire ces statues – à l'exception de celle de Ptah, dieu des morts et du monde souterrain, qui ne pouvait que rester dans l'ombre.

Le bus pour Abou Simbel part d'Assouan vers 4h du matin. L'accès au temple coûte environ 15 $US.

388 ÎLE DE PÂQUES (CHILI)

Perdue au beau milieu du Pacifique, la légendaire Rapa Nui est l'un des endroits les plus mystérieux de la planète. Elle est connue pour ses énigmatiques *moai* (statues debout) et ses étranges formations naturelles. Ahu Akivi est l'endroit parfait pour échapper aux fêtes agitées qui se déroulent partout ailleurs dans l'hémisphère le jour du solstice d'été. Vous contemplerez le soleil en compagnie de sept *moai*, tournés vers un endroit où se déroulaient autrefois danses et rituels. Un moment magique, qui vous permettra de ressentir la force du lien qui unissait à la nature les habitants de cette terre isolée au milieu des mers.

LAN Airlines (www.lan.com) assure la seule liaison régulière pour l'île de Pâques, au départ de Santiago (5 heures de vol).

386 KOKINO (RÉPUBLIQUE DE MACÉDOINE)

Ce site reculé du nord-est de la Macédoine compte parmi les observatoires astronomiques les plus anciens du monde. On comprend en découvrant ce vaste amas de pierres qu'il ait fallu attendre 2002 pour en découvrir le secret. Rien n'indique au regard profane ce qu'ont fini par découvrir les archéologues : vers 1815 av. J.-C. furent effectués ici de savants calculs concernant les mouvements des astres, comme le prouve le spectacle des rayons du soleil épousant parfaitement les alignements de pierres lors des solstices. Diverses festivités, dont des opéras et des concerts de musique classique, sont organisées dans ce décor désolé à l'occasion du solstice d'été.

Le site est proche de la frontière serbe et des villages de Kokino et d'Arbanasko. Plus d'infos sur http://kokinoobservatory.mk/.

387 SAINT-PÉTERSBOURG (RUSSIE)

Décrépite par endroits mais empreinte d'une ambiance insouciante et festive, Saint-Pétersbourg continue de séduire ceux qui viennent admirer ses grandioses façades, ses flèches étincelantes et ses coupoles dorées. Un décor idéal pour contempler le solstice d'été qui marque le début des Nuits blanches (les 10 derniers jours de juin, le soleil ne se couche pas). Les Pétersbourgeois fêtent dignement l'événement et toutes les rues débordent d'animation.

Le festival des étoiles des Nuits blanches est organisé par le théâtre Mariinsky (www.mariinsky.ru/en) à cette occasion.

389 CHACO CANYON (ÉTATS-UNIS)

Ce canyon du Nouveau-Mexique écrasé de chaleur, qui fut une mer intérieure à l'époque préhistorique, réunit le plus grand nombre de *pueblos* (villages aux maisons d'adobe) des États-Unis. Les Indiens ont laissé ici des vestiges de leurs connaissances en matière d'astronomie, notamment des pétroglyphes en forme de spirale et trois mégalithes marquant les cycles du Soleil et de la Lune. Chaque année, trois jours de festivités sont organisés au moment du solstice d'été. Les rayons filtrant par-dessus les rochers forment ce jour-là une "dague de soleil". Un spectacle tout simplement magique.

Le Chaco Culture National Historical Park est ouvert tous les jours du lever au coucher du soleil. Le centre d'information des visiteurs est ouvert de 8h à 17h. Plus d'infos sur www.nps.gov/chcu.

390 NEW YORK (ÉTATS-UNIS)

Tout peut arriver à New York. Le jour du solstice d'été, une nuée multicolore de yogis envahit Times Square, à l'appel d'une association (la Times Square Alliance). Les participants

Ces 7 *moai* veillent sur les visiteurs à Ahu Akivi sur l'île de Pâques

déroulent leur tapis et effectuent leurs mouvements sous la direction d'un maître. Et le jour du solstice d'hiver ? Il ne se passe rien de particulier. Les membres de cette association, et bien d'autres, préfèrent le fêter le soir du 31 décembre, en admirant le lâcher de ballons sur Time Square.

Pour tout savoir sur les événements à Times Square et ailleurs à New York, visitez le site www.timessquare.com.

OÙ SE METTRE EN DANGER

TOUTES SORTES D'ACTIVITÉS EXTRÊMES ET ÉTONNANTES POUR REPOUSSER VOS LIMITES – À VOS RISQUES ET PÉRILS.

391 SURF À CORTES BANK (ÉTATS-UNIS)

La quête de gros surf semble avoir l'infini pour seule limite, et certaines des vagues les plus imposantes se révèlent aussi difficiles à rejoindre qu'à surfer. À environ 170 km au large de San Diego (Californie), Cortes Bank est une chaîne de montagnes sous-marine dont de nombreux sommets ne sont qu'à quelques mètres de la surface des eaux du Pacifique. En 2001, un groupe de surfeurs a fait le déplacement pour y trouver le Graal : l'un d'entre eux put surfer un monstre de 20 m de hauteur, la plus grosse vague surfée cette année-là.

Départs en bateaux pour Cortes Bank de La Jolla. Avant le départ, interrogez le Scripps Institute of Oceanography (sio.ucsd.edu).

392 SAFARI À PIED PARMI LES LIONS (ZIMBABWE)

Le Kariba, dans le nord du Zimbabwe, est un lac artificiel créé dans les années 1950 avec la construction d'un barrage sur le Zambèze. Sur ses rives, le parc national Matusadona préserve un territoire où de nombreux animaux ont été réintroduits, et dans les hautes herbes de la savane vit l'une des plus fortes concentrations de lions en Afrique. Le roi de la jungle n'est pas un compagnon de randonnée très recherché, et, pourtant, à Matusadona, les safaris à pied (escortés par un guide armé) pour observer les lions sont très prisés. Le nec plus ultra consiste à camper dans la savane parmi eux.

La Safari Company (www.thesafaricompany.co.za) propose un circuit de 4 jours de mai à octobre.

393 PLONGÉE EN APNÉE

Retenir votre souffle et partir vers les profondeurs façon *Grand Bleu*, ça vous tente ? Sans bouteille, vêtus d'une combinaison et d'une paire de longues palmes, les apnéistes plongent aussi loin de la surface qu'il est possible de le faire. Certains peuvent rester sans respirer jusqu'à neuf minutes, et, en 2005, le Belge Patrick Musimu a établi le record à 209,6 m de profondeur en apnée à poids variable. Repousser à ce point les limites de l'humain n'est évidemment pas sans danger, et l'apnée fait régulièrement des victimes.

Palm Beach, en Floride, est la Mecque de l'apnée : renseignez-vous sur www.palmbeachfl.com.

394 BASE-JUMP À VOSS (NORVÈGE)

Attention, sport extrême ! Le base-jump consiste à se lancer dans le vide (équipé d'un parachute) depuis des objets fixes (et non des avions) tels que les ponts, les montagnes ou les falaises. Certains pays jugent cette discipline sœur du parachutisme si dangereuse qu'ils l'ont interdite ; le fait est que, depuis 1981, le base-jump a fait près de quatre victimes par an. À Voss, dans le sud de la Norvège, c'est tout l'inverse : vous êtes vivement encouragé à vous jeter dans le vide pendant la Semaine des sports extrêmes qui a lieu tous les ans en juin. Ici, les base-jumpers sautent du Nebbet, une falaise à 350 m d'altitude surplombant un fjord. Effrayant, mais spectaculaire (ou l'inverse).

Rendez-vous fin juin pour la Semaine des sports extrêmes (www.visitvoss.no/en). Après une journée à forte teneur en adrénaline, on pourra danser toute la nuit au Pentagon (www.parkvoss.no).

395 ROUTE DE LA MORT (BOLIVIE)

Jusqu'en 1995, la route des Yungas reliant La Paz, la capitale bolivienne, à la ville de Coroico était "simplement" un axe souvent mortel. Et puis la Banque interaméricaine de développement l'a officiellement sacrée "route la plus dangereuse du monde", et l'endroit est devenu un aimant pour têtes brûlées. Tout en épingles à cheveux, cette étroite route gravillonnée voit défiler les camions dont les roues flirtent dangereusement avec des précipices de 1 000 m – rien d'étonnant à ce que 26 véhicules en moyenne disparaissent chaque année dans le vide. Un véritable tourisme de l'aventure s'est développé ici, et les vététistes zigzaguent désormais gaiement en évitant les camions – et l'appel du vide.

Contactez une agence de voyages pour louer une jeep de La Paz à Sorata pour moins de 100 $US. La New Millennium Tour Company loue des vélos.

396 TAPÓN DEL DARIÉN (PANAMÁ)

Le "tampon" du Darién, qui marque la frontière entre les Amériques, mérite une place de choix au panthéon des no man's land de la planète. Ici, la jungle est si dense et la présence humaine si violente que la fameuse route panaméricaine qui va de l'Alaska à la Terre de Feu n'a jamais pu traverser la région. Sur ces terres sauvages où se rejoignent le Panamá et la Colombie agissent paramilitaires, trafiquants, braconniers, guérilleros et bandits en tout genre. Un mélange explosif qui, visiblement, ajoute au charme du lieu pour les quelques rares visiteurs qui s'aventurent au-delà de la ville panaméenne de Yaviza.

Ne partez pas à l'aventure sans avoir consulter la carte de Lucien Wyse (1877) ou celle de J.-B. Anville (1730).

397 NAGER AVEC LES ORQUES (NORVÈGE)

Quand vous sauterez du bateau au large de Tysfjord, un conseil : mieux vaut vous dire que les créatures qui vous attendent sont des orques plutôt que des "baleines tueuses", c'est plus rassurant. Sur ce petit bout glacé des côtes norvégiennes, à 250 km au nord du cercle arctique, on vient enfiler une combinaison pour barboter aux côtés de ces animaux qui, s'ils portent bien mal leur surnom (ils appartiennent à la famille des dauphins et ne s'attaquent que rarement à l'homme), n'en sont pas moins de véritables monstres des mers. Alors, certes, la peur vous noue l'estomac, mais arrêtez de vous répéter : "Si le froid ne me tue pas, les orques s'en chargeront."

Comptez 450 £ (vol compris au départ du Royaume-Uni) avec www.orcasafari.co.uk. Les plus timorés se contenteront d'observer les orques depuis un Zodiac.

398 TOURISME NUCLÉAIRE À TCHERNOBYL (UKRAINE)

Si le site nucléaire le plus tristement célèbre n'est pas devenu une destination phare, un flot régulier de visiteurs se rend toutefois sur les ruines de Tchernobyl. Plusieurs agences de voyages de Kiev vous emmèneront déambuler dans le centre d'information du réacteur, au milieu des véhicules utilisés pour la décontamination et abandonnés sur place, et dans les rues désertes de Pripiat, où vivaient les employés de la centrale et leur famille. Vous verrez aussi des poissons-chats géants dans la rivière, mais non, vous assurera-t-on, cela n'a rien à voir avec la catastrophe.

Solo Est Travel (www.tourkiev.com) organise des visites. Comptez 150 $US.

399 DOUBLER LE CAP HORN

La pointe la plus méridionale de l'Amérique du Sud compte parmi les sites marins les plus légendaires de la planète. Ici, dans le passage de Drake, point de rencontre entre le Pacifique et l'Atlantique, l'océan n'est que vagues monstrueuses et icebergs égarés. Si le cap Horn a perdu son intérêt pour les routes commerciales, il n'en demeure pas moins un défi qu'aiment à se lancer les plus audacieux des marins. Des courses autour du monde à la voile empruntent aujourd'hui le fameux "cap des tempêtes", de même que d'autres navigateurs désireux d'accomplir cet exploit.

Comptez 1 200 $US pour un circuit classique passant par Punta Arenas, Ushuaia, les canaux de Patagonie et le cap Horn. Réservez 4 à 6 mois à l'avance.

400 CHASSE AUX TORNADES (ÉTATS-UNIS)

Aux États-Unis, l'"allée des tornades" qui s'étend entre les montagnes Rocheuses et les Appalaches enregistre environ mille tornades par an : des vents pouvant atteindre 500 km/h détruisent alors champs et habitations et font souvent des victimes. Au lieu de les fuir comme tout être normalement constitué, certains viennent voir de leurs propres yeux ce spectacle incontestablement magnifique. Équipés de radars et de systèmes de localisation, les chasseurs de tornades sillonnent la Tornado Alley d'un tourbillon à l'autre. Amateurs de titans météorologiques, rejoignez-les : plusieurs tour-opérateurs proposent désormais des traques à la tornade.

La saison des tornades s'étend de mai à août. Comptez au minimum 2 000 $US pour un circuit de 6 jours.

OÙ VOYAGER SANS SE RUINER

VOS COMPTES SONT EN BERNE ? VOUS ÊTES TOUCHÉ PAR LA CRISE ? PAS DE PANIQUE : VOICI QUELQUES DESTINATIONS EXOTIQUES OÙ PARTIR SANS VOUS RUINER.

Jeux d'échecs artisanaux sur un étal de Cracovie, un passe-temps idéal durant les rudes hivers polonais

401 INDE

On sait depuis longtemps que l'Inde est une destination bon marché. On oublie qu'elle a beaucoup à offrir en dehors des promenades à dos d'éléphant et du Taj Mahal. Si vous mettiez le cap au nord ? Vous pourriez faire du trekking au Ladakh, où les pics sont immenses et l'air frais. Et le surf à Port Blair ? C'est au cœur du golfe du Bengale et les prix y restent étonnamment bas. L'Inde : un voyage économique et plein d'imprévu.

À l'auberge de jeunesse d'Aberdeen Bazaar, à Port Blair, une chambre coûte environ 100 Rs, une nuit en dortoir, 50 Rs.

BRUCE BI / LPI

402 NÉPAL

Le pays de l'Everest et des sherpas est depuis longtemps sur la feuille de route des voyageurs au budget modeste. Les décennies passent et le Népal reste l'une des destinations les moins chères du monde. Les randonnées sont splendides et on y vit pour trois fois rien, ce qui permet de faire durer le plaisir. Nombre de voyageurs aguerris placent le Népal tout en haut de leur liste personnelle. Il ne vous coûtera pas grand-chose d'aller vérifier le bien-fondé de leur choix…

Katmandou est à 11 heures de vol de Paris avec escale. Nepal Airlines (www.nepalairlines.com.np), la compagnie nationale, ne dessert pas l'Europe.

403 INDONÉSIE

L'Indonésie a souffert d'une mauvaise presse ces dernières années. Entre les attentats et les conflits, beaucoup de voyageurs ont pris le parti de soigneusement contourner le pays. Tant mieux pour les autres. Les plages y sont toujours aussi superbes et la vie toujours aussi peu chère. Si vous aimez surfer ou vous dorer sur le sable, vous ferez le plein d'exotisme à peu de frais. Du moment que vous évitez les pièges à touristes, vous aurez du mal à dépenser plus de 20 $US par jour.

Faites des économies en achetant vos souvenirs loin des quartiers à touristes, sur le marché central de Denpasar ou sur le Pasar Sukowati d'Ubud.

404 IRAN

L'Iran : un pays de l'"axe du mal" ? Oubliez la propagande et n'hésitez plus à visiter ce pays qui offre tout ce qu'un voyageur peut attendre. D'abord, la vie n'y est pas chère : pour 25 $US par jour, vous vous logerez dans un hôtel de catégorie moyenne et mangerez à satiété. Ensuite, vous pourrez admirer des merveilles architecturales sans un groupe de touristes à l'horizon. Pour tout dire, ce pays n'attend que votre visite et la mérite largement, car les Iraniens sont vraiment adorables avec leurs hôtes.

En janvier, vous pourrez assister à la fête de Sadeh, qui célèbre le feu au milieu de l'hiver.

405 POLOGNE

Au temps de la guerre froide, l'Europe de l'Est était une destination de choix pour faire la route à bon marché. La situation a changé et les prix avec. La Pologne reste pourtant l'un des pays les moins chers en Europe : un budget de 20 € par jour vous permettra de visiter confortablement ce pays. Mais dépêchez-vous, car les prix risquent de grimper sérieusement maintenant que la Pologne est membre de l'Union européenne.

Les villes rurales sont pittoresques et peu chères. Krasnystaw, dans la région de Lubelskie, est un paradis pour les petits budgets.

Vision d'éden devant les chutes d'eau de Tat Sae au Laos

406 LAOS

L'Asie du Sud-Est est la terre promise des voyages bon marché. Durant des années, la Thaïlande était la Mecque des voyageurs au budget serré. Aujourd'hui, ces derniers veulent sortir des sentiers battus. Le Laos leur tend les bras. Certes, le pays n'offre ni les plages de la Thaïlande ni la richesse culturelle du Vietnam, mais l'essentiel y est. Avec environ 15 $US par jour, vous ne vous priverez de rien et vous pourrez explorer des vallées encore vierges et de minuscules villages assoupis le long du Mékong.

La traversée en bateau depuis Chiang Khong, en Thaïlande, ne coûte qu'environ 0,50 $US. Le visa, payable une fois arrivé au Laos, devrait vous revenir à environ 30 $US.

ANDERS BLOMQVIST / LPI

407 TADJIKISTAN

Comme Marco Polo, vous serez impressionné par les paysages de cet État d'Asie centrale. Le budget reste raisonnable, même en louant une voiture avec chauffeur : une Lada coûte environ 210 € pour quelques jours. Découvrez ses sources chaudes, ses structures de pierres vieilles de 2 000 ans, ses forts ; dormez chez l'habitant ou dans une yourte, pour environ 7 € par personne.

La Murgab Ecotourism Association propose des séjours en yourtes dans des villages pour environ 3,50 € par personne. Consultez le site http://phiproject.free.fr.

408 HONDURAS

Si vous aimez la plongée et que vous avez la ferme intention d'y consacrer la majeure partie de votre budget, rendez-vous au Honduras. Avec des hôtels à partir de 10 $US la nuit et des restaurants encore moins chers, vous ménagerez vos finances. Et puis il est possible de se dorer sur des plages de sable blond à deux pas de la mer des Caraïbes, sans bourse délier. L'urbanisme n'y a pas encore fait de ravages, mais dépêchez-vous avant que les promoteurs ne jettent leur dévolu sur ces rivages.

Après la plongée et le kayak près de l'île de Roatan, une visite du parc archéologique de Copán (http://es.copanhonduras.org/) s'impose. Entrée : 15 $US.

409 MAROC

C'est vrai, le Maroc est un pays où le marchandage est un art et l'on peut y faire de bonnes affaires. Mais même sans cela, il mérite un voyage. On y rencontre une culture unique et omniprésente et c'est un pays où votre pouvoir d'achat augmente comme par magie. Vous y voyagerez pour environ 30 € par jour, sans oublier que la visite des plages et des souks est gratuite. Plus vous vivrez à la marocaine, moins votre séjour vous coûtera. Le Maroc étant à quelques heures de Paris, même le voyage en avion ne vous ruinera pas.

D'une grande ville à l'autre, voyager en train est bon marché (horaires sur www.oncf.ma). Au sud de Marrakech, il vous faudra prendre le bus.

410 JORDANIE

Lorsqu'on leur parle de la Jordanie, beaucoup de gens pensent uniquement à Pétra. Quelle merveille en effet ! Rendu célèbre dans le monde entier par la séquence finale d'*Indiana Jones et la dernière croisade*, c'est un site incontournable du Moyen-Orient. Et pas la peine d'être archéologue pour dénicher les bonnes affaires : un lit pour la nuit vous coûtera environ 5 $US et un repas moitié moins. Cette destination peu fréquentée de la région peut être combinée avec une autre, également bon marché : l'Égypte.

Les visas obligatoires sont délivrés aux postes-frontière de Wadi Araba et du pont Sheikh Hussein. Attention, vous ne pourrez pas en obtenir au pont King Hussein.

OÙ DÉFIER L'AUTOCHTONE À SON PROPRE JEU

JOUEZ EN VOYAGEANT ET DÉCOUVREZ VOS HÔTES SOUS UN NOUVEAU JOUR.

411 KÁTÂW (LAOS)

À l'heure où le footbag débarque en Europe, allez faire un tour dans la cour du monastère de Luang Prabang, où de jeunes moines font des choses sidérantes avec des boules en rotin. Le jeu de *kátâw* connaît plusieurs variantes, dont l'une, proche du volley-ball, fait l'objet de compétitions internationales. Mais le *kátâw* pur et dur est pratiqué par des novices aux pieds nus, au crane rasé, drapés dans une toge orange, qui se livrent à des sauts acrobatiques, empêchant la balle de toucher le sol pendant ce qui semble des heures. Vous pouvez essayer, mais sachez que votre amour propre n'en sortira pas intact.

Un taxi entre l'aéroport et la ville de Luang Prabang coûte environ 5 $US (quel que soit le nombre de passagers).

412 MAH-JONG (CHINE)

Partout en Chine, les salons de thé sont le rendez-vous des joueurs de mah-jong : agglutinés autour de petites tables, ils font claquer devant eux des pièces couleur ivoire (les “tuiles”) tout en sirotant du thé vert et en fumant comme des pompiers. Cela vous tente ? Attention, il ne s'agit pas d'un jeu facile, genre dominos. Vous allez devoir jongler avec trois séries de neuf pièces, quatre vents, trois dragons, quatre saisons (ou fleurs) et trois dés. Prenez votre tour en fonction du Vent dominant, puis piochez et jetez les tuiles afin de réaliser vos combinaisons. Jeu passionnant, le mah-jong déchaînera votre instinct de compétition. Prenez garde au risque de dépendance !

Vous trouverez sur le site des World Series of Mahjong (www.wsom168.com) l'histoire et les règles complètes de ce jeu.

413 BAGH CHAL (NÉPAL)

Déplacer des cailloux sur un plateau quadrillé par cinq lignes horizontales et autant de verticales pour bloquer les mouvements de votre adversaire ne vous semble pas palpitant ? Le jeu national népalais est pourtant plus captivant qu'il n'en a l'air. Les cailloux représentent 20 chèvres s'efforçant d'immobiliser 4 tigres. Les règles sont simples mais éveilleront à coup sûr le stratège qui sommeille en vous. Il est particulièrement agréable de jouer à “Chèvres et tigres” après une longue journée de marche, dans un salon de thé de l'Annapurna Circuit. Vous trouverez de beaux jeux avec pièces en bronze à Patan ou à Katmandou.

L'Annapurna Circuit est une randonnée de 300 km. Plus d'infos sur le site de la Muktinath Foundation International (www.muktinath.org), une œuvre caritative venant en aide aux habitants.

Naïade brésilienne maniant à merveille le ballon rond sur la plage d'Ipanema

414 BEACH SOCCER (BRÉSIL)

En 2004, Sepp Blatter, président de la FIFA, déclarait que la Chine était le berceau du football. C'est peut-être exact, mais personne ne contestera que le Brésil est sa terre de prédilection. Le beach soccer ne pouvait naître que dans ce pays, doté de plages magnifiques, et dont sont originaires des joueurs aussi talentueux que Pelé, Ronaldo et Ronaldinho – pour n'en citer que quelques-uns. Rendez-vous à Leme, au nord de Copacabana, pour jouer sur les plages où ce sport est apparu. On joue à 5 contre 5. Les matchs sont intenses, avec beaucoup de buts – généralement plus de 10 par match – et de gestes techniques. Les équipes finissent toujours par se départager, aux tirs au but après prolongations si nécessaire.

Rejoignez les locaux pour un footing matinal (dès 6h) sur la plage de Copacabana ou celle d'Ipanema, plus branchée.

415 COURSE D'ÉCREVISSES (AUSTRALIE)

Les Australiens organisent des courses avec tout ce qui bouge (et même ce qui ne bouge presque pas) : chevaux, chameaux, lézards, bateaux sans fond échoués dans des lits de rivière à sec… Sortez quelques billets, ouvrez une bière et époumonez-vous pour encourager l'animal, quel qu'il soit – tant mieux si on peut en plus le manger à la fin de la partie. Des courses d'écrevisses sont fréquemment organisées dans les grandes rues poussiéreuses des villes de brousse du Queensland. À Moonie, Windorah ou Charleville, la compétition est féroce entre les crustacés.

Comme on peut le constater sur www.charlevilletourism.com.au, les courses ne sont pas le seul atout de Charleville.

416 BAO (MALAWI)

Il n'y a pas besoin de grand-chose pour jouer au bao et beaucoup de Malawites ne veulent pas entendre parler des jeux en bois qu'on vend aux touristes sur le marché de Lilongwe. Arrêtez-vous plutôt près d'une de ces huttes où les femmes pilent le maïs tandis qu'une nuée d'enfants courent parmi les poules. Vous y verrez 32 trous ronds (quatre rangées de huit) creusés dans la terre. Un groupe d'hommes s'affairent autour, dont deux qui placent des grains de maïs dans les trous pour les en ressortirent aussitôt, en un manège incompréhensible. Quand ils vous auront invité à vous joindre à eux, tâchez de suivre le rythme.

Le marché de Lilongwe se trouve dans le vieux Lilongwe, au centre de la ville. Venez de mai à octobre, lorsqu'il fait le plus frais.

JEAN-MARC CHARLES / PHOTOLIBRARY

Selon la tradition locale, le pastis aide à mieux viser le cochonnet

417 TÂB (ÉGYPTE)

Le tâb est une version moderne du senet, qui est probablement le plus ancien jeu de plateau connu (il serait vieux de plus de 5 000 ans). Mais vous pouvez vous passer du plateau : devant les *ahwa* (cafés) des petites villes égyptiennes, vous verrez les hommes jouer à même la terre. Lancez les quatre bâtons servant de dés pour déplacer vos *kelb* ("chiens", des cailloux font généralement l'affaire) et manger les pièces de votre adversaire. Le perdant paie le narghilé.

Le British Museum propose une version en ligne de ce jeu (www.ancientegypt.co.uk). Une visite est indispensable pour s'entraîner avant d'aller vous frotter aux Égyptiens à domicile.

418 ÉCHECS (BUDAPEST, HONGRIE)

Les messieurs d'âge mur qui réfléchissent à leur prochain coup, plongés jusqu'à la bedaine dans l'eau fumante des bassins en plein air des thermes de Széchenyi, à Budapest, offrent un spectacle totalement surréaliste. Jouer aux échecs dans ces conditions est une expérience vraiment absorbante, l'eau à 38°C s'avérant particulièrement bénéfique pour la concentration. Et vous en aurez besoin : après des années d'entraînement, les joueurs d'échecs des thermes de Széchenyi ont l'acuité d'un Kasparov. Pour les affronter, attendez votre tour devant les rangées de plateaux qui flottent dans la piscine.

Les bassins des thermes de Széchenyi sont ouverts tous les jours de 6h à 21h. Plus d'infos sur www.szechenyibath.com.

419 CARROM (INDE)

En Inde, les hommes jouent non pas aux dominos, aux cartes ou au mancala, mais au carrom. Les parties se jouent sur un plateau carré, couvert de poudre de craie et percé d'un trou à chaque angle. Le principe est un peu le même que celui du billard, à ceci près que les boules sont remplacées par des palets, que l'on propulse avec ses doigts. C'est un jeu beaucoup plus difficile et amusant qu'il n'y paraît. Quand vous vous y essaierez, vous pouvez être sûr qu'une foule fera cercle autour de vous.

Pour en savoir plus sur les règles et apprendre quelques astuces, consultez le site de l'All India Carrom Federation, basée à New Delhi (www.indiancarrom.com).

420 PÉTANQUE (SUD DE LA FRANCE)

Vous êtes dans une petite ville de province, il fait soif, pas un souffle d'air n'agite les platanes du square poussiéreux. Des vieux en béret sortent leurs boules métalliques de leurs étuis. Ne vous fiez pas aux apparences : ce sont des individus sans pitié. Lancer ses boules le plus près possible du cochonnet, tout en éjectant de la piste celles de l'adversaire est une activité qui peut paraître assez pépère – les boules s'entrechoquent avec un bruit étouffé plutôt relaxant –, mais ne sous-estimez pas l'habileté, le sens tactique et la détermination de vos adversaires.

Règles complètes sur www.ffpjp.info. On ne le sait que trop peu, mais c'est entre Tours et Nantes, région où on la pratique depuis 1830 environ, que la pétanque est la plus raffinée.

LES BONNES OCCASIONS POUR SE DÉGUISER

EMPORTEZ DANS VOTRE VALISE QUELQUES-UNS DES DÉGUISEMENTS QUI DORMENT DANS VOS PLACARDS.

421 BARS COSPLAY (TOKYO, JAPON)

Si l'idée de vous déguiser en personnage de Dragonball ou en Hello Kitty vous tente, allez donc faire un tour dans un des nombreux bars *cosplay* (contraction de "costume playing" ce qui signifie "jouer à se costumer") du centre de Tokyo. Vous y croiserez une ribambelle de héros de mangas, jeux vidéo, dessins animés et contes de fées en chair et en os, vêtus de costumes très recherchés. Le quartier d'Akihabara est le meilleur endroit pour plonger dans ce monde fantasque et trinquer avec quelque chevalier de bande dessinée revêtu de son armure, dans le plus grand sérieux.

Pour trouver les meilleures adresses, rendez-vous sur akihabara-tour.com.

423 GAY PRIDE (SÃO PAULO, BRÉSIL)

La plus grande Gay Pride du monde a lieu chaque année en mai à São Paulo. Lors de sa première édition, en 1996, cette fête exubérante ne comptait que 2 000 participants ; ils sont aujourd'hui plus de 5 millions à venir danser la samba, se trémousser ou tout simplement parader sous des milliers de bannières arc-en-ciel, revêtus de leur plus belle tenue pailletée, le long de l'Avenida Paulista, avant de poursuivre la fête jusqu'à l'aube dans les clubs de la ville.

La parade suit un itinéraire de 4 km et dure environ 4 heures. Plus de détails sur le site officiel (www.paradasp.org.br, en portugais).

422 VILLAGE HALLOWEEN PARADE (NEW YORK, ÉTATS-UNIS)

Si vous aimez vous déguiser, vous adorerez la Village Halloween Parade : chaque 31 octobre, 50 000 personnes défilent en costume dans les rues de New York lors d'une grande fête à laquelle assistent 2 millions de spectateurs. Ce carnaval a été créé au milieu des années 1970 par un marionnettiste qui déplorait que Halloween soit de moins en moins fêtée à New York. Il suffit de se déguiser pour y participer. Alors, laissez libre cours à votre imagination et rendez-vous dans les célèbres rues de Greenwich Village…

Prenez le train jusqu'à West 4 St pour gagner la tête du défilé. Infos détaillées sur www.halloween-nyc.com.

L'ombrelle, accessoire indispensable pour défiler sous le soleil brûlant de São Paulo lors de la Gay Pride

424 JOMSVIKINGS (EUROPE DU NORD)

Spécialisée dans la reconstitution de combats vikings, cette association livre bataille un peu partout en Europe, s'inspirant des faits et gestes des Jomsvikings, une authentique confrérie de mercenaires du Xe siècle. L'occasion idéale de sortir votre costume de guerrier nordique. Les membres de l'association ont pour la plupart une longue expérience de "combattants", mais les novices peuvent se joindre à eux lors des festivals, marchés et raids organisés sur le Vieux Continent.

Pour croiser la route des Jomsvikings, consultez le calendrier de leurs dates européennes sur www.jomsvikings.com.

425 BELTANE FIRE FESTIVAL (ÉDIMBOURG, ÉCOSSE)

Chaque année, le soir du 30 avril, une foule costumée envahit le centre d'Édimbourg, colorant les rues de rouge, blanc, bleu et vert. Le Beltane Fire Festival, issu de coutumes gaéliques antérieures à l'ère chrétienne, célèbre l'arrivée du printemps. Des feux de joie sont allumés et l'on défile à la lueur des torches. Les participants sont habillés et maquillés d'une seule couleur, certains sont peints des pieds à la tête. Si vous hésitez sur la couleur de votre costume, sachez que, traditionnellement, cette parade nocturne met en scène le triomphe des Red Men ("hommes rouges") et de leurs compagnes, qui ne se gênent pas pour danser et faire la fête sans retenue. À bon entendeur…

Les billets partent vite (infos sur www.beltane.org). Le mieux est de s'assurer une place de choix en intégrant l'organisation, par exemple comme porteur de torche (infos sur www.night-watch.net).

426 CARNAVAL DE BINCHE (BELGIQUE)

À deux pas de la frontière française, la petite ville belge de Binche célèbre chaque année cette tradition. Loin des spectacles destinés aux touristes, le carnaval est ici profondément ancré dans les esprits : les habitants s'y préparent des semaines à l'avance et cette ancienne cité médiévale, habituellement peu fréquentée des voyageurs, s'anime de façon spectaculaire durant 3 jours. Du Dimanche gras au Mardi gras se succèdent défilés, rondes, feux d'artifice, chants et danses.

Il est difficile de se loger à Binche. Préférez Charleroi, Mons ou La Louvière, dans les environs.

427 DÍA DE LOS MUERTOS (PÁTZCUARO, MEXIQUE)

Pátzcuaro est certainement la ville du Mexique la plus indiquée pour découvrir toutes les facettes du Día de los Muertos (jour des morts). Le 2 novembre, les familles se rassemblent pour prier pour leurs chers disparus. On confectionne de petits autels et on fleurit les tombes, sur lesquelles sont déposés des têtes de mort en sucre et les plats préférés des défunts. Puis on enfile des tenues colorées et des masques de tête de mort ou de diable pour aller danser sur la place principale. À minuit, tout le monde prend la direction d'un cimetière situé sur une île toute proche. Toujours costumé, joignez-vous à la foule et méditez sur la condition de mortel jusqu'à une heure avancée de la nuit.

La fête proprement dite se déroule sur l'île de Janitzio, à environ 3 km au nord du centre de Pátzcuaro. Des bateaux partent à intervalles réguliers du Muelle General.

428 KONINGINNEDAG (AMSTERDAM, PAYS-BAS)

Ceux qui comprennent le néerlandais l'auront deviné, le Koninginnedag célèbre l'anniversaire de la reine. Ce jour-là, de bruyantes festivités se déroulent dans le centre d'Amsterdam : le long des canaux, sur les ponts et sur les barges, d'innombrables habitants habillés en orange (la couleur nationale néerlandaise) ou vêtus de tenues fantaisistes arrosent copieusement l'événement. La veille au soir, l'ambiance dans les bars est déjà des plus animées. Si vous n'avez pas apporté de déguisement, vous dénicherez forcément de quoi vous joindre à la foule bigarrée sur l'un des stands de frippes installés sur le trottoir par les Amstellodamois...

Le Koninginnedag se fête le 30 avril (ou le 29 si le 30 tombe un dimanche).

429 KAISERBALL (VIENNE, AUTRICHE)

Pour jouer à Cendrillon et au Prince Charmant, rien de tel que de passer la nuit du 31 décembre à Vienne, dans le palais impérial de la Hofburg, à l'occasion du légendaire Kaiserball (bal de l'empereur). Les hommes revêtent un smoking, tandis que les femmes louent des robes vaporeuses chez Flossmann, le spécialiste des grandes occasions. Lorsque la cloche de la cathédrale Saint-Étienne sonne les douze coups de minuit et que l'orchestre entame *Le Beau Danube bleu*, laissez vos pantoufles de vair vous entraîner dans la valse, en priant pour ne pas trouver une citrouille devant les marches du palais.

L'accès à la grande salle coûte 560 €. Plus d'infos sur www.hofburg.com.

DOUG MCKINLAY / LPI

Habit de lumière, laque et rouflaquettes… en route pour le championnat d'Europe des sosies d'Elvis

430 ELVIS EUROPEAN CHAMPIONSHIPS (BLACKPOOL, ANGLETERRE)

Tous les ans, en janvier, la ville des chapeaux "*kiss me quick*", des trams illuminés et des promenades à dos d'âne sur des plages battues par les vents prend un sérieux coup de chaud à l'occasion du championnat d'Europe des sosies d'Elvis, au Norbreck Castle. Au programme, déhanchements, habits de lumière et reprises des indémodables morceaux du King durant 4 jours. Ne manquez pas l'Elvis Novice Contest, l'Elvis Gospel Contest et, naturellement, la soirée Elvis Disco, où vous pourrez comparer votre style à celui de sosies couverts de diamants fantaisie comme Memphis Mario, Elvis Presently ou Danny Reno.

Les Elvis novices peuvent s'inscrire pour concourir moyennant la somme de 40 £. Pour télécharger le formulaire et mieux connaître ce festival, connectez-vous sur www.elviscontest.co.uk.

LES PLUS BEAUX HYMNES À LA LENTEUR

LAISSER DU TEMPS AU TEMPS PEUT DÉBOUCHER SUR UNE EXPÉRIENCE DE VOYAGE PLUS INTIME ET, À COUP SÛR, INOUBLIABLE.

431 LE MÉKONG À PETITE VAPEUR (LAOS)

Dans sa descente vers le Cambodge et le Vietnam, le Mékong paresse à travers le Laos. En de nombreux points le long de ce parcours, on peut monter à bord de ferries rudimentaires pour se laisser flotter paisiblement. Les Laotiens comme les voyageurs affectionnent tout particulièrement le segment très animé situé entre la ville commerçante de Huay Xai et la superbe Luang Prabang. Un voyage de deux jours idéal pour faire l'expérience de la lenteur.

Un arrêt à Huay Xai s'impose pour admirer les gibbons de la réserve de Bokeo, jugés définitivement éteints à une certaine époque.

432 AU PAS DU DROMADAIRE DANS LE SAHARA (MAROC)

Les conducteurs de dromadaires affluent vers le petit village de Merzouga, au centre du Maroc, dans l'espoir de pouvoir conduire une de ces bêtes de somme lunatiques dans une partie du Sahara algérien qui a débordé sur leur pays. Ces excursions comprennent une traversée à pas lent et sûr de l'erg Chebbi et de ses dunes massives. Les balades à dos de dromadaire ont généralement lieu à l'aube ou au crépuscule, pour vous permettre d'admirer les couleurs changeantes de ce paysage immense. Mais il est également possible d'entreprendre des randonnées plus longues avec bivouac dans le désert.

Comptez de 80 à 200 dirhams pour une promenade de 2 heures. La nuit dans le désert, avec lit dans une tente berbère, dîner et petit-déjeuner vaut de 300 à 650 dirhams par personne.

433 L'AUSTRALIE EN CAMPING-CAR

Faire un tour du continent australien à bord d'un camping-car bien équipé est une expérience à la fois relaxante et enrichissante. Si vous roulez en restant le plus près possible des côtes, vous avalerez plus de 14 000 km, vous découvrirez des plages fantastiques, des forêts tropicales perdues et la plupart des grandes villes australiennes, tout en mangeant et dormant où bon vous semble. Ce voyage ne saurait toutefois être complet sans quelques incursions dans l'arrière-pays.

Les opérateurs sont légion, mais www.wickedcampers.com.au sort du lot. Ils proposent parfois un jour de location gratuite si vous osez vous présenter à leur bureau nu comme un ver.

434 FOS-SUR-MER-KUALA LUMPUR EN CARGO

Le porte-container quitte Fos-sur-Mer pour Kuala Lumpur (Malaisie). À son bord, quelques passagers vont vivre cette traversée de 29 jours pour le seul plaisir de voyager en douceur et en s'acclimatant. Escales d'une demi-journée à 2 jours (Gènes, Naples, Malte, Damiette et les Émirats arabes unis) dans des zones portuaires souvent éloignées des villes, et saisissante traversée du canal de Suez. Si vous descendez, un impératif : regagnez le navire à temps car il n'attend pas. Somptueusement logé et nourri, vous n'en serez pas moins livré entièrement à vous-même : prévoir lecture et musique en quantité.

Comptez 2 900 € par personne pour Fos-sur-Mer-Kuala Lumpur. L'agence Mer et Voyages (www.meretvoyages.com) vous dénichera la croisière de vos rêves, longue traversée ou tour du monde.

435 CROISIÈRE DANS LES FJORDS DU CHILI

La côte sud du Chili est riche d'une multitude de fjords grandioses où le voyageur perd la notion du temps. Ces anciennes vallées glaciaires érodées offrent de grandes profondeurs aux bateaux de croisière qui longent la Patagonie et la Terre de Feu. Falaises abruptes, glaciers en mouvement ou canaux translucides, les vues grandioses assaillent le voyageur. Les croisières partent souvent de Puerto Montt ou de Punta Arenas. Les sites à ne pas manquer sont l'immense fjord du Parque Nacional Laguna San Rafael et le magnifique Parque Nacional Torres del Paine, classé réserve de biosphère par l'Unesco.

Les croisières au départ de Punta Arenas rallient Ushuaia (Argentine). Il faut compter 750 $US au minimum et jusqu'à plus de 3 000 $US, en fonction de l'époque et de la longueur du voyage.

436 AMSTERDAM À VÉLO (PAYS-BAS)

Les rues étroites du centre d'Amsterdam, bordées de canaux et, parfois, interdites aux quatre-roues, sont idéales pour les vélos, comme l'ont compris depuis longtemps les habitants. Toutes les rues importantes de la ville sont pourvues de pistes cyclables généralement envahies par des citoyens de la capitale néerlandaise pédalant sans but précis au grand air. N'hésitez pas à les imiter en prenant un vélo au Vondelpark pour faire la tournée de vos musées et cafés préférés.

Essayez www.bikes.nl, qui loue des vélos pour 12,50 € pour 24 heures, prétend n'être jamais en rupture de stock et vous offre une remise de 10% si vous imprimez un bon de réduction sur leur page web.

437 EN BUS SUR LA KARAKORAM HIGHWAY

L'extraordinaire route qui relie Kashgar (Chine) à Rawalpindi (Pakistan) est connue sous le nom de Karakoram Highway (KKH). Si l'on roule lentement sur ses 1 300 km, c'est d'abord parce qu'elle traverse quelques colossales chaînes montagneuses – ce qui en fait la route goudronnée la plus haute du monde –, où les bus locaux sont réduits à ahaner dans les côtes. Deuxième explication à la lenteur du voyage : les chutes de pierres et les pannes mécaniques, qui viennent plus souvent qu'à leur tour faire baisser la vitesse moyenne. Parcourir cette portion de la légendaire route de la Soie, c'est s'assurer d'admirer d'incroyables paysages de haute montagne et une diversité de cultures captivantes.

Vous pouvez rejoindre Kashgar en avion depuis Urumqi ou Islamabad. Prenez ensuite le bus à la gare routière internationale de Jicheng Lu.

438 À CHEVAL EN MONGOLIE

Les Mongols ont adopté depuis plusieurs siècles le cheval comme mode de transport, alors pourquoi pas vous ? Que vous souhaitiez partir explorer les déserts, les montagnes ou les steppes, il existe une randonnée faite pour vous. Plus qu'une découverte de la nature, ces excursions sont le meilleur moyen de partager la vie des habitants. Vous dormirez sous une yourte et partagerez le menu de vos hôtes. Nul besoin d'être un cavalier chevronné même si quelques notions d'équitation sont les bienvenues.

Ger to Ger, une association à but non lucratif, organise un circuit de 4 jours et 3 nuits autour du lac Blanc (Terkhin Tsagaan nuur), dans le parc national de Khorgo. Plus d'infos sur http://www.gertoger.org.

439 LE CANAL DE BOURGOGNE AU GRÉ DU VIN (FRANCE)

La Bourgogne est traversée par le canal de Bourgogne, qui s'étend sur 242 km et comprend 189 écluses. Ce canal au cours paisible est fréquenté par des péniches aux cales bien approvisionnées où vous pouvez jouer les passagers clandestins pour goûter les meilleurs vins de la région. Les croisières vont de la version courte, avec quelques dégustations de vins et de fromages, au voyage de sept jours avec excursions dans les vignobles les plus réputés.

L'itinéraire le plus long propose de visiter plus de 30 chais et de passer 127 écluses. Réservation en ligne sur www.canalous-bourgogne.com.

440 SUR UN TRAÎNEAU EN COLOMBIE-BRITANNIQUE (CANADA)

Quoi de plus relaxant que de se faire tirer par une demi-douzaine de huskies sur des sentiers enneigés ? Rien, si l'on en croit les nombreux organisateurs qui proposent ce type d'excursions dans les paysages sauvages de la Colombie-Britannique – mais peut-être les chiens ne partagent-ils pas cet avis. Non seulement vous n'avez pas à supporter le vrombissement d'une motoneige, ni a faire l'effort de maîtriser la trajectoire d'une paire de ski, mais vous apprenez des choses intéressantes, ne serait-ce que l'art de conduire ce genre d'attelage.

Renseignez-vous sur www.realadventures.com. Comptez à partir de 190 $C par personne et par jour pour un voyage de plusieurs jours. Des circuits d'une journée sont proposés à partir de 250 $C.

VOS PLUS BEAUX RÊVES D'AVENTURIER

RETROUVEZ VOTRE ÂME D'EXPLORATEUR, CELLE DE L'ENFANT POUR QUI L'AVENTURE ÉTAIT UN JEU QUI S'ÉCRIVAIT AVEC UN GRAND "A".

441 PLONGÉE AVEC LES REQUINS (LITTORAL SUD-AFRICAIN)

Lorsqu'il aperçoit le requin des *Dents de la mer*, le chef Brody a cette réplique fameuse : "Il va nous falloir un plus grand bateau." Malgré ça, Matt Hooper, le scientifique, plonge dans l'eau enfermé dans la cage anti-requin. Mieux vaut ne pas connaître la suite pour aller tutoyer les grands requins blancs en vous faisant mettre à l'eau (dans une cage) à deux heures du Cap, dans un secteur nommé "Shark Alley" ("allée des requins"), grouillant de vraies dents de la mer.

Jetez-vous à l'eau avec Michael Rutzen, qui occupe son temps libre en plongeant en apnée avec les requins mangeurs d'hommes. Réservations sur www.sharkdivingunlimited.com.

442 CAMP DE BASE DU K2 (PAKISTAN)

On parle beaucoup de l'Everest, mais on a trop tendance à oublier le K2. Le deuxième pic le plus élevé du monde, qui mesure seulement quelques malheureux mètres de moins que l'Everest, se trouve dans une contrée beaucoup plus reculée. Atteindre le camp de base du K2, situé au cœur de la chaîne du Karakoram, est en soi un exploit. Il faut traverser des rivières sur des ponts délabrés et s'aventurer sur le redoutable glacier Baltoro. Ici, ni hordes de touristes ni alpinistes amateurs, rien que des montagnards purs et durs.

Les expéditions partent d'Islamabad de juin à septembre. Le prix est d'environ 3 350 $US pour des groupes jusqu'à 12 personnes. Consultez le site www.fieldtouringalpine.com.

443 LE SILENCE DES ESPACES INFINIS

Il fut un temps où seuls les pilotes d'essai, les forts en maths et quelques cosmonautes russes aux noms imprononçables avaient le privilège de s'élancer dans l'espace. Grâce à sir Richard Branson et à Virgin Galactic, ce temps est révolu : il suffit désormais d'être motivé et de faire un chèque. Évidemment, la note est salée, mais songez au succès que vous rencontrerez dans les soirées mondaines.

Réservations sur www.virgingalactic.com. Le montant des arrhes est de 20 000 $US seulement, le prix total de 200 000 $US.

444 STAGE CHEZ LES NAVY SEALS (ÉTATS-UNIS)

Vous vous sentez l'étoffe d'un membre des Forces spéciales américaines ? Aurez-vous suffisamment d'endurance pour résister à l'entraînement épuisant et à la sélection impitoyable auxquels sont soumis les Navy Seals ? À San Diego, il est possible de suivre les mêmes cours que les aspirants commandos. L'entraînement physique et mental est très poussé mais si faire des pompes sur la plage devant un instructeur qui hurle est pour vous synonyme de vacances, alors n'hésitez plus.

Il faut savoir payer de sa personne et débourser 2 695 $US. Les stages d'une semaine ont lieu en février, avril et octobre (www.sealfit.com).

Baleinier en peine, amarré dans le port de Géorgie du Sud

445 EXPÉDITION EN GÉORGIE DU SUD

En 1914, sir Ernest Shackleton entreprit de traverser le continent antarctique. Hélas, l'expédition fut compromise peu après son début quand son vaisseau, le bien nommé *Endurance*, se retrouva emprisonné dans les glaces. Le bâtiment finit par être broyé par la banquise et l'équipage dut se réfugier à bord des canots de sauvetage. Au terme d'une traversée incroyable, ils arrivèrent à l'île de l'Éléphant. De là, Shackleton et quelques autres gagnèrent la Géorgie du Sud, dans l'Atlantique sud. L'aventurier effectua la toute première traversée de l'île, à travers monts et glaciers, afin de rejoindre la station baleinière qui devait être son salut. Vous pouvez marcher sur ses traces en effectuant la même traversée de l'île.

Fathom Expeditions (www.fathomexpeditions.com) organise une expédition annuelle sur l'île. Le prix est compris entre 7 500 et 12 000 $US environ.

446 COMME UN COW-BOY DANS L'ALBERTA (CANADA)

Qui n'a jamais rêvé d'être un cow-boy ? À cheval, un six-coups sur la hanche, acheminant le bétail jusqu'au marché… Si vous souhaitez jouer les John Wayne, munissez-vous de votre plus beau chapeau, de votre boucle de ceinturon la plus scintillante et de bottes de cow-boy. On vous trouvera un cheval, des bouses pour salir vos guêtres et quelques milliers de têtes à trier. Au boulot !

Le Lucasia Ranch (www.lucasiaranch.com) propose toute une gamme de forfaits. Le rassemblement du bétail a lieu de mai à octobre. Le prix est d'environ 1 000 $US par personne pour une semaine.

447 SUR LA PISTE KOKODA (PAPOUASIE-NOUVELLE-GUINÉE)

Durant la Seconde Guerre mondiale, les Japonais avaient ourdi un plan audacieux pour envahir l'Australie. Il s'agissait de traverser la Papouasie-Nouvelle-Guinée en suivant une piste du nom de Kokoda Trail, afin de lancer une attaque surprise. Les Australiens eurent vent de la chose et les interceptèrent à mi-chemin. Il s'ensuivit une bataille sanglante au cours de laquelle le paludisme, la chaleur et la maladie firent autant de victimes que les armes. Il est aujourd'hui possible de parcourir pacifiquement le même itinéraire en une dizaine de jours, mais préparez-vous à supporter les ampoules, les sangsues et l'humidité.

Kokoda Trekking (www.kokodatrail.com.au) organise des expéditions de 6 ou 9 jours avec guide le long du Kokoda Trail (à partir de 2 700 $AU).

448 SAFARI À PIED DANS LE PARC NATIONAL DU SERENGETI (TANZANIE)

Assumez votre côté Hemingway en approchant les grands prédateurs de la steppe africaine. Il est politiquement incorrect de chasser le lion et autrement plaisant de faire honte aux chasseurs en vous promenant dans le Serengeti sans arme ni véhicule. Ne partez pas sans guide et écoutez ses instructions. C'est le plus sûr moyen de rentrer chez vous avec des photos somptueuses et une belle histoire à raconter. Sinon, vous risquez de changer de place dans la chaîne alimentaire.

Un safari à pied de 10 jours vous donnera l'occasion de suivre les animaux en migration. Le prix est d'environ 2 100 €. Réservations sur www.terdav.com.

449 IDITAROD DOGSLED RACE (ALASKA)

Pour participer à cette célèbre course de chiens de traîneau et traverser la chaîne de l'Alaska, vous devrez affronter un froid à faire geler le whisky et porter des épaisseurs de fourrure à faire défaillir Brigitte Bardot. Mais c'est l'événement le plus incroyable de ce coin du pôle Nord. Si vous ne possédez pas de chiens, vous pouvez y aller pour admirer le spectacle, donner un coup de main ou participer à l'Iditabike, une course de VTT qui suit le même parcours.

Les inscriptions comme bénévole se font en ligne (www.iditarod.com) ou auprès du Millennium Hotel, à Anchorage.

450 PÉRIPLE EN TRANSSIBÉRIEN

Monter à bord du Transsibérien est un véritable retour vers le passé et les grands voyages d'antan. Vous pouvez aller de Moscou à Vladivostok – soit un voyage de près de 10 000 km – sans changer de train. En revanche, vous changerez plusieurs fois de fuseau horaire pour terminer votre odyssée au bord du Pacifique. Il est conseillé d'apporter de la lecture ou de se mettre au russe. Au cours de ce voyage de quelques jours, vous traverserez des centaines de villes et de villages et d'infinies étendues de taïga sibérienne.

Sautez dans le train à Moscou ou Beijing pour la version longue. Plusieurs agences de voyage proposent d'organiser votre séjour à bord.

Attention ! Derrière cette boule de poils attendrissante se cache un redoutable prédateur

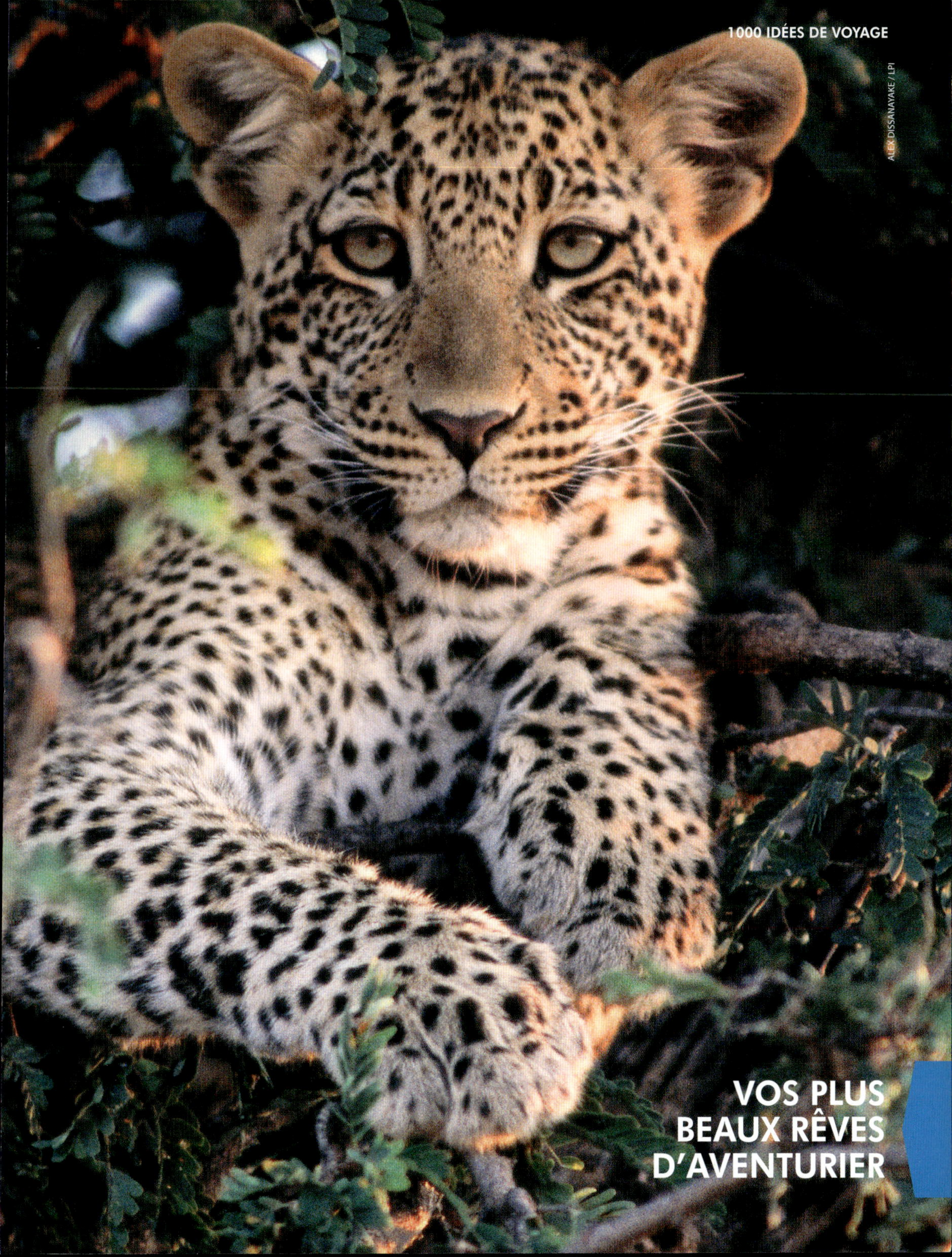

ALEX DISSANAYAKE / LPI

EN DREADLOCKS ET SAC À DOS

EMPAREZ-VOUS DE VOTRE BON VIEUX SAC ET MARCHEZ SUR LES TRACES DES VÉTÉRANS DE LA ROUTE.

451 À MOTO AVEC CHE GUEVARA (AMÉRIQUE DU SUD)

Il faut du temps, beaucoup de patience et un réel esprit d'aventure pour entreprendre aujourd'hui le long périple dans lequel le Che s'engagea en son temps : 8 000 km à deux sur une vieille Norton à travers l'Amérique du Sud. Panama, la Colombie, l'Équateur, le Pérou, le Chili, l'Argentine… Autant de pays et de peuples qui inspirèrent le futur révolutionnaire : à son retour à Buenos Aires, il était convaincu que les pays d'Amérique du Sud devaient s'unir en un grand État et mettre fin à la misère profonde et aux injustices.

La visite de Cuba est un bon préambule à ce voyage. Le Che et 17 de ses compagnons reposent à Santa Clara.

452 CÔTE EST AUSTRALIENNE

De nombreux voyageurs partent de Sydney, admirant au passage ses superbes plages et son pont mythique. Certains descendent vers le sud jusqu'à Melbourne, surnommée le "Paris de l'hémisphère Sud" en raison de sa culture cosmopolite et de son climat européen (hiver pluvieux). La plupart filent toutefois vers le nord et font halte à Byron Bay, paradis des surfeurs et haut lieu de la communauté hippie. Si vous aimez les grandes villes, arrêtez-vous à Brisbane. Mais c'est Cairns, dans l'Australie tropicale, qui fait figure d'étape classique. On rejoint ensuite aisément la Grande Barrière de corail, point d'orgue de la côte nord-est.

L'Arts Factory Backpackers Lodge (www.artsfactory.com.au) est l'une des meilleures adresses de Byron Bay : vous pourrez y fabriquer un didjeridoo et dormir sous une tente.

453 LE "BANANA PANCAKE TRAIL"

La plupart des itinéraires en Asie du Sud-Est ont pour point de départ Bangkok et, plus particulièrement, Khao Sanh Road, lieu de convergence des voyageurs. Ceux-ci se dirigent massivement vers les plages de Ko Pha-Ngan ou de la chic Phuket. De nombreux jeunes routards se rendent à Siem Reap, au Cambodge, pour admirer les temples d'Angkor, avant de partir pour Ho Chi Minh-Ville et de remonter la côte nord du Vietnam jusqu'à la baie d'Along. Pour un périple moins classique, enfoncez-vous dans les terres jusqu'à Vientiane, capitale du Laos, ou effectuez une excursion à dos d'éléphant dans le parc national de Khao Yai.

Bangkok et Singapour proposent souvent des vols bon marché vers d'autres destinations d'Asie.

Vishnu paré d'un bel habit orange, couleur sacrée de l'hindouisme, dans un temple de Siem Reap, au Cambodge

454 L'INDE DU NORD AU SUD

Besoin de spiritualité, fascination pour une civilisation complexe, prix très attrayants… Les raisons ne manquent pas pour entraîner sur les routes indiennes les grands voyageurs depuis les années 1970. Commencez votre périple par les plages de Goa ou par les villes enchanteresses du Rajasthan, deux régions faciles d'accès. Poursuivez selon vos envies, dans le sud sur les canaux du Kerala, dans le nord sur les contreforts himalayens, ou vers l'est à Bénarès, au bord du Gange. Impossible d'explorer la richesse culturelle de ce territoire immense en un seul voyage et vous n'aurez plus qu'une envie, celle d'y retourner.

Delhi et Bombay sont les deux principaux aéroports indiens, vers lesquels les vols sont les moins chers.

455 TRANSSIBÉRIEN (RUSSIE)

Autrefois route des tsars, ces 9 289 km de voie ferrée sont en passe de devenir un incontournable pour les voyageurs à petit budget. Le périple commence généralement à Moscou pour s'achever sur la côte, à Vladivostok, en passant par le lac Baïkal (le plus profond du monde) et Iekaterinbourg, où les Romanov connurent une fin tragique. Si le Transsibérien démarre de la capitale russe, on peut néanmoins partir de Saint-Pétersbourg. Pour sortir des sentiers battus, empruntez le Transmongolien à destination de Beijing et explorez les steppes de Mongolie en vous écartant de la ligne principale, au niveau du lac Baïkal.

Descendez du train pour une sortie en traîneau à chiens sur le lac Baïkal (www.baikalsled.ru) ou une excursion à cheval en Mongolie (www.stepperiders.mn).

456 ROUTE 66 (ÉTATS-UNIS)

Peu de routes racontent aussi bien l'Amérique que cette mythique bande d'asphalte. Si la Route 66 n'a plus d'existence officielle depuis 1985, les voyageurs empruntent toujours son itinéraire pour découvrir les États-Unis. Le périple part de Chicago et file vers Saint Louis, le berceau du blues. Mettez ensuite la gomme pour atteindre le Kansas, et ses longues plaines. Puis la route traverse le Texas où une sculpture indique que vous êtes à mi-parcours. L'itinéraire se poursuit au Nouveau-Mexique puis en Arizona, sur ce qui constitue le plus long tronçon de la route d'origine. Vous voilà arrivé en Californie, à Los Angeles : Hollywood et le Rodeo Drive vous tendent les bras.

La Route 66 est surnommée la Mother Road (l'artère mère) et la Main Street of America (rue principale de l'Amérique).

KEREN SU / LPI

Chameau "chargé comme une mule" sur la route de la Soie

457 DU CAP (AFRIQUE DU SUD) AU CAIRE (ÉGYPTE)

Ce circuit intrépide peut commencer ou s'achever au Cap. Si vous partez de la pointe de l'Afrique du Sud, direction le Botswana au nord, où une excursion en bateau sur les rivières vous permettra d'apercevoir les éléphants du parc national de Chobe. Poussez ensuite jusqu'en Tanzanie, où s'élève le Kilimandjaro aux neiges éternelles, ou découvrez les gnous du parc national du Serengeti. Goûtez ce moment de sérénité, car il vous reste à franchir des pays en proie à d'importants troubles : le Kenya, l'Éthiopie et le Soudan. Au terme du voyage, Le Caire réserve la promesse d'une ville trépidante et de légendaires pyramides.

Renseignez-vous sur le parc du Serengeti : www.serengeti.org.

458 LE "GRINGO TRAIL" (PÉROU)

Cet itinéraire prisé forme une boucle autour des principales curiosités du pays. De la capitale, Lima, le circuit longe la côte sud jusqu'à Paracas, où une excursion vers les îles Ballestas est l'occasion d'apercevoir pingouins et otaries. Découvrez Ica, capitale du vin et du pisco (eau-de-vie de raisin), avant de rejoindre Nazca dont vous survolerez les mystérieuses lignes. Vous pouvez grimper jusqu'à Arequipa, ville blanche à l'architecture coloniale, et poursuivre vers Puno, sur les rives du lac Titicaca. Empruntez un bus jusqu'au célèbre site archéologique de Cuzco et remontez la piste des Incas en direction de Machu Picchu (un train au départ de Cuzco fait le trajet).

De fin mai à début septembre, pendant la haute saison, 2 500 visiteurs se rendent à Machu Picchu.

459 L'EUROPE AU FIL DES FESTIVALS MUSICAUX

Sillonnez l'Europe en ouvrant grand les oreilles. L'été, les routards se rendent d'un festival à l'autre au volant de leur Combi. Le plus ancien, Glastonbury, au Royaume-Uni, accueille depuis 1971 des grands noms du rock, des spectacles (notamment de cirque) et des représentations théâtrales. Autre destination réputée, Roskilde, au Danemark, est axé sur le heavy metal. Baltica est un festival international de musique folk qui se déroule en Estonie, Lettonie et Lituanie. La Love Parade de Berlin est célèbre pour ses défilés flamboyants sur fond de house, tandis que les championnats du monde d'*air guitar*, en Finlande, ont de quoi surprendre. Le paisible End of the Road Festival, également au Royaume-Uni, donne la priorité à la musique folk et country.

Découvrez sur Internet la programmation de Glastonbury (www.glastonburyfestivals.co.uk), Roskilde (www.roskilde-festival.dk), Baltica (www.folkbaltica.de) et End of the Road (www.endoftheroadfestival.com).

460 ROUTE DE LA SOIE

Durant des siècles, les marchands ont emprunté entre l'Europe et la Chine des routes dont l'itinéraire était jalousement gardé, pour transporter plus rapidement soie, épices et autres articles. La route part de Xi'an, en Chine, où a été retrouvée l'armée en terre cuite de l'empereur Qin. Elle se poursuit jusqu'à Urumqi, au Xinjiang, dans l'ouest de la Chine, avant de pénétrer au Kazakhstan, en direction d'Almaty la cosmopolite. Elle continue au Kirghizstan, où elle franchit des massifs montagneux jusqu'à Bichkek. Certains commerçants achevaient leur périple plus au sud, à Fergana, au Pakistan, mais la plupart gagnaient Samarkand, en Ouzbékistan, et, enfin, les marchés d'Achgabat, au Turkménistan.

Étape incontournable sur la route de la Soie, Dunhuang, dans le nord-ouest de la Chine, abrite les grottes de Mogao, qui renferment des objets religieux provenant de l'ensemble de cet itinéraire.

DES TRANSPORTS URBAINS PAS SI COMMUNS

PAR LE RAIL, LA ROUTE OU L'EAU, VOYAGEZ AVEC LE COMMUN MAIS AVEC ORIGINALITÉ DANS DES MÉTROPOLES TRÉPIDANTES.

461 STAR FERRY À HONG KONG (CHINE)

Vous aurez l'impression d'être plongé dans une scène de *Blade Runner* à bord d'un bateau du XIXe siècle : la traversée du port Victoria à Hong Kong est l'une des plus étonnantes et des plus contrastées. La Star Ferry Company fut fondée en 1898, et l'équipement des bateaux, tout en bois vernis et rangées de bouées de sauvetage, offre un contraste saisissant avec le béton, l'acier et les néons de la ville. Les prix aussi semblent d'un autre temps : 2,50-3,40 $HK en 1re classe (à l'étage, dans de confortables sièges loin des fumées du moteur Diesel) ou 2-2,80 $HK en seconde (en bas, sur des bancs de bois).

Si vous avez le coup de cœur, louez un Star Ferry à partir de 3 900 $HK l'heure. Plus d'infos sur www.starferry.com.hk.

462 GARE DE GRAND CENTRAL À NEW YORK (ÉTATS-UNIS)

Le matin aux heures de pointe, Grand Central offre l'un des plus beaux ballets d'usagers des transports au monde. Passant à travers d'immenses vitraux dignes d'une cathédrale, le soleil inonde le hall principal sur lequel veille la célèbre horloge à quatre faces, tandis que défilent les travailleurs, leurs ombres allongées se hâtant dans la lumière dorée. De style néoclassique, cette gare date de l'âge d'or du chemin de fer (1903) et quelque 150 000 voyageurs y passent encore tous les jours.

Grand Central Partnership (www.grandcentralpartnership.org) organise des visites guidées gratuites de la gare et des environs tous les vendredis à 12h30. Elles durent une demi-heure environ.

463 VESPA À ROME (ITALIE)

La cité antique souffre d'une circulation homérique : le scooter est ici le meilleur allié de vos déplacements. On se gare plus facilement, mais, surtout, rien de plus cool que de parcourir les rues pavées de Rome en Vespa – lunettes de soleil impératives. Le meilleur moment ? Filer le long du Circus Maximus, le cirque titanesque du centre historique de la capitale italienne, devenu aujourd'hui une vaste esplanade herbeuse, en contrebas des vestiges des palais impériaux du Palatin.

Sur www.scooterhire.it, louez un scooter pour découvrir Rome avec style, à partir de 50 € par jour.

464 FERRY DANS LE PORT DE SYDNEY (AUSTRALIE)

Rien ne permet mieux d'apprécier la majesté du port de Sydney que ses ferries élégants, efficaces et bon marché : c'est un trajet en transport public de toute beauté. Tout en baies et en criques, le port se targue de 240 km de côtes et de paysages variés, de l'imposant gratte-ciel à la longue plage. Deux constructions emblématiques accueillent les bateaux à l'approche de la ville : la gracieuse arche métallique du célèbre pont de Sydney et les pétales blancs de l'Opéra.

Comptez entre 5,60 et 7 $AU l'aller selon votre itinéraire. Plus d'infos sur www.sydneyferries.info.

465 VAPORETTO À VENISE (ITALIE)

Outre la marche, le vaporetto est le moyen de transport roi dans la Sérénissime. Embarquez sur ces bus flottants (et fréquents) pour voguer dans un cadre sublime, et reconnaissez les vrais Vénitiens à leur décontraction, voyageant debout sans même se tenir aux rambardes, tout en papotant ou en jouant du clavier sur leur portable. Certes, le vaporetto n'a pas le glamour de la gondole, mais c'est le vrai mode de transport des habitants – et il est beaucoup moins onéreux.

L'ACTV (les transports publics de Venise) offre d'avantageux forfaits touristiques pour 12 heures et 72 heures. Son site Internet (www.actv.it, en italien et anglais) propose le calcul d'itinéraires.

466 À PIED SUR LE LONDON BRIDGE (ANGLETERRE)

"La foule s'écoulait sur le pont de Londres : tant de gens...
Qui eût dit que la mort eût défait tant de gens ?
Des soupirs s'exhalaient, espacés et rapides,
Et chacun fixait son regard devant ses pas."
T. S. Eliot – La Terre vaine

Mêlez-vous à la foule de femmes en tailleur et d'hommes en costume-cravate qui chaque matin se croisent sur le London Bridge : arrivés de banlieue en train, ils parcourent à pied les derniers mètres qui les séparent de leur bureau. Non seulement ils sont à l'heure au travail dans la City, mais ils forment une ode splendide à la modernité.

La gare et la station de métro London Bridge sont sur la rive sud de la Tamise, et la station Monument sur la rive nord.

467 FERRY EXPRESS SUR LE CHAO PHRAYA À BANGKOK (THAÏLANDE)

Dans cette mégapole enfumée, toujours embouteillée de *túk-túk* et de voitures et où l'on se sent parfois pris au piège, le fleuve est un horizon de liberté. Il n'est pas de meilleure façon de se déplacer dans Bangkok que le ferry qui fait la navette sur le Chao Phraya – ne manquez pas de descendre pour admirer le Grand Palais, ses jardins enchantés et ses flèches dorées. Seul problème : la foule impressionnante aux heures de pointe. Si vous le pouvez, déplacez-vous aux heures creuses.

Comptez 13-32 bahts pour la traversée. Horaires et itinéraires en ligne sur www.chaophrayaexpressboat.com.

468 MÉTRO À TOKYO (JAPON)

L'heure de pointe dans le métro de la capitale japonaise, une pépite pour les sociologues ! Bien que serrés comme des sardines, les Tokyoïtes ne se déparent pas de leur courtoisie légendaire – indispensable avec une telle densité de population. Certains portent des masques pour ne pas transmettre leur rhume, et des employés en uniforme et gants blancs aident les voyageurs à s'entasser avant la fermeture des portes. Les Japonais sont par ailleurs passés maîtres dans l'art de dormir dans le métro : vous devrez peut-être soulever délicatement la tête de votre voisin pour descendre à votre arrêt.

Découvrir le métro tokyoïte n'est pas de tout repos. Quelques astuces vous attendent sur www.tokyometro.jp.

469 RICKSHAW DANS LE VIEUX DELHI (INDE)

Un désordre façon *Satanas et Diabolo* règne dans le dédale de ruelles cabossées du vieux Delhi. *Rickshaws*, vélos, chariots, voitures et piétons se croisent dans une danse interminable et miraculeuse – sans trop de collisions. Un spectacle intense, surtout si le soleil écrasant est de la partie, et toujours accompagné d'un orchestre trépidant : klaxons et sonnettes servent certes à avertir les autres usagers de la route, mais on en joue avant tout pour le seul plaisir de faire du bruit.

Vous trouverez des *rickshaws* près du métro Chandni Chowk, mais faites vite : les autorités envisagent de les remplacer par des *rickshaws* à énergie solaire.

470 TRAM 28 DE MARTIM MONIZ AU CIMETIÈRE DOS PRAZERES À LISBONNE (PORTUGAL)

Le légendaire tram 28 serpente dans les ruelles escarpées du quartier maure de Lisbonne, l'Alfama. Jaune tournesol, orné de bois, d'une rondeur et d'une désuétude adorable, il est toujours bondé de touristes enchantés et de Lisboètes blasés. Son grand âge ne l'empêche pas de monter et de descendre la colline avec une admirable ténacité, offrant aux regards petites rues pittoresques, linge pendu aux fenêtres, façades couvertes d'azulejos et superbe vue sur le Tage.

Tracez votre itinéraire et renseignez-vous sur les tarifs sur le site de la régie des trams, www.carris.pt.

DIX DÉCORS PARFAITS POUR UNE COURSE-POURSUITE

SUPER ESPION EN MISSION SECRÈTE OU SIMPLE VOYAGEUR EN QUÊTE D'UN CADRE GRANDIOSE POUR UN AUTHENTIQUE PÉRIPLE URBAIN, CES QUELQUES DESTINATIONS ONT DE QUOI VOUS TENIR EN HALEINE.

471 LA VALETTE (MALTE)

Autrefois surnommée la Superbissima (la très fière), La Valette fournit un cadre idéal aux conspirations souterraines vouées à exploser subitement au grand jour. Fondée en 1566 par les légendaires hospitaliers de Saint-Jean, la capitale maltaise s'étend sur une mince péninsule dorée par le soleil méditerranéen. Admirez les murailles massives protégeant le port, les sublimes édifices baroques et les portiques ornés de statues antiques de ce musée à ciel ouvert, avant de disparaître sous les colonnades décorées d'un palais ou d'une église ou de vous faufiler dans ses jardins pour vous laisser bercer par quelque conte sur ses richesses et ses rituels.

En juin, se donne chaque année un concert dans Great Siege Square en hommage aux Maltais tués durant les émeutes de 1919. Plus d'infos sur www.cityofvalletta.org.

472 SÃO PAULO (BRÉSIL)

Cité bouillonnante, São Paulo se distingue par sa diversité architecturale : édifices néoclassiques et créations postmodernes d'Oscar Niemeyer (dont Brasília, la capitale, porte aussi la marque) se prêtent idéalement aux sauts et aux glissades en tout genre. Cette ville où tout est possible convient à tous les styles d'aventuriers, y compris aux James Bond les plus métrosexuels, façon années 1970. Si votre script prévoit un espion dans ce genre, programmez votre casting au moment de la Gay Pride, qui réunit 2 millions d'individus costumés de toutes tendances. Revenez en janvier ou en juin pour recruter le ou la partenaire au charme fatal de votre rôle-titre durant la Semaine de la mode, le plus grand événement du genre en Amérique latine.

Commencez la journée par un petit déjeuner de luxe au Hilton Morumbi et terminez-la au Baretto, un bar chic.

473 HONG KONG (CHINE)

Restituée à la Chine en 1997, après presque un siècle sous mandat britannique, Hong Kong la trépidante offre un cadre hybride né de la rencontre des cultures chinoise et anglo-saxonne. C'est la ville de tous les superlatifs, avec ses gratte-ciel comptant parmi les plus hauts du monde et l'une des plus fortes densités de population de la planète. Des gangsters sont à vos trousses ? Fendez la foule compacte, glissez-vous entre les bus à impériale et dirigez-vous vers les hauteurs. L'escalator à ciel ouvert de 800 m de longueur reliant Central à Mid-Levels permet de s'adonner aux joies de la course-poursuite sans risque de froisser son costume, avant d'aller siroter un Martini dans l'un des bars d'hôtel les plus luxueux de la planète.

L'hippodrome Happy Valley Racecourse est l'endroit parfait pour un rendez-vous incognito. La vue depuis les tribunes du 8e étage est superbe.

Le Clarendon Building d'Oxford semble tout droit sorti d'un film d'espionnage

474 OXFORD (ANGLETERRE)

Des gargouilles vous lorgnent au détour de ruelles sombres, du haut de corniches noyées dans le brouillard. Dans les jardins, des caméras cachées pointent leur nez sous les réverbères. Et que dire de ces individus louches en chapeau melon qui chuchotent dans des talkies-walkies à l'entrée d'une faculté ? Vous êtes bien à Oxford, l'une des plus prestigieuses villes universitaires du monde. On le sait moins, mais la ville a aussi longtemps été considérée comme un lieu de recrutement privilégié par les agents des services secrets de Sa Majesté. À la nuit tombée, les rues étroites aux pavés humides et l'architecture gothique créent une atmosphère propice au suspense. Si vous arrivez à tromper la vigilance des gardes de la célèbre Bodleian Library pour gagner l'aile des manuscrits médiévaux, c'est que vous êtes vraiment un agent hors pair.

Oxford est à 1 heure 30 de Londres en train. Un billet coûte environ 20 £ aux heures creuses et 40 £ aux heures de pointe. Informez-vous sur www.inoxfordmag.co.uk.

475 PALERME (ITALIE)

Votre mission vous conduit à Palerme, la plus grande ville de Sicile – et destination test pour tout agent double zéro néophyte. Fondée par les Phéniciens, cette cité loquace est dotée d'une architecture éclectique, mêlant les styles romain, normand, arabe et moderne. Les 1 200 momies au sourire macabre des Catacombe dei Cappuccini (catacombes des Capucins, du nom des moines qui embaumèrent les premiers corps en 1599) créent une atmosphère lugubre à souhait pour une course-poursuite des plus palpitantes.

Situées à côté de la Piazza Cappuccini, les catacombes sont ouvertes tous les jours de 9h à 12h et de 15h à 17h (19h l'été).

476 MOGADISCIO (SOMALIE)

À l'époque de *La Chute du Faucon noir* (2001) de Ridley Scott, qui contait l'histoire d'un authentique raid de l'armée américaine ayant tourné au désastre, Mogadiscio était déjà synonyme de zone de non-droit, de kidnapping et de milices armées. La manière la plus sûre de se déplacer dans cette ville délabrée, toujours considérée comme la plus dangereuse du monde, est de circuler en voiture, dans un convoi sécurisé ("au moins, ils roulent à gauche", ferait remarquer 007). Mais cela ne vous dispensera pas à coup sûr d'une bonne chasse à l'homme ! Mieux vaut prendre les devants et se munir de faux passeports, de mitrailleuses et de lance-roquettes au marché en plein air de Bakaara. Le gouvernement, soutenu par l'Éthiopie, essaie de maintenir l'ordre, mais les islamistes d'une part, les pirates de l'autre maintiennent la pression. Terrain de jeu strictement réservé aux vrais agents double zéro.

Prenez un avion pour l'aéroport K50 (à 50 km de la ville). Vérifiez avec soin que la situation sur place est bien compatible avec un projet de voyage avant de réserver sur www.jubba-airways.com.

477 TUNIS (TUNISIE)

Située en bord de mer, la capitale de la Tunisie offre d'excellentes conditions pour les missions délicates. La médina, avec ses ruelles étroites, ses passages couverts et les échoppes et stands du souk, forme un cadre idéal pour un discret échange de mallettes. Sa construction a débuté dès le VIIe siècle, mais c'est entre le XIIe et le XVIe siècle qu'elle s'est véritablement développée. Le périmètre ne sera pas facile à sécuriser, l'endroit étant particulièrement animé. Si l'affaire tourne mal, faufilez-vous à l'intérieur de la mosquée Ez-Zitouna (IXe siècle) ou de la mosquée Sidi Yousef (XVIIe siècle).

Reprenez ensuite votre souffle au palais Dar Ben Abdallah (www.cap-tunisie.com/html/abdallah.htm), qui abrite un musée des Arts et Traditions populaires à voir absolument.

478 ISTANBUL (TURQUIE)

L'ancienne capitale des empires byzantin et ottoman est un lieu tout trouvé pour une course-poursuite d'anthologie. Partez des belles pelouses et des fontaines du parc Sultanahmet, non loin de la Mosquée bleue. En passant devant la citerne basilique et l'Aya Sofya (l'ex-plus grande église de la chrétienté), vous devrez slalomer entre les trams avant de semer vos poursuivants parmi les marchands de tapis du Grand Bazar et les vendeurs de cannelle du bazar aux épices. Une fois en vue de la Corne d'Or et du Bosphore, vous pourrez enfin reprendre votre souffle.

Rendez-vous ensuite à Taksim Square, cœur de la ville moderne, de l'autre côté de la Corne d'Or, pour un moment de détente, ou cherchez un peu de répit dans l'une des mosquées de la ville (visites en dehors des heures de prière).

479 GUATEMALA (GUATEMALA)

Cette capitale imprévisible, que dominent des volcans en activité, et ses *colonias* (quartiers) truffées de rues sans nom et de coupe-gorge sentent l'aventure à plein nez. Vous y aurez affaire non seulement aux pickpockets et aux gangs, mais aussi à des agents de sécurité armés sur le qui-vive. En cas de course-poursuite, prenez garde aux endroits où vous mettez les pieds : en 2007 et 2010, des dolines géantes (60 à

Le dédale de rues de la médina de Tunis est idéal pour semer ses poursuivants

100 m de profondeur) se sont ouvertes, engloutissant des immeubles et causant la mort de plusieurs personnes. Et avant de sauter par-dessus les palissades, vérifiez qu'elles ne sont pas surmontées de barbelés…

Zona Viva, un district de la Zone 10, est le secteur des restaurants haut de gamme, des ambassades, des boutiques chics et des salles de spectacles.

480 ROME (ITALIE)

Triomphes en l'honneur des empereurs, combats de gladiateurs, parfois contre des éléphants, la Ville éternelle a servi de décor à d'impressionnants spectacles dès l'Antiquité. Autant dire que deux agents secrets se pourchassant ont toutes les chances de passer inaperçus. La cité, chaotique, vibre au rythme d'une circulation incessante. Les scooters lancés comme des flèches mettront du piquant dans vos cascades, auxquelles le Colisée, le Forum, le Sénat, les temples et de nombreux autres sites antiques offriront des arrière-plans somptueux. Pour échapper aux griffes des mafieux ou des carabinieri, fondez-vous dans la foule qui envahit la place Saint-Pierre les jours où le pape s'y adresse aux fidèles.

Pour une expérience très *british*, allez siroter un thé chez Badington's (Piazza di Spagna). L'ambiance est plus cosmopolite encore dans le bar Stravinsky qu'abrite le fameux hôtel de Russie (Via del Babuino).

LES MEILLEURES CHAMBRES À PETITS PRIX

POUR TROUVER UNE CHAMBRE AVEC VUE SANS SE RUINER, IL SUFFIT DE CONNAÎTRE LES BONNES ADRESSES !

À l'étroit comme dans une boîte à chaussures dans un *capsule hotel* de Tokyo. Claustrophobes s'abstenir !

481 CAPSULE HOTEL (TOKYO, JAPON)

Pour les agoraphobes épris de minimalisme, rien de tel qu'une bonne nuit de sommeil dans le compartiment d'un *capsule hotel*. Votre chambre est à peine plus grande qu'un cercueil mais offre un tout autre confort : climatisation, TV, radio-réveil, lampe de bureau. Si vous avez oublié votre brosse à dents, pas de souci : un distributeur automatique dans le hall de l'hôtel en fournit, de même que d'autres objets de première nécessité, tels que T-shirt et chaussettes. La plupart des *capsule hotels* sont agrémentés d'un sauna et d'un vaste bain commun.

Essayez le Capsulevalue Kanda (www.capsuleinn.com ; 2 000-2 500 yens la capsule, soit une vingtaine d'euros), un établissement tokyoïte qui a rouvert ses portes en juillet 2012.

PAUL DYMOND / LPI

482 CABANES DANS LES ARBRES (SUD DE LA TURQUIE)

Dans le sud de la Turquie, le programme ne se limite pas à rôtir sur une chaise longue au milieu d'une foule d'autres touristes. Olympos vous réserve par exemple un festival de ruines antiques, de feux follets jaillissant de failles dans les montagnes, de plages immaculées donnant sur des eaux scintillantes et de forêts impénétrables. Quel meilleur endroit pour loger ici qu'une cabane dans un arbre ? Celles du camp de Bayram sont appréciées de longue date. Alors n'hésitez plus et laissez parler le Tarzan qui sommeille en vous.

Renseignements sur www.bayrams.com. Les cabanes du camp de Kadir (www.kadirstreehouses.com) sont également très prisées.

483 CAMPING AU BORD DE L'EAU (MER DE GALILÉE, ISRAËL)

On n'a pas tous les jours l'occasion de planter sa tente en Terre promise, plus précisément à deux pas de l'endroit où Jésus a marché sur les eaux, sur la rive orientale de la mer de Galilée (lac de Tibériade). L'accès aux aires de camping situées près du lac est gratuit (sauf pour ceux qui voyagent en voiture). L'été, l'endroit prend des airs de fête. On s'y retrouve autour de feux de camp et de barbecues pour chanter jusqu'au petit matin. Apportez votre guitare et vos provisions (du pain et du poisson !).

Les plages de Ze'elon et de Gofra Beach et le camping d'Hokuk sont quelques-uns des lieux prisés sur la rive orientale du lac de Tibériade.

484 LE TOUR DU MONDE EN 80 CANAPÉS

Multipliez les séjours chez l'habitant à travers le monde en pratiquant le *couchsurfing* (littéralement : "surf sur canapé"). L'organisation du même nom aide les voyageurs à dénicher un canapé confortable, et bien souvent une chambre d'amis un peu partout sur la planète. Un moyen idéal pour rencontrer des gens sympas où que l'on aille, mais aussi d'autres voyageurs une fois de retour chez soi : en vertu du principe de réciprocité qui fait le succès de CouchSurfing, héberger quelqu'un pour une nuit ou deux accroît ses chances de trouver des canapés accueillants de par le monde.

Les deux principaux réseaux sont CouchSurfing (www.couchsurfing.org) et Hospitality Club (www.hospitalityclub.org).

485 YOURTES (PAYS DE GALLES)

Les yourtes sont bien adaptées aux régions humides et battues par les vents du pays de Galles. Équipées de poêles à bois, de baignoires et de coussins moelleux à souhait, ces fières tentes mongoles sont idéales pour se ressourcer après une longue journée de marche en montagne. Autre atout : elles sont pour la plupart installées dans des vallées incroyablement belles. Spacieuses, adaptées aux familles, elles offrent une alternative luxueuse au simple camping. On y est au chaud, même au plus fort de l'hiver et, pour peu que le temps soit clément, quelques pas suffisent pour profiter du soleil en pleine nature.

Voici quelques prestataires proposant ce type d'hébergement : Larkhill Tipis (www.larkhilltipis.co.uk), Annwn Valley Yurts (www.annwnvalley.co.uk) et Graig Wen (www.graigwen.co.uk).

486 SUITE NUPTIALE (NIAGARA, CANADA)

Oubliez les motels de mauvais goût avec lit vibrant et Jacuzzi en forme de cœur. Offrez-vous une vraie suite nuptiale à Niagara, avec feu de cheminée et vue sur les chutes légendaires. Certains hôtels proposant des remises de dernière minute aux jeunes mariés (et à ceux qui peuvent passer pour tels), il est possible de dénicher une suite luxueuse pour une poignée de dollars. Repérez les écrans lumineux annonçant ces bonnes affaires en ville. Un appel gratuit et à vous la nuit de noce la plus romantique qui soit.

L'hôtel Niagara Fallsview Marriott (www.niagarafallsmarriott.com), situé à seulement 90 m des chutes, est sans doute celui qui offre la plus belle vue.

Huttes sur la plage de Palolem à Goa pour des vacances les pieds dans l'eau

487 TRAIN COUCHETTE WATANIA (ÉGYPTE)

À la gare centrale du Caire, sautez dans le train de nuit Watania, en partance pour Assouan, dans le sud du pays. N'espérez pas vous retrouver dans un express de luxe digne d'un roman d'Agatha Christie : les cabines couchettes pour deux personnes sont plutôt exiguës. Elles sont toutefois suffisamment propres et confortables pour que vous dormiez en toute tranquillité pendant que l'Égypte défile sous le ciel nocturne derrière les vitres de votre wagon. Apportez une bouteille de vin d'Égypte pour rehausser le standing et laissez-vous bercer en rêvant à la douce atmosphère d'Assouan. À votre réveil, vous ne serez qu'à deux pas des vestiges antiques.

Achetez votre billet à la gare centrale du Caire (environ 60 $US par personne). Infos sur le site www.sleepingtrains.com.

488 MOTELS LE LONG DE ROUTES MYTHIQUES (ÉTATS-UNIS)

Impossible de parcourir les États-Unis en voiture sans passer une nuit ou deux dans un de ces vieux motels qui bordent les routes. Un délicieux frisson vous chatouillera l'échine lorsque vous saisirez le rideau de douche piqueté de moisissure en repensant à *Psychose*. Plus l'établissement est bon marché, plus l'atmosphère est conforme à ce qu'on peut attendre de cette expérience incontournable : moquette terne, brûlures de cigarette sur le couvre-lit, plomberie récalcitrante… Le tout pour la modique somme de 29,99 $US (parfois moins).

Sur la Route 66, logez dans l'un des tipis en béton du Wigwam Motel (www.wigwammotel.com/), comme au bon vieux temps.

489 BUS LONGUE DISTANCE (MEXIQUE)

Rien de tel qu'une nuit à bord d'un *camiones* (bus longue distance) pour économiser une nuit d'hôtel tout en traversant le Mexique. Vous avez le choix entre d'innombrables transporteurs, proposant des billets de diverses catégories à toutes sortes de prix. En optant pour le *servicio ejecutivo* (classe affaire), vous êtes assuré de voyager assis dans un confortable fauteuil inclinable. Avant de partir, ingurgitez un sandwich grillé : ce copieux cocktail de haricots frits, d'avocat, de fromage, de tomates et d'oignons vous aidera à dormir comme un loir.

ETN, Estrella de Oro et ADO comptent parmi les compagnies les plus fiables. Plus d'infos sur www.differentworld.com/mexico/buses.htm.

ANDERS BLOMQVIST / LPI

490 HUTTES DE PLAGE (GOA, INDE)

En dépit du franc succès qu'elles rencontrent depuis des années, les huttes de plage de Goa restent l'un des hébergements les moins chers de la planète. Vous avez le choix entre de simples abris en bambou et des cabanes plus élaborées, avec baignoire, hamac et vue fantastique sur la mer d'Oman. À Arambol, tout au nord du minuscule État, l'ambiance est aux piercings et aux dreadlocks, et la décontraction à son zénith dans les huttes accrochées aux falaises surplombant la côte. Dans le sud, les cabanes de Palolem bordent une plage idyllique en forme de croissant de lune ; leur prix plus que raisonnable vous laissera les moyens de profiter des *happy hours* proposées par les bars branchés.

Les gérants des huttes de plage changent d'une année sur l'autre. Arrivez assez tôt pour comparer les offres. Les huttes les moins chères reviennent à 200 roupies/nuit.

DIX DESTINATIONS TOUT EN BLEU MAIS SANS BLUES

CIEL, MER, GLACE ET MONTAGNES, COCKTAILS ET MUSIQUES : UN PÉRIPLE MONOCHROME MAIS CERTAINEMENT PAS MONOTONE.

491 CURAÇAO (ANTILLES NÉERLANDAISES)

Plages dorées et mer d'azur font de Curaçao une destination de choix dans les Caraïbes, en plus de la liqueur à laquelle elle a donné son nom. Préparée à partir d'écorces de laraha, un agrume très amer, le curaçao est paré d'une robe bleu vif mystérieuse mais qui sied à merveille à ce beau morceau de terre antillaise – il en existe bien des variantes rouge, vert et orange, mais on ne s'y retrouve pas vraiment. La recette du paradis : mélangez curaçao, gin et jus de raisin pour un curaçao sunset, et rendez-vous sur Jeremi Beach au coucher du soleil – le bonheur.

Ne manquez pas le carnaval à Curaçao, qui débute dès le mois de janvier, même si les grands défilés ont lieu en février et mars. Plus d'infos sur www.curacao.com.

492 CHRIST RÉDEMPTEUR (BRÉSIL)

Spectromètre en marche ? Filtres UV à portée de main ? Regard perçant apte à détecter les sourires ? En 2006, une chercheuse sillonna le monde pour savoir où se cachait le ciel le plus bleu de la planète. Après mesures, analyses et évaluation de l'ambiance sur place, c'est Rio de Janeiro et son Christo Redentor qui ont remporté la palme. La merveille de béton et de stéatite conçue par Paul Landowski se dresse du haut de ses 40 m au sommet du Corcovado tel l'emblème de la cité carioca et, désormais, de l'azur le plus pur qui soit.

La statue se trouve dans le parc national de Tijuca dans le centre de Rio. Il faut 20 minutes pour atteindre le sommet à bord du train du Corcovado.

493 ANTARCTIQUE

Affichant une température moyenne annuelle de – 50°C, rien d'étonnant à ce que les anglophones surnomment ce continent polaire le "*freezer*". Face à tant d'hostilité, le corps se fait sélectif, laissant les extrémités se refroidir pour maintenir la température globale. Résultat : bonjour les engelures ! Pour vous épargner ce mal douloureux et potentiellement dangereux, restez dans la péninsule Antarctique, la région la plus au nord, où le mercure dépasse parfois le zéro ! Ici, les oiseaux et la vie marine sont florissants, mais sachez que les vents y sont parfois violents – et rebelote les engelures.

Avec le réchauffement climatique, il vous sera peut-être possible d'atteindre la fosse subglaciale de Bentley, point le plus bas de la Terre (2 555 m sous le niveau de la mer).

494 CHICAGO (ÉTATS-UNIS)

Pour les mélomanes du monde entier, il n'y a d'autre bleu que le blues. Dans sa version urbaine, cette musique qui chante la dureté de la vie et réchauffe les cœurs est étroitement associée au Midwest des années 1950. Personne ne l'incarne mieux que Muddy Waters, le "père du blues de Chicago", devenu célèbre en même temps que d'autres comme Earl Hooker et Howlin' Wolf. La scène blues actuelle bouillonne toujours dans les clubs de Maxwell Street et dans toute la ville lors de son festival début juin. Et comme Muddy Waters, dites : "Toute ma vie j'ai été dans le blues. Et si j'en parle encore, c'est parce que j'ai une sacrée mémoire."

Découvrez le programme du festival sur le site www.chicagofestivals.net.

495 BLUE MOUNTAIN PEAK (JAMAÏQUE)

Il suffit de dire Jamaïque pour que surgissent des images de plages, de rhum, de reggae et de rastas. Certes, mais c'est oublier qu'à seulement 40 km de Kingston se trouve le parc national John-Crow-Blue Mountains, créé en 1990 pour préserver ce qu'il reste de la forêt jamaïcaine et le plus vaste bassin versant de l'île (la brume bleutée qui auréole souvent les montagnes leur a donné leur nom). Haut de 2 256 m, le Blue Mountain Peak est le roi des sommets : lancez-vous à son assaut avant l'aube pour admirer le lever de soleil. À défaut, explorez les innombrables sentiers reliant les villages de la région.

Préférez la saison sèche (décembre à avril) pour visiter les Blue Mountains. Le reste de l'année, les pluies torrentielles rendent le terrain difficilement praticable.

496 IKB 79, TATE LIVERPOOL (ANGLETERRE)

L'*International Klein Blue* (IKB) est l'une des créations les plus déconcertantes de l'art contemporain, mais aussi l'une des plus acclamées. Le peintre français Yves Klein a consacré des années à la quête de l'"unique" bleu profond qui pourrait lui permettre de s'exprimer artistiquement. Il le découvrit en 1958 et s'empressa d'en recouvrir tout ce qui lui passait sous la main, toile inerte ou femmes nues frémissantes. Bleu outremer le plus pur, son IKB 79, de 1959, est le couronnement de sa quête – dont tout le monde n'a pas saisi le sens profond…

Pour vous faire une idée du bleu Klein, rendez-vous au Centre Pompidou de Paris, où est notamment exposé IKB 3, l'un de ses monochromes.

497 LAGON BLEU (VANUATU)

Sur la côte nord d'Espiritu Santo, la plus grande île des Vanuatu, s'étendent les sables immaculés de Champagne Bay, une baie léchée par des eaux cristallines et sur tous les itinéraires des croisières dans le Pacifique. C'est ici que fut tourné en 1980 le film *Le Lagon bleu*, histoire d'amour scandaleuse de Randal Kleiser avec Brooke Shields et Christopher Atkins. Les excursions vers le lagon d'eau douce, non loin, sont hors de prix : vous apprécierez tout autant ces merveilles azurées en marchant pied nu dans le sable et en nageant jusque-là. Le paradis sans bourse délier.

Air Vanuatu (www.airvanuatu.com) propose des vols directs vers Espiritu Santo. Cette île somptueuse n'offre que 6 hébergements. Pour en savoir plus, rendez-vous sur www.espiritusantotourism.com.

498 JODHPUR (INDE)

Dans le nord-ouest de l'Inde, au Rajasthan, cette cité fondée au milieu du XVe siècle est réputée pour les constructions bleu pastel de sa vieille ville. Ces demeures bâties à l'origine pour la caste supérieure des brahmanes étaient recouvertes de chaux bleue afin, pensait-on, de réfléchir les rayons brûlants du soleil. Aujourd'hui, ces constructions en ruine comptent parmi les plus anciennes de la Ville bleue et abritent autant d'hommes que de singes. Pour une vue superbe sur ce patchwork tout de bleu, rendez-vous à l'imposant fort Mehrangarh, érigé aux abords de la ville sur une colline de 125 m de hauteur.

Découvrez le fort Mehrangarh sur le site de la Mehrangarh Museum Trust (www.mehrangarh.org).

499 BLUE RIVER (CANADA)

Dans ce pays tout en immensités, Blue River n'est qu'un grain de poussière. Avec moins de 300 habitants, ce village, situé entre les bourgades plus connues de Kamloops et de Jasper, est pourtant une destination de rêve : alpinisme, exploration de glacier et découverte d'une nature luxuriante sont au programme. Certes, des stations touristiques plus animées s'offrent à vous, mais vous êtes en Colombie-Britannique bon sang : l'isolement fait partie intégrante du voyage ! Pour plus de solitude encore, prenez un kayak et filez sur le lac Murtle et dans le Wells Gray Country, où vous attendent orignaux, ours et aigles.

La région de Blue River est l'antidote au blues : organisez votre voyage sur www.blueriverbc.ca.

500 MOSQUÉE BLEUE (TURQUIE)

Le sultan Ahmet Ier voulut ériger à Istanbul un monument capable d'égaler, voire de surpasser, en grandeur et en beauté la basilique Sainte-Sophie voisine. Il fit donc bâtir une mosquée à son nom, la Sultan Ahmet Camii, plus connue aujourd'hui sous le nom de Mosquée bleue. C'est aux remarquables carreaux d'Iznik qui ornent son intérieur que la mosquée doit ce surnom. Bien d'autres attraits contribuent à faire de l'édifice l'un des plus séduisants de la capitale turque : la justesse des proportions, les courbes voluptueuses, les 260 fenêtres qui diffusent une douce lumière dans la gigantesque salle de prière, etc. La beauté pour oublier le blues…

Pour bien apprécier sa grâce, approchez-vous de la mosquée par le centre de l'hippodrome plutôt que par le parc Sultanahmet.

LES ITINÉRAIRES MYTHIQUES EN CAMPING-CAR

AVANCEZ À VOTRE RYTHME ET FAITES ÉTAPE OÙ BON VOUS SEMBLE LE LONG DE ROUTES SUBLIMES.

501 ROUTE 1 (ISLANDE)

Achevée en 1974, la Route 1 forme une longue boucle de 1 339 km traversant les paysages volcaniques caractéristiques de l'île, qu'elle permet de découvrir d'un bout à l'autre. Les champs de lave à l'allure lunaire bordant la route entre l'aéroport de Keflavík et Reykjavík, la capitale, offrent un avant-goût prometteur de ce qui vous attend. De nombreux sites de toute beauté jalonnent le parcours, comme le lac glaciaire Jökulsárlón, sur la côte sud : sur ses eaux immaculées flottent d'immenses icebergs provenant de Vatnajökull, la plus grande calotte glaciaire du continent européen. La circulation est modérée sur l'ensemble du trajet et les sites de camping abondent : bref, un itinéraire idéal.

L'été (du 15 juin au 15 septembre), des excursions en bateau sont organisées sur le Jökulsárlón.

503 ÎLES DE MULL ET DE COLL (ÉCOSSE)

La Grande-Bretagne appliquant de sévères restrictions en matière de camping sauvage, il faut s'éloigner des circuits classiques pour retrouver un peu de liberté et l'on arrive vite… en Écosse ! Les îles de Mull et de Coll, dans l'archipel des Hébrides intérieures, sont particulièrement séduisantes avec leurs 480 km de littoral et leurs sommets frôlant les 1 000 m. Mull est la plus grande et la plus développée des deux. Coll ne semble par comparaison pas plus grosse qu'une tête d'épingle. Ses routes à une seule voie s'apparentent davantage à des pistes. Difficile de doubler dans ces conditions, mais rassurez-vous, il y a peu de circulation. Un itinéraire champêtre comme on n'en fait plus !

Avril et octobre sont les mois les plus prisés pour visiter Mull. On peut réserver son billet de ferry en ligne sur www.calmac.co.uk (réservation modifiable sans frais supplémentaires sous réserve de disponibilité).

502 GREAT OCEAN ROAD (AUSTRALIE)

Pourquoi bouder les itinéraires les plus connus quand il s'agit vraiment des meilleurs ? Prenez la Great Ocean Road, en Australie. Ses 273 km d'asphalte s'étirant le long du littoral de l'État du Victoria sont jalonnés de sites d'exception, comme les pitons calcaires des Douze Apôtres et le parc national du Great Otway, paradis des koalas. On peut ensuite mettre le cap vers le nord et rouler indéfiniment en direction du centre du pays – ce périple mémorable occupera allègrement une année entière.

Le parc national du Great Otway se trouve à 45 minutes au nord d'Apollo Bay. La promenade dans la canopée proposée par Otway Fly (www.otwayfly.com) coûte environ 24 $AU.

GRAEME CORNWALLIS / LPI

Moins connue que les îles de Mull et de Coll, Canna, avec sa prison médiévale d'An Coroghon, vaut tout autant le détour

504 DU CAP AU CAIRE (AFRIQUE DU SUD-ÉGYPTE)

Avant toute chose, sachez qu'il faut disposer d'environ trois mois pour accomplir ce périple africain. Choisissez un camping-car 4x4 capable de s'aventurer sur des routes défoncées et d'affronter d'immenses déserts. Cet itinéraire traverse 11 pays, et permet de découvrir des sites incontournables (chutes Victoria, Kilimandjaro, etc.). Le passage le plus délicat est celui du désert de Nubie, au Soudan. Si ses dunes légendaires vous semblent infranchissables, vous pouvez toujours embarquer votre véhicule à bord d'un train à destination du Caire. Une fois arrivé, repartez en vacances pour vous remettre de cette épopée.

À Nabta Playa, non loin d'Abidiya, porte d'entrée soudanaise du désert de Nubie, se trouve le plus ancien champ mégalithique à vocation astronomique découvert à ce jour.

505 ROCHEUSES (CANADA)

S'étirant sur 230 km à travers les parcs nationaux de Banff et de Jasper, l'Icefields Parkway est l'une des plus belles routes du monde. Quel plaisir d'assister au lever du soleil sur le lac Louise, lac glaciaire mythique dont les eaux paisibles reflètent les reliefs montagneux alentour ! En chemin, profitez des sources chaudes et foulez les glaciers escarpés. Vous apercevrez peut-être des élans flânant au bord de la route ou, avec un peu de chance, un ours brun. Prenez votre temps et prévoyez au moins une nuit dans un camping reculé, pour vous immerger au cœur de ces paysages inoubliables.

Empruntez l'Icefields Parkway au départ d'Edmonton ou de Calgary.

DAVID WALL / LPI

Face à la masse imposante du mont Cook (Aoraki), dans les Alpes du Sud de Nouvelle-Zélande, l'homme paraît bien petit

506 SILLONNER LA NOUVELLE-ZÉLANDE

Découvrir la Nouvelle-Zélande en camping-car reste un must. L'archipel est doté de paysages somptueux : forêts tropicales, montagnes escarpées, volcans, plages désertes… Louez votre véhicule à Auckland et mettez le cap vers l'est et la superbe baie de Plenty, avant de vous enfoncer dans les terres pour gagner la région volcanique de Rotorua, où se situe le remarquable parc national de Tongariro. Franchissez le détroit, puis descendez la côte ouest de l'île du Sud. Admirez le glacier Franz Josef avant de poursuivre votre route jusqu'au magnifique fjord de Milford. Rendez-vous enfin à Queenstown, ville à l'ambiance décontractée, parfaite pour achever votre périple.

Route panoramique sinueuse, la State Highway 43 s'étire sur 150 km, de Taumaranui – à proximité du lac Taupo – à Stratford, à l'ouest. Campez dans les gorges de Tangarakau (attention, il n'y a aucune infrastructure sur place).

507 DE MANNHEIM À PRAGUE (ALLEMAGNE-RÉPUBLIQUE TCHÈQUE)

Si montagnes et grands espaces ne vous disent rien, partez sur la route des châteaux au volant de votre camping-car. Comme son nom l'indique, cet itinéraire culturel permet d'admirer l'architecture baroque et rococo de plus de 70 châteaux et palais, ainsi que des cités médiévales comme Bamberg et Kronach. S'étirant sur 1 000 km entre la Bavière et Prague, il traverse également de remarquables paysages – la vallée du Nektar, la plaine de Hohenlohe –, qui en font l'une des plus belles routes d'Europe.

Prévoyez une halte à Rothenburg, qui serait la ville médiévale la mieux préservée d'Allemagne (plus d'infos sur www.rothenburg.de).

508 SAFARI DANS LE KAOKOVELD (NAMIBIE)

Peu de gens le savent, mais la Namibie figure parmi les plus beaux pays du monde. Louez un 4x4 adapté au périple qui vous attend à Windhoek, et prenez la direction du parc national d'Etosha. Cette réserve, qui fait partie du bassin du Kalaharin, est réputée pour la richesse de sa faune. À la frontière angolaise, les chutes d'Epupa (37 m de hauteur) sont l'endroit parfait pour assister au coucher du soleil, avant de poursuivre vers le Spitzkoppe, imposant massif granitique d'origine volcanique. Vous roulerez sur des voies caillouteuses ou des pistes poussiéreuses, inconvénient qui vous semblera bien léger au regard des charmes offerts par la Namibie.

Comptez entre 100 et 190 €/jour pour louer un 4x4. Plus de renseignements sur www.namibian.org.

509 DE SAN FRANCISCO À LOS ANGELES (ÉTATS-UNIS)

Les États-Unis comptent quelques-uns des itinéraires routiers les plus séduisants de la planète, et celui de la Highway 1 – 1 055 km à travers la Californie – est certainement le plus beau. Des baleines du Pacifique aux attractions de Disneyland, en passant par les mythiques San Francisco et Los Angeles, il a de quoi satisfaire toutes les attentes. Mais parcourir cette route procure avant tout un extraordinaire sentiment de liberté.

Des éboulements se produisent parfois sur la Highway 1, en particulier les jours de pluie. Vérifiez l'état des routes sur www.dot.ca.gov.

510 GARDEN ROUTE (AFRIQUE DU SUD)

Que vous soyez plutôt mer ou plutôt montagne, vous serez comblé par la Garden Route. Reliant Le Cap à Port Elizabeth, cet itinéraire se faufile entre les imposants monts Outeniqua et l'océan Indien. Après avoir traversé de beaux vignobles, vous pourrez parcourir de superbes sentiers de randonnée ou observer les baleines à Hermanus. Quant à la plage de Plettenberg Bay, elle s'impose comme une étape incontournable. Difficile de se résoudre à achever un si beau voyage… On repart dans l'autre sens ?

Consultez www.gardenroute.co.za pour des informations sur les hébergements. Les surfeurs ne manqueront pas la Jeffrey's Bay.

DIX ATMOSPHÈRES DE CONTES DE FÉES

IL ÉTAIT UNE FOIS DES LIEUX MERVEILLEUX CAPABLES DE RESSUSCITER LA MAGIE DES RÉCITS DE VOTRE ENFANCE…

511 ROUTE DES CONTES DE FÉES (ALLEMAGNE)

Sur 600 km, la Märchenstrasse (route des contes de fées) relie des villes, bourgades et hameaux pour évoquant la vie des frères Grimm, de Hanau jusqu'à Brême, dans le nord de l'Allemagne. C'est à Wilhelm et à Jakob Grimm que l'on doit notamment *Cendrillon*, *Hansel et Gretel* et *Tom Pouce*. L'itinéraire, qui propose une soixantaine de haltes, part de Hanau, ville natale des deux frères, à l'est de Francfort. Ne manquez pas le musée qui leur est consacré à Kassel ni la ville pittoresque de Hamelin, à jamais associée à la légende du joueur de flûte. Des festivals axés sur les contes de fées sont également organisés le long de la Märchenstrasse.

Louez une grosse cylindrée allemande pour parcourir ces 600 km et organisez votre circuit sur www.deutsche-maerchenstrasse.eu.

512 HAFNARFJÖRÐUR (ISLANDE)

Une fois découverts les paysages lunaires de l'île, vous ne serez pas surpris d'apprendre que la plupart de ses habitants croient à l'existence de petits êtres mystérieux : des lutins, elfes, fées, nains, esprits des montagnes et anges qui composent le *huldufólk* (peuple caché). De nombreux jardins abritent même des petites maisons en bois destinées à les accueillir. La ville de Hafnarfjörður met particulièrement en valeur ce folklore et un prophète local propose un circuit de découverte du “monde caché” à travers les demeures du *huldufólk*, sur fond de contes populaires et de récits de rencontres véritables avec des elfes.

Vous ne tarderez peut-être pas à apercevoir des êtres mystérieux si vous accompagnez les habitants de Reykjavík dans un *runtur*, un rite qui consiste à s'enivrer le week-end venu.

513 OXFORD (ANGLETERRE)

L'architecture distinguée de la ville d'Oxford invite à de plus nobles aventures que la chasse aux indices de contes de fées, mais les visiteurs pourront néanmoins rendre hommage à Lewis Carroll. L'auteur vécut dans le Christ College, le plus bel édifice de la ville. La fille du doyen de l'université s'appelait alors Alice Liddell et servit de modèle aux incontournables *Alice au pays des merveilles* et *De l'autre côté du miroir*. Les passionnés peuvent effectuer une visite du Christ College sur le thème d'Alice ou admirer les souvenirs liés à la légendaire petite fille au musée d'Oxford. Ne manquez pas l'Alice's Shop dans St Aldate's : le magasin inspira la boutique de la vieille brebis dans *De l'autre côté du miroir* et vend aujourd'hui un nombre insensé d'objets évoquant le pays des merveilles.

Au cinéma, Christ Church et son célèbre grand hall ont été choisis pour accueillir l'école de Poudlard, celle d'une autre légende : Harry Potter.

MANFRED GOTTSCHALK / LPI

Le château de Neuschwanstein étant bâti sur un affleurement rocheux, le Prince Charmant devra se révéler très motivé

514 SCHLOSS NEUSCHWANSTEIN (ALLEMAGNE)

Peut-être le plus célèbre château du monde, le fantastique Schloss Neuschwanstein fut édifié par le roi Louis II de Bavière, surnommé le "roi fou", à la fin du XIXe siècle. Le souverain avait lui-même imaginé l'aménagement du château, avec l'aide d'un décorateur plutôt que d'un architecte (ceci explique cela…). Louis II l'avait conçu comme une immense scène où il pourrait revivre les mythes allemands immortalisés par les opéras de son grand maître, Richard Wagner. Le château de Neuschwanstein vous semblera peut-être familier : il impressionna tant Walt Disney que celui-ci s'en inspira pour concevoir le château de *La Belle au bois dormant*, devenu l'emblème de Disney.

Le château propose uniquement des visites guidées ; consultez www.ticket-center-hohenschwangau.de.

515 TROLLSTIGEN (NORVÈGE)

Forêts lugubres, lacs au clair de lune, sommets enneigés et fjords encaissés sont ici le royaume des trolls, personnages hirsutes au long nez qui se transforment en pierre s'ils sont exposés à la lumière du soleil. Ces créatures ne sont pas toujours les plus malignes, à en croire le célèbre conte norvégien intitulé *Les Trois Boucs bourrus*. La spectaculaire Trollstigen (la route des trolls) grimpe dans la montagne en formant 11 virages en épingle à cheveux. Votre regard sera happé par des paysages fascinants, tandis qu'une pancarte indiquant "Passage de trolls" (la seule du pays) vous signale la possible présence intempestive de ces créatures féeriques.

Dans le même esprit, pourquoi ne pas mettre le cap sur le Trollveggen (le mur des trolls), la plus haute paroi rocheuse verticale d'Europe, qui se dresse à quelque vertigineux 1 800 m de hauteur ?

516 ODENSE (DANEMARK)

Bourgade joyeuse, Odense rend hommage à l'enfant de la ville, Hans Christian Andersen : des sculptures de lutins ornent chaque coin de rue, tous les magasins de souvenirs vendent des mobiles figurant des canetons et des cygnes. Même les feux des passages cloutés représentent le célèbre auteur du *Vilain Petit Canard*, de *La Petite Sirène* et de quantité d'autres contes. Odense abrite un musée consacré à Andersen, ainsi que sa maison natale. Replongez dans vos souvenirs d'enfance au Fyrtøjet ("Le Briquet", titre d'un conte), un remarquable centre culturel pour enfants.

Pour rester dans le thème, essayez le restaurant d'Odense appelé Den Grimme Ælling (le Vilain Petit Canard).

517 PAYS SAXON (ROUMANIE)

Dormir dans un lit saxon traditionnel (lit gigogne surélevé), entendre les roulements de tambour du crieur public, remonter le temps… Au milieu des vallées et des collines du sud de la Transylvanie, les villages saxons, construits autour d'une église fortifiée, semblent figés dans un lointain passé. Au XIIe siècle, le roi Geza II de Hongrie invita les Saxons de Franconie à s'installer dans la région à des fins défensives. Sept de ces villages sont classés au patrimoine mondial de l'Unesco, dont Biertan et son église, grandiose, protégée par une triple enceinte, et Viscri, où l'on peut loger dans des maisons d'époque.

Voiture de location, taxi vélo ou bus de tourisme sont les seuls moyens d'accéder aux villages.

518 LAKE DISTRICT (ANGLETERRE)

Bien avant que Pixar ne fasse dialoguer des animaux à l'écran, Beatrix Potter dessinait avec grand soin les tenues aux tons pastel de Pierre Lapin, Sophie Canétang et Madame Piquedru la blanchisseuse (un hérisson). Les amoureux de ces animaux au charme *so british* se rendront à la ferme Hill Top, à 3 km au sud de Hawkshead – un village du magnifique Lake District doté de rues tortueuses, de maisons chaulées et d'agréables pubs. C'est dans cette ferme typique que Beatrix Potter écrivit et illustra nombre de ses récits à l'ambiance champêtre et surannée ; elle recèle quantité d'objets de décoration que l'on retrouve dans les illustrations.

Hawkshead abrite la Beatrix Potter Gallery, où sont exposés des aquarelles et des dessins de l'artiste.

RICHARD CUMMINS / LPI

519 COLLODI (ITALIE)

Vous avez admiré tout votre saoul les œuvres d'art de la Toscane ? C'est le moment de retrouver votre âme d'enfant. Dirigez-vous vers le Parco di Pinocchio, dans le village de Collodi, à 15 km à l'est de Lucques, et découvrez ce lieu consacré au personnage de fiction le plus connu d'Italie. La mère de Carlo Collodi, le créateur de Pinocchio, était originaire du village. Fruit du travail d'artistes dans les années 1950, le parc recèle des mosaïques et des sculptures évoquant les aventures du garçonnet. Les spectacles de marionnettes et la maison des papillons voisine ajoutent à la magie.

Les remparts de Lucques forment une promenade de 3 km de longueur.

Au pays de Mickey, le soleil brille toute l'année

520 DISNEYLAND (ÉTATS-UNIS)

Disneyland peut sembler un endroit plaisant à de nombreux égards, mais l'afflux de visiteurs, les prix élevés et les interminables files d'attente noircissent le tableau. Le plus ancien des parcs d'attractions a ouvert ses portes en 1955 et n'a depuis cessé de séduire petits et grands. Dans cet univers irréel, les rues sont toujours propres, les employés souriants et une parade a lieu chaque jour de l'année. Fantasyland, avec son château de *La Belle au bois dormant*, est l'endroit idéal pour rencontrer les plus grands personnages de contes de fées, de Blanche-Neige à Peter Pan.

Arrivez de bonne heure pour faire la queue moins longtemps (www.disneyland.com). Le milieu de semaine est généralement moins fréquenté que les vendredi, samedi et dimanche.

DIX ATMOSPHÈRES DE CONTES DE FÉES

DIX VOYAGES ALTERNATIFS AUX SITES LES PLUS MENACÉS

PRÈS DE 25 SITES INSCRITS AU PATRIMOINE MONDIAL DE L'UNESCO SONT CONSIDÉRÉS COMME EN PÉRIL. POUR CHACUN DE CEUX QUE NOUS PRÉSENTONS ICI, NOUS VOUS PROPOSONS UNE ALTERNATIVE PALPITANTE.

521 ÎLES GALÁPAGOS (ÉQUATEUR)

Les 19 îles de cet écosystème unique au monde sont aujourd'hui menacées. L'isolement de l'archipel, situé à 1 000 km de la côte équatorienne, a favorisé l'épanouissement d'une faune exceptionnelle, qui attire un flot constant de visiteurs, à l'origine des difficultés rencontrées aujourd'hui par les Galápagos. Les excursions en bateau jusqu'aux îles ont augmenté de 150% en quinze ans, mettant à rude épreuve un environnement fragile. Alors, pourquoi ne pas laisser les tortues géantes aux naturalistes et mettre le cap sur l'impressionnante "Avenue des Volcans", dans les montagnes équatoriennes ? Cette vallée andine est surplombée par 11 sommets imposants, dont le Cotopaxi (5 897 m), qui serait le plus haut volcan en activité du monde.

Offrez-vous une nuit à La Ciénaga (www.hosterialacienega.com), hôtel luxueux de Cotopaxi (100 $US pour une double).

522 MONUMENTS MÉDIÉVAUX (KOSOVO)

L'une des conséquences de la guerre du Kosovo a été d'occulter le riche passé médiéval de ce pays. Parmi les monuments hérités de cette période, le pays compte quatre superbes spécimens d'architecture ecclésiastique byzantine et romane (XIIIe-XIVe siècle) : le monastère Dečani, le patriarcat du monastère de Peć, le monastère de Gračanica et l'église de la Vierge de Ljeviša. Ornés de remarquables peintures murales, ces sites restent menacés par l'instabilité politique dont souffre le pays. La capitale, Priština, s'est en revanche offert une cure de jouvence. Découvrez ses cafés animés et sympathisez avec ses habitants, confiants dans leur avenir et fiers de leur récente indépendance.

L'aéroport se trouve à 17 km à l'ouest de Priština. On ne peut gagner la capitale qu'en taxi (comptez environ 20 €).

523 ZONE ARCHÉOLOGIQUE DE CHAN CHAN (PÉROU)

Capitale de l'ancien royaume Chimu, Chan Chan fut le plus vaste site de peuplement de l'Amérique précolombienne. Fondée au milieu du IXe siècle, cette merveilleuse cité en adobe atteignit son apogée au XVe siècle (avec 30 000 habitants), juste avant que les Incas ne s'en emparent. Constituée d'un ensemble de grandes citadelles, elle fut classée sur la liste du patrimoine mondial en péril dès 1986. Chan Chan demeure néanmoins exposée à des menaces constantes : El Niño a provoqué tornades et inondations, des pillards écument les ruines. Mieux vaut partir vers le nord pour découvrir les trésors archéologiques de la région de Chachapoyas, moins fréquentée par les touristes. Vous y admirerez notamment le superbe sarcophage de Karajia.

InkaNatura (www.inkanatura.com) et Vilaya Tours (www.vilayatours.com) proposent des circuits archéologiques.

LEE FOSTER / LPI

Homme juif priant devant le Mur occidental de la vieille ville de Jérusalem

524 VIEILLE VILLE DE JÉRUSALEM (ISRAËL)

Ville sainte pour les juifs, les chrétiens et les musulmans, Jérusalem joue depuis longtemps un rôle essentiel dans l'histoire de l'humanité. Ses 220 monuments historiques sont inscrits depuis 1982 sur la liste du patrimoine mondial en péril. Parmi eux figurent des sites connus dans le monde entier comme le Mur des lamentations, l'église du Saint-Sépulcre et le dôme du Rocher, construit au VIIe siècle. L'instabilité politique, le développement urbain et l'afflux constant de visiteurs rendent difficile la protection de ces trésors. Installé dans la cour Sergueï et régi par la Société pour la protection de la nature en Israël (SPNI), le Green Culture Centre propose des visites guidées du centre-ville respectueuses de l'environnement et montrant Jérusalem sous un angle très différent.

La SPNI (www.aspni.org) participe à plus de 50 projets à Jérusalem.

525 SANCTUAIRE DE FAUNE DE MANAS (INDE)

Idéalement situé dans les contreforts de l'Himalaya, ce sanctuaire joue un rôle essentiel dans la protection de quelques-unes des espèces animales les plus menacées du monde. L'éléphant, le rhinocéros et le sanglier nain évoluent ici au cœur de forêts tropicales et de prairies alluviales. Le parc figure toutefois sur la liste des sites en péril depuis que des indépendantistes de l'ethnie Bodo l'ont envahi, provoquant des dégâts considérables, en 1992. Le braconnage des rhinocéros n'a de plus jamais cessé. Aujourd'hui, plus de 85% des rhinocéros vivent dans une zone protégée : le parc national de Kaziranga, dans l'État d'Assam, géré par l'International Rhino Foundation.

Le parc national Kaziranga (www.kaziranga-national-park.com) est ouvert de novembre à avril.

526 CORO (VENEZUELA)

Située sur la côte nord du Venezuela, Coro fut fondée par les Espagnols au début du XVIe siècle. Elle se distingue par ses constructions en terre typiquement caribéennes, alliant techniques locales, espagnoles et hollandaises. Quelque 600 bâtiments historiques, principalement des églises et des bâtiments de quartiers commerçants des XVIIIe et XIXe siècles, forment le cœur de la cité. Le site est menacé par différents plans d'aménagement et par les pluies résultant du dérèglement climatique. Non loin, le parc national Los Medanos de Coro et ses dunes de sable culminant à 40 m de hauteur offrent une bonne solution de repli.

Le parc est ouvert de 9h à 18h. Plus d'infos sur www.losmedanos.com (en espagnol).

Rizières en terrasses de plus de 2 000 ans à Luzon, île du nord de l'archipel des Philippines

527 RIZIÈRES EN TERRASSES (CORDILLÈRE CENTRALE DES PHILIPPINES)

Répertoriées "huitième merveille du monde", ces terrasses façonnées par l'homme sur l'île de Luzon, dans le nord de l'archipel, témoignent d'une tradition agricole vieille de 2 000 ans. Elles épousent les reliefs de pentes particulièrement abruptes et se fondent à merveille dans un décor verdoyant. Beaucoup sont aujourd'hui négligées – les jeunes agriculteurs igorot les délaissent pour rejoindre les villes. De plus, les terrasses ne sont pas adaptées au tourisme de masse. Notre proposition : rendez-vous au sommet du mont Pulag (2 992 m), le deuxième plus haut sommet des Philippines, également situé dans les montagnes de la cordillère.

Manille, la capitale, se trouve sur l'île de Luzon. Le parc national du mont Pulag (www.pawb.gov.ph) délivre le permis nécessaire à l'ascension.

528 RÉSERVE DE FAUNE À OKAPIS (RÉPUBLIQUE DÉMOCRATIQUE DU CONGO)

Mise à mal par des années de troubles, cette réserve se trouve aujourd'hui dans un état fragile. Située dans l'extrême nord-est de la RDC, elle fait partie du vaste bassin du fleuve Congo et abrite un cinquième de la luxuriante forêt d'Ituri. Sa faune demeure abondante, incluant notamment des espèces de primates en voie de disparition et environ 5 000 okapis, sur les 30 000 que compte encore la planète. Il faut espérer que la nouvelle politique de gestion du parc parviendra à protéger efficacement cet élégant mammifère. D'ici là, il est préférable de parcourir les 90 km séparant Kinshasa des chutes du Zongo. En vous rafraîchissant, vous aurez tout le loisir d'apprécier la beauté époustouflante de l'Afrique centrale.

Les chutes se trouvent à 2 heures 30 de route de Kinshasa, en direction de Matadi. On peut loger dans des bungalows sur place.

529 ABOU MENA (ÉGYPTE)

L'augmentation du niveau des nappes phréatiques, la croissance urbaine et le développement de l'agriculture mettent en péril le site archéologique d'Abou Mena, à 45 km au sud-ouest d'Alexandrie. Les conséquences sont désastreuses : le sol en argile suinte à cause du trop-plein d'eau et d'immenses cavités se forment sous de larges zones de la ville paléochrétienne. Les autorités ont été contraintes de consolider avec du sable les bâtiments menacés pour limiter les dégâts. Alternative passionnante, les catacombes de Kom el-Shoqafa, à Alexandrie, abritent des sarcophages datant du début de la civilisation égyptienne.

L'été, les Égyptiens prennent d'assaut Alexandrie et les hôtels affichent souvent complet. Venez de préférence l'hiver (de décembre à février), lorsque les températures sont douces.

530 CITÉ FORTIFIÉE, PALAIS DES CHAHS DE CHIRVAN ET TOUR DE LA VIERGE (BAKOU, AZERBAÏDJAN)

Bakou souffre de son image de ville pétrolière. Elle est pourtant dotée d'un riche patrimoine culturel. Fondée au XIIe siècle sur un site occupé depuis l'ère paléolithique, cette cité fortifiée témoigne des influences des empires arabe, perse et ottoman. Parmi ses joyaux figurent la tour de la Vierge, bastion du XIIe siècle devenu emblème national, et le palais des Chahs de Chirvan, édifice du XVe siècle richement décoré. Ces monuments inestimables sont menacés par un fort développement urbain. Ce n'est pas le cas du vaste ensemble d'art rupestre de Gobustan, situé dans une région semi-désertique du centre de l'Azerbaïdjan. On peut y admirer 6 000 gravures, reflétant une présence humaine très ancienne.

Le paysage culturel d'art rupestre peut faire l'objet d'une excursion d'une journée au départ de Bakou. Pour vous rendre dans le pays, empruntez Azerbaijan Airlines (www.azal.az).

LES MUSÉES LES PLUS ÉTRANGES

CERTAINS VONT JUSQU'À CRÉER UN MUSÉE POUR PARTAGER LEUR ÉTONNANTE PASSION. TOUS LES GOÛTS SONT DANS LA NATURE !

531 MUSÉE DES ÉGOUTS DE PARIS (FRANCE)

Plus qu'un musée, des égouts, ou plus précisément des galeries aménagées et inutilisées (si vous avez lu ou vu *Les Misérables*, vous vous en faites sans doute déjà une petite idée). Mais attention : on n'élimine jamais complètement des siècles d'eaux usées – l'odeur est proprement (façon de parler) indescriptible. Outre les galeries, vous y verrez des photographies, des cartes et des rats d'égout empaillés. Et en prime, vous pourrez déambuler sur des passages aménagés au-dessus des eaux usées arrivant en temps réel des appartements parisiens. Ragoûtant, non ?

Le musée est ouvert du samedi au mercredi et accessible gratuitement avec le Paris Museum Pass.

532 MUSÉE DE PARASITOLOGIE DU MEGURO (JAPON)

Une faune bien particulière est exposée dans ce musée japonais : les coupelles et tubes à essais colorés qui s'alignent contre les murs contiennent chacun un parasite différent, de l'homme ou de l'animal – ver solitaire, ver rond et autres larves. Pour mieux comprendre la parasitologie, des planches anatomiques illustrent le cycle de vie de certains de ces pique-assiettes, et des clichés médicaux assez répugnants montrent les conséquences pour les organismes hôtes. Si vous en demandez encore, la boutique propose des T-shirts et porte-clés à l'effigie des charmantes bestioles. Dans sa publicité, ce musée tokyoïte se vante d'être le parfait lieu de rendez-vous pour les amoureux – si le vôtre s'appelle David Cronenberg, pourquoi pas ? Un conseil : mangez léger avant la visite.

L'entrée est gratuite, mais les dons sont bienvenus. La gare la plus proche est celle de Meguro : prenez la sortie ouest et marchez environ 15 minutes.

533 MUSÉE ISLANDAIS DE PHALLOLOGIE (ISLANDE)

Riche d'une collection unique de pénis de mammifères, ce musée assure que la "phallologie est une science très ancienne" – ah bon ? De l'extérieur, l'endroit semble gentillet, un peu désuet même, mais c'est pour mieux nous surprendre : ses collections forment un univers incroyable, rassemblant plus de 150 spécimens de pénis et d'organes génitaux de toutes tailles sous vitrine, accrochés aux murs ou suspendus au plafond sous un éclairage éblouissant. Attention à ne pas vous faire éborgner au passage. Inutile de rappeler qu'on ne touche pas les pièces de musée.

Situé à Husavik, le musée n'ouvre que les mardi et samedi ; l'entrée coûte 600 couronnes. Consultez le site du musée, www.phallus.is pour en savoir plus.

534 PARC GRUTAS À DRUSKININKAI (LITUANIE)

Empreint d'humour noir et d'ironie, ce Disneyworld du communisme est tout entier dédié à la Lituanie de l'ère soviétique : un jardin de sculpture rassemble des statues de grandes figures du communisme, et les reconstitutions de goulags sont réalistes jusqu'au bout des miradors et barbelés électrifiés. Il fut envisagé un temps d'acheminer les visiteurs par le rail dans des wagons à bestiaux, mais le projet a été abandonné face à une farouche levée de boucliers de l'opinion lituanienne. Des acteurs jouent parfois des reconstitutions durant lesquelles des pionniers du soviétisme chantent la dignité du travail, Staline agite sa pipe et fait d'ennuyeux discours et Lénine, assis sur un banc, taquine le goujon. Édifiant, non ?

L'entrée est à 20 LT, auxquels on ne regrettera pas d'ajouter 46 LT pour l'audioguide. Rendez-vous sur www.grutoparkas.lt pour plus de renseignements, notamment sur les transports.

535 MUSÉE DE L'ART MAUVAIS (ÉTATS-UNIS)

"Des œuvres d'art trop mauvaises pour qu'on les ignore", tel est le domaine de spécialité de ce musée du Massachusetts qui rassemble plus de 250 pièces, notamment des peintures et sculptures, qui rivalisent de bon goût à coups de perspectives fantaisistes, corps aux bras gros comme des cuisses et couleurs plus criardes les unes que les autres. Autant d'"œuvres exubérantes réalisées par des gens qui n'ont parfois pas la moindre idée de ce qu'ils font", promet sans exagération le musée. Certaines sont des dons, d'autres ont été récupérées dans des poubelles, mais toutes sont du grand art.

Ouvert jusqu'à 21h ou 22h, le musée se trouve au sous-sol du Community Theatre de Dedham, à environ 13 km au sud de Boston. Plus d'infos sur www.museumofbadart.org.

536 MUSÉE DU CHEVEU (TURQUIE)

Le Turc Galip Körükçü est un potier pas comme les autres : il a décidé un jour de collectionner des mèches de cheveux de femmes du monde entier et d'ouvrir un musée. Une idée particulièrement tirée par les cheveux pour faire connaître ses cours de poteries. Situé à Avanos, ce musée troglodytique contient aujourd'hui plus de 16 000 mèches suspendues au plafond et aux murs. On s'y sent comme dans l'antre secret d'un *serial killer*, surtout lorsque Galip Körükçü met son tablier et empoigne ses ciseaux.

Galip Körükçü (www.chez-galip.com) dispose d'une pension (12-20 € la nuit) et propose des cours de poterie, tissage, danse et musique.

537 MUSÉE LA SPECOLA (ITALIE)

Fantastique bric-à-brac zoologique ! La Specola est une surprise pour les voyageurs qui ne connaissent de Florence que ses chefs-d'œuvre Renaissance. Des salles à n'en plus finir, et tous les animaux de la création, ou presque, empaillés, siégeant dans des vitrines. Un rien dérangeante, la collection de cires anatomiques représentant des corps humains disséqués devait permettre aux étudiants en médecine d'apprendre les secrets du corps humain sans avoir à disséquer des cadavres. Pierre-Léopold de Lorraine, grand-duc de Toscane, qui souhaitait rendre la science accessible à tous, ouvrit La Specola dès 1775 au grand public, une première en Europe.

La Specola occupe le deuxième étage de l'ancien palazzo Torrigiani (XVe siècle), à quelques pas du palazzo Pitti.

538 MUSÉE DE LA TONDEUSE À GAZON (ANGLETERRE)

Certains assurent que la tondeuse manuelle Qualcast n'a pas d'égale parmi les tondeuses sans moteur, sans parler des engins motorisés, mais d'autres ne jurent que par l'Allen Scythe TS et son moteur Villiers Mk25 256cc à quatre temps. Venez frayer avec les fanatiques de la tondeuse à gazon dans ce musée qui lui est entièrement consacré, à Southport, dans le Lancashire. On ne manquera pas la section "Tondeuses des gens célèbres" (celle du prince Charles s'y trouve), ni les tondeuses les plus rapides du monde, et moins encore le tout premier robot-tondeuse à énergie solaire.

Le musée est ouvert de 9h à 17h30. L'entrée (2 £) comprend une visite audioguidée. Plus d'infos sur www.lawnmowerworld.co.uk.

539 MUSÉE SULABH INTERNATIONAL DES TOILETTES (INDE)

Le cabinet d'aisances est le roi de cet étonnant musée de New Delhi qui nous invite à nous joindre à la "croisade pour les sanitaires". Il est représenté sous toutes ses formes, avec de nombreuses pièces du monde entier, des latrines à la turque aux cuvettes quasi luxueuses. Le "code pour les mariés : un processus de défécation complexe prescrit par le *Manusmriti Vishnupuran*, texte aryen des plus respectés" mettra à l'épreuve votre endurance face à une envie pressante. Et n'oubliez pas de vous laver les mains en partant.

Le musée se trouve à Dabri Marg, à New Delhi, et ouvre du lundi au samedi. Consultez le site www.sulabhtoiletmuseum.org pour trouver le chemin du petit coin.

540 MUSÉE DES BÉQUILLES (AZERBAÏDJAN)

La station thermale de Naftalan est réputée pour ses soins aux innombrables vertus… à base de pétrole. Non contente de cette première originalité, la ville se targue de posséder un musée unique au monde, consacré aux béquilles usagées : toutes auraient été laissées là par des malades guéris miraculeusement. Si vous pensez que c'est plausible : cassez-vous une jambe avant d'embarquer avec vos béquilles, prenez un bon bain de pétrole et attendez de voir.

De la ville de Gorenby, prenez le bus 4AZN jusqu'à son terminus, à Naftalan. N'importe quel habitant saura vous indiquer le chemin du musée.

LES SITES NATURELS LES PLUS SPECTACULAIRES

CASCADES VERTIGINEUSES, IMMENSE DÉSERT DE SEL, DUNES DE SABLE ORANGE À L'INFINI… LA NATURE A FAÇONNÉ DES MERVEILLES, EN VOICI DIX.

541 SALAR DE UYUNI (BOLIVIE)

Éblouissante plaine de sel dans le sud-ouest de la Bolivie, le Salar de Uyuni est le plus vaste désert salin au monde, avec quelque dix milliards de tonnes de sel sur une superficie de 12 000 km². Non loin des sommets andins, il se trouve au cœur de l'Altiplano, où l'activité thermale est bouillonnante, et de ses Ojos del Salar ("yeux du salar") jaillissent des larmes venues des nappes d'eau souterraines. Une terre de mirages à l'horizon infini.

On rejoint le village d'Uyuni en train ou en bus. Des excursions sont organisées fréquemment ; comptez environ 100 $US pour un circuit de 4 jours, hors pourboire pour le guide et entrée dans le parc.

542 GRANDE BARRIÈRE DE CORAIL (AUSTRALIE)

La plus vaste réserve marine de la planète s'étend sur plus de 2 300 km dans les eaux limpides et peu profondes face aux côtes nord-est de l'Australie. Une vie animale et végétale d'une diversité éblouissante prospère dans ces eaux tropicales, dont 400 variétés de coraux, 1 500 espèces de poissons et 400 types de mollusques. Une véritable armada de bateaux fait la navette depuis la côte pour les plongeurs, offrant une myriade d'activités et de circuits. Sur ce site, vous admirerez baleines en migration, gigantesques morues et épaves fantastiques.

Cairns regroupe d'innombrables offres pour explorer la Grande Barrière de corail.

543 DÉSERT D'ATACAMA ET GEYSERS D'EL TATIO (CHILI)

Il se dit que certaines régions du désert d'Atacama, au Chili, n'ont jamais vu une goutte de pluie. Ces paysages arides se composent d'une série de bassins salins où ne pousse quasi aucune végétation. Dans ce milieu spectaculaire, vous verrez aussi des villages incas dans l'ombre de volcans éteints, une foule de flamants roses sur la Laguna Chaxa et le site de geysers le plus élevé de la planète : à 4 267 m au-dessus du niveau de la mer, les geysers d'El Tatio crachent de la vapeur en continu.

Ce désert a son adresse luxueuse, l'hôtel Awasi (www.awasi.cl) : forfait 2 nuits tout compris à partir de 1 500 $US.

544 MONTAGNES ROCHEUSES CANADIENNES (CANADA)

À cheval entre la Colombie-Britannique et l'Alberta, dans l'ouest du Canada, l'immense région des Rocheuses (aussi vaste que l'Angleterre) abrite quatre parcs nationaux en enfilade, Banff, Jasper, Kooteney et Yoho. La nature commença à y modeler montagnes, rivières, lacs, cascades et glaciers il y a 75 millions d'années, et elle a pris son temps. Les amateurs de plein air pourront randonner, pédaler, pagayer ou escalader dans ces fascinants paysages classés au patrimoine mondial de l'Unesco, en compagnie d'une faune variée, de l'orignal à la marmotte, en passant par les ours et les oiseaux.

Edmonton marque la porte d'entrée des Rocheuses : vers l'ouest, 3 heures 30 d'une route majestueuse (366 km) conduisent au parc national Jasper (www.jaspercanadianrockies.com), le plus grand des Rocheuses.

545 CHAUSSÉE DES GÉANTS (IRLANDE)

La légende veut que le géant irlandais Finn MacCool ait construit la Chaussée pour traverser la mer et aller combattre le géant écossais Benandonner. Cette étendue de pierres hexagonales, régulières et serrées, descendant progressivement vers la mer, semble en effet irréelle bien que produite par un phénomène naturel. Une agréable route goudronnée mène au site, mais il est beaucoup plus intéressant d'emprunter le chemin des falaises (North Antrim Cliff Path) jusqu'au promontoire des Chimney Tops, d'où l'on a une excellente vue sur le site et le littoral.

Le bus n° 212 Derry-Belfast s'arrête toutes les heures sur Main St à Dungiven. Plus d'infos sur www.nationaltrust.org.uk/giantscauseway/. Un audioguide est inclus dans le prix du billet (7,50 £).

546 GRAND CANYON (ÉTATS-UNIS)

Le fleuve Colorado creuse ce canyon aussi célèbre que fabuleux depuis près de six millions d'années. En Arizona, État aride s'il en est, ce site incontournable s'étend sur 446 km de longueur, découpant des couches géologiques millénaires jusqu'à 1 500 m en profondeur et 29 km en largeur. Randonnez au milieu de flèches de roche rouge, admirez le panorama à perte de vue, observez le condor de Californie, menacé, ou dévalez les rapides du Colorado qui rugissent au fond du canyon.

Le belvédère de Toroweap Overlook est l'un des plus spectaculaires du parc national du Grand Canyon (www.nps.gov/grca). Il se trouve dans Tuweep, une partie non aménagée du parc où le camping est gratuit.

KRZYSZTOF DYDYNSKI / LPI

Vertigineuse cascade de Salto del Ángel, la plus haute du monde

547 SALTO DEL ÁNGEL (VENEZUELA)

La plus haute cascade du monde, le Salto del Ángel ("saut de l'ange") déferle dans un affluent anonyme du Río Caroni, dans le Parque Nacional Canaima au Venezuela. Tombant de 978 m, cette gigantesque chute d'eau s'apprécie mieux sans nuage (puisqu'on s'y rend par les airs) et, l'été, quand le débit est à son apogée. Appelé en langue indienne Kerepakupai-merú, le Salto del Ángel doit son nom à Jimmy Angel, un aviateur chercheur d'or qui le "découvrit" dans les années 1930.

Le vol en hélicoptère offre un panorama à couper le souffle : comptez au moins 600 $US. Renseignements sur www.salto-angel.com.

Les dunes de sable du désert de Namib, continuellement sculptées par le vent

548 LACS DE PLITVICE (CROATIE)

La beauté de ce réseau de 16 lacs reliés entre eux par des cascades est attestée par son inscription au patrimoine mondial de l'Unesco. La légende a donné aux lacs de Plitvice le surnom de "jardin du diable" : la région aurait été inondée par une Reine noire au terme d'une longue sécheresse et de ferventes prières des habitants. Des grottes de calcaire et de travertin jalonnent ces paysages où d'épaisses forêts bordent les lacs supérieurs.

Les amateurs de neige viendront entre novembre et mars. Les lacs sont gelés en décembre et janvier. Ils sont accessibles tous les jours toute l'année de 8h environ à 19h.

549 GORGES DE VIKOS (GRÈCE)

Au cœur du parc national de Vikos-Aoös, en Épire, dans un paysage de rivières encaissées, les gorges de Vikos forment une spectaculaire entaille de 12 km de long, dont la profondeur dépasse les 1 000 m par endroits. De beaux ponts ottomans jalonnent le lit du Vikos, au fond. On admire ce stupéfiant canyon du haut, depuis les villages et belvédères qui surplombent les falaises, ou du bas, équipé de bonnes chaussures. La randonnée dans ces gorges est la plus appréciée en Grèce continentale.

La descente s'effectue depuis le village de Monodendri (1 090 m). Comptez 7 heures 30 (remontée comprise) pour cette randonnée difficile.

550 SOSSUSVLEI (NAMIBIE)

Au cœur du désert du Namib, ces immenses paysages de sable sont sans cesse remodelés par le vent. Les plus hautes dunes du monde, jusqu'à 300 m d'altitude, s'alignent ici dans les grands espaces du parc du Namib-Naukluft sur plus de 480 km le long de la côte, s'enfonçant profondément dans les terres. Offrant toutes les nuances d'orange et d'ocre, les dunes les plus anciennes doivent leurs couleurs à des siècles d'oxydation ferreuse. Dans une zone humide alimentée par la brume de mer vivent des lézards et des scarabées.

L'hébergement le plus proche est le camping de Sesriem, à une heure de route (60 km) de Sossuvlei. La visite n'est autorisée que de l'aube au crépuscule.

LES MEILLEURS ENDROITS OÙ CÉLÉBRER NOËL

POUR DES FESTIVITÉS TRADITIONNELLES OU AU CONTRAIRE DÉPAYSANTES… VOICI UNE LISTE APPROUVÉE PAR LE PÈRE NOËL !

551 BETHLÉEM (CISJORDANIE)

Face à la fièvre consumériste et au déferlement de cadeaux aujourd'hui associés à Noël, difficile de nier que la véritable signification de cette célébration semble oubliée. Rien de tel qu'un pèlerinage sur le lieu de naissance de Jésus pour remettre les choses en place. La veille de Noël, la place de la Mangeoire et la vieille ville de Bethléem dégagent une énergie unique. Lorsque sonnent les douze coups, ne manquez pas la messe de minuit en l'église Sainte-Catherine-d'Alexandrie. L'édifice dépend de la basilique de la Nativité, érigée en 326 par Constantin. À l'intérieur, dans la grotte de la Nativité, une étoile en argent indique l'endroit où Jésus serait né.

Mieux vaut réserver son hébergement bien à l'avance. Essayez le Bethlehem Hotel (www.ichotelsgroup.com) dans le centre (doubles à partir de 85 $US).

MICHAEL TAYLOR / LPI

Patinoire du Rockefeller Center sous les illuminations de Noël

552 VILLAGE DU PÈRE NOËL (FINLANDE)

Si vous rêvez de découvrir la demeure du Père Noël, mettez le cap sur la Finlande et le cercle polaire. L'atmosphère très touristique du village est compensée par l'épaisse couche de neige, les forêts environnantes et la présence des fameux rennes. Non loin, le parc d'attractions Santa Park décline à loisir le thème de Noël. Un solide budget est à prévoir : une photo en compagnie du merveilleux grand-père dans son village coûte 25 € ! Malgré l'aspect commercial, on cède aisément à la bonne humeur ambiante.

Plein la hotte du Père Noël ? Découvrez l'histoire de cette région de Finlande dans l'intéressant musée de l'Arktikum (www.arktikum.fi), à Rovaniemi.

554 PLAGE DE BONDI (SYDNEY, AUSTRALIE)

Dans l'hémisphère Sud, la célèbre plage australienne de Bondi offre une atmosphère à mille lieues des clichés de Noël. Ici, 25 décembre rime avec soleil, sable et surf ; les pique-niques sur la plage remplacent les traditionnelles dinde et bûche. La fête attire de nombreux voyageurs de l'autre bout de la planète qui se retrouvent pour célébrer l'événement. Des groupes musicaux et des DJ font vibrer le Pavilion dans une ambiance débridée. Les autorités ont toutefois dû prendre des mesures sévères contre les excès dus à l'abus d'alcool. Pensez à emporter des accessoires inhabituels pour cette période de l'année : maillot de bain, crème solaire, chapeau de plage.

Remettez-vous de vos excès lors d'une paisible croisière en ferry, de Circular Quay à Manly (30 min ; www.131500.com.au).

555 MESSE DE MINUIT AU VATICAN

Le cœur spirituel du catholicisme est l'endroit parfait pour célébrer la naissance du Christ. La Ville éternelle dégage une atmosphère magique tout au long de l'année, mais on ressent un frisson supplémentaire en décembre. Des vendeurs de marrons agrémentent chaque coin de rue. La ville regorge de *presepi* (scènes de la Nativité), comme celles de la place Saint-Pierre, de la place Navone (grandeur nature) ou de l'église Santa Maria d'Aracoeli, sur la colline du Capitole. Mais c'est le Vatican qui attire surtout les pèlerins : la messe de minuit à Saint-Pierre de Rome, la veille de Noël, ou le 25 à 12h, est un moment inoubliable.

La messe de minuit du Vatican est toujours prise d'assaut ; inscrivez-vous en écrivant à la préfecture de la Maison pontificale (www.vatican.va).

553 NEW YORK (ÉTATS-UNIS)

Noël à New York est presque un classique du cinéma, avec ses belles illuminations, ses chants de Noël en boucle et, si possible, une fine couche de neige… Le plus haut sapin de Noël du monde est illuminé dès début décembre au Rockefeller Center, au cours d'une cérémonie qui marque l'ouverture des festivités pour les New-Yorkais. La patinoire dressée au pied de l'édifice est un must pour les visiteurs, tout comme le lèche-vitrine devant les plus grands magasins de NYC (ne manquez pas l'hommage annuel de Macy's au long-métrage *Miracle sur la 34e Rue*). Terminez la soirée avec une représentation de *Casse-Noisette* par le New York City Ballet, au Lincoln Center, pour un Noël comme au cinéma.

Pour entretenir l'esprit de Noël, découvrez la boutique de l'Unicef sur la 5e Avenue, surplombée d'un immense flocon de neige, et goûtez ses cookies et son chocolat chaud (le vendredi, de mi-novembre à mi-janvier).

556 DUBLIN (IRLANDE)

Fervents catholiques dotés d'un grand sens de l'humour, les Irlandais ont des manières un peu singulières de célébrer Noël. La plus surprenante est la baignade du 25 au matin sur la plage de Forty Foot. Les rues de Dublin s'animent à l'approche du grand jour et le *craic* (l'ambiance) est à son comble (un peu comme le reste de l'année, d'ailleurs). Les Docklands accueillent un marché de Noël pendant 12 jours, des pantomimes envahissent la ville illuminée, des patinoires sont installées et Temple Bar se couvre de marchés et d'animations. Ne manquez pas les chants de Noël dans la célèbre cathédrale Saint-Patrick.

La plus belle patinoire en plein air, Dublin on Ice, est installée sur Smithfield Square, de fin novembre à mi-janvier.

Pain d'épices pour les uns et vin chaud pour les autres, le Christkindlesmarkt de Nuremberg enchante petits et grands

557 NUREMBERG (ALLEMAGNE)

Si l'idée de faire vos achats de Noël en jouant des coudes pour vous frayer un chemin ne vous rebute pas, vous tomberez sans doute sous le charme du Christkindlesmarkt (marché de Noël), qui se tient sur la Hauptmarkt (place Principale) de Nuremberg, de la fin novembre à la veille de Noël. Quelque 180 étals proposent jouets, bibelots, bougies, sucreries et pains d'épice à des clients qui se réchauffent en sirotant un verre de vin chaud et en grignotant une saucisse grillée. Tâchez de venir à la nuit tombée, lorsque les illuminations contribuent à la magie du spectacle, pour des courses de Noël dans une ambiance féerique.

Nuremberg revêt ses habits de lumière au moment de Noël : ne manquez pas le défilé des lanternes lors duquel 2 000 enfants des écoles de la ville processionnent avec des lanternes qu'ils ont fabriquées eux-mêmes.

MARTIN MOOS / LPI

558 ZURICH (SUISSE)

Avec ses paysages de montagnes enneigées et ses charmantes rues pavées, la Suisse dégage un attrait particulier au moment de Noël. Mais c'est surtout Zurich qui attire les foules grâce à ses innombrables marchés de Noël (ne manquez pas celui dressé du hall de la gare), ses visites guidées de la ville sur le thème de Noël et son arbre de Noël chantant sur la Werdmühleplatz. Sur une estrade illuminée, en forme de sapin, un chœur d'enfants entonnent des chants de Noël. Avec leurs joues roses, leurs écharpes et leurs bonnets rouges, ils ressemblent véritablement aux petits sujets accrochés dans les sapins. Vin chaud et gâteaux au miel et aux épices du marché voisin rendent l'écoute encore plus agréable.

Les chants de l'arbre de Noël sur la Werdmühleplatz commencent à 17h30, tous les jours de décembre (manifestation gratuite).

559 TOKYO (JAPON)

Ici, Noël n'est pas une fête religieuse (les chrétiens représentent moins de 1% de la population) et le Nouvel An y est davantage célébré. Les décorations sont néanmoins somptueuses et les illuminations impressionnantes. Le 25 décembre n'est pas un jour férié, mais la veille de Noël revêt une certaine importance. Cette soirée est réservée aux amoureux, dans un esprit proche de la Saint-Valentin. Au menu d'un Noël japonais : poulet frit, puis biscuit de Savoie aux fraises et à la crème. *Merii Kurisumasu !*

Descendez à la gare ferroviaire de Shinjuku pour découvrir les jeux de lumière sur l'imposant grand magasin Takashimaya Times Square.

560 SAN JUAN (PORTO RICO)

Petite île à la forte personnalité, Porto Rico réserve aux visiteurs un Noël ensoleillé, sur fond de salsa et de dégustation de cochon à la broche. Les festivités durent de début décembre jusqu'à l'Épiphanie, le 6 janvier. À partir de la mi-décembre, les églises organisent des messes matinales agrémentées d'*aguinaldos* (chants de Noël portoricains), tandis que des groupes itinérants de chanteurs vont de maison en maison répandre la bonne humeur. La veille de Noël, un grand festin précède la messe de minuit. Pour découvrir des décorations de Noël locales, dirigez-vous vers l'hôtel de ville sur la Plaza de Armas ou la promenade du Paseo de la Princesa, illuminée et bordée de marchés. Les *santos*, petites figures en bois représentant des saints, constituent un souvenir parfait.

Les Portoricains aiment célébrer le Nouvel An. Rendez-vous à Borinquen où la fête se prolonge toute la nuit. Pour vous porter bonheur, n'oubliez pas de grignoter du raisin pendant les douze coups de minuit.

LES MEILLEURES EXPÉRIENCES DE VOYAGE RESPONSABLE

LIBÉREZ-VOUS DE LA CIVILISATION ET RETOURNEZ (EN TOUTE CONSCIENCE) À LA NATURE.

561 BÉNÉVOLE DANS UN PARC NATIONAL (ÉTATS-UNIS)

En travaillant comme bénévole dans un parc national aux États-Unis, vous pourrez vous endormir bercé par le hurlement des loups et compter les ours en cas d'insomnie. Les emplois confiés aux bénévoles vont de guide touristique à chercheur scientifique. Ils constituent surtout une occasion unique de s'immerger dans une nature sauvage. Le bénévolat est une aide précieuse pour les parcs nationaux, éternellement à cour d'argent.

Consultez le site www.nps.gov/volunteer. Des résidences d'artistes sont également possibles.

562 CHEZ LES GRANDS CARNIVORES (ROUMANIE)

C'est sur les alpages de Roumanie qu'on trouve la plus importante concentration européenne de grands carnivores comme l'ours, le lynx ou le loup. Le Carpathian Large Carnivore Project organise, en partenariat avec des agences de voyages, des circuits écotouristiques visant à protéger l'habitat et le développement des petites communautés. Ces circuits à faible impact environnemental profitent à l'économie locale (les participants sont logés en chambres d'hôtes) et font la preuve que grands carnivores et humains peuvent coexister.

Infos sur www.lcie.org.
D'autres voyages "écovolontaires" sur www.goeco.org.

563 DÉCOUVERTE DE LA MANGROVE (GUADELOUPE)

La réserve naturelle du Grand Cul-de-Sac marin abrite plusieurs écosystèmes, dont une mangrove (eau salée). Forêt relativement pauvre en espèces végétales, elle est le milieu favori de certaines espèces animales comme les crustacés, le grand héron ou le balbuzard. Il est possible de la visiter en VTT de mer, des engins qui ressemblent à des pédalos mais bien plus légers et au moins 5 fois plus rapides. En compagnie d'un guide naturaliste, on pénètre dans les endroits les plus sauvages et reculés de la mangrove, sans déranger les dizaines d'oiseaux qui s'y logent.

Contactez Aventure des îles (www.belmangrov.com), une agence recommandée par le parc national de Guadeloupe.

564 RANDONNÉE (BHOUTAN)

Au Bhoutan, dernier royaume bouddhiste de la planète, la réussite se mesure en termes de bonheur national brut. Dans un tel pays, la préservation de l'environnement, tant culturel que naturel, n'est pas une vue de l'esprit. Votre voyage en ces terres passera obligatoirement par un circuit avec un opérateur approuvé par le gouvernement (www.tourism.gov.bt). Celui-ci vous emmènera probablement marcher dans les pâturages des yacks, tout là-haut dans l'Himalaya. Isolé du reste du monde par son relief, le Bhoutan est encore couvert de forêt à 70%.

Préparez-vous physiquement en arpentant les rues de Thimphu, la capitale. Plus d'infos sur www.trekkinginbhutan.com.

565 OBSERVATION DES CÉTACÉS (FRANCE, ITALIE, MONACO)

Le sanctuaire Pélagos est un espace maritime de préservation des cétacés qui s'étend de la presqu'île de Giens à la Toscane en passant par la Corse et la Sardaigne. On recense dans cette zone plus de 8 500 espèces animales macroscopiques. En été, entre 300 et 1 000 rorquals communs et environ 25 000 dauphins bleu et blanc fréquentent le périmètre. Si vous souhaitez partir à la rencontre de ces grands mammifères marins, contactez l'une des sociétés qui proposent des sorties d'observation respectueuses de l'environnement.

L'association Souffleurs d'écume (www.souffleursdecume.com), qui œuvre à la protection des cétacés en Méditerranée, pourra vous fournir les informations nécessaires.

566 KAYAK DE MER (FIDJI)

Pagayez dans des bas-fonds turquoise dignes d'une carte postale, au milieu des récifs, des bancs de poissons et des tortues qui font surface de temps à autre. Se déplacer en kayak de mer sur les eaux de ces îles du Pacifique et bivouaquer dans les villages traditionnels vous permet d'avoir un impact quasi nul sur cet environnement splendide. Pour l'excursion de neuf jours que propose Southern Sea Ventures, il est nécessaire d'avoir une certaine endurance et d'aimer le kava – une boisson locale au goût particulier.

Une excursion de 5 jours en kayak avec camping dans les îles coûte environ 1 000 $US avec Southern Sea Ventures (www.southernseaventures.com).

567 CROISIÈRE BLANCHE (ANTARCTIQUE)

Nulle part ailleurs que dans la blancheur sauvage de l'Antarctique vous ne verrez régulièrement des baleines faisant trempette entre les icebergs, des pingouins par centaines de milliers, des albatros caquetant au-dessus de vos têtes et des éléphants de mer rotant négligemment. Environ 30 navires de croisière opèrent dans l'Antarctique, tous tenus de respecter les règles pour un impact environnemental minimal édictées par l'International Association of Antarctic Tour Operators (IAATO).

Avant de réserver, vérifiez que votre opérateur suit les directives de l'IAATO (www.iaato.org). L'annuaire de l'IAATO répertorie plus de 100 opérateurs dans le monde.

568 CHEZ LES INDIENS D'AMAZONIE (BOLIVIE)

Situé au cœur de la Bolivie amazonienne, le Chalalán Lodge est un groupe de bungalows installé dans un secteur regroupant 11% des espèces animales et végétales de la planète. Il est entièrement géré par les Indiens Quechua, une partie des profits réalisés servant à financer des projets sanitaires et éducatifs. La plupart des hôtes de ces lieux partent explorer quelques-uns des 14 sentiers bien balisés le matin et passent l'après-midi dans un hamac.

La saison sèche (mai à octobre) est la meilleure période de l'année pour s'y rendre. Depuis Rurrenabaque, prenez la direction du parc national Madidi, 30 km à l'ouest.

569 À L'ÉCOLE DES BOCHIMANS DE KALAHARI (NAMIBIE)

Si vous logez au Tsumkwe Lodge, vous devrez participer aux activités quotidiennes des San (Bochimans de Kalahari), ces hommes qui survivent dans le désert de Kalahari depuis 40 000 ans au bas mot. Les sorties matinales peuvent être consacrées à la cueillette des "fruits" du désert (baies et tubercules) ou à l'observation d'une belle chasse à l'antilope. Expert Africa (www.expertafrica.com), au Royaume-Uni, travaille en partenariat avec le lodge et peut conseiller les voyageurs indépendants.

Les voyages ont généralement lieu entre juillet et octobre et coûtent 1 500 $US, voire plus, en fonction de la taille du groupe.

570 GORILLES DANS LA BRUME (RWANDA ET OUGANDA)

Partager une heure avec les gorilles dans la jungle est une expérience inoubliable qui demande tout de même un petit effort. Votre guide virtuose de la machette et vous-même risquez de passer une bonne partie de la matinée à pister une famille de gorilles et le coût peut être prohibitif. Ce type de tourisme est limité au Rwanda et à l'Ouganda et soumis à des règles strictes.

Steppes Discovery (www.steppesdiscovery.co.uk/) a mis au point un itinéraire de 5 jours en collaboration avec des ONG œuvrant pour la préservation des gorilles.

LE BEST OF DES ADRESSES ÉCOLOS

OÙ SE METTRE AU VERT EN TOUTE HARMONIE AVEC LA NATURE.

571 TURTLE ISLAND ECOLODGE (FIDJI)

Cet écolodge est régulièrement classé parmi les meilleurs du monde. Il est vrai que, avec environ 150 employés pour 14 couples de résidents au maximum, on y est aux petits soins pour la clientèle. D'aucuns dénoncent un concept "écohédoniste". Mais, leur répondent d'autres, du moment que l'environnement est chouchouté lui aussi… D'une superficie de 250 ha, l'île possède des sources naturelles, qui alimentent le potager bio de l'hôtel. Ses falaises volcaniques sont parcourues par des sentiers de randonnée, et ses récifs coralliens sont dignes d'une carte postale.

Pour en savoir plus sur les prestations, consultez le site www.turtlefiji.com.

572 ALANDALUZ HOSTERÍA (ÉQUATEUR)

Difficile d'imaginer plus autarcique – sauf peut-être une station sur Mars. Cet hôtel situé sur la plage est un modèle de respect environnemental. Construit principalement à partir de matériaux renouvelables, il possède son propre potager bio, d'où proviennent presque tous les légumes servis dans le restaurant. L'établissement est équipé de toilettes sèches et prend au sérieux le traitement des déchets, récupérant jusqu'à 90% de ses eaux usées, utilisées ensuite pour l'irrigation.

Une *cabina* de 4 pièces donnant sur la plage coûte 60 $US/nuit. Plus d'infos sur le site www.alandaluzhosteria.com.

573 BASATA (ÉGYPTE)

Le Basata est à l'image de son nom, qui signifie "simplicité". Propre, écolo et séduisant, il est adossé aux montagnes du Sinaï, au bord de la mer Rouge, près de Nuweiba. Il est formellement interdit d'y jeter quoi que ce soit : tout y est recyclé. Les démonstrations publiques d'affection n'y sont pas vues d'un très bon œil ; l'atmosphère y est plutôt communautaire et familiale. Les chambres sont aménagées dans des cabanes en bambou et des villas, sur la plage. Elles donnent sur des eaux bleues splendides parsemées de récifs coralliens et peuvent accueillir au total 250 personnes.

Pour prendre contact, connectez-vous sur www.basata.com.

574 NIKITA'S (RUSSIE)

Olkhon, la deuxième plus grande île d'eau douce du monde, s'étend au milieu du lac Baïkal. Situé à peu près au centre de l'île, le Nikita's compte plusieurs maisons en bois dotées d'adorables *bani* (bains de vapeur) anciennes encore chauffées au feu de bois. Vos hôtes vous présenteront en détail l'écosystème fragile de l'île, qu'ils vous proposeront de découvrir lors de circuits guidés. Vous comprendrez mieux ensuite pourquoi il ne faut pas cueillir les fleurs sauvages, capturer les papillons et circuler en voiture n'importe où sur Olkhon.

Comptez entre 800 et 1 000 roubles/pers/nuit. Plus d'infos sur le site www.olkhon.info.

Le Daintree Ecolodge, un havre de paix perdu au milieu d'une forêt tropicale d'Australie

575 DAINTREE ECOLODGE (AUSTRALIE)

Situé au milieu d'une forêt pluviale tropicale vieille de plus d'un million d'années, cet ensemble de 15 villas rustiques a été distingué par plusieurs prix. On y propose une cuisine intéressante (un mélange de spécialités du bush et de restauration australienne haut de gamme) et toute une gamme d'activités revigorantes (plongée près de la Grande Barrière de corail par exemple). Des chutes d'eau baignent le site d'un agréable fond sonore.

Une chambre standard avec lits jumeaux/lit double revient à 500 $AU/nuit. Renseignements et réservation sur le site www.daintree-ecolodge.com.au.

576 CHUMBE ISLAND CORAL PARK (TANZANIE)

L'île corallienne de Chumbe, à environ 12 km au sud de la ville de Zanzibar, abrite un merveilleux écolodge comprenant sept bungalows surplombant la mer. Le Coral Park ressemble à s'y méprendre au paradis terrestre avec sa plage de 3 km bordée par une mer cristalline, ses baobabs et ses énormes crabes de cocotier. Les bungalows sont équipés de toilettes sèches et alimentés en électricité par des panneaux solaires. On sert sur place une cuisine mêlant des influences venues d'Afrique, d'Inde et d'Asie centrale. L'île est privée et l'hôtel n'accueille que 14 personnes au maximum : vous y serez assurément au calme !

Prévoyez environ 250 $US/nuit. Pour un aperçu, rendez-vous sur le site www.chumbeisland.com.

577 HOTEL ARENAL PARAÍSO (COSTA RICA)

Cet hôtel est à la hauteur de la réputation grandissante du Costa Rica en matière d'écotourisme. Il jouit d'un emplacement de rêve, dans les montagnes du Pacifique nord, offrant une vue spectaculaire sur le Volcán Arenal, le Lago Coter et la Laguna de Arenal. L'hôtel met en avant sa "politique de coopération" avec les Indiens Maleku comme un atout supplémentaire, donnant l'occasion de découvrir et de comprendre cette culture auprès des habitants eux-mêmes.

Les suites haut de gamme – avec balcon donnant sur le volcan – coûtent environ 300 $US/nuit. Plus d'infos sur le site www.arenalparaiso.com.

Dans le village thermal de Blumau, grâce aux techniques de construction de Friedensreich Hundertwasser, "l'excrément se transforme en or"

PETR SVARC / PHOTOLIBRARY

578 VILLAGE THERMAL DE BLUMAU (AUTRICHE)

Situé en Styrie, ce village thermal a été conçu par le célèbre architecte écolo Friedensreich Hundertwasser, aujourd'hui disparu, selon les préceptes qui lui étaient chers. Le compost issu des toilettes sèches nourrit les jardins aménagés sur les toits, selon un processus ainsi décrit par Hundertwasser : "L'excrément devient terre, la terre transportée sur les toits devient pelouse, forêt, potager, et l'excrément se transforme en or. La boucle est bouclée, il n'y a plus de déchet. L'excrément est notre âme." Loin de rebuter par son concept, le village a reçu un accueil enthousiaste lors de son inauguration.

Comptez environ 300 € pour un forfait de 2 nuitées. Le cadre est enchanteur, comme vous pourrez le constater sur www.blumau.com.

579 GREEN MAGIC NATURE RESORT (INDE)

Les cabanes aménagées dans les arbres du Green Magic Nature Resort, dans le Kerala, suspendues à 27 m au-dessus du sol, ne sont pas pour les acrophobes : on y accède par un ascenseur en bambou fonctionnant grâce à un contrepoids hydraulique. Elles ne comptent que deux niveaux, comprenant chacun une grande chambre, aussi aérée et lumineuse qu'on peut l'imaginer. Tranquillité assurée et vue à couper le souffle.

Tarif : 220 $US/nuit. Plus d'infos sur www.nivalink.com/greenmagic.

580 CHALALÁN LODGE (BOLIVIE)

Ce lodge écolo situé dans le parc national de Madidi a pour propriétaire le peuple Quechua, qui en assure la gestion. Les Quechuas proposent également des circuits permettant aux touristes de découvrir toutes les richesses de leur culture, et les secrets de la forêt pluviale environnante, peuplée d'une multitude d'habitants. L'hôtel, construit selon des méthodes traditionnelles, est doté de l'électricité solaire. Les eaux usées sont retraitées.

Plusieurs forfaits de 3 à 6 jours sont proposés. Entre avril et septembre vous éviterez la saison des pluies. Plus d'infos sur le site www.chalalan.com.

DIX QUARTIERS MÉCONNUS À DÉCOUVRIR

LES QUARTIERS DES GRANDES VILLES DONT VOUS N'AVEZ PAS (ENCORE) ENTENDU PARLER...

Le Fidelio, un bar largement ouvert sur la rue...

581 KOREATOWN (TORONTO)

Vous n'avez que l'embarras du choix à Toronto, car cette ville – peut-être la plus multiculturelle du monde, en tout cas du Canada – n'est faite que de quartiers méconnus. Nous vous recommandons toutefois Koreatown. Partez à l'ouest sur Bloor St, passez devant le Bloor Cinema (repaire du cinéma indépendant) et le soldeur Honest Ed's (on y trouve des horreurs), et vous voilà sur un autre continent. Des panneaux indicateurs bilingues vous permettent de trouver les bars à *chobab* (sushi) et les cantines où l'on sert du *kimchi*. Aventurez-vous dans le PAT Central Market. Des légumes inconnus et des mélanges tous prêts pour *bibimbap* y sont vendus. Ne manquez pas une soirée dans un *noraebang* – ces bars à karaoké où l'on brame *I Will Survive* jusqu'à l'aube.

Le meilleur moment pour visiter ce quartier est le premier week-end de juin, époque du Dano Festival, une fête traditionnelle.

582 NAKA-MEGURO (TOKYO)

On raconte que, durant la Seconde Guerre mondiale, des habitants de Tokyo se jetèrent dans la rivière Meguro par désespoir. Aujourd'hui, ils se ruent dans les cafés servant 13 sortes de thés différents et dans les boutiques de mode pas vraiment pour enfants sages alignées sur la berge. Si les fantômes de la guerre hantent encore ce quartier au sud du centre de Tokyo (à deux stations du carrefour de Shibuya), les gens qui y habitent regardent résolument vers l'avenir. Les artistes fraîchement diplômés viennent y chercher des loyers bon marché. Résultat : un nombre incroyable de galeries et de boutiques éclectiques, presque sans aucune enseigne de chaîne.

Restos de Tokyo sur www.bento.com. Les amateurs de yakitori peuvent réserver (de 13h à 17h) pour le jour même au restaurant Kushiwakamaru. Coût : environ 3 000 yens.

GEORGE TSAFOS / LPI

583 PSIRI (ATHÈNES)

Jadis peu reluisant, le "Soho" d'Athènes arbore toujours une apparence négligée. Il recèle pourtant des restaurants et des bars élégants, des théâtres et des galeries d'art branchées. Ses entrepôts reconvertis et ses maisons néoclassiques restaurées alternent avec des boutiques, boulangeries, ateliers et bâtiments délabrés qui lui confèrent un certain cachet. Psiri s'anime à la tombée de la nuit, lorsque les noctambules affluent vers ses bars variés. Le dimanche après-midi, des musiciens égayent les tavernes de ce quartier à la mode.

Le quartier de Psiri se trouve au nord-ouest de Monastiraki. Descendez à la station de métro Monastiraki, traversez la place du même nom, Psiri commence juste après la rue Ermou.

JENNY ACHESON / AXIOM

Dans un café branché de Williamsburg, à Brooklyn

584 WILLIAMSBURG (NEW YORK)

Williamsburg, c'est rock'n'roll ! Des musiciens aux cheveux longs qui boivent une bière dans un bar de Bedford Avenue en fraternisant avec des immigrants du monde entier, c'est ce qui donne à ce coin de Brooklyn son côté décontracté. Depuis Manhattan, traversez le pont de Williamsburg et promenez-vous parmi les galeries d'art (il y en a au moins 60), les magasins de disques et les restos ethniques. N'oubliez pas de goûter les produits de la Brooklyn Brewery – le quartier comptait autrefois des dizaines de brasseries, mais seule celle-ci a survécu. Si vous en avez assez de la bière, direction la McCarren Pool pour des concerts en plein air, ou le Streb Laboratory pour une leçon de trapèze en salle.

Busch Gardens (www.buschgardens.com) est un parc d'attractions unique en son genre. Entrée : 55 $US pour les adultes.

585 CRYSTAL PALACE (LONDRES)

C'est le quartier où se trouve l'antenne radio de style Eiffel, un secteur situé dans le sud-est de Londres. Si le palais d'exposition d'où il tient son nom a brûlé en 1936, le parc qui subsiste contient encore un labyrinthe, un podium et les plus anciennes maquettes de dinosaures, réalisées dans les années 1850. Il est, de nos jours, un rendez-vous pour les pique-niques. Plus contemporain que le parc, le quartier qui l'entoure compte des cafés accueillants, une foule de restaurants et quelques commerces bizarres comme le marchand de reptiles et le marché vintage. Et, du haut de Westow Hill, toute la ville sera à vos pieds.

Depuis Victoria ou London Bridge, le train est direct pour Crystal Palace Station.

601 MOHAWK TRAIL, MASSACHUSETTS

On vient de loin pour admirer les couleurs magnifiques des arbres de la Nouvelle-Angleterre à l'automne (surtout en septembre et en octobre). De nombreuses routes secondaires relient les petites villes de cette région, permettant de s'immerger dans la nature pour admirer les teintes somptueuses – brunes, rousses ou mordorées – qui colorent les feuilles. Le Mohawk Trail (MA 2) s'étire sur 100 km à travers la superbe région des Berkshires, dans l'ouest du Massachusetts. Jalonné de villages où voisinent restaurants, galeries d'art et boutiques touristiques, il mène, au terme d'une montée escarpée, au sommet du mont Greylock, d'où le panorama (donnant sur quatre États) est remarquable.

Faites halte au Western Summit Overlook, point de vue situé à l'est de North Adams, et passez par le wigwam pour dénicher un souvenir ou un caramel fondant.

602 HIGHWAY 61, LA ROUTE DU GRAND FLEUVE

Ligne de démarcation physique autant que symbolique entre l'Est et l'Ouest, le fleuve Mississippi est le berceau de la musique américaine. Il est longé par une route légendaire : la Route 61 part de Minneapolis et file vers le sud jusqu'à Saint Louis puis, Memphis (la ville du King). Elle atteint ensuite le delta du Mississippi, berceau du blues, et enfin La Nouvelle-Orléans, où le jazz est né. Un itinéraire de 1 930 km, qui comblera les amoureux du fleuve comme les amateurs de musique. Ces derniers ne seront toutefois pleinement satisfaits qu'après avoir fait le détour de 650 km menant à Nashville, capitale de la country.

Le Mississippi s'étire sur 3 734 km. Il prend sa source dans le Minnesota et se jette dans le golfe du Mexique. Plus d'infos sur www.experiencemississippiriver.com/great-river-road.cfm.

WITOLD SKRYPCZAK / LPI

603 PACIFIC COAST HIGHWAY, CALIFORNIE

Quelle plus belle façon de découvrir la Californie que de parcourir cette magnifique route panoramique ? La Pacific Coast Highway (également appelée PCH ou Hwy 1) longe la côte ouest des États-Unis de la frontière mexicaine à l'État de Washington, sans jamais s'écarter bien longtemps de l'océan. Au départ de San Diego, mettez le cap sur le nord et traversez tout le Golden State, de préférence à bord d'une décapotable. Prenez le temps de profiter du paysage et de faire halte autour de bonnes tables dans quelques-unes des villes traversées. Vous pourrez aussi observer des éléphants de mer, vous baigner dans de petites criques sauvages et faire la sieste à l'ombre de séquoias géants.

Prévoyez de vous arrêter à Los Angeles et à San Francisco, étapes incontournables, mais aussi à Laguna Beach, Hearst Castle, Big Sur, Monterey et Mendocino.

604 ROUTE 66

Comment ne pas commencer par la Mother Road ? Également surnommée "Main Street of America", elle s'étire sur plus de 3 200 km entre Chicago et Los Angeles via le Midwest, les Grandes Plaines et le sud-ouest des États-Unis. Construite en 1926, elle représentait alors la route de l'espoir, menant à la terre promise (la Californie), comme la décrit Steinbeck dans *Les Raisins de la colère*. Bien que l'US-66 ait été officiellement déclassée, on peut encore en parcourir de longs tronçons. Cet itinéraire mythique vous mènera au cœur d'une Amérique empreinte de nostalgie, jalonnée de *diners* kitsch et de motels vintage tout droit surgis des années 1950.

Interprétée à l'origine par Nat King Cole, la célèbre chanson *(Get Your Kicks on) Route 66* a été reprise par de nombreux groupes, dont les Rolling Stones.

605 ALCAN (ALASKA HIGHWAY), DU CANADA À L'ALASKA

Quel amateur de grands voyages n'a jamais rêvé de se rendre jusqu'en Alaska ? Certes, l'essentiel de l'Alcan traverse des contrées sauvages situées au Canada et non aux États-Unis, mais cet itinéraire est d'une beauté à couper le souffle. Partant de Dawson Creek, dans les contreforts des Rocheuses canadiennes, en Colombie-Britannique, il serpente entre les majestueux sommets du nord de la province et franchit les vastes étendues du Yukon avant de pénétrer au cœur de l'Alaska, où il s'achève à Delta Junction, non loin de Fairbanks, au terme d'un splendide travelling de 2 250 km.

Le camping-car est un mode de transport particulièrement bien adapté à l'Alcan. Plus d'infos sur www.northtoalaska.com.

606 HIGHWAY 163, ARIZONA

On a l'impression d'avoir déjà vu cent fois les paysages de Monument Valley, tant ils ont été filmés par Hollywood. Il n'empêche que les plateaux aux parois abruptes, les monolithes et les pics de grès cramoisis de ce territoire chevauchant la frontière de l'Utah et de l'Arizona réservent au visiteur une expérience sensorielle grandiose. La Highway 163 offre de très beaux points de vue sur ce décor grandeur nature. Rien de comparable toutefois au spectaculaire panorama dont on profite depuis la piste de terre formant une boucle de 27 km, accessible depuis le Monument Valley Navajo Tribal Park.

Prenez-vous pour John Wayne en parcourant le Monument Valley Navajo Tribal Park à cheval. Balades organisées par le centre d'information des visiteurs.

607 PARC NATIONAL DE YOSEMITE, CALIFORNIE

Difficile de rivaliser avec la beauté du Yosemite. La Highway 120 traverse ce parc national sur 90 km sous le nom de Tioga Road, entre Yosemite Valley, à l'ouest, et le lac Mono, à l'est, via le col de Tioga, qui culmine à 3 031 m. Elle est fermée une grande partie de l'année (généralement d'octobre à mai, parfois juin) en raison de la neige. Mais lorsqu'elle est accessible, elle offre un spectacle exceptionnel. Où que l'on regarde, la vue est époustouflante (le plus beau point de vue étant celui d'Olmsted Point). Vous aurez du mal à lâcher votre appareil photo au bord des eaux saphir du lac Tenaya et devant les sommets de Tuolumne Meadows.

Ce parc attire chaque année quelque 3,5 millions de visiteurs. Quelques conseils pour échapper à la foule sur www.nps.gov/yose.

608 HIGHWAY 2

Cette route qui relie la côte Ouest à la côte Est figure sur la liste des incontournables. La Great Northern s'étire sur 4 150 km entre l'État de Washington et celui du Maine, dans le nord du pays, faisant au passage un détour par le Canada. À l'écart des grandes agglomérations, elle se perd dans les grands espaces, traversant de magnifiques paysages, des splendides montagnes de l'Ouest aux séduisants Grands Lacs, en passant par les vastes prairies des Grandes Plaines. Un petit crochet de l'autre côté de la frontière permet de découvrir Montréal. La route serpente ensuite entre montagnes et forêts pour s'achever sur le littoral de la Nouvelle-Angleterre.

Hormis Seattle et Montréal, les principales agglomérations traversées par la route sont Spokane (200 000 habitants) et Duluth (90 000 habitants).

609 BLUE RIDGE PARKWAY

Sous ce nom se cache une splendide route panoramique de 755 km de longueur, s'étirant au cœur de montagnes brumeuses. Traversant la crête montagneuse du sud des Appalaches, elle relie deux superbes parcs nationaux : Shenandoah en Virginie et les Great Smoky Mountains en Caroline du Nord. Les fleurs sauvages surgissent de toutes parts au printemps, tandis que les couleurs d'automne y sont spectaculaires. Mais soyez prudent en voiture les jours de brouillard : l'absence de rampe de sécurité peut alors donner des sueurs froides ! Si vous en avez assez de rouler, sachez que d'innombrables sentiers de randonnée vous attendent aussi.

De mai à octobre, le Blue Ridge Music Center (www.blueridgemusiccenter.org) programme des groupes de bluegrass.

RICHARD CUMMINS / LP

Ce qui s'est passé à Vegas doit rester à Vegas !

610 TOUTES LES ROUTES MÈNENT À VEGAS

Quel que soit son point de départ, tout itinéraire s'achevant à Las Vegas peut prétendre au rang de grand classique. Une fois sur place, ne lésinez pas sur les clichés : louez une décapotable, grimez-vous en Elvis, et attendez la nuit, lorsque Sin City (la ville du péché) scintille de mille feux, pour rouler au pas le long des casinos du fameux Strip, long de 7 km. Et si vous regrettez l'envie soudaine qui vous a pris(e) de vous marier, sachez que vous n'êtes qu'à 700 km de Reno, la ville des divorces express.

Les lieux d'hébergement de Las Vegas sont à l'image de la démesure caractérisant la ville, mais que vous souhaitiez séjourner dans une Venise de carton-pâte, une pyramide égyptienne ou un cinq-étoiles, vous devrez réserver à l'avance.

DIX MOYENS DE TRANSPORT POUR DÉCOUVRIR L'EUROPE

À PIED, À CHEVAL, EN BATEAU…
LE CONTINENT AU BON TEMPO.

La ligne Brest-Rennes offre une vue vertigineuse lors de la traversée du viaduc de Morlaix

611 BERLIN EN TRABANT

Alors que l'on a commémoré le vingtième anniversaire de la chute du mur de Berlin, la Trabant connaît un second souffle. Cette petite voiture bruyante, dotée d'un moteur à deux temps, était omniprésente en Europe de l'Est avant 1989. Au moment de la disparition du Mur, de nombreux habitants de Berlin-Est gagnèrent l'autre moitié de la capitale au volant de leur "Trabi". Des excursions guidées (depuis la voiture de tête) à travers la capitale sont aujourd'hui proposées à bord de ces voitures mythiques.

L'excursion en Trabant (www.trabi-safari.de) dure au minimum 1 heure.

MARTIN MOOS / LPI

612 LA SUISSE EN CARPOSTAL

Certes, ce grand car jaune n'a a priori rien de glamour dans un pays qui compte d'élégants vapeurs naviguant sur ses lacs, des trains d'une grande précision horaire et d'impressionnants funiculaires. Pourtant, le modeste CarPostal, géré par la Poste suisse, est bien pratique : il dessert les plus petits hameaux ou les bourgades difficiles d'accès auxquels le voyageur sans voiture serait obligé de renoncer. Ainsi, en été, il serpente à travers l'étroit col du Susten (2 200 m) pour apporter le courrier et transporter les amoureux de la montagne jusqu'à Meiringen, camp de base idéal pour une randonnée. C'est ce cadre qui fut choisi par Conan Doyle pour faire mourir Sherlock Holmes dans les chutes de Reichenbach, situées non loin.

Itinéraires et tarifs sur www.carpostal.ch. Envisagez le Swiss Pass (www.swisstravelsystem.com) si vous comptez découvrir le reste de la Suisse.

613 LA FRANCE AU RYTHME D'UNE PÉNICHE

La vie s'écoule paisiblement sur les canaux et les voies d'eau. Après avoir longtemps joué un rôle essentiel dans le transport des marchandises, les canaux font office de routes secondaires tranquilles. Louez un bateau et mouillez dans de charmants villages avant de franchir une écluse en faisant un brin de causette avec l'éclusier. L'itinéraire le plus impressionnant est celui du canal du Midi, qui s'étire sur 240 km et relie l'Atlantique à la Méditerranée. Il fut creusé au XVIIe siècle pour éviter les eaux espagnoles. En chemin, on pourra savourer un cassoulet à Castelnaudary, se faufiler dans le tunnel du Malpas et visiter la belle cité de Carcassonne, le tout sans jamais dépasser 6 km/h.

Privilégiez l'intersaison (avril-mai ou septembre-octobre) pour éviter la foule. Consultez www.vacancesfluviales.com.

614 EN TRAIN (PARTOUT)

De nombreux réseaux de chemins de fer desservent les quatre coins du continent. Offrant des trajets non dénués de charme, le train relie les différentes villes européennes, s'enfonce courageusement dans les vallées montagneuses avant de redescendre jusque dans les campagnes reculées. Partez d'un boulevard parisien pour rejoindre un château de Bavière ou l'Acropole d'Athènes dans des délais raisonnables, qui permettent de profiter des paysages et de faire des rencontres authentiques. Le plus beau périple est sans doute celui de l'Orient-Express, non dans sa version touristique, clinquante et onéreuse, mais dans sa formule d'origine (quoique raccourcie) qui relie Strasbourg à Vienne. Réservez une couchette pour cette nuit historique.

Les forfaits InterRail (www.interrailnet.com) couvrent un seul pays, une région ou toute l'Europe et sont valables de 5 jours à 1 mois.

GLENN BEANLAND / LP

La Vespa est le meilleur moyen de transport pour déambuler dans les ruelles pavées de Toscane

615 LA TOSCANE À VESPA

Au guidon d'une Vespa rutilante, lancez-vous à la découverte de routes sinueuses et peu fréquentées longeant des vallons couverts de vignobles ou de cyprès et des hameaux perchés en haut des collines – une manière chic d'apprécier la douceur de vivre italienne. Les petites routes de Toscane se prêtent merveilleusement au deux-roues, moyen de transport préféré des Italiens. Le rythme du scooter laisse le temps d'échanger des *buongiorno* avec les habitants et d'admirer les paysages fleuris. La Vespa a l'avantage de vous permettre d'atteindre les centres-villes interdits aux voitures. Pourquoi ne pas rallier les plus belles villes de la province, Sienne, Florence et Lucques, en faisant quelques détours par la campagne ? Moins connue, la route entre San Gimignano et Volterra est l'une des plus belles.

On peut louer un scooter dans de nombreuses villes italiennes. Vous pouvez aussi participer à un circuit organisé (www.scooterbella.com). Un permis de conduire international est nécessaire.

616 LA NORVÈGE EN FERRY

Une succession de fjords creusés au fil des millénaires par les glaciers découpe la côte norvégienne jusqu'au cercle polaire. Pour apprécier ce spectacle naturel grandiose, rien ne vaut une croisière à bord d'un ferry local, d'où l'on aperçoit des parois de 1 300 m de hauteur, des cascades et des villages de pêcheurs isolés. Pour une expérience complète, empruntez l'Express côtier de Hurtigruten. Ce navire transporte des habitants, des visiteurs, mais aussi des marchandises jusqu'aux minuscules villages éparpillés le long du littoral accidenté, tous les jours de l'année, du cœur de l'été au milieu de l'hiver, au moment des aurores boréales. Faites escale pour randonner dans les collines ou simplement admirer les fjords.

La croisière proposée par Hurtigruten de Bergen à Kirkenes, à la frontière russe, dure sept jours (www.hurtigruten.fr).

617 LES PAYS-BAS À VÉLO

Les Pays-Bas comptent quelque 20 000 km de *fietspad* (pistes cyclables) et présentent un relief ne dépassant pas 322 m ! C'est donc la destination idéale pour enfourcher sa bicyclette. Commencez par longer les canaux d'Amsterdam avant de vous enfoncer dans la campagne. Serpentez entre le réseau de lacs de la Frise, découvrez les polders et les villages de pêcheurs typiques de la Hollande-Septentrionale ou pédalez à travers les forêts et les champs de la Drenthe, où des *hunebedden* (tombes mégalithiques) sont éparpillées le long des chemins. Pour vous isoler véritablement (un défi dans ce pays très peuplé), mettez le cap sur la Veluwe : les villages sont rares, la végétation abondante ; le sanglier et le cerf seront vos compagnons de route.

Pour découvrir (en anglais) les itinéraires, les campings et quelques conseils, consultez http://holland.cyclingaroundtheworld.nl.

618 L'IRLANDE EN ROULOTTE

Quoi de plus pittoresque que de grimper à bord d'une roulotte traditionnelle en bois, tirée par un cheval de trait, pour parcourir la campagne irlandaise sans se presser (6 km/h en moyenne). Ce mode de transport est utilisé depuis 150 ans par les nomades irlandais, même s'ils optent aujourd'hui souvent pour une version plus moderne, en fibre de verre, traînée par un camion. Des répliques aux couleurs vives demeurent néanmoins disponibles pour les visiteurs. Après quelques explications sur l'entretien du cheval, vous voilà parti le long des routes celtiques. En chemin, vous admirerez paysages sauvages, lacs et plages désertes. Ne manquez pas une halte au pub, pour siroter une Guinness en profitant de l'ambiance.

Les sociétés de location et leurs emplacements sont indiqués sur www.irishhorsedrawncaravans.com.

619 LA CROATIE EN KAYAK

Plus d'un millier d'îles s'égrènent au large de la côte adriatique croate, révélant tantôt des oliveraies, tantôt des paysages sauvages et inhabités, parfois encore des *tavernas* bienvenues. La plupart des îles sont relativement proches les unes des autres, pour le plus grand bonheur des amateurs de kayak. Les débutants peuvent même aller d'île en île sans difficulté. Après 40 minutes de ferry au départ des remparts de la vieille ville de Dubrovnik, on peut circuler en kayak entre les îles Elafiti. Ne manquez pas de goûter le vin de Sipan ni de découvrir les plages de Lopud. Vous pouvez aussi mettre le cap sur le parc national des Kornati, un chapelet de 140 îles dont les paysages accidentés abritent plus de rapaces que d'habitants.

Mai, juin et septembre, plus frais et plus paisibles que le cœur de l'été, se prêtent idéalement au kayak. Infos sur les ferries sur www.jadrolinija.hr.

620 À PIED (PARTOUT)

Moyen de déplacement gratuit, écologique et offrant une parfaite excuse pour mériter son repas, la marche à pied permet de découvrir un secteur dans ses moindres recoins. Se perdre au fil des rues de Rome, des parcs de Londres ou des quartiers de Lisbonne réserve de merveilleuses découvertes au voyageur boudant les transports. À plus grande échelle, empruntez l'un des 11 sentiers de grande randonnée du continent. L'E7 serpente sur 4 330 km de la frontière hispano-portugaise jusqu'à Nagylak, en Hongrie. L'E1 offre un périple de 4 900 km à travers la Suède, le Danemark, l'Allemagne, la Suisse et l'Italie. Un excellent moyen de parcourir l'Europe… à condition de bien choisir sa paire de chaussures.

Informations sur les sentiers de grande randonnée de type "E" sur www.eurorando.info.

OÙ MANGER LES MEILLEURS PLATS SUR LE POUCE

GOÛTEZ AUX PLAISIRS DE LA GASTRONOMIE DE RUE : ARMÉ D'UNE FOURCHETTE OU SIMPLEMENT DE VOS DOIGTS ET D'UN SOLIDE APPÉTIT, PARTEZ À LA DÉCOUVERTE DES MEILLEURS EN-CAS DE LA PLANÈTE.

KRAIG LIEB / LPI

Dégustation de *bánh mì*, sandwich garni d'ingrédients locaux dans une baguette bien française, à Ho Chi Minh-Ville

621 CHOURIÇOS À GOA (INDE)

Séchés lentement sur de longues cordes sous les ardents rayons du soleil indien, les *chouriços* sont le plus savoureux hommage rendu par Goa à son passé portugais. Le midi, ces délices rouge-brun sont vendus dans tout l'État sur d'innombrables charrettes aux étonnants noms culinaro-religieux tels que "Virgin Mary Meats" ("viandes de la Vierge") ou "Ave Maria Sausages". Relevé par du piment, du vinaigre, de l'ail et du gingembre, le *chouriço* se déguste seul ou accompagné de *pão*, un petit pain goanais. Le nec plus ultra consiste à arroser le tout d'un verre ou deux de *feni*, ardent alcool à base de noix de cajou ou de coco.

Le Lila Cafe (www.lilacafegoa.com) est une institution le long de la rivière Baga. Ouvert tous les jours de 8h30 à 18h sauf le mardi.

623 KUSHARI AU CAIRE (ÉGYPTE)

Vous prenez un train de nuit au départ du Caire ? N'embarquez pas sans une barquette ou deux de *kushari*, solide spécialité cairote qui vous garantira une bonne nuit de sommeil dans le plus bruyant des wagons seconde classe. Ce mélange réconfortant de vermicelles, riz, lentilles, pois chiches et oignons doux caramélisés, agrémenté de sauce tomate bien aillée, est aussi apaisant pour un Égyptien que le thé pour un Anglais. Repérez les vendeurs de rue et leurs énormes chaudrons, et dégustez en regardant l'histoire antique et les paysages de l'Égypte défiler sous vos yeux.

Kushari Tahrir est une chaîne disposant de succursales dans tout Le Caire. La plus ancienne existe depuis plus d'un quart de siècle dans le centre (Midan Tahrir) ; demandez votre chemin aux habitants.

622 BÁNH MI À HO CHI MINH-VILLE (VIETNAM)

En déambulant dans l'élégante architecture française de Ho Chi Minh-Ville, faites une halte dans un petit stand de rue pour découvrir la version vietnamienne du simple sandwich de l'ancien colonisateur : le succulent *bánh mi* est un morceau d'histoire dans une baguette. De tendres morceaux de porc grillés sont fourrés dans du pain français croustillant, agrémentés de mayonnaise vietnamienne, de *pickles* de radis chinois et de carottes grossièrement émincés et d'un soupçon de sauce très pimentée, pour une rencontre au sommet entre Orient et Occident. Fermez les yeux, mordez et laissez-vous transporter dans l'âge d'or de l'ancienne Saigon.

Appétissante carte au Banh Mi Bistro (banhmibistro.com) : cette chaîne compte cinq boutiques et des plats tous à moins de 40 dongs.

624 DOSAS À NEW YORK (ÉTATS-UNIS)

Malgré le rythme trépidant qui règne à Manhattan, on aurait tort de croire que le déjeuner y est toujours pris en vitesse et vous coûte un bras. Si vous aspirez à une pause dans cette jungle urbaine, cap sur la verdure du Washington Square Park, où Thiru Kumar, un sympathique Sri Lankais, sert des délices venues d'Inde du Sud, les *dosas*. On ne peut plus fraîches, ces galettes de riz croustillantes sont garnies de savoureuses pommes de terre délicatement épicées et servies avec un *sambar* (soupe de lentilles épicée) et un doux chutney à la noix de coco. Tous les mets de M. Kumar sont strictement végétaliens.

Thiru Kumar est là du lundi au samedi de 11h à 16h. Tous les plats à moins de 3 $US.

625 SABICH À TEL-AVIV (ISRAËL)

Dites Israël et Irak dans une même phrase, et voici que surgissent immédiatement des images de généraux et de missiles menaçants. Mais les plus farouches des ennemis se retrouvent autour d'une passion, le *sabich* irakien, préparation végétarienne qu'engloutissent tous les jours les habitants de Tel-Aviv. Une modeste pita est remplie à ras bord d'un mélange appétissant d'aubergines grillées, œufs durs, crudités, houmous, *tahini*, pommes de terre à l'eau, concombres salés et *amba*, une sauce épicée à base de mangue. Direction Frishman St, dans le centre, pour le meilleur *sabich* de Tel-Aviv : la recette de la paix au Moyen-Orient ?

En banlieue, à Givataim (7 Sirkin St), Oved sert un *sabich* proprement sensationnel – avec en prime une bonne humeur et une chaleur envers les voyageurs qui méritent largement l'excursion.

JULIUS LANDO / PHOTOLIBRARY

Viande ou poulpe grillés sont à déguster sur le marché de nuit des Forodhani Gardens, à Zanzibar City

626 BROCHETTES À STONE TOWN (TANZANIE)

Non content d'avoir du charme à revendre, le quartier de Stone Town, à Zanzibar City, devient chaque soir au coucher du soleil la destination la plus prisée des fines gueules sur cette île au nom légendaire. Rendez-vous sur le marché de nuit des Forodhani Gardens, où s'installent des dizaines de marchands pour rôtir, griller et bouillir jusqu'au bout de la nuit. Déambulez dans la lumière vacillante des lampes à gaz et les odorantes fumées des barbecues et sirotez un jus de canne à sucre bien frais avant de faire votre choix : toutes sortes de poissons vous attendent, grillés à la perfection et proposés pour (et souvent avec) des cacahuètes.

Pour rejoindre les Forodhani Gardens, longez la côte jusqu'au Vieux Fort : le marché est juste en face.

627 PATAT OORLOG À AMSTERDAM (PAYS-BAS)

Lorsqu'il est pris d'une faim soudaine au milieu des canaux et des *coffee shops*, l'Amstellodamois se met souvent en quête de l'en-cas le plus délicieux de la ville, le *patat oorlog*. Un nom qui annonce la couleur en termes de saveurs : dans cette "guerre des frites" (traduction littérale), des frites croustillantes dans un cône en papier sont recouvertes d'un mélange bigarré de mayonnaise, ketchup et sauce satay aux cacahuètes, le tout couronné d'une bonne dose d'oignons sautés. Inutile d'y chercher quelque raffinement ! Tout est dans la gourmandise et le plaisir d'enfreindre toutes les règles de la diététique.

On trouve des snack-bars FEBO et leurs enseignes jaunes (www.febodelekkerste.nl) dans tout Amsterdam. Faites comme un vrai Amstellodamois : achetez dans un distributeur automatique.

628 POUTINE (CANADA)

Rien de tel avant de vous lancer dans votre *road trip* transcanadien qu'un passage par un snack-bar pour une bonne assiette de poutine. Né au Québec dans les années 1950, cet appétissant salmigondis de grosses frites, de "fromage en grains" (cheddar) et de sauce brune est devenu un en-cas prisé dans tout le Canada et élevé au rang d'emblème national. Quittez les sublimes routes canadiennes chaque fois que vous apercevez un camion à poutine, pour une dose de calories savoureuses et bon marché qui vous donnera l'énergie d'avaler les kilomètres.

La Belle Province, sorte de McDonald de la poutine, est une chaîne ouverte tard. Pour une variante haut de gamme, direction le restaurant Le 940, sur l'avenue du Mont-Royal-Est, à Montréal.

629 CORNISH PASTY AUX ÎLES SCILLY (ANGLETERRE)

Cette tourte, mets carnivore de choix des ouvriers des mines de Cornouailles, est une tradition perpétuée sur l'île de St Martin's, dans les Scilly, tache de verdure à 50 km des côtes de Cornouailles. Faites provision de ces demi-lunes remplies de viande et de pomme de terre à la boulangerie St Martins Bakery pour reprendre des forces pendant que vous explorerez la campagne de l'île. Sinon, en hiver, participez au stage de boulangerie pour apprendre à faire vos propres *pasties* (ou "*oggies*", en langue cornique).

On rejoint les Scilly Isles (www.scillyonline.co.uk) en ferry ou en hélicoptère depuis Penzance, en Cornouailles.

630 AREPAS À BOGOTÁ (COLOMBIE)

Ce n'est sans doute pas le petit-déjeuner le plus équilibré de la planète, mais les délicieuses *arepas* offrent un moment de pur plaisir matinal. Ces pains de maïs dorés et garnis d'œufs ou de fromage, gorgés de beurre, permettent de faire le plein d'énergie avant une journée à arpenter la capitale colombienne. Achetez votre dose à un vendeur de rue et accompagnez vos *arepas* d'une tasse de chocolat chaud. C'est avec la sensation d'avoir l'estomac bien garni que vous attaquerez gaiement une journée pluvieuse à Bogotá.

Partout, des vendeurs de rue proposent d'authentiques *arepas* (1 000 pesos l'une).

OÙ VOIR LE TEMPS SUSPENDRE SON VOL

PARMI LES INNOMBRABLES LIEUX À VISITER ET LES EXPÉRIENCES À TENTER TOUT AUTOUR DE LA PLANÈTE, EN VOICI UNE SÉLECTION QUE VOUS NE SEREZ PAS PRÈS D'OUBLIER.

631 GORILLES DANS LA BRUME (RWANDA ET OUGANDA)

Le parc national des Volcans, au Rwanda, et le parc national de la Forêt impénétrable de Bwindi, en Ouganda, vous offrent la possibilité d'approcher de très près le gorille des montagnes, le plus grand des primates. Après avoir repéré les traces des gorilles dans la jungle où ils évoluent, vous passerez une heure à les observer, le souffle coupé par l'émotion. Soixante minutes magiques qui vous sembleront une éternité.

Au Rwanda, les permis pour les visites aux gorilles sont obligatoires. Ils sont délivrés par l'office rwandais du tourisme (environ 500 $US).

632 BHOUTAN

Fortement enraciné dans ses traditions, le royaume du Bhoutan, que ses habitants appellent Druk Yul ("Terre du dragon tonnerre"), a entrepris un vaste programme de modernisation depuis une quarantaine d'années. La culture du pays demeure imprégnée de mythologie bouddhique, comme l'incarnent les sublimes *dzong* (monastères fortifiés) de la région du Bumthang. C'est pour cette atmosphère spirituelle et les reliefs exceptionnels que les visiteurs viennent sillonner les sommets de l'Himalaya dans le nord du royaume, avant de redescendre dans les vallées encaissées du centre ou de découvrir les collines vallonnées du sud du Bhoutan. Le temps paraît suspendu dans ce pays à la beauté intacte.

Les randonneurs aguerris peuvent se lancer dans un trek vers le nord, dans la région de Lunana, dont les cols sont enneigés en hiver.

633 MOSQUÉE DE DJENNÉ (MALI)

De l'extérieur, la mosquée de Djenné, au Mali, ressemble à une vaste forteresse sur laquelle se reflètent les rayons du soleil africain. L'édifice construit en banco est soutenu par de gros piliers de bois horizontaux qui s'avancent en saillie. Cette mosquée de toute beauté, la plus grande structure en brique crue du monde, a été édifiée en 1907. Elle s'inspire de la grande mosquée érigée au même emplacement en 1280 et qui tomba en ruine au XIXe siècle.

En théorie, seuls les musulmans peuvent pénétrer à l'intérieur du site, mais les habitants vous proposeront une visite à un tarif à négocier avec eux. Prévoyez une tenue adaptée au lieu.

634 ANTARCTIQUE

Un voyage en Antarctique revient cher : une croisière de deux semaines autour des plus beaux sites coûte en moyenne 8 000 $US. L'itinéraire inclut de plus un passage délicat avec la traversée de l'océan Austral, généralement au départ de Hobart (en Tasmanie) ou de Punta Arenas (au Chili). Mais les voyageurs sont récompensés par un panorama unique : impressionnantes falaises de glace, immenses icebergs, faune caractéristique de la péninsule Antarctique et couchers de soleil interminables. Malgré la présence d'autres passagers, on goûte une formidable impression de solitude.

Le canoë-kayak est un bon moyen d'explorer la péninsule Antarctique et ses splendides étendues vierges. Southern Sea Ventures est le spécialiste de ce genre d'expéditions. Renseignements sur www.southernseaventures.com.

635 FLEUVE AMAZONE (BRÉSIL)

Une descente paisible sur l'Amazone peut paraître monotone à certains aventuriers quand d'autres seront ravis de s'enfoncer doucement au cœur de paysages éternels. Pour vous faire votre propre opinion, embarquez à bord d'une *gaiolas*, ces grands bateaux qui remontent le deuxième plus long fleuve du monde, de Manaus, à l'intérieur des terres, au port de Belém. Ces embarcations sont parfois bondées et l'absence de toit (d'où leur nom signifiant "cages à oiseau") expose les passagers aux pluies torrentielles d'Amazonie. Installez-vous confortablement dans un hamac sur le pont et laissez-vous bercer au milieu de cette immense forêt tropicale.

Les amateurs de luxe peuvent opter pour une croisière (www.amazoncruise.net).

636 PARC NATIONAL DU SERENGETI EN MONTGOLFIÈRE (TANZANIE)

Imaginez-vous vous hisser dans les airs au point du jour, progresser sereinement au-dessus de vastes étendues de savane abritant une merveilleuse faune, et laisser le soleil levant vous réchauffer. Seul le bruit du brûleur vient de temps à autre rompre le silence. Voici l'expérience que vous réserve le parc national du Serengeti. D'une superficie de1,5 million d'ha, il propose des vols en montgolfière en sus du traditionnel safari sur la terre ferme. Le vol sera d'autant plus spectaculaire en mai ou début juin, lorsque les hordes de gnous et de zèbres tentent d'échapper aux prédateurs au moment de leur migration annuelle.

Un vol dure 2 heures au maximum. Le départ a lieu à 5h du matin. Comptez 500 $US par personne (interdit aux moins de 7 ans).

637 ÎLE DE PÂQUES (CHILI)

Sur ce confetti de terre qui semble tombé d'une autre planète, les énigmatiques *moai* (statues géantes) éparpillées dans le paysage veillent sur l'île. Renversées par les guerres intestines et les catastrophes naturelles, elles ont resurgi au XXe siècle à l'issue d'une patiente restauration. L'histoire de ce territoire reste entourée d'un halo de mystère. La surexploitation ayant entraîné depuis longtemps la disparition de toutes les ressources végétales, il ne reste de la Rapa Nui jadis florissante que les versants herbeux de ses volcans éteints et de vastes étendues pierreuses.

Des dizaines de statues inachevées parsèment la carrière de Rano Raraku, où les *moai* étaient réalisées, sortes d'aliens pétrifiés prêts à s'ébranler.

638 NAGER AVEC LES BALEINES (TONGA)

De juin à novembre, les baleines à bosse viennent s'accoupler et se reproduire aux îles Tonga. On peut les observer depuis le pont d'un bateau alors qu'elles s'ébattent tranquillement ou font claquer leur queue à la surface de l'eau. Mais on peut aussi s'emparer d'un masque et d'un tuba pour nager au milieu des cétacés – une expérience inoubliable, surtout lorsqu'une mère et son baleineau se trouvent à proximité. Cette activité est notamment proposée sur les archipels des Vava'u et des Ha'apai. Sachez que les habitants veillent de façon scrupuleuse au bien-être des baleines et que le comportement des plongeurs se doit d'être exemplaire.

Un forfait de 7 jours de plongée coûte environ 2 000 $US. Réservation en ligne possible sur www.whales-in-the-wild.com.

639 PÉTRA (JORDANIE)

Cette ancienne cité sculptée dans des parois de grès, au cœur des déserts du sud de la Jordanie, fut la capitale des Nabatéens. On ne peut pénétrer sur le site archéologique qu'en empruntant le Siq, un étroit canyon encadré de hautes parois qui mène directement au Trésor (ou Khazneh) de Pétra – la photo de sa façade depuis l'extrémité du défilé est un grand classique. De nombreux visiteurs se rendent sur les tombeaux royaux creusés dans les falaises le long de l'unique "rue" de Pétra. Pour une vue spectaculaire et un cadre invitant à la méditation, grimpez les quelque 800 marches menant au monastère.

Une course en taxi d'Amman à Pétra coûte environ 50 dinars jordaniens. Comptez 4 heures de voyage et mettez-vous en route de bonne heure pour échapper à la foule.

640 LHASSA (TIBET)

Lhassa ("Cité sacrée"), capitale tibétaine et centre spirituel du bouddhisme tibétain, est juchée à 3 600 m d'altitude, au cœur de l'Himalaya. Le spectacle des sommets alentour et du toit doré du temple de Jokhang est d'une beauté à couper le souffle. Vous pourrez également apprécier la sérénité du palais du Potala. Malgré l'exil de leur chef spirituel, le dalaï-lama, et le joug de l'administration chinoise, le peuple tibétain affiche une gaieté à toute épreuve, qui ébahit le visiteur.

Après la visite des temples, adressez-vous à votre lieu d'hébergement pour organiser un périple jusqu'à Yamdrok-tso, l'un des quatre lacs sacrés, à 1 heure 30 de route de Lhassa.

LES PLUS BELLES CROISIÈRES EN VOILIER

QUEL PLUS GRAND BONHEUR QUE DE RÉALISER SES RÊVES ? LOUEZ UN VOILIER ET PARTEZ NAVIGUER SUR DES EAUX TURQUOISE, D'ÎLE EN ÎLE OU LE LONG DE PLAGES PARADISIAQUES.

641 ÎLES VIERGES BRITANNIQUES

Une mer calme, des alizés constants, un temps clément toute l'année et plus d'une quarantaine d'îles aux baies bien abritées : il n'en fallait pas plus pour séduire les plaisanciers du monde entier. On croise ici aussi bien de vieux loups de mer que des marins d'eau douce, particulièrement gâtés par ces conditions exceptionnelles : le littoral des îles Vierges britanniques est l'un des plus faciles à naviguer du monde. Rien d'étonnant donc à ce que plus d'un tiers des visiteurs soit attiré ici par la perspective d'une croisière en voilier.

Bien que les îles Vierges britanniques appartiennent au Royaume-Uni, leur monnaie officielle est le dollar américain.

WAYNE WALTON / LPI

Felouques naviguant sur le Nil, au large de la ville d'Assouan

HOLGER LEUE / LPI

LES PLUS BELLES CROISIÈRES EN VOILIER

Atoll en forme de cœur pour les amoureux d'eaux cristallines sur les îles Whitsunday en Australie

SUR LES PAS DES ANCIENS

DÉFILÉ DE BEAUTÉS ANTIQUES SUR LESQUELLES LE TEMPS N'A PAS DE PRISE.

651 PYRAMIDES DE GIZEH (ÉGYPTE)

L'Égypte compte un nombre impressionnant de sites répertoriés par l'Unesco, tous de hauts lieux touristiques, à l'image des pyramides de Gizeh. Elles ont traversé plus de 4 000 ans d'histoire et restent la seule des Sept Merveilles du monde antique à être parvenue jusqu'à nous. Elles posent deux questions passionnantes : pourquoi et comment ont-elles jailli du désert ? Si la réponse à la première question semble aujourd'hui acquise (ce sont de vastes tombeaux construits sur l'ordre des pharaons), celle que l'on peut faire à la seconde demeure relativement mystérieuse.

En été, une chaleur étouffante règne au Caire, préférez les mois d'octobre à avril. Visitez les pyramides tôt le matin pour profiter du soleil levant et de la moindre fréquentation.

Cette impressionnante armée de soldats en terre cuite ne connaîtra jamais le repos du guerrier

652 SOLDATS DE TERRE CUITE DE XI'AN (CHINE)

Cette armée des soldats de terre cuite représente l'une des découvertes archéologiques majeures du XXe siècle. Dissimulés dans un souterrain, ces milliers de soldats grandeur nature (il n'y a pas deux visages identiques) veillèrent en silence pendant plus de deux millénaires sur l'âme du premier empereur de Chine. Qin Shi Huang craignait-il la vengeance des esprits des vaincus dans l'au-delà ? Ou, comme l'estiment la plupart des archéologues, s'attendait-il à ce que son règne se poursuive dans la mort comme dans la vie (ce qui nécessitait la présence de ses troupes) ? La fosse n°1, la plus vaste et la plus spectaculaire, occupe une gigantesque bâtisse. Elle comprend 6 000 soldats et chevaux, debout face à l'est, prêts au combat.

Xi'an est également réputée pour ses raviolis – dirigez-vous vers Snack Street la bien nommée, où des marchands ambulants proposent un vaste choix.

KRZYSZTOF DYDYNSKI / LPI

653 PÉTRA (JORDANIE)

Empruntez le Siq, long et impressionnant défilé, jusqu'au fameux Trésor de la cité antique de Pétra. Creusés dans la roche rose, les grands temples et les tombeaux du site renvoient majestueusement les rayons du soleil. Ne manquez pas la visite de Pétra de nuit : vous remonterez le Siq éclairé aux bougies jusqu'au Trésor, pour un thé à la menthe sur fond de musique bédouine.

Une fois dans le Siq, vous pourrez louer les services d'un âne ou d'un chameau qui fournira les efforts à votre place.

654 ROME ANTIQUE (ITALIE)

Certes, la Rome moderne ne manque pas de charme, mais les extraordinaires vestiges de la cité antique ont depuis longtemps octroyé à la capitale italienne un statut à part dans l'histoire de l'humanité. Le nom de Rome évoque à lui seul quelque 2 700 ans de civilisation occidentale, symbolisée, notamment, par l'extraordinaire dôme du Panthéon, les vestiges du Colisée, les ruines du Forum romain ou encore les catacombes de la Voie Appienne. Que demander de plus à cette capitale qui nous a de surcroît offert la dolce vita ?

Valable 7 jours, la carte Roma Archeologia (20 €) donne accès aux principaux sites, dont le Colisée, le Palatin et les thermes de Caracalla.

655 MUR D'HADRIEN (ANGLETERRE)

Du nom de l'empereur qui ordonna son édification, le mur d'Hadrien fut érigé sur 117 km dans le nord de l'Angleterre afin de défendre la position des Romains (et donc des habitants soumis) et de tenir à distance les barbares en provenance d'Écosse. Près de 2 000 ans après la pose de la première pierre, en l'an 122, certains tronçons du mur demeurent en place, témoignages de l'extrême résistance des édifices romains. Si vous rêvez de marcher sur les traces de la fameuse légion, sachez qu'une randonnée d'une semaine permet de longer le mur, mais aussi quantité de remparts, de tourelles et de fortins.

Le mur d'Hadrien est l'un des 15 chemins de randonnée nationaux du Royaume-Uni (www.nationaltrail.co.uk).

656 PONT DU GARD (FRANCE)

Le plus haut aqueduc de l'Empire romain, le pont du Gard domine le Gardon du haut de ses 47,60 m. Ses arches, les plus larges construites durant l'Antiquité, se superposent sur trois étages indépendants. Pièce maîtresse de la canalisation qui devait alimenter Nîmes en eau, il fut bâti au Ier siècle. L'édifice a été fort bien entretenu depuis et n'a rien perdu de sa splendeur. C'est en arrivant par la rive droite que l'on découvre la structure dans toute sa beauté. Rive gauche, un espace muséographique prolonge la magie.

L'accès au site est gratuit, mais, si vous êtes motorisé, il vous faudra garer votre véhicule dans l'un des parkings payants (5 €). Les alentours se prêtent à la baignade, aux promenades ou aux pique-niques.

657 TEOTIHUACÁN (MEXIQUE)

Si vous préférez admirer des pyramides dans un cadre latino-américain plutôt que sur fond de désert, optez pour le remarquable ensemble de Teotihuacán, qui permet de faire un saut dans le passé, loin de la jungle urbaine de Mexico. Le site, au cœur de ce qui était jadis la plus grande métropole de Méso-Amérique, est célèbre pour ses deux hautes pyramides. La pyramide du Soleil, érigée vers l'an 100, était à l'origine de couleur rouge vif et est aujourd'hui la troisième au monde par la taille. La pyramide de la Lune, plus petite, présente des proportions plus élégantes. Sachez que le remarquable plan quadrillé de la ville date du début du I er siècle.

Prenez un bus pour Teotihuacán au départ de la gare Central del Norte de Mexico. Le site se trouve à 1 heure de la ville de San Juan Teotihuacán.

658 POMPÉI (ITALIE)

L'éruption du Vésuve en l'an 79 fut paradoxalement à l'origine de la naissance de l'un des plus grands trésors archéologiques. Le volcan se réveilla le 24 août dans une gigantesque explosion qui déposa 6 m de cendres sur la ville et en permit la parfaite conservation. Ces ruines exceptionnelles apportent un éclairage unique sur la vie quotidienne dans la Rome antique. Dans les rues de Pompéi, les vestiges mis au jour témoignent de manière émouvante des dernières heures de la cité, du plus banal au plus spectaculaire. On retient son souffle devant les moulages des corps des victimes, si précis que l'on distingue les cheveux, les plis des vêtements et même les expressions de terreur sur les visages.

Pompéi fait partie du parc national du Vésuve (www.parks.it).

659 EL DJEM, TUNISIE

Bâti sur un plateau à mi-chemin de Sousse et de Sfax, l'amphithéâtre d'El Djem est le monument romain le plus remarquable d'Afrique par sa taille et par son état de préservation. C'était le joyau de Thysdrus, une ville commerçante édifiée au Ier siècle au carrefour des routes marchandes du Sahel, qui prospéra grâce à l'huile d'olive. Thysdrus, qui comptait des villas somptueuses, atteignit son apogée aux IIe et IIIe siècles. L'amphithéâtre fut construit à cette époque. Troisième en taille de l'Empire romain, il mesurait 138 m de longueur sur 114 m de largeur et comportait trois étages de gradins d'une hauteur totale de 30 m. On estime que sa capacité devait être de 30 000 spectateurs, un chiffre nettement supérieur au nombre d'habitants d'alors… La ville actuelle d'El Djem semble rayonner à partir de l'amphithéâtre.

À 1 km au sud de la ville est installé un musée. À proximité, des vestiges d'un amphithéâtre plus ancien et de villas romaines se visitent.

Arcades de l'amphithéâtre d'El Djem

660 ACROPOLE D'ATHÈNES (GRÈCE)

Athènes doit son existence à l'Acropole, certainement le plus grand site antique du monde occidental. Où que vous vous trouviez dans la capitale grecque, vous apercevrez l'Acropole juchée sur sa célèbre colline. Son joyau, le Parthénon, est un chef-d'œuvre d'élégance et d'harmonie – pour qu'il atteigne une forme parfaite, ses lignes ont été ingénieusement incurvées afin de corriger les illusions d'optique. De près comme de loin, les rangées de colonnes blanches brillent au soleil de midi, pour prendre des tons miel au couchant. La nuit, le site illuminé éclaire de mille feux le berceau de la civilisation grecque.

Admirez le site en toute tranquillité depuis votre balcon en louant une suite à l'Hotel Grande Bretagne (www.grandebretagne.gr ; doubles à partir de 250 €).

IMMANQUABLES MALGRÉ LA FOULE

CE N'EST PAS POUR RIEN SI DES HORDES D'ENVAHISSEURS S'Y PRÉCIPITENT. AU LIEU DE LES MAUDIRE, JOIGNEZ-VOUS À EUX ET NE PASSEZ PAS À CÔTÉ DE CES MUSTS !

661 ANGKOR VAT (CAMBODGE)

Les touristes envahissent Angkor comme les fourmis une nappe de pique-nique. Vous ne regretterez cependant pas de vous être joint à eux lorsque vous aurez aperçu le fascinant temple principal du monumental ensemble d'Angkor, Angkor Vat : c'est le plus grand édifice religieux de la planète, doté de tours en forme de lotus et de bas-reliefs stupéfiants. La cité d'Angkor fut sculptée dans le grès entre le IXe et le XIIIe siècle pour satisfaire l'ego des *devaraja* (dieux-rois) et offrir à l'Empire khmer la plus somptueuse capitale qui soit. Outre Angkor Vat, le site abrite des centaines de temples, certains encore recouverts par la jungle qui les avait envahis après leur abandon au XVe siècle.

Angkor Vat est sublime en début de soirée. Les vestiges de Banteay Srei, récemment ouverts au public, à 25 km du site principal, sont moins fréquentés.

662 VIEILLE VILLE DE PRAGUE (RÉPUBLIQUE TCHÈQUE)

La Staré Město (Vieille Ville) de la capitale tchèque est bondée de jour comme de nuit. Les restaurants et bars autour de la place de la Vieille-Ville en profitent pour pratiquer des prix astronomiques. Les jours de pluie, la balade dans les ruelles historiques se transforme en slalom pour éviter de se faire éborgner par les parapluies, tandis que le soir débarquent des hordes de jeunes hommes célébrant toutes sortes d'événements à grands renforts d'alcool. Mais tous ces désagréments sont vite oubliés devant les délires baroques de Notre-Dame-de-Týn, la splendeur Art nouveau de la Maison municipale et la sublime silhouette du château de Prague de l'autre côté de la Vltava.

Des promenades guidées de 4 heures sont proposées toute l'année à 11h et 14h pour découvrir tous les secrets du Vieux Prague.

663 PALAIS D'ÉTÉ (CHINE)

C'est dans cet immense domaine royal, avec son lac étincelant, ses jardins, ses temples, ses pavillons et ses galeries, que la cour impériale échappait à la touffeur de la Cité interdite. Envahi par les groupes de touristes, ce site, agrandi et embelli par l'empereur Qianlong au XVIIIe siècle, est parsemé de beaux édifices aux noms évocateurs et poétiques : le palais de la Bienveillance et de la Longévité, la Longue Galerie, le pavillon des Fragrances bouddhiques, le pavillon des Nuages ordonnés, le temple de la mer de Sagesse ou encore celui du Roi Dragon. Des bateaux mènent à une île du lac, que traversent de gracieux ponts.

Du centre de Bějing on s'y rend par le métro, à vélo ou même en bateau.

664 FLORENCE (ITALIE)

La capitale toscane peut mettre à rude épreuve le plus endurant des voyageurs. Ses places bruissent en permanence du cliquetis des appareils photo numériques, ses boutiques de cuirs et bijouteries donnent le tournis et les portefeuilles peuvent y disparaître en un clin d'œil. Il n'empêche : Florence est aussi le berceau de la Renaissance italienne et peu de villes peuvent rivaliser avec sa beauté. Tombez en pâmoison devant le *David* de Michel-Ange à la galerie de l'Académie, la coupole sublime du Duomo de Brunelleschi et les agencements parfaits du jardin de Boboli, à moins que vous ne préfériez simplement, installé dans un café, vous pâmer devant la beauté des Italien(ne)s.

L'hiver, Florence se vide quasi de ses touristes et baisse ses prix.

665 GRAND CANYON (ÉTATS-UNIS)

Les étendues désertiques de l'Arizona, voilà bien le dernier endroit où vous penseriez tomber dans un embouteillage : ce sera pourtant votre lot si vous vous rendez dans le Grand Canyon. Reste qu'une fois franchi l'encombrement, à vous de majestueuses vues sur cette gigantesque faille creusée dans la roche par le Colorado, longue de 446 km et mesurant jusqu'à 29 km de largeur et 1 500 m de profondeur. La merveille géologique est à voir d'en haut depuis le South Rim (bord sud) ou d'en bas, par une randonnée au fond du canyon – les paresseux pourront le faire à dos de mule.

Le North Rim reçoit dix fois moins de visiteurs que le South Rim. Organisez votre voyage sur www.nps.gov/grca.

666 CHUTES VICTORIA (ZIMBABWE ET ZAMBIE)

Les chutes Victoria offrent un spectacle saisissant : le fleuve Zambèze, large ici de 1,7 km, plonge dans une faille dans le plateau basaltique et se trouve rétréci à 50 m pour passer dans une gorge étroite. En 1855, l'explorateur britannique David Livingstone eut le toupet de leur donner le nom de sa reine, mais ces cascades portent un nom local plus évocateur, Mosi-oa-Tunya ("fumée qui gronde"). Préférez la saison des pluies, pendant laquelle ce tonnerre fluvial est à son comble. Et quelle que soit la saison, veillez à bien organiser votre voyage, car le contexte politique et social du Zimbabwe et de la Zambie est malheureusement aussi tourmenté que les eaux du Zambèze.

Le côté zimbabwéen du site est bien moins fréquenté, moins cher et plus sûr : rendez-vous à Victoria Falls Town, et n'oubliez pas de faire le plein de dollars américains.

667 PYRAMIDES (ÉGYPTE)

À en juger par la démesure des pyramides élevées dans le désert aux abords du Caire, à Gizeh, le mot "modestie" ne faisait pas partie du vocabulaire des pharaons égyptiens. Et certainement pas de celui de Kheops, qui vers 2560 av. J.-C. fit ériger la Grande Pyramide, qui éclipse ses deux voisines. La sépulture gigantesque de Kheops est la seule des Sept Merveilles du monde antique qui existe encore, ce qui justifie largement qu'on aille se mêler à la foule au milieu des sables égyptiens. Pour briller dans les dîners, sachez que ce ne sont pas les pharaons qui ont les premiers parlé de "pyramides", mais les Grecs.

Le Mena House Oberoi (www.oberoimenahouse.com) est à deux pas des pyramides. Comptez environ 240 $US la nuit pour une chambre avec vue.

668 TAJ MAHAL (INDE)

Le Taj Mahal fut érigé à Agra en 1653 par l'empereur Chah Djahan pour honorer la mémoire de sa chère et tendre disparue. Que faut-il voir dans ce merveilleux mausolée flanqué de minarets, surmonté d'une somptueuse coupole, orné de calligraphies gravées dans le marbre blanc et doté de salles incrustées de pierres fines ? L'opulente preuve d'un amour infini ou bien une folie somptuaire qui a réduit en esclavage quelque 20 000 ouvriers pendant plus de 22 ans ? À vous de juger. L'histoire d'amour et d'architecture du Taj Mahal a déjà été portée à l'écran par le réalisateur de Bollywood Akbar Khan, mais il semblerait qu'une version hollywoodienne soit en préparation.

Dînez à l'hôtel Taj Khema (à 200 m de l'entrée est) un soir de pleine lune pour une vue unique sur le "Taj".

669 MACHU PICCHU (PÉROU)

Les magnifiques pierres ouvragées de l'ancienne cité inca de Machu Picchu se cachent dans les hauteurs des Andes péruviennes. Érigée au milieu du XVe siècle, la ville fut abandonnée seulement un siècle plus tard, alors qu'arrivaient quelques visiteurs espagnols apportant avec eux l'esclavage et la variole. L'archéologue Hiram Bingham redécouvrit le site en 1911 – le tourisme péruvien lui dit encore merci. Les ruines de la cité et le chemin de l'Inca menaçaient à nouveau de disparaître sous des flots de touristes il y a quelques années, jusqu'à l'installation de toilettes et la limitation du nombre des visiteurs à 500 par jour.

Il est désormais interdit de visiter Machu Picchu seul. Les treks organisés se réservent au moins 30 jours à l'avance, et l'accès au site, non remboursable, est fixé à 50 $US.

670 DUBROVNIK (CROATIE)

Que l'on voie Dubrovnik d'un œil neuf ou que l'on y revienne, cette cité suscite toujours une émotion esthétique aussi vive : sa beauté enchanteresse a pour écrin un paysage tout aussi sublime. Une beauté qui n'a rien de secret, bien au contraire, comme en témoignent les milliers de touristes qui flânent à longueur d'année dans son avenue principale, le Stradun. En même temps, on imagine mal qui pourrait se lasser des rues dallées de marbre et des édifices baroques de la ville, ou rester indifférent à longer ces remparts qui, cinq siècles durant, protégèrent la république de Raguse (l'ancien nom de Dubrovnik).

Plus d'infos pour préparer votre voyage sur www.tzdubrovnik.hr (office du tourisme de la ville) et www.visitdubrovnik.hr (office du tourisme de la région).

LES FÊTES LES PLUS LOUFOQUES

EN MATIÈRE DE FESTIVAL, IL Y A PLUS ENTHOUSIASMANT QUE L'ÉTERNEL TRIO CAMPING DANS LA BOUE/TOILETTES CHIMIQUES/MUSIQUE ASSOURDISSANTE. CAP SUR DES FESTIVITÉS FOLDINGUES.

Un petit masque pour resserrer les pores à la fête de la boue à Boryeong

671 CHAMPIONNATS DU MONDE D'AIR GUITAR À OULU (FINLANDE)

Organisés dans cette bourgade du centre de la Finlande depuis 1996, les championnats du monde d'Air Guitar interpellent le Jimi Hendrix qui sommeille en chacun de nous. Ici, les concurrents les plus improbables respectent des règles simples : jouer d'une guitare invisible (électrique ou acoustique, peu importe) sur un morceau enregistré, seul sur scène. Van Halen, The Jets et AC/DC sont régulièrement int-"air"-prétés, mais il n'est pas de compétition d'Air Guitar digne de ce nom sans un petit Deep Purple. Nouez un bandana à votre poignet, enfilez votre pantalon en cuir et admirez les performances échevelées de ces rockers du silence.

Comptez 250 € pour le vol Helsinki-Oulu avec Finnair ou Blue1, nettement moins en réservant longtemps à l'avance. Un site : www.airguitarworldchampionships.com.

672 NUIT DES RADIS À OAXACA (MEXIQUE)

Le 23 décembre est marqué à Oaxaca par une fête des plus créatives. Pour la Nuit des radis, les habitants recréent avec cette modeste et piquante racine, qu'ils sculptent, des scènes historiques et bibliques, du périple des Rois mages aux épisodes clés de l'histoire guerrière du Mexique, agrémentées de choux-fleurs, oignons et autres légumes décoratifs. Une récompense sonnante et trébuchante couronne le meilleur sculpteur. Très festif, le marché de l'avant-veille de Noël rassemble des Mexicains enjoués venus apprécier gourmandises, boissons et esprit de Noël.

Venez à Oaxaca quelques jours à l'avance pour assister aux préparatifs. Les habitants conseillent d'assister aux festivités depuis la Casa de Mi Abuela, à l'étage, au-dessus du *zócalo*.

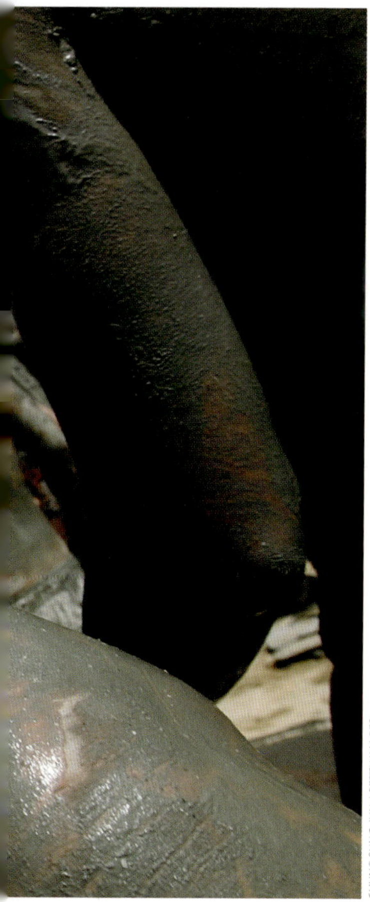

CHUNG SUNG-JUN / GETTY IMAGES

673 FÊTE DE LA BOUE À BORYEONG (CORÉE DU SUD)

Si vous avez gardé une âme d'enfant et adorez sauter dans les flaques de boue, direction la fête de la Boue de Boryeong, en Corée du Sud, qui se tient tous les ans en juillet, depuis 1998, sur la plage de Daecheon. Plus d'un million de festivaliers et des tonnes de boue sont déversés pour l'occasion dans la station balnéaire de Boryeong. Au programme : cours de massage à la boue, concours de glisse, élection du "Roi de la Boue" ou encore pyramide d'humains boueux. Et inutile d'essayer de rester propre : toute personne repérée immaculée sera jetée dans une prison improvisée. Allez-y, donnez-vous-en à cœur joie !

Ces visqueuses festivités, généralement organisées mi-juillet, attirent des foules : mieux vaut arriver en avance pour espérer trouver une chambre. Comptez environ 80 000 wons la nuit dans un motel ou un *minbak*.

674 DOMINO DAY À LEEUWARDEN (PAYS-BAS)

Si vous avez les nerfs solides, la main sûre et une patience d'ange, cette grande fête annuelle du domino est pour vous. Chaque mois de novembre dans la ville néerlandaise de Leeuwarden, le Domino Day rassemble des fanas venus assembler des petites pièces noir et blanc dans l'espoir de battre le record mondial de tomber de dominos. D'immenses chaînes (jusqu'à environ 4,5 millions de pièces) s'effondrent façon effet domino pour révéler des portraits de personnages célèbres. Quoi qu'il arrive, évitez d'éternuer au moment critique.

Pour être au premier rang, il faut être l'un des concurrents (ils sont 80 environ) ; dans le cas contraire, rendez-vous sur le site non officiel des fans, www.domino-day.zikle.nl.

675 FESTIVAL DES OVNIS À ROSWELL (ÉTATS-UNIS)

En plein désert, au Nouveau-Mexique, se tient tous les ans en juillet le Roswell UFO Festival, rassemblant les ufologues du monde entier (voire de la galaxie) pour de nombreuses conférences sur les petits hommes verts (ou gris) au regard hypnotique. N'oubliez pas votre animal de compagnie et sa tenue d'extraterrestre pour le grand concours du meilleur costume d'alien pour animaux. Après avoir participé à un match de volley-ball dans la boue en compagnie de chasseurs d'aliens, ne manquez pas le grand défilé de clôture du festival, et attendez-vous à des rencontres du troisième type dans la rue principale.

Le festival a souvent lieu autour du 4 juillet, jour de la fête nationale américaine. Plus d'infos sur www.roswellufofestival.com.

676 HADAKA MATSURI (JAPON)

Si vous vous trouvez au Japon en février, vous pourriez découvrir des célébrations d'une impudeur étonnante au pays du Soleil-Levant. Le Hadaka Matsuri ("fête de l'homme nu"), célébré dans tout le Japon, est né d'une méthode utilisée par les moines bouddhistes pour se purifier l'esprit. Des milliers d'hommes bien robustes se baignent vêtus du strict minimum (voire moins encore) dans une rivière à l'eau glacée, courent nus comme des vers autour du temple ou déambulent dans la foule qui les touche pour se garantir une nouvelle année prospère. Âmes sensibles (au froid, mais pas seulement), s'abstenir.

La fête se tient notamment au temple de Saidaiji à Okayama ; prenez un bus depuis la gare Saidaiji. Les participants (tatouages interdits) doivent se procurer un *fundoshi* (culotte traditionnelle) et des *tabi* (chaussettes) sur l'un des stands autour du temple.

677 SAUTE-BÉBÉS À CASTRILLO DE MURCIA (ESPAGNE)

Vous voulez assister à des festivités aussi excentriques qu'historiques ? Mettez le cap sur l'Espagne pendant la Fête-Dieu, et plus précisément sur Castrillo de Murcia où l'on joue à saute-moutons avec des bambins. Tous les ans depuis 1620, "El Colacho" est l'occasion de voir des hommes déguisés en diables sautant par-dessus des rangées de bébés. La tradition veut que ces démons, en bondissant au-dessus des enfants, emportent avec eux tout le mal et purifient les têtes blondes. Vous préférerez peut-être laisser les vôtres à la maison.

La fête a lieu en juin. Installez-vous à Burgos, la grande ville la plus proche.

678 CHAMPIONNATS DU MONDE DE GRIMACES À EGREMONT (ANGLETERRE)

À l'occasion de la Crab Apple Fair, une foire organisée depuis le XIIIe siècle, des visages capables de toutes les contorsions se retrouvent dans la paisible bourgade d'Egremont pour donner à voir leur plus mauvais profil, la tête passée dans un collier de cheval, le "*braffin*". Si vos grimaces ne font pas le poids, reste le mât savonneux à remonter dans l'espoir d'attraper le gigot d'agneau suspendu au sommet. Également au programme des réjouissances, courses en brouette, spectacles de furet et "Parade of the Apple Cart", un défilé de rue avec jet de pommes.

Les photos hilarantes du Gurning Hall of Fame, panthéon des grimaciers, sont sur www.egremontcrabfair.org.uk.

679 CARNAVAL D'IVRÉE (ITALIE)

La fête espagnole de la Tomatina et ses jets de tomates ont le vent en poupe, mais pour une bataille plus aigre-douce, rendez-vous en Italie au mois de février. Le carnaval d'Ivrée est l'occasion de juteuses mêlées à coups d'oranges bien mûres. Commémorant une insurrection populaire du XIIe siècle, la bataille se tient dans des zones dédiées près du Vieux Pont, et les rues disparaissent bientôt sous un tapis de pulpe et de zeste. Si vous faire assommer par des fruits volants n'est pas votre tasse de thé, plutôt que de hisser le drapeau blanc, coiffez-vous d'un bonnet phrygien : ce symbole de liberté vous épargnera tout accident.

Ivrée est à 45 minutes en voiture de l'aéroport de Turin. Les grandes manifestations ont lieu du samedi au lundi précédant le grand final de Mardi gras.

680 FÊTE VÉGÉTARIENNE DE PHUKET (THAÏLANDE)

Le végétarisme en soi n'a rien de fantaisiste, mais cette fête religieuse qui se déroule sur dix jours de fin septembre à début octobre a une particularité : le goût immodéré de ses participants pour l'embrochage, non pas de poulet, de porc ni même de tofu, mais de leur propre chair. Des ascètes taoïstes d'origine chinoise, les Ma Song, se livrent à de menus plaisirs du type marcher sur des charbons ardents, escalader des échelles aux barreaux tranchants ou se transpercer les joues ou le cou de piques de métal et autres objets plus étranges et plus imposants les uns que les autres. Après ce spectacle effarant, rien d'étonnant à ce qu'on préfère un frugal déjeuner végétarien à une brochette saignante.

Cette fête a lieu pendant le neuvième mois du calendrier lunaire chinois. Sur www.phuketvegetarian.com, dates précises et règles de la fête (au nombre de dix), qui imposent notamment abstinence sexuelle et stricte hygiène corporelle.

PAUL BEINSSEN / LPI

Ascète taoïste exhibant ses nouveaux piercings lors de la fête végétarienne de Phuket

DIX DESTINATIONS POUR MÉLOMANES

LE TOUR DU MONDE DES VILLES QUI SWINGUENT.

OLIVIER CIRENDINI / LP

La rue est sans aucun doute la scène préférée des musiciens cubains

681 SZIGET FESTIVAL (HONGRIE)

Considéré comme le Woodstock européen, le festival Sziget rassemble des foules de plus en plus nombreuses chaque année à la mi-août sur l'île de Hajógyár (Óbuda), à Budapest. Plusieurs scènes, dont une réservée aux têtes d'affiche mondiales, et une multitude de petites structures accueillent pendant une semaine des groupes de rock, pop, world, reggae et électro dans une ambiance hautement festive sur cette île du Danube, où les festivaliers peuvent aussi planter leur tente.

Des "packs" voyage (bus ou avion + entrée + camping) et divers pass sont proposés sur le site www.sziget.hu.

682 CABARET BERLINOIS (ALLEMAGNE)

Dans l'imaginaire collectif, Berlin reste indissociable des cabarets et de leur réputation sulfureuse. Le cabaret allemand, né dans les années 1920, est beaucoup plus sombre que sa version française. Plus satirique et plus politique, il s'est fait le miroir des horreurs de la guerre. Aujourd'hui, s'il ne tient plus le haut du pavé, il n'a rien perdu de son mordant et on peut toujours y admirer de belles filles aux jambes interminables, avec en prime le plaisir d'être transporté dans une époque où l'art occupait le devant de la scène.

Cabaret postmoderne pour aventuriers du sexe, le Kit Kat Club (www.kitkatclub.org) est ouvert du vendredi au dimanche (soirée fétichiste le vendredi).

683 LA HAVANE (CUBA)

En 1999, le passionnant film documentaire *Buena Vista Social Club* révélait au grand public toute la beauté de la musique cubaine. Depuis, nombreux sont ceux qui ont entrepris le pèlerinage à La Havane pour découvrir sur place le fameux son cubain, style musical datant d'avant le castrisme. Le son donne irrésistiblement envie de bouger, au moins autant que la salsa (dont il est l'ancêtre), la rumba et le jazz latino qu'on peut aussi entendre dans les bars et les rues de la capitale.

Rendez-vous au Salon Rosada, à Marianao, le samedi soir pour se laisser charmer par la musique depuis un balcon surplombant une mer de danseurs. Entrée : 10 $US (25 cents pour les Cubains).

684 CARLING WEEKEND, READING (ANGLETERRE)

Avec plusieurs décennies de programmation musicale à son actif, le festival de Reading est un pèlerinage incontournable pour les fans de pop alternative, de rock, de rap ou de hip-hop. Pendant trois jours au mois d'août, des concerts en plein air se succèdent sur 6 scènes différentes. Après avoir planté votre tente, rejoignez les 60 000 spectateurs qui se déchaînent sur la musique diffusée par des enceintes gigantesques. Si la programmation ne vous convient pas, vous pouvez toujours participer à l'édification d'une barrière de bouteilles en plastique vides – une tradition du festival. Si au contraire un groupe vous a particulièrement plu, suivez-le le lendemain à Leeds, où a lieu simultanément un autre festival.

Les billets sont généralement mis en vente dès le mois de mars. Un pass pour la journée coûte environ 70 £. Toute la programmation sur www.readingfestival.com et www.leedsmusicfestival.com.

685 IBIZA (ESPAGNE)

Pour les plus branchés des amateurs d'électro, Ibiza et la dance music appartiennent désormais au passé. C'est pourtant sur cette petite île que tout a commencé : vers la fin des années 1980, les clubbeurs carburant à l'ecstasy y vibraient au son des DJ britanniques, avant que ces derniers ne commencent à mixer en Angleterre, où la house et la techno prenaient leur essor. Les clubs d'Ibiza ont aujourd'hui un côté beaucoup plus commercial et les fêtards imbibés d'alcool un peu trop collants sont plus nombreux qu'autrefois, mais l'ambiance y est toujours aussi débridée.

Situé à 4 km de la ville d'Ibiza, le Privilege (www.privilegeibiza.com) est la plus grande boîte de nuit du monde. Une navette gratuite part toutes les 30 minutes du port d'Ibiza (entre minuit et 6h).

686 NEW ORLEANS JAZZ FESTIVAL (ÉTATS-UNIS)

Le "Jazz Fest", c'est 10 jours de concerts (sur 12 scènes) qui attirent chaque année 650 000 spectateurs. Fidèle à l'histoire et à l'esprit de La Nouvelle-Orléans, il se distingue par sa programmation éclectique, où se côtoient gospel, funk, zydeco, rock, musique des caraïbes et, naturellement, jazz. Les plus grands noms de la musique se sont produits ici : Fats Domino, Aretha Franklin, Miles Davis, Bob Dylan, Ella Fitzgerald, Dizzy Gillespie, Sarah Vaughan, Paul Simon, BB King, James Brown, Van Morrison et Youssou N'Dour !

Le billet normal pour une journée s'achète 50 $US sur place (40 $US en ligne). Renseignements sur www.nojazzfest.com.

687 DAKAR (SÉNÉGAL)

L'effervescence intellectuelle et artistique qui règne à Dakar lui vaut parfois le surnom de "Paris de l'Afrique de l'Ouest". La scène *mbalax* y est particulièrement vivante. Youssou N'Dour est le plus fameux représentant de ce courant issu du mélange de la musique latino et du *sabar* (une percussion africaine), qui a aussi inspiré d'autres artistes, comme Baaba Maal ou Cheikh Lo. Attention à la dépendance : l'ambiance des concerts, lors desquels des musiciens survoltés soulèvent l'enthousiasme du public, qui vient leur coller des billets sur le front, est inoubliable !

Thione Seck, légende locale et internationale, organise des soirées *mbalax* au Kilimandjaro, près du marché au poisson de Soumbédioune.

688 VIENNE (AUTRICHE)

Strauss, Schubert, Haydn, Mozart, Beethoven, Brahms, Schœnberg et Mahler… tous ont vécu ou travaillé à Vienne à un moment ou un autre de leur existence. Un héritage que la ville assume sans complexe, rendant amplement hommage à ces géants de la musique classique : en plus de la saison musicale, qui dure de septembre à juin, neuf festivals, des événements spéciaux et des concerts exceptionnels sont organisés chaque année. Les amoureux de musique classique feront tout pour assister à un concert du Philharmonique de Vienne au Wiener Konzerthaus.

Le Wiener Konzerthaus (www.konzerthaus.at) est à deux pas de la station de métro U4 Stadtpark. Les transports en commun sont gratuits les 2 heures précédant le spectacle pour tout détenteur d'un billet de concert.

689 LONDRES (ANGLETERRE)

Nombreux sont ceux qui viennent à Londres pour profiter de son extraordinaire scène musicale. Les uns veulent aller s'éclater dans les boîtes les plus réputées de la capitale, comme le Ministry of Sound ou la Fabric, les autres n'ont qu'une idée en tête, danser sur les mix d'un DJ ultrapointu dans un bar ultrabranché ou assister à un concert dans l'une des salles mythiques de la ville. Vous hésitez encore ? Songez à tous les courants musicaux qui ont vu le jour à Londres – le punk, les raves, le drum'n'bass – et à tous les artistes qui y ont émergé, de David Bowie aux Rolling Stones, en passant par les Clash, Police et les Sex Pistols.

C'est à Londres qu'est né le mouvement punk et c'est sans doute à Londres qu'il mourra également. Retrouvez la scène punk actuelle sur eroding.org.uk.

690 FESTIVAL INTERCELTIQUE DE LORIENT (FRANCE)

Chaque année, du 1er vendredi au 2e dimanche d'août, le plus grand festival de France réunit la grande famille celte. Se côtoient alors durant 10 jours toutes les formes de musique issues des "pays" celtiques (Bretagne, Galice, Irlande, pays de Galles, île de Man, Écosse, Irlande, sans compter les *pipebands* d'Australie, de Nouvelle-Zélande et d'Amérique du Sud). Au programme : chants millénaires, jazz, rock, œuvres symphoniques, *festoù noz*, *gwerz*, concours de bagadou, nuit des cornemuses… Si la musique est le principal pilier du festival, danses, arts plastiques, littérature, sports celtes et même lutherie sont d'autres formes créatives mises à l'honneur.

Pour acheter vos places, rendez-vous sur le site du festival (www.festival-interceltique.com), à la billetterie du palais des congrès dès le 1er juillet ou sur place 1 heure avant le début du spectacle.

JIM ZUCKERMAN / PHOTOLIBRARY

Intérieur majestueux du Wiener Konzerthaus, l'Opéra de Vienne

DIX DESTINATIONS POUR MÉLOMANES

PLUS BEAUX ADIS SOUS LES TROPIQUES

ÉTÉ PERMANENT, COCOTIERS ET SABLE BLANC : AURIEZ-VOUS ÉTÉ TÉLÉPORTÉ DANS UNE CARTE POSTALE ?

691 ATIU (ÎLES COOK)

Cette île de l'archipel des Cook a tout l'attirail tropical : plages désertes, eaux turquoise, sable plus blanc que blanc. Mais aussi un truc en plus, un réseau de grottes calcaires cachées au cœur d'une jungle épaisse sur les plaines côtières entourant l'île. Certaines de ces grottes servirent de sépultures et abritent donc des restes humains, mais pas de panique : la féroce ère guerrière d'Atiu appartient au passé. Aujourd'hui, Atiu, à la faune et à la flore d'une éblouissante diversité, est la Mecque de l'écotourisme.

Renseignez-vous sur www.atiutourism.com pour organiser votre voyage. Des vols internationaux sont désormais proposés via Rarotonga.

692 RANGIROA (POLYNÉSIE FRANÇAISE)

Atoll à nul autre pareil, Rangiroa (le deuxième plus grand atoll corallien du monde) est une destination à l'isolement et à la langueur inégalés. La plupart des visiteurs sont là pour plonger, mais qu'y a-t-il de répréhensible à préférer le farniente sur la plage arrosé d'un (ou deux) cocktail ? L'immense lagon ressemble presque à une mer intérieure, renforçant cette invitation à la méditation et à la mise en perspective – ce n'est pas pour rien si Rangiroa signifie "vaste ciel".

Rendez-vous à Rangiroa pour le Tere Fa'ati de Moorea, le 15 février, une fête avec force chants, danses et sons de ukulélé.

693 KUNA YALA (PANAMÁ)

Toute rubrique "paradis tropicaux" digne de ce nom devrait être illustrée de photos de cet archipel panaméen. Kuna Yala (aussi connu sous le nom d'îles San Blas) fait partie du territoire semi-autonome des Kuna, mélange irrésistible de palmiers, de plages sublimes, de huttes à toit en feuilles de palmier et de charme intemporel. Si le capitalisme triomphant n'y a pas sa place, c'est que les Kuna font la loi et ont adopté toute une législation pour préserver ce milieu naturel unique. Résultat : aucun hôtel hideux pour ruiner le paysage, pas de tourisme de masse pour gâcher l'ambiance, juste un chapelet d'îles désertes à explorer.

Almiza Tours (www.myfriendmario.com) propose des excursions de 3 jours aux San Blas au départ du continent. Comptez environ 300 $US en tout.

694 CAPE TRIBULATION (AUSTRALIE)

Cette région du Queensland à la riche biodiversité mérite votre intérêt à plus d'un titre. Plages de rêve et forêts tropicales atteignant le rivage, récifs à fleur d'océan, animaux et plantes sauvages de toute beauté, piscines naturelles et promenades dans la mangrove avec en toile de fond des montagnes incroyablement escarpées... Vous en demandez encore ? La Grande Barrière de corail n'est qu'à 40 minutes au large. Un paradis unique au monde.

Rendez-vous sur www.capetribulation.com.au pour des circuits libres ou guidés partant de Cairns ou de Port Douglas.

695 ÎLES GILI (INDONÉSIE)

Ces trois adorables îles au nord-ouest de Lombok rassemblent tous les ingrédients essentiels : récifs coralliens, plages sublimes, eaux limpides, pêche et snorkeling de haute volée, et habitants chaleureux. Selon la légende, un anneau magique entourerait l'endroit, empêchant quiconque de repartir : vous voulez parier ? S'il est sans effet sur vous, laissez agir les steaks de thon, la bière locale et la quiétude engendrée par l'absence totale de véhicules motorisés. Ils réussiront peut-être là où la magie a échoué.

Rejoignez Gili Air (l'île la plus proche du continent) en pirogue depuis le village de Perinenang. Sur les îles, vous circulerez à vélo.

696 FERNANDO DE NORONHA (BRÉSIL)

Cet archipel très peu peuplé, au large des côtes nord-est du Brésil, est prisé par les plongeurs pour ses dauphins, ses épaves et ses coraux psychédéliques. Mais ce ne sont pas ses seuls atouts : les îles abritent la plus grande colonie d'oiseaux marins tropicaux de tout l'Atlantique occidental, ce qui ne manque pas d'attirer tous les ornithologues de la planète. Les infrastructures sont peu développées, mais en contrepartie vous déambulerez dans un archipel qui n'a guère changé au cours des cinq derniers siècles et où seuls quelques vestiges de la colonisation portugaise témoignent du passé.

Pour des renseignements mis à jour quotidiennement sur les vols et adresses de restauration et d'hébergement, consultez www.noronha.com.br. L'État a instauré une taxe destinée à la protection de l'environnement (33 reais/jour, 132 reais/sem.).

697 LALOMANU (SAMOA)

Remercions le Créateur (ou les lois de la physique) pour nous avoir donné le Pacifique sud, soit plus d'océan, de sable et de soleil qu'on ne pourrait en apprécier en une vie entière. Bienvenue cette fois aux Samoa, en particulier sur la plage de Lalomanu, dans l'île d'Upolu, l'un des plus beaux endroits au monde pour la baignade et le snorkeling. Vous pourrez vous installer dans un *fale* (hutte) ouvert sur la plage pour un séjour sur une authentique île de carte postale. Un paradis pour Occidentaux au bout du rouleau ? Les Samoans ne sont certainement pas de cet avis. Mais les couchers de soleil à Lalomanu sont si exceptionnels qu'il faut les voir pour le croire.

Pour réserver un *fale* traditionnel sur la plage, rendez-vous sur www.samoabeachfales.com.

698 SAN ANDRÉS ET PROVIDENCIA (COLOMBIE)

Si pour vous "paradis tropical" rime forcément avec Caraïbes, il vous est chaudement recommandé de découvrir ce petit éden méconnu où Anglais, Jamaïcains et pirates ont tissé une histoire mouvementée. Le rastafarisme exerce une forte influence sur cet archipel – nul besoin sans doute de rappeler les trésors inhérents à cette culture. Rappelons en revanche qu'ici, plages de rêve, criques, grottes, bassins de baignade et architecture locale se combinent au reggae, au rhum et aux cocktails pour combler tous les sens.

Ne manquez pas une sortie jusqu'à l'"îlot parfait" de Johnny Cay : des bateaux partent des quais près du Decameron Aquarium, sur San Andrés.

699 TULUM (MEXIQUE)

Attention, Tulum a l'une des plus belles plages de la planète : 7 km de sable fin, d'eaux d'un bleu plus turquoise que dans vos rêves et de célèbres *cabañas* pour loger (sans électricité) au bord de l'eau. Mais Tulum, c'est avant tout un site archéologique magnifique : les ruines d'une cité fortifiée maya (*tulum* signifie "mur" en maya) forment une toile de fond majestueuse qu'envient toutes les autres plages du monde.

Louez une *cabaña* bon marché sur la plage, et longez la mer vers le sud pour rejoindre le site archéologique.

700 CAP-VERT

Cet archipel de dix îles volcaniques au large du Sénégal a longtemps été synonyme de mystère. Amalgame unique de rythmes d'Afrique de l'Ouest et de colonisation portugaise, le Cap-Vert est aujourd'hui livré au tourisme par un gouvernement décidé à ouvrir au marché ses splendeurs tropicales. Ne manquez pas pour autant une randonnée jusqu'au sommet du mont Fogo, point culminant du pays (2 829 m). Et respectez ce cadre magique : avec ses côtes vierges et ses plages désertes, l'archipel est un petit paradis mais aussi un écosystème fragile où vous cohabiterez avec de nombreuses espèces animales endémiques.

Les annulations de vols sont fréquentes de décembre à fin mars, saison des tempêtes de sable. Les retards de bagages ne sont pas rares : emportez l'essentiel dans votre bagage à main.

DES VILLES OÙ REMONTER LE TEMPS AU PLUS VITE

OFFREZ-VOUS UNE ESCAPADE LOIN DU MONDE MODERNE. TÉLÉPHONES PORTABLES STRICTEMENT INTERDITS.

701 LA HAVANE (CUBA)

Habana Vieja, la vieille ville de La Havane, ressemble à un décor de film des années 1950 : entre les immeubles délabrés, des enfants jouent au base-ball avec un bâton ; les femmes partent faire leurs courses en bigoudis, tandis que de grosses cylindrées américaines d'une autre époque passent dans les rues. C'est un endroit à la fois photogénique, romantique, fascinant et bien vivant. Si vous avez aimé *Buena Vista Social Club*, faites un tour à la Casa de la Música, où les matrones qui se lèvent pour danser bougent aussi bien, sinon mieux, que les jeunes. Puis apprenez des rudiments de salsa tout en vous imbibant de mojitos. Vous aurez alors vraiment l'impression de vous être faufilé jusqu'ici par une faille temporelle.

Écoutez Radio Havana (www.radiohc.org) pour connaître les manifestations prévues.

702 BOUKHARA (OUZBÉKISTAN)

Le *shahristan* (vieille ville) de Boukhara date d'il y a environ 2 000 ans. C'est un endroit idéal pour se glisser hors du présent et s'immerger dans la splendeur passée de l'Asie centrale. Faufilez-vous dans les ruelles bordées d'édifices en brique jusqu'aux souks couverts, aux mosquées anciennes à l'intérieur rutilant et aux madresa (écoles coraniques). Rendez-vous sur les marchés pour acheter un tapis ou une dague d'apparat. Ne manquez pas le monument le plus étonnant de Boukhara, le minaret Kalyan (XIIIe siècle). On raconte que Gengis Khan fut si impressionné par cet édifice de 70 m de hauteur qu'il décida de l'épargner.

La ville a enfin son site Internet : www.bukhara.net. Emir Travel (www.emirtravel.com) peut vous trouver un guide polyglotte qui vous conduira à travers la ville et au-delà si vous le souhaitez.

703 HILL CLUB (NUWARA ELIYA, SRI LANKA)

Le train traverse plusieurs gares datant du XIXe siècle avant d'atteindre Nuwara Eliya, ville nichée au cœur de collines humides couvertes de plantations de thé. Fondé en 1858 à l'intention des officiers britanniques et des planteurs, le Hill Club a depuis été converti en hôtel, mais il a gardé son côté guindé. Tenue correcte exigée à partir de 19h (veste pour les hommes). Vous siroterez votre thé dans un salon dont l'atmosphère évoque celle de quelque manoir écossais d'antan, avec tout le style – et l'inconfort – que cela suppose.

Ne manquez pas de passer une journée dans le parc national de Horton, à seulement 1 heure de là. Pour plus de renseignements sur les sites touristiques des environs, connectez-vous sur www.nuwaraeliya.org.

CHRISTINE OSBORNE / LPI

Somptueuse étole de soie brodée à la main, à Boukhara, en Ouzbékistan

704 BROADSTAIRS (KENT, ANGLETERRE)

Les stations balnéaires anglaises ont toutes un côté rétro. Broadstairs, sur l'île de Thanet, en est le meilleur exemple. Les spectacles de guignol et les promenades à dos d'âne y font toujours recette l'été. Pour peu qu'il ne pleuve pas, on peut aussi faire quelques brasses dans l'eau glacée avant de déguster un bon vieux *fish and chips* à l'ancienne. Le temps semble s'être arrêté dans les années 1950. Faites un nœud aux quatre coins de votre mouchoir, retroussez votre pantalon et offrez-vous un *stick of rock* (sorte de sucre d'orge).

Venez en août pour la Broadstairs Folk Week (www.broadstairsfolkweek.org.uk), qui s'ouvre par une procession aux flambeaux dans la ville. La carte d'abonnement coûte 154 £.

705 NEVADA JOE'S (NEVADA, ÉTATS-UNIS)

Cette station-service perdue dans le désert du Nevada existe depuis les années 1960, et n'a depuis lors pas changé d'un iota. Avec sa façade rose, le mont Yucca en toile de fond et sa réputation de rade préféré des extraterrestres, l'endroit a tout l'air d'être sorti de l'imagination de David Lynch ou des frères Coen. Des affiches publicitaires géantes indiquant la direction des bordels et des casinos de la région complètent le tableau. La station était à vendre au moment de notre passage ; espérons que les nouveaux propriétaires ne changeront rien.

Roulez dans le désert du Nevada jusqu'à l'intersection de la Rd 373 et de la US-95.

IZZET KERIBAR / LPI

Cet âne n'a pas l'air très rassuré au milieu de ces peaux teintées séchant au soleil

706 FÈS (MAROC)

Ânes lourdement chargés déboulant dans d'étroits passages couverts, poules caquetantes, montagnes d'épices, étals de boucherie spectaculaires, chats qui détalent et chariots couverts de fruits et de légumes : un souffle médiéval semble encore flotter sur Fès par endroits. La médina et ses jeux d'ombres et de lumières paraissent avoir traversé les siècles sans être touchés par le temps. Les immenses tanneries et leurs grands bacs de teinture, en particulier, ont l'air tout droit sortis du passé.

Vivez ce voyage dans le temps jusqu'au bout en logeant dans la médina (à partir de 125 $US/nuit). Réservation et renseignements sur www.fesmedina.com.

707 LE VIEUX DELHI (INDE)

Dans le métro, moderne et confortable, tout évoque encore le XXIe siècle. Mais dès que vous serez descendu à Chandni Chowk, préparez-vous à un saut spatio-temporel dans le passé : le cœur du vieux Delhi correspond approximativement à Shajahanabad, la ville érigée par l'empereur Shah Jahan au XVIIe siècle. Chandni Chowk est un long boulevard bordé d'une myriade de souks étroits, chacun d'eux étant dévolu à un produit ou à un commerce précis, et de quantité d'échoppes minuscules qui semblent ne pas avoir changé depuis des siècles. Le chaos le plus total règne dans ce labyrinthe, où il fait bon se perdre. Après avoir arpenté les ruelles sillonnées par les vendeurs de *paratha* et dégusté de délicieux pains fourrés, frits devant vous, vous serez prêt à replonger dans le grand bain avec une énergie nouvelle.

Mieux vaut loger à New Delhi. Prenez le train jusqu'à la station de Delhi Junction et explorez la vieille ville en partant de Kashmere Gate.

708 SIWA (ÉGYPTE)

Jusque dans les années 1980, la route menant à Siwa n'était pas asphaltée. Aujourd'hui encore, cette oasis située dans le désert occidental d'Égypte reste l'un des lieux les plus reculés d'Égypte. Elle s'est développée autour d'un réseau de puits artésiens. Sa population, principalement berbère, est d'environ 20 000 habitants. On peut s'y baigner dans des bassins naturels, en plein désert, et explorer les ruines de la demeure de l'oracle auquel Alexandre le Grand rendit autrefois visite. Les automobiles sont rares dans les rues ensablées ; les charrettes tirées par des ânes sont le moyen de transport privilégié. Les gens de Siwa ont une langue et des coutumes bien à eux : les femmes mariées ne parlent pas aux hommes en dehors de la famille et se montrent rarement en public. Lorsqu'elles sortent, c'est entièrement voilées ; même leurs yeux sont dissimulés.

Un bus pour Siwa part de la gare routière Misr d'Alexandrie. Autre solution, traverser le désert occidental à bord d'une jeep.

709 MUTHAIGA COUNTRY CLUB (NAIROBI, KENYA)

Ce club très sélect entouré d'un parc de 7 ha a ouvert ses portes le 31 décembre 1913. Rien ne semble avoir changé depuis. Lambrissé et soigné comme un vénérable club londonien, il fleure encore bon les Années folles version guindée, et l'on y trouve toujours la même clientèle de vieux colonels et d'expatriés. Vous reprendrez bien un gin tonic avant votre partie de croquet ?

Les membres du club (www.mcc.co.ke) bénéficient des 6 courts de tennis, des 2 courts de squash, du terrain de boulingrin et du golf, tout proche.

710 COSENZA (CALABRE, ITALIE)

D'affreux immeubles des années 1960 ceinturent cette ville du sud de l'Italie. Mais ne vous laissez pas rebuter par ce spectacle et avancez jusque dans le centre-ville pour un joli voyage dans le temps. Vous vous promènerez bientôt dans des ruelles bordées d'édifices médiévaux aux façades fatiguées, mais dont le charme provient précisément du fait qu'ils n'ont pas été restaurés. Après avoir acheté quelques cartes postales d'un autre temps dans une librairie poussiéreuse, prenez place dans un café qui porte les traces d'un passé plus fastueux.

L'auberge de jeunesse Re Alarico (www.ostellorealarico.com) est une demeure du quartier ornée de meubles anciens. Le Grand Hotel San Michele est une adresse plus luxueuse (www.realadventures.com).

LES STATIONS LES PLUS STRASS ET PAILLETTES

PAPARAZZI EN HERBE, FASHIONISTA EN DEVENIR OU ASPIRANT AU WHO'S WHO ? POUR VOUS, NOTRE SÉLECTION DE DESTINATIONS PEOPLE ET BLING-BLING.

À South Beach, il faut faire les choses en grand pour "être vu" comme avec cette Chevrolet des années 1950

711 TELLURIDE (ÉTATS-UNIS)

Telluride serait-elle la nouvelle Aspen ? Le fait est que des célébrités comme Tom Cruise, Katie Holmes et Oprah Winfrey y ont une maison. Mais pourquoi à Telluride ? Ce fut un terrain de chasse d'Indiens, une Mecque pour chercheurs d'or, puis une ville fantôme. Aujourd'hui, on se presse à nouveau dans ce village de montagne aussi charmant que décontracté pour ses festivals de premier plan et ses activités sportives de haute volée. En hiver, dévalez les pistes le jour et faites la fête la nuit ; en septembre, le festival du film est l'occasion d'apercevoir des stars dans leur habitat naturel.

Des vols desservent régulièrement Telluride. Sinon, optez pour la voiture depuis Denver (530 km), Salt Lake City (590 km) ou Phoenix (765 km).

712 GSTAAD (SUISSE)

Las des cocotiers et du sable blanc ? Cap sur les Alpes suisses et Gstaad, station de ski préférée du gotha international, d'étendue inversement proportionnelle à sa réputation. Repaire d'anciens James Bond, de têtes couronnées européennes, de riches héritiers et, inévitablement, de quelques parasites, ce village pittoresque se niche à l'ombre des tourelles de son hôtel emblématique, le Gstaad Palace. Les vrais skieurs vous le diront sans détour : le ski est assez décevant. On vient ici pour voir et être vu, faire la fête dans les adresses les plus chics et faire du lèche-vitrines devant les boutiques de la rue principale.

Gstaad est aussi réputée pour sa fondue. C'est chez Saagi Stübli, au sous-sol de l'Hotel Gstaaderhof, qu'elle est la meilleure.

MICHAEL TAYLOR / LPI

713 MIAMI (ÉTATS-UNIS)

Direction South Beach (dites “SoBe”) pour un safari d'observation de mannequins, rappeurs, yuppies, starlettes, grands chefs étoilés et pop stars, mêlés çà et là à des gens “normaux”. Miami est une cité cosmopolite bouillonnante et sensuelle, mais aussi un lieu où voir et être vu. À South Beach, Vénus et Apollons prennent le soleil sur des plages bordées de chefs-d'œuvre Art déco que les designers les plus en vogue ont aménagés en hôtels ultra-hype. La jet-set vient ici s'amuser, se faire chouchouter et bronzer sous les flash des paparazzi, s'ébrouant dans son milieu naturellement bling-bling en sirotant un mojito sur des rythmes latinos. Entrez dans la danse !

À Miami, le bolide clinquant est de rigueur : faites tourner les têtes en louant une voiture chez Bling Bling Exotic Car Rental (www.blingblingexoticcarrental.com).

714 SAINT-BARTH' (ANTILLES)

Les privilégiés de ce monde n'aiment probablement rien tant que batifoler aux Antilles. Ces îles paradisiaques sont, disons-le, comme un parc d'attractions géant pour la jet-set. Rien d'étonnant à ce que Saint-Barthélemy (Saint-Barth' pour les intimes) ait, entre toutes, les faveurs de ces êtres gâtés par le sort : cette perle aux plages sublimes répond à tous les critères de la villégiature de rêve. Dans ses criques orientées à la perfection se nichent des restaurants sélects, les collines ondoyantes semblent faites pour d'immenses villas et le port de Gustavia pour accueillir les méga-yachts. Des noms de célébrités venues dans ce petit paradis ? On irait plus vite en listant celles qui n'y sont jamais allées…

Les people ont la vie dure, d'où ce besoin constant de douceurs : comme eux, rendez-vous au luxueux Hôtel Guanahani & Spa (www.leguanahani.com) pour une semaine (ou plus) de soins et de détente.

715 WAKAYA (FIDJI)

Tout aspirant à la célébrité digne de ce nom a rêvé d'acheter une île. Mais que construire sur votre petit bout de paradis ? L'entrepreneur canadien David Gilmour n'a pas hésité longtemps : un complexe hôtelier parmi les plus luxueux et les plus sélects du monde. Propriétaire depuis 1973 de Wakaya, une île de 8 km² dans l'archipel des Fidji, Gilmour accueille généreusement les hôtes dans son splendide refuge océanien. Enfin, généreusement… à condition qu'ils déboursent 2 000 $US pour une nuit dans une *bure* (maison traditionnelle), voire 7 600 $US dans la villa Vale O (la suite royale de Wakaya, de 1 100 m²). Mais avec, en prime, le privilège d'avoir pour voisin de transat Bill Gates, Keith Richards, Nicole Kidman ou Russell Crowe.

Si votre bourse est trop légère pour fouler Wakaya, découvrez-la depuis les airs avec Island Hoppers (www.helicopters.com.fj), qui propose des vols à partir de 399 $FJ.

716 GOLDENEYE (JAMAÏQUE)

Si écrire un roman d'espionnage vous démange, vous trouverez peut-être l'inspiration à Goldeneye. C'est ici que Ian Fleming écrivit ses James Bond dans les années 1950 et 1960, recevant parallèlement tout le gratin de la littérature et du cinéma de l'époque. L'ancienne résidence secondaire de l'écrivain, dans un cadre divin au bord des eaux limpides de la mer des Caraïbes, fut rachetée et agrandie par le fondateur de la maison de disques Island Records, Chris Blackwell : outre la maisonnette de trois pièces qui fut celle de Ian Fleming, plusieurs petites villas sont à louer dans ce paradis. Commandez un Martini au bar et jouez des coudes avec Johnny Depp, Sting, Scarlett Johansson, Bono ou Kate Moss. Une question : on peut apporter Daniel Craig dans ses valises ?

007 est passé maître dans l'art de lâcher négligemment le combiné du téléphone en pleine conversation pour conduire sa dernière conquête vers le lit. Entraînez-vous à cet art délicat au Goldeneye Hotel (www.goldeneyehotel.com).

717 SVETI STEFAN (MONTÉNÉGRO)

Aspirants jet-setters, prenez note : le Monténégro est indépendant depuis 2006, et son littoral sublime (sorte de Croatie sans tourisme de masse) n'a plus rien d'un secret d'État. L'île minuscule et incroyablement pittoresque de Sveti Stefan est la sensation du moment. Elle se consacra pendant des siècles à la pêche, jusqu'à ce que quelqu'un vienne la racheter pour en faire un complexe hôtelier de luxe. Le succès fut immédiat auprès du Tout-Hollywood et des monarques européens (on y vit Sofia Loren et la reine Élisabeth II), mais, dans les années 1990, l'îlot n'avait plus tant la cote. Depuis quelques années, hommes et femmes d'affaires foulent ses rues pavées jadis prisées par les stars de cinéma, et l'hôtel a rouvert en 2009, plus glamour que jamais.

Sveti Stefan se trouve sur la Budva Riviera, la Mecque du tourisme monténégrin. Son climat méditerranéen en fait une destination de choix de mars à septembre.

718 IBIZA (ESPAGNE)

Pour le monde entier, Ibiza égale clubbing. L'île a inventé la rave, et ses célèbres clubs et bars gigantesques (le Space, le Pacha, le Café del Mar, etc.) attirent les hédonistes des quatre coins du globe. De juin à septembre, les couche-tôt ont intérêt à éviter l'endroit. De fait, des foules de jeunes amateurs de fête et de soleil se pressent ici, de Leonardo di Caprio à P. Diddy en passant par Kate Moss ou Kylie Minogue, mais aussi des grands DJ, des stars du football européen et des *fashionistas*. La grosse réputation noctambule d'Ibiza éclipse des paysages époustouflants et de magnifiques plages quasi désertes, pourtant idéales après une nuit de folie ou pour un apéritif au coucher du soleil.

Pour ne pas vous entasser dans les hôtels d'Ibiza, louez-vous une propriété. Rendez-vous sur www.ibizasolutions.net.

DALLAS STRIBLEY / LPI

Les berlines de luxe sont le lot quotidien des voituriers de l'Hôtel de Paris à Monte-Carlo

719 CÔTE D'AZUR (FRANCE)

Attention, pluie d'étoiles ! À commencer par les villes de la région, telles Saint-Tropez, Cannes, Nice, Monte-Carlo, et des paysages d'une beauté saisissante qui ont inspiré de grands artistes comme Renoir, Picasso et Matisse, mais aussi une liste interminable de grands noms du cinéma et du show-business, des lettres et du monde des arts, du grand monde et du demi-monde, attirés ici comme des abeilles par la lavande depuis le XIXe siècle. Faites comme eux : ne circulez qu'en yacht, délassez-vous sur la plage – privée –, retrouvez vos amis aux tables de black jack, appréciez restaurants et boutiques les plus chics tout le long de la côte.

Découvrez comment dort la jet-set dans l'un des établissements les plus glamour de la Côte d'Azur, l'Hôtel du Cap-Eden-Roc (www.hotel-du-cap-eden-roc.com ; double à partir de 470 €).

720 LES HAMPTONS (ÉTATS-UNIS)

Depuis longtemps, les New-Yorkais pas assez fortunés pour passer le week-end dans les Hamptons se reconnaissent à leur présence au bureau le lundi. La pointe sud de Long Island est depuis des lustres le terrain de jeux estival de tout le gotha établi de la Grosse Pomme, rejoint depuis peu par de "nouveaux riches", designers et traders new-yorkais ou stars hollywoodiennes. Des propriétés tentaculaires appartenant à des privilégiés tels que Ralph Lauren, Steven Spielberg, Jerry Seinfeld, Martha Stewart et Billy Joel alternent sur la côte avec d'élégantes bourgades. Certains vendraient père et mère pour être invités à une fête à East Hampton, ville-reine des Hamptons, où paparazzi en herbe et admirateurs de somptueuses villas sont à la fête.

L'élite nantie se retrouve de longue date chez Nick & Toni's (www.nickandtonis.com) pour dévorer des délices tout juste sortis du four à bois et (bonne nouvelle !) à portée de toutes les bourses !

LES SITES LES PLUS VISITÉS DU ROYAUME-UNI

PETITE LISTE DES SITES BRITANNIQUES LES PLUS COTÉS, DES GRANDS CLASSIQUES AUX PLUS RÉCENTS.

721 BRITISH MUSEUM (LONDRES)

Avec plus de 5,4 millions de visiteurs annuels, le British Museum, le plus grand musée du pays, figure en tête du classement des sites londoniens les plus fréquentés. Son succès s'explique aisément : l'entrée est gratuite et les collections, stupéfiantes. On est d'emblée impressionné par la Great Court, vaste cour carrée réaménagée par Norman Foster en 2000. Se succèdent ensuite de vastes galeries consacrées aux civilisations antiques (égyptienne, étrusque, romaine, etc.). Profitez d'une visite guidée gratuite “eyeOpener” et ne manquez pas les pièces maîtresses, notamment la pierre de Rosette, les sculptures du Parthénon (ou marbres d'Elgin) et le remarquable trésor de l'Oxus. N'espérez pas tout voir en une seule visite !

Découvrez les différents itinéraires de visite proposés par le musée sur www.thebritishmuseum.org.

722 EDEN PROJECT (CORNOUAILLES)

L'Eden Project est en phase avec son époque : à l'heure où le respect de l'environnement est sur toutes les lèvres, ce site au nom mystérieux abrite les plus grandes serres de la planète. Il a été conçu dans le cadre d'un projet éducatif remarquable démontrant à quel point l'homme ne peut se passer de la nature. Les milieux tropicaux, tempérés et désertiques ont été recréés à l'intérieur de vastes biomes permettant de découvrir en un seul voyage les forêts tropicales d'Amérique du Sud et les déserts nord-africains. On ne vient pas seulement ici pour s'instruire : des concerts ont lieu l'été (les Eden Sessions) et un festival est organisé l'hiver (une patinoire est également installée sur le site).

L'Eden (www.edenproject.com) se trouve à environ 5 km au nord-est de St Austell, dans les Cornouailles. Des bus assurent la navette. Vous bénéficierez d'une réduction sur le tarif d'entrée si vous venez à vélo.

723 PLEASURE BEACH (BLACKPOOL)

Avec ses bâtiments kitsch, ses enseignes lumineuses racoleuses et son parc d'attractions, Blackpool est la quintessence des stations balnéaires britanniques. L'endroit doit son succès (6 millions de visiteurs par an) à Pleasure Beach, un espace de 16 ha en bord de plage réunissant plus de 125 attractions, parmi les meilleures d'Europe, des manèges high-tech pour amateurs de sensations fortes aux paisibles carrousels à l'ancienne (ne manquez pas le Big Dipper, une petite merveille datant de 1923).

De début septembre à début novembre, les 8 km du front de mer brillent de mille feux à l'occasion des Illuminations de Blackpool.

Les trams à l'ancienne ajoutent à l'ambiance rétro kitsch de Pleasure Beach

724 CATHÉDRALE DE CANTORBÉRY (KENT)

Siège de l'Église anglicane, Cantorbéry (Canterbury en anglais) est considérée comme la plus belle ville épiscopale d'Angleterre. Sa cathédrale, l'une des plus remarquables d'Europe, domine le charmant centre-ville, riche de ruelles médiévales, de jardins au bord de l'eau et de fortifications anciennes. Construite entre le XIe et le XVe siècle, elle se distingue par son architecture mêlant admirablement les styles roman et gothique primitif et par son atmosphère propice au recueillement. La cathédrale est associée à de nombreux récits captivants. Certains sont célèbres pour leurs épisodes tragiques : l'archevêque Thomas Becket y fut assassiné en 1170 ; sa tombe est depuis devenue un lieu de pèlerinage.

Datant du XVe siècle, le Cathedral Gate Hotel (www.cathgate.co.uk) jouxte l'imposante entrée de la cathédrale.

725 TOUR DE LONDRES

La Tour de Londres est le site payant le plus fréquenté de la capitale britannique, avec 2 millions de visiteurs par an. Il s'agit en réalité d'un château, achevé en 1285, dont les divers édifices servirent de résidence royale, de Trésor, d'hôtel des Monnaies et d'arsenal. La tour, construite en 1078 sous Guillaume le Conquérant, est la plus ancienne partie de cette forteresse. Sous Henri VIII, elle fut transformée en prison. Elle est encore gardée aujourd'hui par des hallebardiers. Le site de l'échafaud, les corbeaux omniprésents ou la fameuse salle des joyaux de la Couronne donnent corps aux légendes qui entourent ce lieu.

Une légende dit que le royaume périclitera le jour où les corbeaux quitteront la Tour. C'est pourquoi on leur a rogné les ailes !

726 CHÂTEAU D'ÉDIMBOURG (ÉCOSSE)

Remontez le temps en empruntant le Royal Mile jusqu'au château d'Édimbourg, qui domine la capitale écossaise du haut d'un éperon rocheux. L'édifice présente un mélange de styles architecturaux reflétant ses diverses fonctions à travers les siècles : il servit à la fois de résidence royale et de bastion militaire. Derrière ses imposantes murailles, la petite chapelle St Margaret, du XIIe siècle, est le plus vieux monument de la ville. Le château abrite les joyaux de la Couronne écossaise, qui comptent parmi les plus anciens d'Europe, ainsi que la pierre du Destin, emblème de la nation écossaise. Où que vous vous trouviez à Édimbourg, vous n'échapperez pas au coup de canon tiré chaque jour à 13h depuis les remparts.

Visitez le château en août, lors du spectaculaire Military Tattoo d'Édimbourg (www.edinburgh-tattoo.co.uk), un grand festival de musique militaire.

Le château d'Édimbourg, revêtu de son manteau d'hiver, trône fièrement sur son rocher

727 LAC WINDEMERE (PARC NATIONAL DE LAKE DISTRICT)

Quelque 14 millions de visiteurs se rendent chaque année dans ce parc national du nord de l'Angleterre. Pour beaucoup, ses grands lacs s'étirant au fond de vallées glaciaires dominées par des sommets escarpés constituent les plus beaux paysages du pays. Le plus impressionnant d'entre eux est le majestueux lac Windermere. Ses eaux argentées, qui s'étendent sur 17 km d'Ambleside à Newby Bridge, attirent les touristes depuis le milieu du XIXe siècle et l'arrivée des premiers trains à vapeur dans la région. Plusieurs prestataires proposent des excursions en bateau sur le lac – la plus appréciée étant la croisière à bord du *Tern*, qui promène les visiteurs depuis plus d'un siècle.

Les différentes formules d'excursions en bateau sur le lac sont présentées sur le site www.windermere-lakecruises.co.uk. Il est aussi possible de louer un canot.

NEIL WILSON / LPI

728 XSCAPE (MILTON KEYNES)

Ville nouvelle bâtie au nord de Londres, Milton Keynes souffre d'une réputation désastreuse en Grande-Bretagne. Elle possède pourtant l'un des sites touristiques les plus visités d'Angleterre (près de 7 millions d'entrées annuelles), Xscape, grand parc d'attractions proposant de multiples activités : les plus longues pistes de ski indoor du royaume, un tunnel vertical dans lequel est propulsé de l'air permettant de simuler un saut en chute libre, des murs d'escalade, un bowling, un cinéma, des boutiques, des restaurants, etc. De quoi redorer le blason de cette triste agglomération.

Milton Keynes a été conçue selon un plan quadrillé dans les années 1960.

729 TATE MODERN (LONDRES)

Sur la rive sud de la Tamise, transfiguré ces dernières années par un important programme de réhabilitation, se dresse l'un des pôles culturels majeurs de la capitale. D'une centrale électrique désaffectée, une équipe d'architectes bien inspirés a fait un étonnant musée d'art moderne. Inaugurée en l'an 2000, la Tate Modern a rapidement figuré dans le "Top ten" des sites londoniens, avant de devenir le musée d'art contemporain le plus visité du monde. Un véritable tour de force, d'autant que la Tate Modern a relevé la gageure de présenter au grand public des œuvres parfois déconcertantes. Après la visite (ne manquez pas les œuvres monumentales présentées dans le vaste Turbine Hall), prenez une pause dans le restaurant aménagé au dernier étage et profitez du panorama exceptionnel.

Après l'art contemporain (www.tate.org.uk/modern), pourquoi ne pas poursuivre avec un grand classique londonien ? Le théâtre Shakespeare's Globe (www.shakespeares-globe.org) vous invite à un saut dans le passé.

730 MUSÉE DE KELVINGROVE (GLASGOW)

Après trois années de fermeture dues à d'importants travaux de rénovation, le plus beau musée d'Écosse a enfin rouvert ses portes. Ce majestueux édifice victorien, qui est aussi le site gratuit le plus fréquenté du pays, présente des collections consacrées à l'histoire naturelle et à l'histoire écossaise – on peut y voir un Spitfire (avion de la Seconde Guerre mondiale) grandeur nature, tandis que la Glasgow Stories Exhibit illustre des épisodes de l'histoire de la ville – ainsi que de nombreuses œuvres d'artistes écossais et européens, dont *Le Christ de saint Jean de la Croix* de Salvador Dalí (le tableau préféré des Écossais, d'après un sondage).

50 personnes ont été mobilisées trois ans durant pour emballer les 200 000 objets du musée avant sa restauration.

LES PAYS IGNORÉS DES TOURISTES

PERDUS DANS DES RECOINS OUBLIÉS DE LA PLANÈTE, CES PAYS TROP SOUVENT DÉDAIGNÉS GAGNENT POURTANT À ÊTRE CONNUS.

731 SURINAME

Sur la côte atlantique dans le nord de l'Amérique du Sud, cette ancienne colonie néerlandaise est un authentique melting-pot où les cultures indiennes se mêlent aux influences britannique, hollandaise, chinoise, indienne et indonésienne. La capitale, Paramaribo, conserve de beaux témoignages de l'architecture coloniale hollandaise, mais les réserves naturelles sont les joyaux du Suriname (quoique les infrastructures soient déficientes). Celles de Raleighvallen et de Brownsberg sont réputées pour l'abondance de leurs oiseaux. À la frontière de la Guyana et de la Guyane française, tout aussi méconnues, c'est la dernière terra incognita des voyageurs épris de l'Amérique latine.

Vols directs depuis Amsterdam avec KLM (www.klm.com). Des pass aériens permettent de voyager à moindre frais dans les Caraïbes.

732 TOGO

En Afrique de l'Ouest, ce petit pays en couloir est de ceux qui ravissent tous les cœurs. Lomé, sa capitale, déroule ses plages et ses palmiers face à l'océan Atlantique, mais derrière elle s'étendent des paysages variés, de profondes vallées en hauts sommets bordés ensuite par la savane. Le Togo est d'une richesse telle que vous y trouverez forcément votre bonheur : après une séance de planche à voile sur le lac Togo, peut-être vous retrouverez-vous à musarder dans des étals de soins vaudous sur le marché aux fétiches de Lomé.

Des ferries rejoignent Lomé depuis le Bénin, le Burkina Faso et le Ghana. Plus d'infos sur www.togoport.tg. Pour l'avion, contacter Afriqiyah Airways (www.flyafriqiyah.com).

733 KOWEÏT

Célèbre uniquement pour avoir été envahi en 1990, le minuscule Koweït n'apparaît guère sur les feuilles de route des voyageurs, notamment parce qu'il a pour seuls voisins l'Irak et l'Arabie saoudite, ce qui ne facilite pas l'entrée par voie terrestre. Il y a certes des vols directs, mais le jeu n'en vaut la chandelle que si vous aimez les centres commerciaux luxueux et les routes à quatre voies. Au-delà du luxe clinquant de Koweït City, vous pourrez faire l'ascension du point culminant du pays dans le massif du Mutla (145 m), ou visiter Al Ahmadi, berceau de l'industrie pétrolière koweïtienne. Fantastique, n'est-ce pas ?

Arrivez par bateau depuis le port iranien de Bushehr ou passez la frontière par voie terrestre depuis l'Arabie saoudite. L'entrée via l'Irak est déconseillée.

734 SÃO TOMÉ ET PRÍNCIPE

Envie d'Antilles à deux pas des côtes africaines ? Rêve exaucé : paisibles et peu fréquentées, ces deux îles forment le plus petit des États africains et sont aux antipodes (au sens figuré) de l'Afrique. Rares sont ceux qui les connaissent, plus encore ceux qui les visitent, mais leurs charmes sont un secret de moins en moins bien gardé. Et pour cause : plages désertes à perte de vue, eaux cristallines, sommets déchiquetés et forêts tropicales. Ajoutez à cela un mode de vie décontracté, du vrai bon café, de délicieux fruits et fruits de mer et… Vous êtes encore là ?

Vols directs depuis Lisbonne avec Air Portugal (www.flytap.com). Quelques rares bateaux depuis Libreville et Douala.

735 COMORES

À la grande époque du commerce transocéanique, les Comores étaient une halte traditionnelle pour les navires passant le cap de Bonne-Espérance. Puis l'archipel passa dans l'ombre du canal de Suez, et aujourd'hui seules 25 000 personnes s'y rendent chaque année. Voisines des Seychelles et à quelques brasses de l'île Maurice, les Comores pourraient être un paradis tropical, mais le pays, aussi fragmenté politiquement que géographiquement, a connu quelque 20 tentatives de coups d'État depuis son indépendance de la France en 1975. À Mayotte, qui fait partie de l'archipel mais est restée française, vous pourrez admirer l'un des plus grands lagons du monde.

Vous devez avoir au moins 23 ans pour louer une voiture. Les itinéraires les plus intéressants nécessitent un 4x4. Selon votre destination, vous voudrez peut-être louer les services d'un chauffeur.

736 ALBANIE

Bordée par une côte encore préservée du développement, l'Albanie est occupée aux trois quarts par une chaîne de montagnes escarpées que longe une étroite plaine côtière. À Tirana, la capitale, les anciens monolithes de béton de l'ère communiste ont été repeints de couleurs gaies, les rues sont chaotiques et les bars ne désemplissent pas. Si Durrës, sur la mer Adriatique, fait figure de station balnéaire classique, la "Riviera albanaise", plus au sud, sur la côte ionienne, vous étonnera par ses superbes plages et paysages sauvages.

Les montagnes albanaises ne manquent pas non plus d'attraits comme en témoignent les sept lacs de Lura, dans des cirques glaciaires, ou la citadelle de Berat.

737 GUINÉE-BISSAU

Avec l'un des peuples les plus accueillants d'Afrique de l'Ouest, la Guinée-Bissau est comme une pépite dénichée chez un disquaire désordonné. La partie continentale du pays renferme bourgades coloniales assoupies, plages paisibles et forêts sacrées, mais la destination la plus touristique est incontestablement l'archipel des Bijagós, agrégat d'îles sauvages et isolées riches d'une incroyable diversité marine et animale. L'ambiance décontractée et quasi provinciale de la capitale, Bissau, la distingue de la frénésie de la plupart des grandes villes de cette partie du continent – mais, en matière de visites, cela se résume pour l'essentiel aux ruines de la guerre.

Rendez-vous en Guinée-Bissau de novembre à janvier pour éviter la saison des pluies (juin à octobre) ou de février à avril (les températures flirtent alors souvent avec les 40°C).

738 NIUE

Îlot perdu à 600 km de son plus proche voisin, Niue voit si peu de visiteurs que deux vols tout juste y atterrissent chaque semaine (depuis Auckland et Apia). Il n'a pas la beauté d'autres perles du Pacifique, car les plages sont rares. En revanche, les spéléologues sont à la fête, avec les gouffres de Vaikona et de Togo, tandis que les plongeurs exultent, car la visibilité est proprement fabuleuse. De fait, le nom du site de plongée au large de la côte ouest, baptisé Toilet Bowl (littéralement "cuvette des toilettes"), ne rend pas grâce à la qualité de la plongée à Niue.

Air New Zealand (www.airnewzealand.co.nz) propose un vol hebdomadaire pour Niue ; organisez votre voyage sur www.niue.southpacific.org.

739 BIÉLORUSSIE

Pendant que d'autres anciens satellites soviétiques voient affluer les touristes, la Biélorussie reste dédaignée, malgré sa position clé entre Moscou et le reste de l'Europe. La dernière dictature d'Europe est l'endroit idéal pour plonger dans le monde soviétique : sa capitale, Minsk, fut quasi rasée pendant la Seconde Guerre mondiale et rebâtie dans le plus pur style stalinien. Pour des beautés naturelles, direction le parc national Belovezhskaya, à cheval sur la frontière polonaise : la plus grande forêt primaire d'Europe abrite des bisons d'Europe, les plus grands mammifères du Vieux Continent.

Le Banana Lounge Bar, sur voul Staravilenskaïa 7 à Minsk, est un bar animé de style turc où vous pourrez méditer sur l'identité biélorusse. La station de métro la plus proche est Njamiha.

740 KIRGHIZISTAN

Grand pays montagneux au même titre que le Népal, le Pérou ou le Canada, le Kirghizistan est injustement méconnu. Cette ancienne république soviétique, longtemps fermée aux étrangers, possède les sommets les plus hauts et les plus spectaculaires de l'Asie centrale, avec un point culminant à 7 500 m. Force est de reconnaître cependant que ce sont là à peu près tous les trésors du Kirghizistan, par ailleurs pauvre en sites et en infrastructures touristiques. La plupart des visiteurs rejoignent ainsi la région relativement développée du lac d'Issyk-Koul, le deuxième plus haut du monde, excellent point de départ pour du trekking de haut vol.

Des vols directs rejoignent la capitale, Bichkek, depuis Istanbul, avec Turkish Airlines (www.thy.com), ou Londres, avec British Airways (www.britishairways.com).

OÙ SE BAIGNER DANS LE PLUS SIMPLE APPAREIL

DÉBARRASSÉ DE VOS VÊTEMENTS ET DE VOS INHIBITIONS, JETEZ-VOUS À L'EAU !

Détente absolue dans un *onsen* bouillonnant avec vue sur les montagnes enneigées

741 FORMENTERA (ESPAGNE)

Des marques de bronzage ? Jamais ! Formentera, la plus petite et la plus méridionale des Baléares, se targue de quelques-unes des plus belles plages de la Méditerranée. Et inutile de faire sa timide sur ses belles étendues de sable : la nudité est ici la norme, et vous attirerez davantage les regards habillé qu'en tenue d'Adam. La Playa Levante est une plage abritée, bordée d'arbres et de dunes, tandis que les eaux cristallines de la baie de la Playa Es Calo raviront les amateurs de snorkeling. Du nudisme simple et décontracté dans un cadre superbe.

À seulement 1 heure de bateau d'Ibiza, Formentera est une île plus nature et paisible : les visiteurs y sont invités à se déplacer à vélo plutôt qu'en véhicule motorisé.

742 LAC VITI, CALDEIRA D'ASKJA (ISLANDE)

Askja est le joyau des mille trésors volcaniques de l'Islande. Isolé au cœur des hauts plateaux du centre de l'île, dans l'ombre de l'immense glacier Vatnajökull, l'endroit est d'accès difficile : il vous faudra de l'habileté et du cran pour conduire ici et franchir d'intimidantes rivières glaciaires, mais l'effort en vaut la chandelle. À la suite d'une énorme éruption en 1875, la caldeira du volcan s'est effondrée et remplie d'eau, créant le lac Öskjuvatn qui, avec ses 220 m, est le plus profond d'Islande. Mais c'est son voisin le Viti qui attire les visiteurs : les plus intrépides descendent dans le cratère encaissé pour se baigner dans ses eaux chaudes – maillot de bain facultatif.

L'été, l'hôtel Reykjahlid (www.reykjahlid.is) propose tous les jours une excursion au lac depuis Mývatn.

JOHN BORTHWICK / LPI

743 BAIN TRADITIONNEL ONSEN (JAPON)

La tradition de l'*onsen* (bain dans des sources chaudes) est profondément enracinée dans la culture japonaise. Situé sur la Ceinture de feu du Pacifique, le Japon a une activité volcanique bouillonnante et des milliers de bains publics ouverts aux habitants comme aux touristes. Des armées de travailleurs japonais trouvent dans l'*onsen* le parfait antidote au stress, un endroit idéal pour se détendre et se libérer des chaînes de la vie urbaine – et de tout vêtement. Une philosophie qui n'est pas du goût de tous les Occidentaux : si vous êtes de ceux-là, sachez que la plupart des *onsen* proposent des séances non mixtes. Ne ratez pas cette chance de découvrir un plaisir 100% nippon.

Pour savoir où aller, www.secret-japan.com tient à jour une liste d'une bonne centaine d'*onsen* dans tout le Japon, avec tarifs et horaires.

Sauna brûlant suivi d'un bain glacé, les Finlandais ne craignent pas le choc thermique

744 BAIN GLACÉ (FINLANDE)

L'été, le Finlandais n'aime rien tant que paresser dans sa maison de vacances aux côtés de son barbecue et aller batifoler dans l'un des 187 888 lacs cristallins de son beau pays. Mais pourquoi limiter la baignade à la belle saison ? Voici la recette de leur bien-être, à pratiquer toute l'année : sauna finlandais suivi d'un plongeon dans une eau glacée à en claquer des dents. Les établissements publics exigent généralement le maillot de bain pour la baignade, mais si vous savez ce que vous faites, rien ne vous empêche d'aller faire votre propre trou dans la glace. Dans la nature, par une soirée paisible sous un ciel constellé d'étoiles, courir de la chaleur du sauna jusqu'à l'eau sombre et glacée est une expérience délicieusement cinglante.

Si vous préférez sauter l'étape découpage de glace, le pays compte 170 trous entretenus. La saison s'étend d'octobre à février. Consultez les adresses sur www.visitfinland.com.

745 ÎLE DE RAB (CROATIE)

Le naturisme, étonnamment, est bien ancré en Croatie. Le premier camp naturiste fut ouvert par un Autrichien sur l'île de Rab au début du XXe siècle. Mais ce sont le roi Édouard VIII et sa future épouse Wallis Simpson qui en lancèrent véritablement la mode en se baignant nus sur la côte de Rab en 1936. À Lopar, dans le nord de l'île, on peut se mettre à l'aise sur la plage du Sahara, dans une charmante crique isolée, accessible par un sentier (45 minutes). On se dénude aussi sur la plage de Stolac, près de la plage du Paradis, la plus célèbre de l'île.

Campings, centres et résidences naturistes se sont multipliés sur la côte istrienne, certains sites pouvant accueillir 6 000 personnes…

746 PARADISE BEACH, MYKONOS (GRÈCE)

Dans les années 1960, les hippies ont fait de Paradise Beach un haut lieu de l'amour libre et des plaisirs en tout genre. L'endroit reste aujourd'hui la Mecque de la fiesta où l'on se retrouve entre routards dans les bars de plage jusqu'au bout de la nuit. Forcément, la destination est touristique : n'imaginez pas avoir la plage pour vous seul. Pour se rafraîchir les idées et mieux faire connaissance, rien de tel qu'un bon bain de minuit – en bonne et due forme, autrement dit sans maillot.

Paradise Beach est à 4,5 km en taxi ou en bus du centre de Mykonos. La nuit dans un appartement partagé coûte environ 25 € par personne. Si votre budget est vraiment serré, pensez aux "cabanons" de plage.

747 RADHA NAGAR (ÎLES ANDAMAN ET NICOBAR)

Disséminées dans le golfe du Bengale non loin du Myanmar et de l'Indonésie, les 582 îles d'Andaman et Nicobar ont connu une triste célébrité après le tsunami de 2004. Le tourisme renaît aujourd'hui, et Radha Nagar, sur Havelock Island, reçoit une pluie d'éloges. C'est sans doute aller vite en besogne que de la sacrer "la plus belle plage d'Asie", mais, sur place, on veut bien y croire : sable blanc immaculé, eaux turquoise et récifs coralliens invitant au snorkeling plaident en sa faveur, de même que les couchers de soleil à couper le souffle. Un cadre de rêve pour barboter dans le plus simple appareil, à condition de faire attention aux courants.

Des ferries partent pour Havelock trois fois par jour de Port Blair, dont un "spécial touristes" (spécialement lent) à 14h.

748 ÎLE DU LEVANT (FRANCE)

Cruchot, le célèbre gendarme de Saint-Tropez, aurait du fil à retordre, car s'y retrouver entre les zones naturistes, "textiles" (réservées aux personnes vêtues) ou mixtes relève du casse-tête. Code de base : le naturisme est libre partout sauf dans les lieux publics, sur le port et sur la place du village, où le port d'un paréo s'impose, et la tenue d'Adam est en revanche obligatoire sur la plage des Grottes et sur les bords de mer. Le domaine naturiste d'Héliopolis, sur l'île du Levant, au large de la rade d'Hyères a été créé en 1931 par deux médecins.

On y accède en bateau au départ des ports d'Hyères, du Lavandou, de Cavalaire ou de La Croix-Valmer.

749 ENGLISCHER GARTEN, MUNICH (ALLEMAGNE)

Les Allemands sont incontestablement de grands adeptes du nudisme et le pratiquent avec une décontraction qu'on peut leur envier. La pratique trouve son origine au XIXe siècle dans le mouvement de la *Freikörperkultur* ("culture du corps libre") et perdure aujourd'hui même chez les citadins. L'été, les Munichois se rendent par milliers dans le plus grand parc de la ville, l'Englischer Garten, où ils se débarrassent de tout ce qui peut entraver leur corps. La vue des costumes cravates soigneusement pliés sur l'herbe est un spectacle étonnant et une source d'amusement infini pour les touristes.

Montez dans un rickshaw (www.rikscha-mobil.de) pour faire le tour du parc et faites halte à la maison de thé japonaise.

750 TURTLE ISLAND (FIDJI)

Réservé aux amoureux : cette île accueille 14 couples seulement dans des villas luxueusement équipées, avec restaurant face à la mer et un spa aussi somptueux que le cadre est idyllique. Mais il y a mieux encore : Turtle Island possède 14 plages privées – une pour chaque couple. Qui va vous interdire la balade au clair de lune, le bronzage ou le bain de minuit en tenue d'Ève et d'Adam ? On a peine à imaginer plus bel endroit pour s'effeuiller.

Il est possible de louer toute l'île pour la bagatelle de 275 000 $US les 7 nuits.

LES SPÉCIALITÉS LES PLUS SAVOUREUSES DE NEW YORK

RICHE DE LA DIVERSITÉ CULTURELLE DE SES HUIT MILLIONS D'HABITANTS, LA GROSSE POMME EST FORCÉMENT UN PARADIS CULINAIRE.

751 TRAITEURS JUIFS

"Mais vous ne mangez pas assez, mon petit !" : telle est la formule d'accueil typique de ces institutions new-yorkaises associant épicerie et petite restauration souvent casher (ou "façon casher"). Sur place, commandez un bol de soupe aux boulettes de *matza* aromatisée au *schmaltz* (graisse de poulet), ou un sandwich bien garni, par exemple au pastrami (classique) ou pain de seigle et bœuf rôti. À emporter, choisissez quelques *pickles* (légumes au vinaigre) ou bien un *kugel*, célèbre pâtisserie aux œufs. Originaires d'Europe de l'Est pour la plupart, ces plats font partie intégrante de la culture new-yorkaise.

C'est au Katz's Deli (205 E Houston St au niveau de Ludlow St) que Meg Ryan/Sally simula son célèbre orgasme – sans doute devant une crème aux œufs au chocolat.

752 MEXIQUE

Certes, la frontière sud des États-Unis n'est pas tout près, mais nombre de Mexicains sont aujourd'hui chez eux à New York. Les camions à tacos, depuis longtemps incontournables dans les rues de Los Angeles, apparaissent désormais régulièrement sur les chantiers de construction de la Grosse Pomme, offrant aux ouvriers leurs en-cas riches en protéines. Optez, par exemple, pour les *norteños* (au bœuf, meilleurs encore avec une sauce épicée) – mais évitez les variantes New Age comme ceux au tofu.

Autre option non ambulante, Brooklyn abrite d'excellentes *taquerías* où déguster burritos et nachos, arrosés de tequila.

753 HOT DOGS

Cet incontournable de la cuisine de rue n'est vraiment devenu new-yorkais qu'avec l'ajout de garnitures à volonté – trait de moutarde, soupçon de condiments ou cuillerée de choucroute ou d'oignons grillés. Le "chien chaud" arriva à New York dans les années 1800 dans les valises de l'Allemand Charles Feltman, qui tint le premier chariot de hot dogs sur les côtes de Coney Island. Aujourd'hui, tous les New-Yorkais engloutissent leur hot dog en allant prendre le métro ou bien au stade, arrosé d'une bière.

Nathan's Famous (1310 Surf Ave, Coney Island) organise un championnat de mangeurs de hot dog.

754 SOUL FOOD

La "Soul Food", c'est cette cuisine du sud des États-Unis telle que la préparent les Afro-Américains. Ces mets nourrissants sont proposés aujourd'hui un peu partout à New York, de Harlem au Bronx, généralement dans un cadre sobre et accompagnés de garnitures gargantuesques. La friture est *la* méthode de cuisson de la Soul Food, avec sur les cartes des incontournables comme le poulet frit, le steak pané et les *cracklins* (couenne de porc frite), à accompagner par exemple de chou au porc ou de *grits*, du gruau de maïs. Autre option, les macaronis au fromage, mais, dans tous les cas, on sauce avec du *corn bread*, un pain de maïs cuit au poêlon dont beaucoup attribuent l'invention aux Indiens d'Amérique.

Depuis 1962, Sylvia's (www.sylviasrestaurant.com) est le meilleur endroit à Harlem, voire à New York, pour un bon repas Soul Food.

DAN HERRICK / LPI

On ne cuisine pas avec son cœur mais avec son âme dans les restaurants de Soul Food de Harlem

755 CORÉE

À deux pas de Herald Sq, Little Korea est une petite enclave qui fait bouger la 32nd St au rythme du karaoké et des restaurants de barbecue ouverts toute la nuit. Les New-Yorkais adorent le côté "*do it yourself*" du *gogi gui* (barbecue coréen) : réunis autour d'un gril encastré dans la table, ils grillent eux-mêmes *bulgogi* (bœuf mariné) et *samgyeopsal*, du porc grossièrement coupé. Les végétariens préféreront le *bibimbap*, mélange de légumes de saison et de pâte de piment sur du riz. Le *kimchi*, des légumes fermentés et bien épicés, fait tant d'adeptes dans la Grosse Pomme que certains vendeurs de hot dogs en ajoutent à leurs sandwichs.

À déguster lors du festival du film coréen de New York (www.koreanfilmfestival.org).

756 CHINE

Plus de 15 000 Chinois vivent à New York, installés pour beaucoup dans les rues sinueuses au sud de Canal Street, d'ailleurs rebaptisé Chinatown. Ce que l'on appelle ici "cuisine chinoise" est un pot-pourri de toutes les régions de Chine, mais la plupart des immigrés chinois dans la Grosse Pomme sont originaires du Fujian. La mégapole américaine est donc l'endroit idéal pour déguster un "Bouddha saute par-dessus le mur", soupe d'aileron de requin typique de la province, avec concombre de mer, ormeaux et alcool de riz. Si la recette ne vous tente pas, d'innombrables adresses adaptent les plats traditionnels chinois, proposant par exemple du poulet Kung Po ou du sirupeux "thé aux perles".

La meilleure adresse pour manger chinois à New York ? Great N. Y. Noodletown (au 28 Bowery St, au niveau de Bayard St), pour des soupes et viandes rôties à tomber.

Puglia, l'un des meilleurs endroits pour déguster des *pasta* à Little Italy

757 ITALIE

Aller à New York sans manger italien tient de l'hérésie, pour le moins. Le quartier le plus *gustoso* est à deux pas de Chinatown : dans Mulberry St vous attendent des épiceries et boulangeries traditionnelles préparant des *cannoli* crémeux et des raviolis frais. Vous y trouverez aussi le Mare Chiaro, qui fut le repaire de Frank Sinatra. Installez-vous à une table à nappe à carreaux pour savourer un bon plat de bolognaises – si bien intégrées qu'elles sont devenus un classique de la cuisine américaine. Faites suivre d'un expresso bien serré, et vous voilà prêt à repartir dans Elizabeth St, où le jeune Martin Scorsese se fit affranchir sur les délices de la *pasta*.

La deuxième semaine de septembre se déroulent les fêtes endiablées de San Gennaro, en l'honneur du saint patron de Naples. À ne pas manquer !

758 PIZZA À PÂTE FINE

Certes, la pizza est indéniablement italienne, mais en franchissant l'Atlantique dans les années 1900, elle a vu sa pâte s'affiner – rapidité oblige dans la ville qui ne dort jamais ! Ailleurs aux États-Unis, elle a évolué différemment (*deep-dish pizza* à Chicago, variante californienne légère, etc.), mais New York s'enorgueillit d'être la seule ville où l'on puisse déguster d'authentiques pizzas à pâte fine. Vous pourrez les acheter entières dans des pizzerias dans toute la ville, mais rien de plus new-yorkais que la part triangulaire à 2 $US (même si certains ne jurent que par le découpage en carrés, à la sicilienne). Les garnitures sont variées, du traditionnel (sauce tomate, pepperoni et mozzarella) au plus exotique (pêche, fromage de chèvre ou pignons de pin).

Pour une soirée tranquille, repérez une enseigne Two Boots (www.twoboots.com), chaîne de pizzerias/vidéo-clubs.

759 CHEESECAKE

Cette douceur prisée par les gourmands existe en Europe au moins depuis le XVe siècle, mais Miss Liberty, en accueillant les pauvres du Vieux Continent, s'empressa aussi de leur chiper leurs desserts. Le cheesecake new-yorkais naît en 1921 grâce à Leo Lindemann, dont le restaurant Lindy's à Midtown fut le premier à servir un gâteau combinant *cream-cheese* et crème fraîche avec un trait de vanille, le tout sur une pâte croustillante : succès immédiat. D'autres recettes préconisent une pâte à base de *graham crackers* (gâteaux secs), des arômes mandarine ou citron, ou encore du *cottage-cheese* à la place du *cream-cheese*. Aujourd'hui, le cheesecake new-yorkais figure sur tous les menus de la ville, mais c'est aussi un gâteau apprécié dans le monde entier.

Avec des adresses à Grand Central, à Brooklyn et sur Times Square, savourer une part de Junior's Cheesecake (www.juniorscheesecake.com) est diaboliquement facile.

760 SPANISH HARLEM

C'est l'un des plus grands quartiers communautaires de New York, entre la Cinquième Avenue et l'East River, juste au-dessus de 96th St, plus connu désormais sous le nom d'El Barrio ou de Spanish Harlem. Depuis la Seconde Guerre mondiale, le marché de la Marqueta est le point de rencontre de la communauté portoricaine, même s'il se résume aujourd'hui à moins de 200 étals vendant toutes sortes de produits, des fruits tropicaux aux icônes religieuses. Avec un peu de chance, vous y trouverez aussi de la *cocina criolla* (cuisine créole) mêlant saveurs mexicaines, cubaines et portoricaines. Prêtez attention aux vendeurs d'*empanadillas* (chaussons) au crabe et de *piraguas* (cônes de glace aromatisés au tamarin ou à la goyave).

Pour un ragoût ou du porc rôti à la portoricaine, direction la Fonda Boricua (www.fondaboricua.com), où les repas sont toujours accompagnés par un groupe de musiciens.

OÙ EN AVOIR POUR SON ARGENT

DES ATOUTS VARIÉS POUR UN PRIX RAISONNABLE… DIX DESTINATIONS AU MEILLEUR RAPPORT QUALITÉ/PRIX.

761 ISLANDE

Destination à la mode, l'Islande séduit par ses somptueux paysages : glaciers majestueux, plages désertes de sable noir, sources chaudes, geysers, volcans en activité, montagnes imposantes et vastes champs de lave. Une beauté digne d'une carte postale. Mais cette île où le soleil semble ne jamais se coucher l'été possède d'autres atouts : une histoire passionnante, des traditions bien vivantes et une scène musicale réputée, en particulier à Reykjavík, capitale dynamique et accueillante, célèbre pour sa vie nocturne. Tout cela sans compter les nombreuses activités en plein air possibles : observation des baleines, baignade, pêche et plongée…

Si vous n'êtes pas frileux, économisez quelques couronnes en optant pour le camping. Plus d'infos sur www.nat.is.

762 JAPON

Partez à la découverte des restaurants, salles de karaoké, bars et discothèques de Tokyo ou déambulez tranquillement au fil des rues : les mille occupations qu'offre la capitale suffisent à se distraire des jours durant, sans nécessairement dépenser beaucoup d'argent. La culture de la consommation atteint ici des sommets, mais la ville sait aussi présenter un visage plus traditionnel : ruelles bordées d'échoppes de nouilles, *onsen* (sources thermales)… De multiples univers se côtoient, et vous croiserez aussi bien des Japonaises âgées en costume traditionnel que des adolescents aux tenues déjantées.

Si vous restez plus d'un mois, une pension (*minshuku*) vous coûtera environ 40 000 yens/mois. Le site www.japan-guide.com en recense un grand nombre.

763 COSTA RICA

Pays sans armée, le Costa Rica est à part dans la turbulente Amérique centrale. Pionnier en matière d'écologie, il veille à la préservation de la faune (singes, lézards, grenouilles, oiseaux exotiques et insectes) peuplant ses jungles luxuriantes : près de 27% de son territoire ont été classés espaces protégés. Outre ses nombreux (et immenses) parcs nationaux, il est doté de volcans, de plages splendides, de spots de surf et de sites se prêtant à la randonnée et au rafting. Ses habitants s'avèrent très accueillants et le café y est particulièrement bon. On trouve aussi au large de l'Isla del Coco l'un des plus beaux sites de plongée du monde.

Le Costa Rica possède 161 zones protégées, dont 25 parcs nationaux (www.costarica-nationalparks.com).

764 NICARAGUA

Le plus grand pays d'Amérique centrale reste curieusement épargné par le tourisme de masse. De nombreux voyageurs le perçoivent toujours comme une destination à risque, alors que le conflit qui l'a longtemps agité est bel et bien terminé. Ses parcs protégés, ses réserves naturelles, ses imposants volcans et ses vastes étendues de forêt tropicale ont toutefois déjà séduit bien des amateurs de randonnée. Ses ravissantes villes coloniales et ses plages somptueuses jalonnées de spots de surf et de plongée comptent parmi ses autres atouts. Et les tarifs sont plus que raisonnables…

Par voie terrestre, on pénètre au Nicaragua depuis le Costa Rica ou le Honduras.

765 RÉPUBLIQUE DOMINICAINE

La République dominicaine, ce sont des plages de rêve, dignes des plus belles îles tropicales, mais aussi un arrière-pays montagneux, propice à l'observation de la faune, à la randonnée et au rafting. Un cocktail d'autant plus détonnant que règne souvent dans le pays une ambiance de fête, que ce soit à l'occasion des championnats de surf, des nombreuses manifestations de quartier ou des deux grands carnavals annuels. Sa capitale, Saint-Domingue, a gardé de son passé de colonie espagnole une architecture Art déco surannée qui n'est pas sans évoquer Cuba.

Un bon repas au restaurant vous coûtera moins de 5 $US, une nuit d'hôtel à Samana environ 20 $US. Plus d'infos sur www.dominicanrepublic-guide.info.

766 ÉTHIOPIE

L'Éthiopie, berceau de l'humanité, invite à un long voyage dans le temps. C'est ici que fut découverte Lucy, notre lointaine ancêtre, âgée de trois millions d'années. Les restes de son squelette sont conservés au Musée national, à Addis-Abeba. Sans doute parce qu'il n'a connu la colonisation que brièvement, ce pays a su préserver son héritage culturel – le Nord est ainsi parsemé de monuments chrétiens du IVe siècle. Il se distingue en outre par la diversité de ses écosystèmes – forêts à feuillages caduque et persistant, étendues désertiques broussailleuses, zones humides et prairies, sans compter des montagnes escarpées sillonnées par d'innombrables sentiers de randonnée.

Le Musée national se trouve entre l'avenue Arat Kilo et le bâtiment du troisième cycle de l'université d'Addis-Abeba.

767 LAOS

Relativement préservé des influences étrangères, le Laos invite à succomber aux charmes de l'Asie millénaire, des plaines de la vallée du Mékong aux sommets escarpés des Annamites. Le sud du pays, longtemps isolé, est devenu beaucoup plus accessible depuis l'ouverture de la frontière le séparant du centre du Vietnam. Le pays est doté d'innombrables temples et monastères anciens, tandis que ses forêts vierges combleront les amateurs d'écotourisme, qui pourront s'y adonner à la spéléologie et au kayak.

Gagnez le Laos en bateau depuis la Thaïlande : de Chiang Khong (près de Chiang Mai), comptez 2 jours de croisière sur le Mékong pour atteindre Luang Prabang.

768 UKRAINE

Désormais remise des souffrances endurées pendant sa longue expérience soviétique et de la tragique catastrophe de Tchernobyl, l'Ukraine revit enfin, débordant d'un enthousiasme communicatif. Le pays a beaucoup à offrir, de l'atmosphère frénétique de sa capitale, Kiev, à la côte de Crimée, sur les bords de la mer Noire, en passant par les sentiers de randonnée des Carpates, réputées pour leur vie sauvage, sans oublier des joyaux d'architecture gothique et byzantine, ni les restaurants et les bars à petits prix. Les plus intrépides peuvent enfiler une combinaison de protection et parcourir les paysages postapocalyptiques de la centrale nucléaire de Tchernobyl.

La région de Tchernivtsi prend des allures de fête les 13 et 14 janvier à l'occasion des célébrations de Malanka et de saint Basil. La manifestation la plus impressionnante se déroule dans le village de Vashkivtsi.

769 JORDANIE

Nichée au milieu du désert et parfois difficile d'accès, Pétra est sans conteste l'un des plus beaux trésors archéologiques de la planète. Des voyageurs de tout horizon font le déplacement et l'émerveillement est toujours au rendez-vous. Parmi les autres merveilles jordaniennes à ne pas manquer : un coucher du soleil dans la romantique "vallée de la lune" (Wadi Rum) tant louée par Lawrence d'Arabie ou un bain bienfaisant dans les eaux exceptionnellement salines de la mer Morte. Pour ne pas se ruiner dans de coûteux centres de thermalisme, il suffit d'aller à la plage !

Consacrez au moins deux jours à la visite de Pétra : elle le mérite.

770 URUGUAY

Coincé entre deux géants, l'Argentine et le Brésil, l'Uruguay est malgré tout parvenu à se forger sa propre identité. Cette destination paisible offre un véritable répit après le tumulte de Buenos Aires ou de Rio. Laissez-vous tenter par ses ravissantes villes coloniales, ses plages charmantes et la beauté intacte de ses paysages naturels. Côté activités, vous n'aurez que l'embarras du choix : randonnée, équitation, pêche, cyclotourisme, observation des baleines… Pour une atmosphère plus branchée, rendez-vous sur la péninsule de Punta del Este, station balnéaire réputée qui attire toute l'année fêtards et célébrités de l'Amérique latine.

Punta del Este se trouve à 2 heures de route de Montevideo. Visitez la région entre décembre et février, l'été. Il fait moins chaud sur les plages le reste de l'année.

ENVOÛTANTES ÎLES DE LA MÉDITERRANÉE

LE SOLEIL, LE SABLE, LA MER, UNE ARCHITECTURE ET UNE CUISINE MÉTISSÉES, HÉRITAGES DE SIÈCLES D'HISTOIRE… QUE DEMANDER DE PLUS ?

771 MALTE

Ce petit État insulaire est l'endroit idéal pour une escapade improvisée : avec 300 jours d'ensoleillement par an en moyenne, vous êtes assuré de pouvoir profiter de ses plages aussi bien en avril ou novembre qu'en haute saison. Celles du nord-ouest de l'île principale – Golden Bay et Mellieħa Bay notamment – sont les plus appréciées. Si vous aimez observer la faune sous-marine, filez directement vers Gozo, deuxième île de l'archipel par la taille, dont les eaux translucides abritent quelques-uns des plus beaux sites de plongée d'Europe. Gardez un peu de temps pour admirer les merveilles du patrimoine maltais, à commencer par les monuments de La Valette.

Classée au patrimoine mondial de l'Unesco, La Valette, la capitale maltaise, compte la plus forte concentration de monuments historiques au monde. Le palais des Grands Maîtres et la cathédrale Saint-Jean sont parmi les plus impressionnants.

772 SICILE (ITALIE)

Sa réputation sulfureuse – à mettre sur le compte de la Cosa Nostra autant que sur celui des éruptions répétées de l'Etna tout au long du XXe siècle – ne suffit pas, loin de là, à la décrire. Terre métissée, la Sicile a été façonnée par de brillantes civilisations : il suffit pour s'en convaincre de faire un tour du côté de la vallée des Temples, célèbre pour ses monuments grecs antiques, ou d'admirer les mosaïques byzantines de la cathédrale Monreale à Palerme. Cette île volcanique séduit aussi par ses fabuleux décors naturels – plages de rêve, cratères escarpés, etc. Autre atout de taille : de savoureuses spécialités culinaires, comme la *caponata* aux aubergines ou la *pasta con le sarde*.

Comptez une vingtaine d'euros pour un repas composé d'une entrée (*primo*), d'un plat principal (*secondo*) et d'un dessert dans une petite trattoria, et deux fois plus dans un restaurant chic, vin non compris.

773 CRÈTE (GRÈCE)

Berceau de Zeus d'après la mythologie grecque, la Crète compte plusieurs sites naturels qui ont certainement eu, en leur temps, la faveur des dieux : les gorges de Samaria et la plage de Vaï, la seule d'Europe à être bordée de palmiers, appartiennent à cette catégorie. Ne manquez pas non plus les nombreux monuments anciens témoignant du passé tumultueux de cette grande île située au carrefour de trois continents. Vestige le plus renommé de la prestigieuse civilisation minoenne (du nom du légendaire roi Minos), qui régna jadis sur la mer Égée, le palais de Cnossos fait partie des incontournables, de même que La Canée et son délicieux mélange d'architecture turque et vénitienne.

Rendez-vous sur le site www.ile-de-crete.com pour préparer votre voyage. Au départ de la plupart des pays européens, le plus pratique pour se rendre en Crète consiste à passer par Athènes.

GREG ELMS / LPI

Les maisons colorées de Corricella resplendissent sous le soleil méditerranéen

774 PROCIDA (ITALIE)

C'est la plus petite (4 km²) et la moins développée des trois îles de la baie de Naples – les deux autres étant Ischia et la fameuse Capri. Quand on contemple les maisons méditerranéennes aux tons pastel de Corricella, les bosquets de citronniers et les petites baies épargnées par le tourisme de masse, on se dit que c'est aussi son secret le mieux gardé. Commencez par gagner le château d'Avalos, au sommet de l'île, pour une vue panoramique, puis partez pour une promenade en bateau ou profitez du soleil allongé sur le sable de la Spiaggia di Chiaia, en attendant l'heure de l'*aperitivo*.

Mettez-vous en train avec quelques *alici ripieni* (anchois farcis) ou une *insalata al limone* (salade au citron relevée d'huile pimentée). Bon à savoir : l'agence de voyages Graziella (www.isoladiprocida.it), à Marina Grande, distribue gratuitement une bonne carte de l'île.

775 CORSE (FRANCE)

L'"île de Beauté". Ce surnom ne doit rien au hasard : du littoral émaillé de tours génoises du cap Corse aux eaux turquoise de l'archipel des Lavezzi, au large de Bonifacio, en passant par les calanques de Piana ou les paysages montagneux de l'Alta Rocca, les splendeurs naturelles de la Corse soulèvent l'admiration. Découvrez-les à pied, le long du mythique GR®20, qui traverse tout le centre de l'île, pour une expérience magique au cœur du maquis. Ou rayonnez en voiture depuis Bastia, Propriano ou Porto-Vecchio pour profiter à la fois des plages idylliques de la côte et des rivières cristallines de l'arrière-pays.

En septembre, la température de l'eau est encore optimale et les prix bien plus raisonnables qu'en juillet-août, où vous devrez compter au minimum 60 € pour une chambre (simple ou double).

GEORGE TSAFOS / LPI

Ce vieux moulin de pierre domine le port de Mandraki, à Rhodes

776 RHODES (GRÈCE)

Certes, Rhodes a perdu depuis longtemps son colosse, l'une des Sept Merveilles du monde antique. Mais la plus grande des îles du Dodécanèse – archipel s'égrenant le long de la côte occidentale de la Turquie – n'en continue pas moins de captiver ses visiteurs. Comment ne pas tomber sous le charme de la vieille ville de sa capitale ? Imaginez une architecture métisse aux accents byzantin, turc et latin, d'imposants remparts et des venelles sinueuses ; le cadre idéal pour un dîner romantique, avant de partir écumer les plages de la côte est jusqu'au ravissant village de Lindos, dont l'acropole et les maisons d'un blanc éblouissant achèveront de vous séduire.

En saison, 2 catamarans relient chaque jour Rhodes à Marmaris, en Turquie (50 min), à 8h30 et 16h30.

777 SAMOTHRACE (GRÈCE)

En raison de son éloignement et de liaisons en ferries peu commodes, Samothrace est souvent écartée des circuits reliant les îles du nord de la mer Égée. Elle figure pourtant parmi les îles grecques les plus séduisantes. Son mystérieux sanctuaire des Grands Dieux, sur la côte nord, fascine toujours autant, les rites qui y étaient pratiqués dans l'Antiquité demeurant en grande partie énigmatiques. Des plages désertes, les cascades de la rivière Fonias et de charmants villages : Hora, ses ruelles pavées sinueuses et débordantes de fleurs, Loutra, ses eaux thermales régénérantes et son atmosphère paisible – complètent le décor.

Dépourvue d'aéroport, Samothrace est accessible uniquement par ferry, depuis Limnos (2 par semaine, 10,50 €, 3 heures) et les ports de Kavala (2 par semaine, 14,50 €, 4 heures) et d'Alexandroupolis (2 par jour l'été, 11 €, 2 heures), sur le continent.

778 MAJORQUE (ESPAGNE)

Connue pour être l'une des destinations emblématiques du tourisme de masse – 7 millions de visiteurs par an –, Majorque a toutefois bien plus à offrir que la formule hôtel-piscine-excursion organisée. Il vous suffit de prendre les choses en main ! Consacrez les matinées aux marchés et aux musées (à commencer par la Fundació Joan Miró, à Palma) et gardez l'après-midi pour la plage. Majorque a beau être l'île la plus grande des Baléares, elle reste relativement petite : vous n'aurez aucun mal à atteindre par vos propres moyens les sentiers de randonnée de la Serra de Tramuntana, le long de la côte nord, ou à partir explorer les petits bourgs ruraux du sud de l'île.

Un petit creux ? Essayez la Bóveda (Carrer Boteria, à Palma), le meilleur bar à tapas de l'île. Repas à l'heure espagnole : déjeuner vers13h30 et dîner à partir de 21h, le début de soirée étant réservé au *paseo*, la traditionnelle promenade vespérale.

779 PAG (CROATIE)

S'étirant le long du littoral de la Dalmatie du Nord, l'île de Pag est encore épargnée par les invasions touristiques saisonnières. Mais qui sait pour combien de temps ? Si vous aimez la tranquillité, mieux vaut ne pas attendre trop longtemps pour profiter de ses paysages rocheux aux tons sépia et de l'atmosphère désuète de sa ville principale, également nommée Pag. Non loin de Novalja, à une vingtaine de kilomètres au nord-ouest, la plage de Zrće est en passe de devenir l'"Ibiza croate" : autour des piscines de ses discothèques en plein air, on danse en maillot jour et nuit de juin à septembre.

Un terrain plat, 115 km de pistes cyclables : Pag se prête idéalement aux balades à vélo. Les nombreuses agences de voyages implantées sur l'île louent des vélos.

780 ÎLES D'OR (FRANCE)

Trésors de la côte varoise, au large de la rade d'Hyères, ces îles ont chacune leur personnalité. Porquerolles, la plus grande, est réputée pour ses spots de plongée et ses jolies plages, envahies par la foule l'été. Port-Cros, le plus ancien parc national marin d'Europe, est plus sauvage ; emportez masque, palmes et tuba pour découvrir son étonnant sentier sous-marin. L'île du Levant, enfin, abrite un vaste domaine naturiste, Héliopolis, depuis les années 1930.

Mieux vaut visiter les îles d'Or lors d'une excursion et ne pas y séjourner : les hébergements y sont hors de prix.

LA FRANCE LOIN DES FOULES

IL EST ENCORE POSSIBLE D'ÉCHAPPER À L'AGITATION DES GRANDS SITES TOURISTIQUES ! LAISSEZ-VOUS GUIDER SUR LES CHEMINS DE TRAVERSE…

Le village médiéval de Saint-Céré, dans le haut Quercy, est renommé pour son marché aux bestiaux

781 MOLÈNE (BRETAGNE)

Un petit village de maisons blanches et grises isolé sur un bout de terre couvert d'une lande balayée par les vents : voici Molène, l'une des trois îles situées aux avant-postes du Finistère, avec Ouessant et Sein. Toute petite (long de 1 km et large de 800 m), elle occupe le centre d'un minuscule archipel dont les autres îlots ont pour résidents une multitude d'oiseaux. Un sentier permet d'en faire le tour. Vous ne mettrez guère plus d'une heure à le parcourir.

La compagnie Penn ar Bed (www.pennarbed.fr) relie tous les jours Brest et Le Conquet à Molène.

SALLY DILON / LPI

782 ARRIÈRE-PAYS VAROIS (PROVENCE)

Vous en avez assez des plages bondées de la Côte d'Azur ? Savez-vous qu'à moins d'une heure de route de là coulent de ravissantes et paisibles rivières ? Inutile de pousser jusqu'aux gorges du Verdon, aussi fréquentées que les bords de la Méditerranée, pour retrouver la joie simple de piquer une tête en toute tranquillité. Prenez la direction de Montauroux, dans le pays de Fayence, et faites-vous indiquer le site du pont des Tuves, où vous vous baignerez dans les eaux fraîches de la Siagne. Plus à l'est, du côté de Draguignan, les eaux pures des gorges de la Nartuby forment une série de bassins naturels, en aval de Chateaudouble. Autre bon plan : les belles vasques ponctuant le cours de l'Argens, non loin d'Entrecasteaux.

Attention : ces sites de baignade ne sont pas surveillés. L'eau des rivières est fraîche, prenez garde aux chocs thermiques.

783 PARC NATUREL RÉGIONAL LIVRADOIS-FOREZ (AUVERGNE)

Offrez-vous un grand bol d'air dans l'un des parcs naturels régionaux les plus vastes de France. Sillonné par près de 2 000 km de sentiers, le Livradois-Forez se découvre aussi bien à pied qu'à VTT. Loin du fracas du monde, les landes solitaires des Hautes-Chaumes, les paysages volcaniques du Velay et les crêtes des monts Forez – qui culminent à 1 640 m, au nord-est du Massif central – invitent au silence et à la contemplation. L'étonnante tourbière du mont Bar, cachée au creux d'un ancien cratère, les étangs et les forêts de La Chaise-Dieu et la savoureuse fourme d'Ambert font partie des autres attraits indiscutables de cette région, à cheval sur le Puy-de-Dôme et la Haute-Loire.

Le bureau du parc (www.parc-livradois-forez.org) distribue gratuitement un *Guide de la randonnée et des loisirs de plein air*.

784 QUERCY (MIDI-PYRÉNÉES)

Difficile de venir dans le Quercy sans faire un crochet par Rocamadour. Ses ruelles médiévales et ses sanctuaires bâtis à flanc de falaise dégagent un charme puissant, à condition toutefois de les découvrir hors saison. Idem pour l'impressionnant gouffre de Padirac et ses rivières souterraines, et pour la grotte ornée de Pech-Merle. Les villes de la région – Cahors, Figeac – connaissent quant à elles un afflux touristique bien moins important que le ravissant village de Saint-Cirq-Lapopie, surplombant les méandres du Lot. Finalement, c'est le long des chemins bordés de murets de pierre sèche des plateaux du causse que vous serez le plus au calme.

Qui connaît la "route mondiale n°1" ? André Breton et Orson Welles assistèrent pourtant à son inauguration en 1950. Départ du pont Valentré (Cahors), arrivée à Saint-Cirq-Lapopie via Saint-Géry.

785 CÔTE BLEUE (PROVENCE)

Une calanque bien tranquille, pas trop loin de Marseille, ça vous dit ? Rien de plus simple. Il suffit de longer la côte vers l'ouest. De préférence en train, pour éviter la circulation et pour profiter d'une vue imprenable sur la mer. Arrêtez-vous en gare de La Redonne. La calanque du même nom est située en contrebas de la gare, et celles de la Madrague de Gignac, des Figuières et de Méjean non loin de là. Le cadre est idyllique et la ville paraît maintenant bien loin… Finissez la journée en beauté en parcourant le sentier des douaniers, entre La Redonne et Niolon, d'où vous pourrez reprendre le train pour Marseille.

Deux zones marines sont protégées le long de la Côte Bleue (www.parcmarincotebleue.fr). Des endroits parfaits pour le snorkeling.

786 PARC NATUREL RÉGIONAL DU MORVAN (BOURGOGNE)

Petit massif montagneux en grande partie couvert de forêt, le Morvan plaira aux amoureux de nature et d'activités de plein air. La diversité des reliefs en fait un terrain de jeu parfait pour les adeptes du VTT. Si vous ne savez pas trop quel circuit choisir pour votre première sortie, n'hésitez pas à contacter l'association Vélo Morvan Nature (http://26x2.fr/), qui organise des randonnées accompagnées par un guide breveté. Les lacs et les nombreux cours d'eau de la région, notamment l'Yonne et la Cure, sont propices aux sports d'eaux vives, tels que le rafting, la nage en eau vive ou le canoë-kayak.

L'été, l'Espace Saint-Brisson, autre nom de la Maison du Parc (www.parcdumorvan.org), propose toutes sortes d'activités destinées aux enfants.

SALLY DILLON / LPI

Au nombre des perles du centre de la Corse, la vallée de la Restonica commence aux portes de Corte

787 MONTAGNES DU CENTRE DE LA CORSE

Avant de partir vous ressourcer parmi les paysages somptueux du cœur sauvage de l'île, commencez par passer une nuit à Corte, pour vous adapter en douceur au rythme de cette région reculée. Une fois habitué à la présence des sommets farouches qui entourent la ville, vous pourrez vous aventurer dans la vallée du Tavignano ou dans celle, plus austère, de l'Asco, dominée par le Monte Cinto (2 706 m), point culminant de l'île. Imprégnez-vous ensuite de l'atmosphère des villages de la région du Boziu, l'un des berceaux des chants polyphoniques, ou prenez la route de Calasima, village le plus haut de Corse, blotti au pied d'immenses murailles de granit.

La randonnée longeant le cours du Tavignano mène en 5 heures 30 de la citadelle de Corte au refuge d'A Sega, un gîte confortable aménagé au bord de la rivière.

788 PARC NATIONAL DES CÉVENNES (HAUT LANGUEDOC)

Ses forêts profondes, ses vallées encaissées et ses montagnes rugueuses ont longtemps rendu les Cévennes difficiles d'accès. Aujourd'hui, l'ancien territoire des camisards reste une région sauvage, à l'écart des grands flux touristiques. Au cœur du parc, Florac constitue une base idéale pour entreprendre des excursions à la découverte du causse Méjean ou des gorges du Tarn. Les amateurs de randonnée pourront effectuer le tour du mont Lozère (GR®68) ou se lancer sur les traces de Stevenson qui parcourut les montagnes avec sa mule en 1878. Pour une vue sur l'ensemble des Cévennes méridionales portant, par beau temps, jusqu'à la Méditerranée, rendez-vous au sommet du mont Aigoual.

Plusieurs cartes de l'IGN couvrent les différents secteurs du parc.

789 PLATEAU DU BÉNOU (BÉARN)

Trait d'union entre la vallée d'Ossau et la vallée d'Aspe, le plateau du Bénou allie la rugosité de la montagne à une sensation d'espace et de liberté apaisante. Aucune barrière ne marquant les limites des pâturages, vaches et chevaux traversent à leur gré la petite départementale qui serpente à travers ces étendues de verdure piquetées de quelques granges. L'endroit est difficile à atteindre à vélo. Depuis le village de Bilhères, perché à 650 m d'altitude, vous n'aurez en revanche aucun mal à vous rendre à pied jusqu'à la chapelle du Houndas. Prévoyez un peu plus de temps pour atteindre le col de Marie-Blanque, après lequel la route redescend vers Escot et la vallée d'Aspe.

Chevauchée pyrénéenne (www.randonnees-cheval-pyrenees.com) propose des promenades à cheval sur le plateau à l'heure ou à la demi-journée.

790 PLAGES DE LA CÔTE EST DU COTENTIN (NORMANDIE)

La plus connue d'entre elles est certainement Utah Beach, la plus occidentale des plages du Débarquement. Rien n'interdit de s'y baigner, mais on y vient surtout pour visiter son musée, aménagé dans un ancien blockhaus. De nombreuses autres plages se succèdent le long de la côte, en remontant vers le nord. De celle de Quinéville, à une quinzaine de kilomètres de là, vous apercevrez au loin les îles Saint-Marcouf. Plus proche du continent, la petite île de Tatihou est accessible à pied, à marée basse, depuis la plage de Saint-Vaast-la-Hougue. Au-delà de la pointe de la Saire s'étendent les plages de sable fin de Montfarville. À Barfleur enfin, vous pourrez emmener les enfants à la pêche aux crabes dans les rochers de la plage de l'Église.

On peut aussi se rendre sur l'île de Tatihou en véhicule amphibie. L'accès de l'île étant limité à 500 visiteurs par jour, il est préférable de réserver (http://manche.fr/tatihou/).

OÙ FAIRE LA FÊTE SANS LE SOU

CONSACREZ VOTRE BUDGET AU BILLET D'AVION ET PROFITEZ DE GRANDES MANIFESTATIONS NATIONALES.

791 LOVE PARADE (ALLEMAGNE)

Flamboyante, débridée, pas toujours de bon goût mais débordante d'énergie, la Love Parade allemande est un rassemblement techno à l'affluence record. La manifestation réunit plus d'un million de ravers, fêtards, drag-queens et phénomènes en tout genre. Cette foule déchaînée suit une cinquantaine de chars sur lesquels des mannequins se déhanchent et des DJ font résonner trance, dance, techno et house (mais pas de gabba). Lorsqu'elle se déroulait à Berlin, la Love Parade suivait un parcours passant par la porte de Brandebourg et menant au Tiergarten. Des difficultés de financement ont entraîné l'annulation de la fête en 2004 et 2005, mais la Love Parade demeure le plus grand événement européen, où les ravers en délire transforment la ville en discothèque vrombissante. Son avenir est compromis suite au drame de Duisbourg en 2010.

Écoutez le CD Loveparade Club Vol 1, compil des tubes qui font vibrer la parade. Infos de dernière minute sur www.loveparade.com.

792 FÊTES BASQUES (ESPAGNE ET FRANCE)

Programme chargé pour les Fêtes de Bayonne, début août : concerts, bals publics, danses basques, courses de vaches, corsos lumineux, masters de pelote basque… Pamplona, la capitale navarraise, vit une semaine de folie en juillet, avec courses de taureaux et processions enfiévrées. Fin juin, les régates de traînières (barques de pêche manœuvrées à la rame) se déroulent à Saint-Jean-de-Luz. Pelote, force basque et concerts de tambours animent les rues de Sare lors des Sarako Bestak, en septembre. Dans les Pyrénées béarnaises, la transhumance donne lieu à des rassemblements festifs en juillet (à Laruns) et en septembre (à Aramits). Et tout ça, sans débourser un euro…

Début février, l'heure est au carnaval dans nombre de villages espagnols et dans quelques villes (Bilbao, San Sebastián…).

793 HOGMANAY (ÉCOSSE)

L'Écosse aime s'interroger sur le choix des traditions à préserver, mais une coutume ne suscite nul débat : Hogmanay, fameuse nuit de l'hédonisme célébrée le soir du réveillon du Nouvel An. Les origines du nom sont incertaines, mais les racines de la célébration remonteraient aux fêtes païennes du solstice d'hiver. Attendre les douze coups de minuit entouré de quelque 100 000 personnes rassemblées dans un froid glacial au pied du château d'Édimbourg illuminé pour l'occasion est un moment inoubliable. La tradition veut que vous entonniez ensuite Auld Lang Syne et étreignez vos voisins.

À Édimbourg, ne manquez pas la retraite aux flambeaux qui ouvre les festivités le 29 décembre. Le cortège se forme à partir de 18h30 sur la place du Parlement, à proximité de la cathédrale Saint-Gilles.

794 NOUVEL AN À HONG KONG (CHINE)

Lorsque la nation la plus peuplée du monde entame sa nouvelle année lunaire, elle s'adonne à des célébrations à l'échelle du pays. Durant dix jours fin janvier ou début février, Hong Kong accueille 600 000 visiteurs avides de se plonger dans l'ambiance trépidante des réjouissances. Des danseurs portant le dragon mènent la célèbre procession du Nouvel An, suivis d'une file interminable de chars, d'artistes et de musiciens. Un sentiment d'authenticité et de générosité envahit la ville au moment où chacun transmet ses vœux. Un feu d'artifice grandiose au-dessus du port de Victoria clôt les festivités officielles.

Joignez-vous aux habitants pour un pèlerinage au temple Sik Sik Yuen Wong Tai Sin, ou allez tourner la roue de la fortune au temple Che Kung, à Sha Tin, pour éloigner les mauvais esprits.

795 CARNAVAL DE RIO (BRÉSIL)

Considérée depuis longtemps comme la capitale mondiale du carnaval, Rio de Janeiro se met à l'heure de la fête dès le samedi précédant le carême et jusqu'au Mardi gras, au cœur de l'été dans cette région du monde. La parade des écoles de samba est la plus célèbre de ces festivités qui s'étendent généralement sur plusieurs semaines avant, pendant et après le grand carnaval. Ce concours de samba se déroule devant 40 juges et 70 000 spectateurs. Les places sont chères, mais voir de ses propres yeux les chars chatoyants et les incroyables costumes de danseurs époustouflants constitue une expérience unique.

Les billets sont en vente dès octobre. Les étrangers ne peuvent acheter que les plus chers, mais les tarifs varient selon le défilé et l'emplacement.

796 MILLENNIUM PARK (ÉTATS-UNIS)

Depuis l'ouverture en 2004 de ce parc de 10 ha, Chicago a acquis une certaine notoriété en matière de créations artistiques publiques. Fréquenté par des millions de personnes, le Millennium Park recèle quelques grandes réalisations comme le Jay Pritzker Pavilion (lieu de concert de plein air le plus élaboré du pays), une fontaine interactive diffusant des images numériques de citoyens de Chicago crachant de l'eau ou encore la fascinante *Cloud Gate*, une sculpture d'Anish Kapoor, surnommée le “Haricot”. On passerait des heures à admirer les reflets renvoyés par cette incroyable œuvre d'art réalisée en Inox poli et pesant quelque 100 tonnes.

Ouvert tous les jours de 6h à 23h, entrée libre (www.millenniumpark.org).

797 LAS FALLAS (ESPAGNE)

Las Fallas sont la grande fête de Valence, et un événement incontournable si vous vous trouvez dans la ville entre le 12 et le 19 mars, jour de la Saint-Joseph. Les *fallas* sont d'immenses figures en papier mâché ou carton-pâte montées sur une structure en bois, construites par chaque quartier. Quand au matin du 16 mars, la ville s'éveille après la *plantà* (l'édification des *fallas* pendant la nuit), plus de 350 de ces monuments se dressent dans les rues. Ils seront brûlés le dernier jour à minuit, sauf un qui sera sauvé. Toute la semaine aura été ponctuée de feux d'artifice, de parades, de concerts en plein air et de corridas. Préparez-vous à une nouba terrible !

Plus d'infos sur les sites de la communauté valencienne (www.communitavalenciana.com) et de la ville (www.turisvalencia.es).

798 ÉCLIPSES SOLAIRES ET LUNAIRES

Depuis des millénaires, les éclipses de Soleil et de Lune fascinent tous ceux qui ont eu la chance d'y assister. Figurant parmi les manifestations naturelles les plus impressionnantes, les éclipses sont aussi un bon prétexte pour faire la fête. Dans les prochaines années, de nombreux festivals se dérouleront dans des localités d'où l'on peut facilement suivre l'événement (trois éclipses auront lieu en 2010). Une philosophie simple derrière ces festivités en plein air : “Assistez à l'un des événements naturels les plus impressionnants et laissez-vous porter par le cycle de l'énergie cosmique universelle.”

Pourquoi ne pas mettre le cap sur Tahiti pour assister à l'éclipse solaire de 2010 et voyager avec www.eclipsetours.com ?

799 COURSE À L'AVIRON (ANGLETERRE)

En 2004, la fameuse course à l'aviron entre les deux grandes universités rivales d'Oxford et de Cambridge a fêté son 150e anniversaire. Par tous les temps, les foules se rassemblent le long de la Tamise pour entrapercevoir, ne serait-ce qu'une fraction de seconde, les deux équipes de huit rameurs remonter le tronçon de 6,8 km allant de Putney à Mortlake, au cœur de Londres. Cette course qui se déroule au printemps attire environ 250 000 spectateurs venus soutenir l'équipe des bleus clairs (Cambridge) ou des bleus foncés (Oxford), couleurs des vestes qu'ils revêtent une fois sur la terre ferme. Dès que les bateaux sont en vue, encouragez-les frénétiquement tant qu'ils n'ont pas disparu.

Consultez la carte de la course sur www.theboatrace.org et repérez à l'avance votre emplacement.

800 AÏD-EL-FITR (ÉGYPTE)

Célébré le 1er jour du mois de Chawal (10e mois du calendrier lunaire), ce festival marque la rupture du jeûne du ramadan. Comme on peut s'en douter, il accorde une place importante aux plaisirs culinaires et offre notamment l'occasion de déguster des *kakh* maison (pâtisseries aux noix recouvertes de sucre glace). L'Aïd-el-Fitr est une grande fête familiale célébrée trois jours durant dans toute l'Égypte. Les bords du Nil sont pris d'assaut par les familles venues pique-niquer et les enfants se rassemblent autour de conteurs, de marionnettistes et de magiciens.

Pendant l'Aïd-el-Fitr, surnommé le Noël égyptien, Le Caire affiche une abondante offre culturelle.

SUR LES TRACES DES PLUS GRANDS ARTISTES

ADMIRER DES CHEFS-D'ŒUVRE DE L'ART ET DU DESIGN, VISITER DES MAISONS D'ARTISTES ET PEUT-ÊTRE TROUVER L'INSPIRATION… TOUT ÇA SANS METTRE LES PIEDS DANS UN MUSÉE !

Contempler des œuvres d'art de l'époque soviétique tout en prenant le métro est chose courante à Moscou, ici à la station Kievskaya

801 MONET À GIVERNY (FRANCE)

Le petit village de Giverny, dans la campagne normande, est un aimant pour tous les admirateurs de Monet et de l'impressionnisme. De 1883 et jusqu'à sa mort en 1926, Claude Monet vécut ici dans une grande maison entourée de jardins fleuris. Au nord du domaine se trouve le Clos normand, qui renferme la longue maison de crépi rose et l'atelier des Nymphéas. Mais c'est surtout près du Jardin d'Eau que vous comprendrez d'où le maître tira son inspiration : c'est ici que Monet dessina ses fameux nymphéas, ainsi que le pont japonais. Lumières, couleurs, effluves enivrants suffiront à vous donner envie de jouer du pinceau à votre tour.

Vous désirez passer la nuit dans la région ? Monet aurait lui-même dormi à la Musardière, demeure du XIXe siècle (www.lamusardiere.fr ; doubles à partir de 77 €).

802 VAN GOGH À ARLES (FRANCE)

Si les vestiges romains et les demeures pittoresques des ruelles d'Arles vous donnent un étonnant sentiment de déjà-vu, c'est parce que Vincent Van Gogh, Arlésien d'adoption, les a si merveilleusement immortalisés. Malheureusement, pas un seul des quelque 200 tableaux réalisés ici par le peintre (en seulement 15 mois !) n'est conservé à Arles, ce qui n'a pas empêché la ville d'en faire l'un de ses meilleurs atouts. Reconstitution de sa chambre ou expositions organisées dans l'ancien hôpital où il se fit recoudre l'oreille, Van Gogh est partout. Ne manquez pas le circuit Van Gogh, promenade à pied dans les lieux où l'artiste installa son chevalet et exécuta des chefs-d'œuvre tels que sa *Nuit étoilée sur le Rhône*.

Les splendides arènes romaines d'Arles inspirèrent elles aussi Van Gogh. À voir au bien nommé rond-point des Arènes.

TOM COCKREM / LPI

803 MÉTRO DE MOSCOU (RUSSIE)

Ils sont chaque jour quelque 9 millions à pénétrer dans cette œuvre d'art labyrinthique. Le métro de Moscou est non seulement le moyen le plus facile, le plus rapide et le moins cher de se déplacer dans cette mégapole, mais il est aussi ultracélèbre pour le design et les œuvres de ses stations. Certes, on n'évoque ici que l'histoire, la guerre ou les succès du régime soviétique, voire les trois à la fois. Mais vous verrez dans les stations de la ligne circulaire (Koltsevaïa) une pléthore de mosaïques spectaculaires, de marbres et de héros militaires. La station Maïakovskaïa, sur la ligne Zamoskvoretskaïa, avec son style Art déco, est sans nul doute la pièce maîtresse de ce musée qui ne dit pas son nom.

Achetez une carte multitrajets ou 30 jours (84-860 roubles) et circulez jusqu'à plus soif. Renseignements sur www.mosmetro.ru.

804 GAUDÍ À BARCELONE (ESPAGNE)

Depuis la fin du XIXe siècle, Barcelone a souvent été à l'avant-garde de l'art, de l'architecture et de la décoration, trois domaines dans lesquels a excellé Antoni Gaudí (1852-1926). Avec les autres modernistes, cet artiste a marqué la ville d'une empreinte indélébile. Parmi ses incontournables figurent la fantastique Casa Batlló, l'ondoyante Casa Milà (plus connue sous le nom de La Pedrera) et le fantaisiste parc Güell, où Gaudí s'"essaya" au paysagisme. Cependant, c'est la Sagrada Família qui lui vaut d'être connu dans le monde entier : cette cathédrale inachevée qui perce les cieux vous laissera pantois.

Dans le parc Güell, la Casa Museu de Gaudí (www.casamuseugaudi.org) est aménagée là où vécut un temps l'architecte et présente mobilier et premiers croquis.

805 BANKSY À BRISTOL (ANGLETERRE)

So shocking, Banksy sur la même liste que Michel-Ange et Léonard de Vinci ?! Et pourquoi pas ? Bristol vous rapprochera de celui qui s'est spécialisé dans les pochoirs, le détournement et les coups montés : Banksy, le guérillero du graffiti. Son identité est un secret bien gardé, mais il serait né en 1974 non loin de Bristol, et certaines de ses œuvres sont à voir ici. Ne manquez pas son célèbre *Love Triangle* au pochoir (mari en colère, épouse volage et amant nu suspendu à un bord de fenêtre) en bas de Park Street ; d'autres sont à voir sur un côté du club flottant Thekla et dans Cheltenham Road, en face du carrefour avec Jamaica Street.

Le Thekla est un bateau converti en bar dans le port de Mud Dock.

806 FRIDA KAHLO À MEXICO (MEXIQUE)

L'artiste Frida Kahlo passa toute sa vie, de sa naissance à sa mort, à la Casa Azul ("maison bleue"), qui abrite aujourd'hui le Museo Frida Kahlo. Bâtie par son père trois ans avant sa naissance, la maison est parsemée d'objets évoquant sa vie, sa longue et souvent tumultueuse histoire d'amour avec le grand fresquiste Diego Rivera (deux pèlerinages artistiques pour le prix d'un !) et le cercle d'intellectuels de gauche qu'ils réunissaient chez eux. Bijoux, vêtements, livres et autres objets du quotidien de Frida se mêlent à des œuvres d'art, à des photos et à des lettres, mais aussi à un éventail d'œuvres précolombiennes et d'objets d'artisanat mexicain. On croirait rendre visite à une amie fabuleusement talentueuse…

Le musée (www.museofridakahlo.org) est une plongée étonnante dans le Mexique des années 1940, tant celui de Kahlo que de tous les artistes et artisans mexicains.

807 MICHEL-ANGE AU VATICAN

Petite entorse au concept du "hors musée" : il faudra vous perdre dans le dédale des musées du Vatican pour rejoindre la remarquable chapelle Sixtine, mais impossible de passer sous silence l'œuvre la plus célèbre de l'histoire. Ornant la voûte en berceau, les fresques aux détails spectaculaires de la Genèse (1508-1512) de Michel-Ange sont considérées comme un sommet de l'art occidental, et vous ne manquerez pas non plus le fascinant *Jugement dernier* dépeint au-dessus de l'autel (1536-1541). Il a fallu quatre années de labeur solitaire à l'artiste pour réaliser son chef-d'œuvre de 800 m², mais cela fait 500 ans qu'il donne la chair de poule à tous les visiteurs.

Vous n'allez pas vous contenter de rester les yeux en l'air en vous grattant le menton d'un air intelligent ! Plongez dans l'œuvre avec la visite guidée (adulte environ 30 €).

808 LÉONARD DE VINCI À MILAN (ITALIE)

Lorsque vous en aurez fini (carte de crédit épuisée, ventre rempli) avec les nourritures bien terrestres du chic milanais, laissez le ciel nourrir votre esprit. L'œuvre la plus connue qu'abrite Milan est incontestablement *La Cène* de Léonard de Vinci, qui immortalise l'instant où Jésus annonça la trahison de l'un de ses disciples. Cette fresque orne l'un des murs du Cenacolo Vinciano, le réfectoire attenant à l'église de Santa Maria delle Grazie. Réalisée à la fin du XVe siècle, elle a connu une restauration mouvementée. Réservez votre billet pour déterminer en votre âme et conscience si l'apôtre à gauche du Christ est vraiment Marie Madeleine, ainsi que le suggère Dan Brown dans *Da Vinci Code*.

Réservation impérative (en ligne sur www.cenacolovinciano.org) pour participer à la visite de 20 minutes et admirer le chef-d'œuvre de Vinci.

809 GAUGUIN EN POLYNÉSIE (FRANCE)

Les tableaux colorés du postimpressionniste Paul Gauguin (1848-1903) sont devenus emblématiques de Tahiti. Fuyant les conventions, il arriva en 1891 et passa plusieurs années très fécondes sur cette île polynésienne. Il effectua son second séjour dans le Pacifique sur l'île de Hiva Oa, aux Marquises, dans une demeure qu'il construisit lui-même et baptisa la "maison du Jouir". L'île abrite aujourd'hui une

Une silhouette surréaliste accueille les visiteurs du musée Salvador Dalí à Figueras

810 DALÍ À FIGUERAS (ESPAGNE)

Un édifice rose surmonté d'œufs géants et de statues d'Oscar stylisées au beau milieu d'une ville catalane sans histoire ? C'est du Dalí tout craché ! Salvador Dalí est né à Figueras en 1904 et y créa dans les années 1960 et 1970 son inratable Teatre-Museu Dalí, voyage multidimensionnel dans l'un des esprits les plus féconds (certains diront les plus dérangés) du XXe siècle. De l'extérieur déjà, l'édifice surprend avec ses étranges sculptures qui ne laissent aucun doute sur la créativité du génie. À une vingtaine de kilomètres de là, dans le village côtier de Portlligat, il est possible de visiter (sur réservation) sa maison-atelier fantaisiste et stylée.

Figueras est située à 136 km au nord de Barcelone : un trajet de 2 heures à bord du Catalunya Exprés au départ de la gare principale de la capitale catalane (Estació de Sants).

reconstruction de cette habitation. Riche d'une flore sublime, sillonnée par des rivières cristallines et encadrée par de majestueux sommets, Hiva Oa pourrait conduire à la peinture et à la passion les esprits les plus rigoristes. Romantiques et amateurs d'art visiteront le cimetière du Calvaire, sur une colline couverte de frangipaniers, site idéal pour la sépulture de Gauguin.

Logement de rêve au Hanakee Hiva Oa Pearl Lodge (www.pearlresorts.com).

LES DIX PLUS GRANDES PROUESSES ARCHITECTURALES

ON COURT LE MONDE POUR LES ADMIRER. CES OUVRAGES D'ART SONT BEAUX, CERTES, MAIS CE SONT AUSSI DES CHEFS-D'ŒUVRE D'INTELLIGENCE.

811 GRANDE PYRAMIDE DE KHEOPS, GIZEH (ÉGYPTE)

Le mieux est l'ennemi du bien, dit-on, mais visiblement personne n'en avait informé le pharaon Kheops lorsque, en 2750 av. J.-C., il érigea sa pyramide. Plus de deux millions de blocs de calcaire pesant chacun plus d'une tonne ont été soulevés pour créer ce titan de 146,6 m de hauteur, qui resta pendant 4 000 ans la construction la plus élevée de la planète. Et la taille n'est rien comparée à la complexité de l'ensemble : chaque côté ne déroge que de quelques centimètres aux 230 m de rigueur et les subtilités architecturales abondent. Ses conduits intérieurs pointent vers de grandes constellations et la pyramide est alignée sur le nord géographique. Et on allait oublier : la pyramide est sublime.

Chaque jour, deux sur trois pyramides de Gizeh sont généralement ouvertes.

812 SAINTE-SOPHIE, ISTANBUL (TURQUIE)

Non, rien à voir avec une sainte nommée Sophie : cette sublime construction fut bâtie en l'honneur de la sagesse divine ("Hagia Sophia", *sophos* signifiant sagesse en grec). Érigée sur ordre de l'empereur byzantin Justinien en 537, la basilique doit sa beauté sublime au savoir d'architectes novateurs qui assirent sa coupole, qui semble flotter en apesanteur à 30 m, sur des pendentifs et des piliers cachés. Convertie en mosquée après la prise de Constantinople par les Ottomans en 1453, Sainte-Sophie est aujourd'hui un édifice laïc. Pourtant, quand le soleil frappe sur les mosaïques dorées de son intérieur immense, on ressent bien quelque chose qui ressemble à de la spiritualité.

Sainte-Sophie est fermée le lundi.

813 CHEMINS DE FER INDIENS

Les chiffres parlent d'eux-mêmes : le premier train quitta Bombay en 1853 pour parcourir les 33 km qui le séparaient de Thane ; aujourd'hui, ce sont 18 millions de passagers qui voyagent sur plus de 63 000 km de voies ferrées. Mais avec les chiffres, on reste aussi en surface, car c'est dans les détails que brillent les prouesses du génie civil. Ainsi, en 1874, le major Stanton fit construire un tronçon de 88 km en seulement 65 jours (des premiers relevés topographiques à la mise en service des locomotives !). Le chemin de fer indien a connu de nombreux exploits de ce genre, vous permettant aujourd'hui de voyager dans de confortables cabines ou de rejoindre des gares en plein Himalaya à bord de petits trains de montagne.

Les pass d'IndRail permettent de préréserver fauteuils et couchettes.

Façade sobrement ornementée d'une église de Lalibela

814 LALIBELA (ÉTHIOPIE)

Il y a visiblement eu par le passé une vraie marotte des édifices creusés dans la roche : pensez aux Égyptiens à Abou Simbel, aux Jordaniens à Pétra, aux Indiens à Ellora. Mais le site de Lalibela détient sans doute la palme, en particulier parce que ses églises rupestres sont toujours en activité. Pour les fêtes de Timkat (Épiphanie, le 19 janvier), vous verrez des foules de pèlerins, entendrez des chants, humerez l'encens et admirerez les *tabots* (livres saints). Des milliers d'ouvriers (certains divins, dit la légende) ont œuvré dès le XIIe siècle pour creuser les 11 églises de Lalibela dans le sol, d'authentiques merveilles aux sculptures et aux ornements délicats. Un régal pour les yeux.

Les églises de Lalibela sont ouvertes tous les jours. Appliquez de la poudre antipuces sur vos chaussettes, car les puces prolifèrent sur les tapis.

815 GRANDE MURAILLE (CHINE)

"La solidité d'un mur dépend du courage de ceux qui le défendent", aurait dit Gengis Khan. Certes, mais c'est encore mieux si le mur en question est vraiment imposant. La première muraille de Chine fut érigée par la dynastie Qin, au IIIe siècle, qui contraignit des centaines de milliers d'ouvriers à déplacer quelque 180 millions de mètres cubes de pierre et de terre. Plus tard, la dynastie Ming (XIVe-XVIIe siècle) y fit ajouter 60 millions de mètres cubes de pierre et de brique. En tout, les différentes parties de la muraille ont fait des millions de victimes et s'étendent sur quelque 6 500 km. La Grande Muraille n'est pas visible depuis l'espace, mais elle n'en est pas moins prodigieuse.

Rendez-vous à Sīmǎtái ou Jīnshǎnlǐng pour une visite moins touristique que sur les tronçons les plus proches de Beijing.

816 VIADUC DE MILLAU (FRANCE)

Béton : 206 000 tonnes ; tablier métallique : 36 000 tonnes. Les chiffres, comme l'édifice, donnent le vertige, et le viaduc dessiné par Norman Foster est un exemple d'ouvrage à la fois pratique et prosaïque. Mis au défi de construire un viaduc enjambant la vallée du Tarn, les ingénieurs ont réalisé un exploit et battu d'innombrables records : long de 2 460 m, le viaduc possède les plus hautes piles du monde (343 m) et le plus haut tablier routier. Mais si les automobilistes (et les visiteurs) s'arrêtent bouche bée, c'est en raison de la légèreté et de la finesse qui se dégagent de ce titan.

Le péage d'entrée sur le viaduc est de 5,02 €, mais l'entrée est libre à l'Espace Info.

Lignes incurvées du musée Guggenheim de Bilbao

817 FALKIRK WHEEL (ÉCOSSE)

Les bateaux flottent très bien, mais ont du mal à descendre les collines. Et pour les remonter, n'en parlons pas. Imaginons que vous êtes un bateau, que vous êtes en Écosse, et que vous souhaitez passer du Forth and Clyde Canal à l'Union Canal, 35 m plus haut. Il vous faut soit une série d'écluses se succédant sur plus de 1,5 km, soit un gigantesque gadget d'acier faisant tourner deux énormes caissons remplis d'eau. Rêve exaucé ! Chacun des caissons de la roue de Falkirk permet de monter et de descendre les embarcations. Il a fallu 1 200 tonnes d'acier, plus de 15 000 boulons et une très très haute grue pour assembler cet ascenseur à bateaux en 2001. Unique.

Des circuits en bateau d'une heure, avec montée et descente par la Falkirk Wheel, sont proposés tous les jours (adulte 7,85 £). Renseignements sur www.thefalkirkwheel.co.uk.

819 TOUR DE DUBAÏ (ÉMIRATS ARABES UNIS)

Parfois, admettons-le, la taille fait tout : la plus haute tour du monde n'est pas simplement immense, elle est titanesque. Emblématique d'une mégalomanie dont les États du Golfe semblent coutumiers (vastes îles artificielles en forme de palmiers, premier hôtel sept étoiles de la planète, etc.), le Burj Dubai ne se contente pas de passer timidement devant le dernier record, elle l'écrase à plate couture. La championne précédente, la Taipei 101, est une naine de 509 m comparée à la tour dubaïote, qui la surpasse de plus de 300 m. Attention à l'altitude : tout en haut, la température est inférieure de 6°C à celle enregistrée en bas.

La Chine ne compte pas en rester là et projette la construction d'une tour plus haute d'une dizaine de mètres, début 2013, à Changsa.

820 YAXCHILÁN, YUCATÁN (MEXIQUE)

Avec leurs terrains de jeux de balle, leurs pyramides et leurs fresques sculptées, les sites mayas ne manquent jamais de fasciner, et Yaxchilán plus encore peut-être, perché dans un cadre spectaculaire au-dessus de la jungle bordant un méandre du Río Usumacinta. Richissime pendant son âge d'or (680-800), Yaxchilán donne à voir des façades et des crêtes faîtières aux extraordinaires sculptures, mais sa construction la plus intéressante a disparu : un pont suspendu qui, avec une travée centrale de 63 m, fut pendant sept siècles le plus long du monde. L'hypothèse de l'existence de ce pont a été avancée au milieu des années 1990 grâce à des recherches archéologiques et à des modélisations informatiques. Même si elle est encore contestée, elle ajoute à l'intérêt de l'un des sites les plus captivants des Amériques.

Yaxchilán n'est accessible ni par la route ni par la voie ferrée : louez un bateau à moteur pour le rejoindre en 45 minutes depuis Frontera Corozal.

818 MUSÉE GUGGENHEIM, BILBAO (ESPAGNE)

Navire ? Fleur ? Poisson ? Frank Gehry a réalisé ici une œuvre aussi étincelante qu'unique. On peut parler de déconstructivisme ou bien tout simplement, comme le roi Juan Carlos, du "meilleur édifice du XXe siècle", une chose est sûre : le Guggenheim de Bilbao n'a pas fini d'étonner. Ses lignes ondoyantes et organiques ont nécessité un logiciel de design en 3-D pour que 60 tonnes de titane en panneaux d'un demi-millimètre d'épaisseur et du verre renforcé puissent épouser les formes fluides de la pierre calcaire. Depuis son ouverture en 1997, le musée a accueilli de nombreuses et passionnantes expositions, notamment sur Warhol, Rothko ou Koons, mais c'est bien à l'édifice que Bilbao doit sa renaissance.

Le musée Guggenheim de Bilbao (www.guggenheim-bilbao.es) est ouvert du mardi au dimanche toute l'année, ainsi que le lundi en juillet et août.

LES SPÉCIALITÉS CULINAIRES FRANÇAISES LES PLUS TYPIQUES

LEURS NOMS SONT SOUVENT ÉTRANGES ET LEUR ASPECT PLUS INTRIGANT ENCORE, MAIS CES SPÉCIALITÉS TRADITIONNELLES SAURONT AIGUISER VOTRE APPÉTIT ET RÉJOUIR VOS PAPILLES.

Quoi de mieux qu'une winstub pour déguster une spécialité alsacienne, notamment un baeckeoffe

821 CAILLETTES (DRÔME ET ARDÈCHE)

Ce petit pâté de la taille d'un poing, à base de viandes de porc (gorge et foie), est farci d'herbes aromatiques (persil, thym, sariette) et potagères (vert des blettes, épinards ou salades) et recouvert de crépine, ce qui lui donne l'aspect d'une boule verte veinée de blanc. Comme pour beaucoup de spécialités régionales, ses origines géographiques sont assez floues et donnent lieu à d'incessantes controverses. On distingue ainsi la caillette de la Drôme (ou du Dauphiné) de celle de l'Ardèche, cette dernière intégrant parfois des pommes de terre, des châtaignes, voire du pain.

Chabeuil, dans la Drôme, et Vallon-Pont-d'Arc, en Ardèche, ont chacun leur fête de la caillette, généralement à l'automne. Délicieuse froide, la caillette est encore meilleure servie tiède sur une large tranche de pain de campagne.

823 ALIGOT (AUVERGNE)

Cette purée de pommes de terre à laquelle sont incorporés de fines lamelles de tome fraîche – de préférence de Laguiole, dans l'Aveyron –, du beurre, de la crème et de l'ail écrasé se goûte d'abord avec les yeux : dans les restaurants de l'Aubrac, les serveurs mettent en valeur sa consistance onctueuse et élastique en en soulevant de larges rubans au moyen d'une cuillère en bois, avec une dextérité sans pareille – on dit qu'ils "filent" l'aligot. C'est donc l'appétit aiguisé que l'on savoure les premières bouchées de ce mets réputé, traditionnellement servi avec des saucisses ou une pièce de bœuf.

Viande rouge, pommes de terre, fromage… Un vin rouge s'impose ! Choisissez-le assez tannique. Que diriez-vous d'un marcillac – une appellation aveyronnaise – ou d'un corbières ?

824 TRIPES À LA MODE DE CAEN (NORMANDIE)

Certes, les morceaux de gras-double et autres lamelles d'estomacs de bœuf baignant dans un bouillon de légumes plus ou moins opaque n'ont rien de bien engageant. Pourtant, contrairement aux apparences, les tripes à la mode de Caen sont une spécialité raffinée : le bouquet garni et le petit verre de calva ajoutés en cours de cuisson – une dizaine d'heures au bas mot – donnent aux abats une saveur relevée que l'on apprend vite à apprécier. Vous verrez que, comme les initiés, vous n'hésiterez bientôt plus à les déguster fumantes dès le petit-déjeuner.

Le Café Mancel (www.cafemancel.com), à Caen, sert tous les premiers vendredis du mois à 9h (sauf l'été) un "casse-croûte aux tripes" (16 €).

825 KIG HA FARZ (BRETAGNE)

Ses origines modestes n'ont pas empêché le Kig ha Farz de se faire une place sur les menus de bon nombre de restaurants gastronomiques du Finistère. La particularité de ce pot-au-feu breton né dans les cuisines des familles de paysans de la région de Morlaix est d'ajouter aux traditionnels légumes (choux, carottes, oignons…) et au bœuf une sorte de pâte faite de farine de blé noir, cuite dans un petit sac – d'où son nom, qui signifie littéralement "viande et farine". Les gourmands apprécieront aussi la sauce à base d'oignons et de beurre fondu – le lipig – qui accompagne le tout.

Et pour le dessert ? Pour changer du far breton, commandez une part de kouign amann, délicieux gâteau à la croûte bien dorée originaire de Douarnenez.

822 BAECKEOFFE (ALSACE)

Voilà quelques jours que vous êtes à Strasbourg, ou ailleurs en Alsace, et vous avez décidé de goûter enfin à ce plat au nom mystérieux figurant sur les menus de la plupart des restaurants. Un conseil : ne commandez pas tout de suite le dessert. Il se peut que vous soyez rassasié quand vous aurez terminé votre portion de baeckeoffe, des cubes de viandes de porc, d'agneau et de bœuf disposés entre deux couches de pommes de terre émincées mijotés au four. Vous pouvez en revanche vous pencher sur la carte des vins et choisir une bonne bouteille de riesling ou de pinot.

Soufflenheim, à 40 km au nord de Strasbourg, est réputée pour ses poteries culinaires. Vous y trouverez un large choix de terrines à baeckeoffe fabriquées artisanalement. Plus d'infos sur www.ot-soufflenheim.fr.

GREG ELMS / LPI

La panoplie complète de la bouillabaisse : la soupe, les croûtons et la rouille dont dépend la réussite du plat...

826 BOUILLABAISSE (MARSEILLE)

"Quand ça bouille, tu baisses !" : c'est de cette recommandation pleine de bon sens que dériverait le nom de la spécialité culinaire la plus réputée de Marseille. À l'origine, il s'agissait d'un ragoût préparé dans les familles de pêcheurs avec le poisson qui n'avait pas été vendu à la criée. De nos jours, au moins 4 variétés de poissons de roche (rascasse, saint-pierre, congre, baudroie…) sont utilisées pour élaborer la bouillabaisse, qui se compose d'une soupe – accompagnée de croûtons et de rouille (une sauce à base d'ail, de safran et d'huile d'olive) – et d'un plat de poissons servi séparément.

Le restaurant le Miramar (04 91 91 10 40), sur le Vieux-Port, est le spécialiste de la bouillabaisse, qui vous coûtera toutefois moins cher Chez Fonfon (04 91 52 14 38).

827 GARBURE (BÉARN)

D'Orthez aux vallées pyrénéennes, en passant par Pau, la garbure est reine au pays d'Henri IV. On imagine volontiers que ce potage épais de légumes de saison, dans lequel est cuit un talon de jambon et dont la saveur est généralement rehaussée d'un morceau de confit de canard, a dû être concocté pour la première fois lors d'un hiver particulièrement rude, afin de se procurer quelque réconfort, en le dégustant au son du feu crépitant dans la cheminée. De nos jours, il est servi en toute saison, dans les auberges les plus simples comme dans les restaurants gastronomiques.

Chaque année, le premier samedi de septembre, un concours de la meilleure garbure – la Garburade (www.lagarburade.org) –, suivi d'un grand repas (25 €), est organisé dans le jardin public d'Oloron-Sainte-Marie.

828 GARDIANE DE TAUREAU (CAMARGUE)

Si vous passez par Saintes-Maries-de-la-Mer, ne manquez pas de goûter à ce plat savoureux, sans doute inspiré aux gardians – les fameux cow-boys de Camargue – par la recette du bœuf bourguignon : les dés de viande de taureau sont d'abord mélangés à une marinade – à base de carottes, d'oignons, d'ail et de vin – avant de cuire à la cocotte avec du vin. La principale différence tient à la qualité de la viande, très tendre – elle bénéficie d'une AOC depuis 1996 –, et à la garniture : la gardiane est le plus souvent servie avec du riz blanc ou rouge de Camargue.

Goûtez à votre première gardiane dans une manade (élevage de taureaux) de Saintes-Maries-de-la-Mer. Pour plus de renseignements, contactez l'office du tourisme (www.saintesmaries.com).

829 CANNELÉ (BORDEAUX)

On reconnaît un bon cannelé à sa couleur brune, légèrement plus foncée à la base et au sommet. Il est alors caramélisé à souhait et vous pouvez être sûr qu'il sera à la hauteur de sa réputation : croustillant à l'extérieur, moelleux à l'intérieur. Parfumé à la vanille et au rhum, cette gourmandise – qui doit son nom au moule en cuivre cannelé dans lequel elle est cuite – est souvent servie avec le café, à la fin d'un bon repas. Mais les plus friands de ce petit gâteau cylindrique n'hésitent pas à en grignoter un à l'heure du goûter.

Bien que l'on en trouve dans toutes les bonnes boulangeries de la ville, le spécialiste incontesté du cannelé reste Baillardran (www.baillardran.com).

830 QUENELLES (LYON)

Si vous ne connaissez que les quenelles en conserve, il est grand temps de goûter à l'original. Direction Lyon où, après avoir choisi un bon "bouchon" (restaurant traditionnel), vous passerez votre commande dans une ambiance conviviale. Voilà votre plat. Alors ? Que dites-vous de ces quenelles de brochet légères et raffinées nappées d'une sauce veloutée ? Un véritable délice, n'est-ce pas ? Et ce n'est qu'un début ! Il vous reste à découvrir les quenelles de volaille et bien d'autres déclinaisons de ce grand classique de la cuisine lyonnaise.

Adresse incontournable pour poursuivre votre exploration, Giraudet (www.giraudet.fr) propose toutes sortes de quenelles.

OÙ SE MARIER ET OÙ SE REMETTRE D'UNE RUPTURE

DES CIMES GRISANTES DE LA LUNE DE MIEL AUX ENDROITS LES PLUS APPROPRIÉS POUR CESSER DE SE MORFONDRE.

831 LEH (INDE)

Depuis Leh, dans le Ladakh, région du nord de l'Inde, partez pour une excursion de deux jours (de mi-juillet à mi-septembre uniquement) sur le "toit du monde" – une jolie métaphore pour le toit qui abritera votre futur foyer. On peut se marier au terme de la première journée et tester la solidité de son couple le second. Lors de cet éprouvant périple, qui vous mènera à 5 600 m d'altitude, chacun aura l'occasion d'éblouir son conjoint en traversant de périlleux ponts suspendus. Des monastères bouddhiques sont disséminés dans ce décor empreint de sérénité : n'hésitez pas à vous y arrêter pour demander conseil aux moines en matière de tolérance.

Du 1er au 15 septembre, le Festival ladakhi bat son plein à Leh et dans les villages environnants.

832 TOSCANE (ITALIE)

Vous vous demandez comment faire de votre mariage un moment aussi inoubliable pour vos amis que pour vous ? Louez plusieurs villas, une grande pour vous et vos amis, deux autres pour loger vos familles respectives. Invitez tout le monde à venir la veille de la cérémonie pour faire connaissance dans l'ambiance conviviale de la pizzeria locale – idéalement, dans une ville située à flanc de colline, accessible uniquement à pied. Le lendemain, après une matinée ensoleillée passée à vous préparer tranquillement, célébrez votre union dans la petite chapelle ornée de fresques de la propriété. Terminez en beauté par un dîner en plein air.

Cité médiévale à l'atmosphère romantique, Lucques est une base parfaite pour explorer le reste de la Toscane.

833 MANCHESTER (ANGLETERRE)

Les boîtes et les clubs de Manchester sont des endroits tout indiqués pour tourner la page. On y a relevé un taux de coups de foudre particulièrement élevé. Au Poptastic ou au Northern Monkey Music Club, il s'avère parfois même superflu d'ouvrir la bouche pour rencontrer l'âme sœur. Si vous cherchez un(e) intellectuel(le), rendez-vous au Best Indie Night Ever. Les gens plus ordinaires préfèrent l'ambiance du Giggle N Funk… Mais ce ne sont que des indications : l'atmosphère d'un bar peut ici changer du jour au lendemain. *Tomorrow is a new day!*

Vous trouverez la liste des endroits les plus chauds de la ville sur le site de Manchester After Dark (www.manchesterad.com).

834 WESTERN CAP (AFRIQUE DU SUD)

Comment mener votre couple à bon port ? Si vous avez échangé votre premier baiser au cinéma devant un film d'horreur, dire "oui" (puis faire vos prières) dans une cage plongée au milieu des requins au large de Gansbaai (à 175 km au sud-est du Cap) vous semblera une suite logique. Si la cage est aussi solide que votre amour, tout devrait bien se passer.

La saison des requins dure d'avril à octobre. Le village de pêcheurs de Gansbaai (www.gansbaaiinfo.com) est à 2 heures 30 de route du Cap.

835 ANTARCTIQUE

Pour ceux qui n'ont pas peur du froid, quel plus bel endroit que l'Antarctique pour une parade nuptiale ? Invitez votre bien-aimé(e) à bord de l'*Aurora* (un brise-glace, même si vous n'en avez plus besoin !) et gagnez ensemble tout doucement le plus grand continent de la planète. De nombreuses activités écotouristiques – kayak de mer, plongée, camping et, éventuellement, rencontre avec des baleines – agrémenteront cette lune de miel anticipée. Pour vous protéger du froid, prenez exemple sur les manchots empereurs en vous serrant l'un contre l'autre. La vie vous paraîtra facile et douillette après une telle expédition.

Pour observer les colonies de pingouins, venez de préférence en novembre (parades nuptiales) ou entre février et mars (premiers pas des petits).

836 ÎLES NICOBAR (INDE)

Si vous êtes tous les deux du matin, pourquoi ne pas donner la preuve d'une telle affinité en vous mariant à l'aube ? Quelque part dans l'océan Indien, non loin du dixième parallèle, le soleil se lève sur les centaines de petites îles, îlots et rochers de Nicobar. Loin de tout, l'archipel a su préserver ses luxuriantes forêts peuplées d'une faune variée. Il est habité par une population métissée, de confessions diverses – hindous, musulmans, chrétiens et sikhs notamment. Tout est réuni pour organiser un beau mariage !

Le joyau de l'archipel est l'île de Havelock. Ce paradis se trouve à 5 heures de bateau de la jetée de Phoenix Bay, à Port Blair.

837 BUENOS AIRES (ARGENTINE)

Le Festival mondial de tango, qui a lieu à Buenos Aires chaque été, est l'occasion rêvée de trouver un nouveau partenaire. Des ateliers sont animés par de grands maîtres du tango (ou *milongueros*). Six orchestres participent à l'événement, qui culmine au Palais Rouge, l'une des plus belles salles de la capitale. Plus qu'une simple danse, le tango permet également de tester la solidité d'un couple : est-il capable de la guider ? Est-elle capable de le suivre ? A-t-il de grands pieds ? Ne va-t-il pas la laisser tomber ? Vous en aurez bientôt le cœur net.

Le festival a lieu en octobre. Choisissez votre cours et réservez en ligne sur www.worldtangofestival.com.ar.

838 ELORA (CANADA)

Partez sécher vos larmes dans cette ville rustique aux maisons de pierre, à une heure de route de Toronto. On y a gardé les manières pieuses de l'ancien temps, lorsqu'il n'était pas question de se séparer et que l'on continuait à se serrer l'un contre l'autre pour résister au terrible blizzard canadien même quand on ne s'aimait plus. Vous apprendrez à cuisiner et à coudre auprès des membres de la communauté mennonite locale, à survivre sans télé, sans plats à emporter, sans Gameboy, sans boutiques, sans coiffeur, sans psy. Et vous pourrez enfin manger ce que vous voulez : vous êtes plutôt sirop d'érable à tous les repas ou légumes bio ? Si vous sortez avec votre nouvelle conquête, ce sera dans un buggy tiré par un cheval.

De nouveau en couple ? Réservez une chambre dans le très romantique Elora Mill Inn (www.eloramill.com).

839 HUSTADVIKA (NORVÈGE)

Chaotique, tumultueux, salé comme les larmes mais libre… Ce bout d'océan dans la tourmente n'est-il pas à l'image de votre cœur ? Confiez aux flots déchaînés qui ont fait chavirer tant de bateaux le film de votre rupture avant de sauter dans une voiture pour descendre le long de la route de l'Atlantique vers les fjords de l'Ouest et le village de pêcheurs de Kristiansund. Vous traverserez en chemin pas moins de 12 ponts enjambant des eaux beaucoup plus tranquilles.

Quand vous en aurez assez de broyer du noir, achetez de quoi noyer votre chagrin au vieux magasin de spiritueux de Hustadvika. Des activités plus saines sur www.hustadvika.no.

840 AITUTAKI (ÎLES COOK, NOUVELLE-ZÉLANDE)

Il y a longtemps que vous vouliez retourner voir le lagon bleu d'Aitutaki ? Cette île, élue la plus belle de la planète par Tony Wheeler, le fondateur de Lonely Planet, est située à une heure d'avion de Rarotonga, l'île principale de l'archipel de Cook, dans le Pacifique sud. Aitutaki est réputée pour ses danseurs, qui viennent de remporter pour la troisième année d'affilée le titre de "meilleurs jeunes danseurs des îles Cook". Ils se produisent chaque soir dans les restaurants donnant sur la plage. L'occasion d'apprendre quelques nouveaux pas pour mieux séduire le/la nouvel(le) élu(e) de votre cœur. Vous pourrez aussi louer un scooter pour faire le tour de l'île, cheveux au vent, plus libre que jamais.

Comptez 1 235 $NZ/nuit pour loger dans un splendide bungalow sur pilotis (www.aitutakilagoonresort.com)… et fusiller du regard les couples en voyage de noces.

DIX POINTS DE VUE SUR LA TOUR EIFFEL

VOICI DIX HAUTS LIEUX PARISIENS D'OÙ L'ON PEUT ADMIRER LA GRANDE DAME.

La tour Eiffel attire tous les regards

841 D'UNE TOUR À L'AUTRE

La tour Montparnasse est peut-être une verrue dans le paysage parisien, mais c'est aussi ce qu'on disait de la tour Eiffel à une certaine époque. La première était autrefois le seul endroit de la ville d'où l'on ne pouvait pas voir la seconde, mais cette lacune est réparée. L'observatoire du 56e étage offre désormais une vue magique sur Paris tout entier. La tour Eiffel ressemble à un jouet minuscule au loin. Le restaurant-bar le Ciel de Paris permet de dîner et de prendre un verre si vous voulez faire durer le plaisir.

Descendez à la station Montparnasse-Bienvenüe. La tour se trouve au 33, avenue du Maine.

843 DEPUIS LA TERRASSE DU CENTRE POMPIDOU

Le Centre Pompidou n'est pas seulement un endroit épatant pour passer la journée entre expo, bibliothèque et cinéma : il possède aussi une terrasse offrant un spectaculaire panorama de Paris. Que votre budget vous permette de dîner chez Georges ou non, vous pourrez toujours prendre l'escalator jusqu'au 6e étage pour admirer Paris étalé sous vos yeux. De jour comme de nuit, le spectacle des toits de Paris ponctués de monuments illustres est extraordinaire. La tour Eiffel, au loin, ressemble à une breloque qu'on a envie d'accrocher à son porte-clé.

Le Centre Pompidou, place Georges-Pompidou (métro Rambuteau), est ouvert tous les jours, sauf le mardi, de 11h à 22h.

KEVIN CLOGSTOUN / LPI

842 EN TERRASSE AU TROCADÉRO

Le Trocadéro est souvent considéré comme le meilleur endroit pour admirer la tour Eiffel. Des flots de touristes arpentent chaque jour l'esplanade du palais de Chaillot en prenant des photos, en papotant et en mangeant des crêpes au chocolat. Tout cela est bien beau mais, si vous préférez être assis pour déguster un cocktail ou un dîner romantique, essayez plutôt le Café de l'Homme, dans le musée du même nom. Les tables placées près des fenêtres offrent une vue splendide sur la tour, tout comme la terrasse, parfaite en été pour prendre un verre à l'heure où le soleil se couche et où s'allument les lumières de la ville.

Descendez à la station Trocadéro. Le Café de l'Homme se trouve au 17, place du Trocadéro.

844 AU FIL DE L'EAU EN BATEAU-MOUCHE

Paris depuis un Bateau-Mouche – qu'on soit touriste ou parisien –, c'est un point de vue unique sur la ville. Une fois monté à bord, plus besoin de bouger le petit doigt. Une heure durant, assis dans un fauteuil, vous n'avez plus qu'à vous détendre et à admirer le spectacle : Notre-Dame, le Louvre, le musée d'Orsay, les Invalides et les ponts défilent… Quant à la tour Eiffel, elle a du charme vue du dessous et vous n'aurez pas besoin de jouer des coudes pour en profiter. C'est encore mieux à la tombée de la nuit, quand sa silhouette se détache sur le ciel, ou encore à l'heure où elle s'illumine.

Embarquement sur la rive droite du pont de l'Alma, métro Alma-Marceau. Prix de la croisière : 10 € pour les adultes, 5 € pour les enfants.

845 DEPUIS L'HIPPODROME D'AUTEUIL

Grise, silencieuse et de toute beauté, la tour Eiffel vue depuis la grande tribune de ce "temple de l'obstacle" offre un spectacle inattendu et unique. Une visite à ce vieil hippodrome du bois de Boulogne est en elle-même une expérience. N'hésitez pas : glissez-vous dans la peau d'un turfiste parisien. Assis avec un sandwich et une canette de bière ou un café, noircissez-vous les doigts sur *Paris-Turf* tout en regardant votre favori aborder la dernière ligne droite, avec la tour Eiffel en arrière-plan. Un grand moment !

L'entrée de l'hippodrome est gratuite le week-end et coûte 3 € en semaine. Station de métro la plus proche : Porte-d'Auteuil.

846 À L'OMBRE DE LA TOUR, MUSÉE DU QUAI BRANLY

Coiffant l'étonnant musée du quai Branly, le restaurant les Ombres jouit d'une vue frontale de la tour Eiffel. Comme le nom de l'établissement le laisse entendre, vous prenez votre repas dans l'ombre du monument, qui se dresse devant vous comme des agrès géants. Idéal pour les grandes occasions, ce restaurant tout en verre et acajou est un écrin somptueux pour une soirée sous le signe de l'icône parisienne. Pour un repas plus décontracté et moins coûteux, essayez le Café Branly, au rez-de-chaussée, qui donne aussi sur la tour Eiffel.

Le restaurant les Ombres se trouve au 27, quai Branly. Station de métro la plus proche : Alma-Marceau.

847 QUAND LA GRANDE ROUE TOURNE

Quel meilleur endroit pour admirer Paris et la tour Eiffel que la Grande Roue ? Érigée en 1999 sur la place de la Concorde pour les fêtes du millénaire, la Grande Roue était censée être démontée au bout d'un an. En réalité, elle réapparaît et disparaît à intervalles irréguliers. Si vous l'apercevez, sautez sur l'occasion. C'est une manière à la fois amusante et romantique de voir la ville, pour les enfants comme pour les adultes. À 60 m de hauteur, vous aurez une perspective unique sur la tour Eiffel, qui vous salue sur l'autre rive de la Seine.

Si la Grande Roue est là, vous ne pourrez pas la manquer. Descendez à la station Concorde. Ticket : environ 9 €.

848 LA MERINGUE ET LA DAME DE FER

Décrié sous le nom de "meringue", le Sacré-Cœur offre un tableau intéressant de la tour Eiffel. Alors qu'elle se dérobe souvent à vos yeux lorsque vous visitez Montmartre, la "dame de fer" est visible sur votre droite quand vous avez le Sacré-Cœur derrière vous. Après une déambulation dans cette vaste et sombre basilique romano-byzantine vous aurez l'impression, en sortant, de vous élancer dans les nuages. Pour atterrir, posez votre regard sur la tour Eiffel, au loin.

Descendez aux stations Anvers ou Abbesses, puis grimpez à pied ou en funiculaire jusqu'au sommet de la colline.

849 EN DESCENDANT LA RUE D'BELLEVILLE

Mieux vaut être à pied que sur des rollers pour descendre la rue de Belleville, le quartier de la Môme Piaf. La tour Eiffel est devant vous, en point de mire, pour vous rappeler où vous êtes, au cas où les odeurs de cuisine chinoise vous égareraient. Divers, étonnant, envoûtant, le quartier reste parisien jusqu'au bout des ongles. Quand la tour Eiffel disparaît de votre vue, offrez-vous des nems et un bo bun (vermicelles, salade et viande) dans un des restos du coin.

La partie pentue de la rue de Belleville se situe entre les stations Pyrénées et Belleville, sur la ligne 11.

La Dame de Fer offre un beau cadre pour pique-niquer ou bouquiner sur le Champ-de-Mars

850 PIQUE-NIQUE SUR LE CHAMP-DE-MARS

L'une des plus agréables façons d'admirer la tour Eiffel, c'est de pique-niquer à ses pieds, sur le Champ-de-Mars. Ce parc de près de 25 ha déroule ses pelouses, ses allées et ses arbres jusqu'à l'École militaire. La tour Eiffel, près de la Seine, est comme une grande dame imposante qui s'inviterait à votre pique-nique. Idéal pour les enfants et les bandes de copains, le Champ-de-Mars peut aussi être le cadre d'une dînette romantique, avec une bonne bouteille de vin et des verres en plastique.

La station de métro la plus proche est Bir-Hakeim. Vous pouvez aussi prendre le RER C et descendre à Champ-de-Mars - Tour-Eiffel.

DIX POINTS DE VUE SUR LA TOUR EIFFEL

LES PLUS FABULEUSES STATIONS DE SKI D'EUROPE

FAITES VOLER LA POUDREUSE COMME JAMAIS LE LONG DE PISTES INOUBLIABLES.

851 CRANS MONTANA (SUISSE)

Les stars de cinéma s'y sont longtemps donné rendez-vous, avant que la jet-set russe ne prenne plus récemment le relais. Rien d'étonnant à cela quand on contemple le décor : autour de Crans Montana se dressent, le plus souvent sous un soleil radieux, quelques-uns des plus hauts et majestueux sommets des Alpes suisses : le Weisshorn, le Cervin, la Dent-Blanche, etc. Un environnement à explorer le long de 140 km de pistes tous niveaux et de plusieurs parcours de ski de fond remarquables, qui vous mèneront de la forêt alentour au glacier de la Plaine-Morte, à près de 3 000 m d'altitude.

Les pistes sont ouvertes de fin novembre à mi-avril. Vous trouverez sur place un vaste choix d'hôtels, mais, si vous partez en famille ou avec des amis, il peut être aussi avantageux de louer un chalet ou un appartement.

853 SANKT ANTON AM ARLBERG (AUTRICHE)

Des pentes abruptes, une poudreuse d'excellente qualité, de nombreuses possibilités de hors-piste : cette station du Tyrol fait le bonheur des skieurs expérimentés. Votre niveau laisse à désirer ? Rassurez-vous, vous y dénicherez aussi des pistes réservées aux débutants. Un espace doté d'un half-pipe est par ailleurs destiné aux amateurs de snowboard. À la tombée de la nuit, tout le monde se retrouve dans les bars situés au pied des pistes et dans le village pour faire la fête sur fond de musique live.

Comptez 176 € pour un pass de 6 jours. Pour éviter la foule, mieux vaut venir entre fin octobre et mi-décembre. Qu'il s'agisse des B&B ou des appartements, les locations sont généralement d'une semaine au minimum (du samedi au samedi).

852 SESTRIERE ET LA VOIE LACTÉE (ITALIE)

L'organisation de plusieurs épreuves des Jeux olympiques d'hiver de 2006 à Sestriere n'a fait qu'accroître la renommée de cette station créée par la famille Agnelli – propriétaire de Fiat – dans les années 1930, à une centaine de kilomètres à l'ouest de Turin. Elle était auparavant déjà connue pour être le principal point d'accès au prestigieux domaine skiable de la Voie lactée (Via Lattea en italien), qui ne compte pas moins de 400 km de pistes, attirant skieurs et surfeurs de tous niveaux.

Un forfait de 6 jours permettant de parcourir la totalité du domaine de la Voie lactée revient à 138/155 € en basse/haute saison. En haute saison, plusieurs bus relient chaque jour Sestriere à Turin. Consultez le site www.vialattea.it pour plus d'informations.

Un snowboarder entouré de neige et de glace, sur les pentes de Sankt Anton

854 JASNÁ (SLOVAQUIE)

Mêlez-vous aux touristes polonais et hongrois sur les pistes dévalant les pentes du Chopok (2 024 m), sommet le plus élevé des Basses Tatras – au centre du pays –, après le Ďumbier. Relativement modeste comparée aux stations les plus renommées des Alpes ou des Pyrénées, Jasná n'en est pas moins la plus grande station de ski de Slovaquie. Elle présente surtout l'avantage d'être beaucoup moins chère que ses concurrentes d'Europe de l'Ouest, aussi bien en ce qui concerne les forfaits hebdomadaires que les différentes options d'hébergement.

La saison s'étend de fin décembre à début avril, avec deux pics de fréquentation, à Noël et à Pâques. Le forfait vous reviendra à seulement un peu plus de 80 € par semaine (voir le site www.jasna.sk, en anglais).

855 SINAIA (ROUMANIE)

Sinaia, son château, son monastère, ses villas centenaires et… sa station de ski. Ancien lieu de villégiature de Charles Ier, premier roi du pays, cette ville adossée aux monts Bucegi, à la frontière de la Valachie et de la Transylvanie, est devenue la destination favorite des skieurs en Roumanie. Très touristique tout au long de l'année, elle voit affluer les amateurs de sports d'hiver (ski alpin, ski de fond et bobsleigh) dès la fin de novembre. La station proprement dite, située à 2 000 m d'altitude (d'où son nom, Cota 2 000), est accessible en téléphérique depuis le centre.

Pour faire des économies, optez pour l'une des chambres de type pension louées par les propriétaires de villas. Gardez un peu de temps pour visiter le château de Peleș, à 20 minutes à pied du centre.

RICHARD NEBESKY / LPI

Scène paisible dans l'immense domaine des Trois Vallées

856 LES TROIS VALLÉES (FRANCE)

Ce nom ne vous dit rien ? C'est pourtant celui du plus grand domaine skiable du monde ! Vous avez en revanche certainement déjà entendu parler des trois stations chics et branchées qui y donnent accès : Val-Thorens, le plus haut village d'Europe (2 300 m), Méribel, la commune la plus chère de France, et Courchevel, aussi réputée pour ses 528 ha dévolus à la glisse que pour ses boutiques de luxe. Au total, ce sont 330 pistes reliées entre elles par des remontées mécaniques efficaces et rapides, qui forment un immense terrain de jeu, offrant la garantie de skier chaque jour à travers de nouveaux paysages, au moins aussi somptueux que ceux de la veille.

Un site incontournable pour des informations détaillées sur chacune des stations et pour effectuer vos réservations : www.les3valles.com.

857 CAUTERETS (FRANCE)

Profitant d'un très bon enneigement, Cauterets est souvent la première station pyrénéenne à ouvrir et la dernière à fermer. Si vous êtes impatient de filer à toute allure entre les sapins tapissant les pentes neigeuses, prenez la télécabine partant du village pour le domaine du Cirque de Lys, où vous aurez le choix entre 21 pistes de tous niveaux s'étageant entre 1 730 m et 2 450 m d'altitude. Pour de longues promenades en ski de fond ou en raquette, vous devrez faire quelques kilomètres de plus pour atteindre le domaine du Pont d'Espagne, situé dans le parc national des Pyrénées.

Un bon plan : les forfaits "Aquaschuss", combinant accès aux pistes et séances de remise en forme (à partir de 33 €). Cauterets est également une station thermale réputée pour ses eaux chaudes soufrées. Plus d'infos sur le site www.cauterets.com.

858 ÅRE (SUÈDE)

Rien de tel après une longue journée de ski sur les pistes qu'une séance de sauna pour un pur moment de détente. Quel meilleur endroit pour cela que la Suède ? Rendez-vous dans les étendues sauvages du Norrland, à Åre, le plus grand domaine skiable de toute l'Europe du Nord. Avec ses 100 km de pistes, dont une superbe descente de 6,5 km, l'endroit a de quoi séduire tous les amateurs de glisse. Si toutefois vous éprouviez une certaine lassitude à slalomer le long des pentes, d'autres activités vous attendent, telles que les balades en traîneau à chiens ou à rennes, ou les safaris en motoneige.

Venez de préférence à partir de février, quand les jours commencent à rallonger.

859 MASSIF DU JURA (FRANCE)

Loin de l'agitation des stations à la mode, les montagnes du Jura sont parcourues par des kilomètres et des kilomètres de sentiers très prisés des amateurs de ski de fond. Le circuit le plus connu, le GTJ (pour Grande Traversée du Jura), s'étend sur 175 km entre le Doubs et l'Ain (avec un crochet par la Suisse). Mais rien ne vous oblige à partir pour un périple aussi long. Commencez par travailler votre endurance sur des trajets de quelques heures, et laissez-vous envoûter par les paysages magiques de forêts d'épicéas enneigées.

Chaque année en février a lieu la Transjurassienne, l'une des courses de ski de fond les plus longues du monde, au départ du village de Lamoura. Procurez-vous les deux cartes IGN "Le massif du Jura, pays du ski de fond", indispensables pour explorer la région.

860 NARVIK (NORVÈGE)

Le Grand Nord vous a toujours fait rêver ? Partez pour Narvik, l'une des villes les plus septentrionales de la planète. Située au-delà du cercle polaire arctique, à près de 1 400 km au nord d'Oslo, elle n'a pas beaucoup de charme en soi mais possède un domaine skiable de toute beauté : du haut des pistes, le panorama est époustouflant avec d'un côté les montagnes couvertes de neige et de l'autre les eaux de l'Ofotfjord… Enchaîner les virages les yeux rivés sur l'océan, au loin, est un plaisir dont vous n'êtes pas près de vous lasser.

La région étant plongée dans l'obscurité en décembre et janvier, la haute saison commence au mois de mars. Venez en juin pour skier sous le soleil de minuit.

LES PLATS LES PLUS DÉPAYSANTS

CERTAINES DE CES PRÉPARATIONS SONT PLUS FASCINANTES QUE SAVOUREUSES, MAIS LAISSEZ-VOUS SURPRENDRE ET VOYAGEZ AUSSI AVEC VOS PAPILLES.

861 JAPON

Les Japonais excellent tant dans l'étrange que le choix de la spécialité la plus incongrue est difficile. Nous avons retenu le fameux *fugu* (ou poisson-globe), si dangereux que son petit nom signifiait jadis "pistolet", hommage à ses pouvoirs létaux rapides. S'il est mortel, c'est que le *fugu* contient de la tétrodotoxine, un poison 13 fois plus puissant que l'arsenic. Préparé par des chefs qui retirent le poison, ce mets recherché, non content de se révéler assez fade, anesthésiera vos lèvres. À moins que vous ne le préfériez en *hirezake* (queue de *fugu* grillée dans du saké chaud), qui accompagne traditionnellement le dîner. Seuls les plus fortunés peuvent s'offrir cette danse avec la mort : le plat de *fugu* coûte dans les 10 000 yens.

Genpin Fugu est l'un des meilleurs restaurants de *fugu* de Tokyo. La station de métro la plus proche est Shinjuku.

862 AUSTRALIE

Au cœur des vastes plaines isolées bordant le sud des Flinders Ranges, en Australie-Méridionale, venez tailler en pièces les emblèmes nationaux que sont le kangourou et l'émeu. Dans le hameau de Parachilna, six habitants tout juste, le magnifique Prairie Hotel est spécialisé dans la cuisine du bush. À la carte : œufs d'émeu brouillés pour le petit-déjeuner et tendres steaks de kangourou pour le dîner. Un chef aborigène travaille avec des produits locaux connus du peuple Kaurna depuis des millénaires, y ajoutant des accents modernes typiquement australiens.

La suite de luxe au Prairie Hotel est à 260 dollars australiens la nuit. Réservez en ligne sur www.prairiehotel.com.au.

863 MYANMAR

"Tout ce qui marche par terre est comestible", affirment les Birmans. Vous avez vraiment dit tout !? Sur les marchés de nuit de Yangon (Rangoon) et partout dans le pays, les *thăye-za* (littéralement "en-cas qui mettent l'eau à la bouche") sont préparés à base de grillons, de scarabées et de larves sautées. Les grillons sont proposés en brochettes de dix pour environ 400 kyats la brochette, tandis que les larves sont délicatement grillées et servies encore frétillantes. Pour les scarabées, notre conseil gourmand : sucez les entrailles, et croquez la tête ensuite.

Le marché de nuit est proche, à pied, de la pagode Sule (ouverte de 4h à 22h), dans le centre de Yangon.

864 INDONÉSIE

Buah keluak signifie littéralement "fruit qui écœure". En réalité, ce n'est pas un fruit, ni même un fruit sec, comme l'assurent souvent ses adorateurs, mais l'intérieur du noyau de la taille d'un petit œuf que l'on trouve dans le fruit du beau *kepayang*, un arbre. Cru, le *buah keluak* est utilisé par les chasseurs pour empoisonner lances, flèches et traits de sarbacane – car le *buah keluak* contient du glucoside, qui se transforme en acide cyanhydrique. Heureusement, il suffit de le plonger dans l'eau pour neutraliser son pouvoir létal.

Explorez le parc national de Komodo (www.komodonationalpark.org) pour découvrir le *kepayang*.

865 NORVÈGE

Dans le nord du pays, vous savourerez des "menus arctiques" à base de produits locaux typiques de ces contrées glacées : ce sont notamment le phoque, le renne et l'incontournable morue dans laquelle, on le sait, rien ne se perd. Ici, on cuisine les joues, les œufs, le foie et l'estomac de ce poisson. Les langues de morue sont un mets recherché ; des enfants les prélèvent et sont payés à l'unité. Les œufs sont salés dans d'énormes cuves à vin. Quant au foie, il est bouilli dans un chaudron, passé à la vapeur, puis pressé pour en extraire cette huile goûteuse qui combat gaillardement la dépression durant l'hiver arctique.

Installez-vous à Tromso pour savourer les meilleures délices arctiques à la ronde. Préparez-vous sur www.arcticgateway.com.

866 CHINE

Vu le nombre étourdissant de spécialités régionales, il faudrait des années (une vie ?) pour découvrir tout ce que la cuisine chinoise a à offrir. Laissez-vous duper par des préparations très élaborées de "fausse viande", qui sont parfois tout un spectacle pour les yeux. Parmi les plats typiques figurent le faux poisson, les "crevettes" végétariennes braisées et le "jambon" végétarien. Les produits (tofu, gluten de blé et légumes) sont sculptés pour ressembler à des côtelettes ou à du poulet frit. Certains chefs vont même jusqu'à façonner des "os" à partir de carottes ou de racines de lotus.

À Beijing, Still Thoughts est un petit restaurant végétarien typique, très abordable, et célèbre pour son "agneau" *chuan'er*. Rendez-vous au 18-4 Dafosi Dongjie, Yuqun Hutong, Tiananmen.

867 ISLANDE

Fraîche, la viande du requin du Groenland est toxique. Pour contourner le problème, les Islandais ont mis au point tout un processus qui nécessite plusieurs mois de fermentation et de séchage. Au terme de l'opération, la viande prend le nom de *hákarl* et se déguste au cœur de l'hiver avec toute une gamme de plats traditionnels. Étant donné sa forte odeur d'ammoniaque et sa texture, elle n'est pas du goût de tout le monde, même en Islande. Ce qui ne vous empêchera pas de trouver du *hákarl* toute l'année dans les magasins à travers tout le pays, en deux versions : rouge (*glerhákarl*, chair provenant du ventre) ou blanche (*skyrhákarl*, reste du corps). Savourez-le (ou faites-le passer) avec un coup de *brennivin*, un alcool local.

Si le *hákarl* vous tente, n'oubliez pas de demander du requin du Groenland, et non du requin-pèlerin : ce dernier est menacé.

868 CORÉE DU SUD

La consommation de viande de chien, condamnée par les défenseurs des animaux en Corée et à l'étranger, reste appréciée par une grande partie des Coréens. Réputée être maigre, d'une grande valeur nutritive et bénéfique pour la virilité, on la prépare sous forme de *bosintang*, une soupe épicée, ou de *suyuk*, petits morceaux de viande bouillis que l'on enveloppe de feuilles. On ne vous la servira pas à votre insu : elle ne figure que sur la carte de restaurants spécialisés, qui se sont éloignés du centre de Séoul pour ne pas choquer les touristes.

Les chiens utilisés proviennent d'une race spécifique, vous n'avez donc pas à vous inquiéter pour votre fidèle compagnon.

869 AFRIQUE DE L'OUEST

Les Africains de l'Ouest sont carrément fous de leur foufou. Dans un mortier, le manioc bouilli est réduit en farine, épaississant à mesure qu'on le pilonne. La préparation a lieu tous les matins, et ce martèlement caractéristique retentit alors à travers toutes les régions rurales d'Afrique de l'Ouest. Le foufou est ensuite mangé en boulettes tel quel, non mâché, le plus souvent accompagné d'une sauce aux cacahuètes épicée. Il fait partie intégrante de l'identité régionale, en particulier au Ghana.

L'ouest du Ghana est connu pour son foufou, mais aussi pour ses plages et le village sur pilotis de Nzulezo, sur le lac Tadane.

870 MONGOLIE

Courant dans les zones rurales, le *makh* est le plat le plus redouté des étrangers. Du mouton bouilli. Ah… Mais, pas n'importe quels morceaux de l'animal, tous ! La tête, les pieds, les os, les entrailles, et d'autres encore qui garderont tout leur mystère, accompagnés (ouf !) de pommes de terre. Autre classique, le *khorkhog* : dans un récipient, on place des pierres brûlantes sorties de l'âtre, des morceaux de mouton, de l'eau et parfois de la vodka, avant de le sceller et de laisser sur le feu. Au moment de la dégustation, la coutume veut que les pierres, bien chaudes et bien grasses, passent de mains en mains.

Besoin de vous désaltérer ? L'*airag*, du lait de jument fermenté, laisse dans la bouche une saveur légèrement aigre mais, bien frais, il est délectable.

DES FRISSONS SUR L'EAU

DAVID TOMLINSON / LPI

COMME NOTRE PLANÈTE, VOUS ÊTES COMPOSÉ DE DEUX TIERS D'EAU. RIEN D'ÉTONNANT À CE QUE VOUS AIMIEZ TANT BATIFOLER DANS L'ONDE.

871 HYDROSPEED DANS LES GORGES DU VERDON (FRANCE)

La nage en eau vive – autre nom de l'hydrospeed, qui consiste à descendre des rapides sur un flotteur en mousse – dans le cadre des falaises et sommets spectaculaires du canyon qu'a creusé le Verdon entre Ponts-de-Soleils et le lac de Sainte-Croix est un grand moment. Le segment le plus propice à cette activité se situe entre Carajuan et Point Sublime. Dans ce paysage grandiose, les nombreux rapides vous ballotteront comme dans un tambour de machine à laver. Mais une fois que vous maîtriserez le retournement à 360 degrés, ce sera du pur plaisir.

De nombreux prestataires sont installés à Castellane et à La Palud-sur-Verdon. L'âge minimum pour l'hydrospeed est en principe de 14 ans.

872 KITESURF À TARIFA (ESPAGNE)

Située au point de rencontre entre les vents ponant et levant, qui la balaient en permanence, Tarifa ne grimace pas dans la bourrasque : elle en profite ! La cité, avec ses voies romaines, son château mauresque et ses demeures blanches typiquement andalouses, est un parfait mélange de joies nautiques et de gros vent, et le kitesurf y a le vent en poupe. Se propulser sur une planche en fibre de verre en se guidant à l'aide d'une aile aux airs de gros cerf-volant n'est pas si facile, mais après quelques leçons, vous ne pourrez plus décrocher… du moins de la décontraction, de la culture bon enfant et de la coolitude façon surfeur qui vont avec.

De nombreux prestataires proposent des cours, de 2 heures à plusieurs jours.

873 SURF SUR MASCARET DANS L'AMAZONE (BRÉSIL)

À l'embouchure de l'Amazone, il arrive, lorsque la lune est de la partie, que l'Atlantique et ses marées tirent le maximum du roi des fleuves. L'alliance de ces forces de la nature crée une vague de 4 m qui remonte le courant, charriant toutes sortes de débris et emportant au passage quelques surfeurs plus qu'intrépides. Il faut être extrêmement doué ou simplement fou pour se lancer à l'assaut du Pororoca ("grand bruit destructeur" en langue tupi), mais quel *ride* ! Le record actuel est de 12,5 km et 37 minutes. Les non-surfeurs apprécieront tout de même le spectacle.

Le Pororoca se produit deux fois par jour, trois jours par mois ; c'est en février-mars que ce mascaret est le plus puissant.

Canotage sur la Cam devant le King's College

874 KAYAK DE MER DANS LE DÉTROIT DE JOHNSTONE (CANADA)

Chaque été, les eaux claires qui lèchent le nord-est de l'île de Vancouver sont envahies par quelque 300 orques qui rêvent d'un festin de saumons. Sur place les attendent déjà des petits rorquals, hôtes des lieux, et quelques baleines à bosse qui défilent dans des criques et des bras de mer dominés par d'épaisses forêts où l'homme est rare. C'est en kayak de mer que l'on apprécie le mieux ces paysages sauvages : à fleur d'eau, vous êtes au niveau des baleines. Et le seul bruit alentour est le clapotement de vos pagaies, voire, de temps à autre, le souffle tout proche d'un orque au dos brillant.

Les orques entrent dans le détroit de Johnstone de mi-juin à mi-octobre.

875 PUNTING À CAMBRIDGE (ANGLETERRE)

Aussi anglais que le *five o'clock tea*, le canotage sur la Cam à bord de ces bateaux appelés *punts* est prisé depuis l'époque édouardienne, lorsque le trafic commercial se détourna de la rivière, laissant le champ libre aux étudiants en robe et aux touristes en virée. Cela n'est pas si facile que ça en a l'air : ces barques à fond plat ont la mauvaise habitude de partir en travers si l'on maîtrise mal la technique de propulsion à la perche, vous envoyant à toute allure vers les berges bordées de saules et de majestueux édifices universitaires. Louez un *punt* et, du centre-ville, mettez le cap sur le charmant village de Grantchester : comptez 4 heures aller-retour, et beaucoup plus si vous êtes novice.

En cas de chute, surtout restez avec votre *punt* plutôt qu'avec votre perche. Il est possible de louer les services d'un guide, as du *punting*…

RALPH HOPKINS / LPI

Snorkeling sous le regard amusé des otaries des îles Galápagos

876 SNORKELING AUX ÎLES GALÁPAGOS (ÉQUATEUR)

Il n'y a qu'ici que l'on peut combiner exploration sous-marine et danse avec une otarie, clin d'œil à un pingouin et rencontre avec un iguane marin qui semble tout droit sorti de la préhistoire. Cet archipel sud-américain unique au monde, qui inspira à Darwin sa théorie de l'évolution, est réputé pour la variété et l'intrépidité de sa vie sauvage. Sous l'eau, les rencontres animales sont magiques : si la plongée avec bouteilles est réservée aux amateurs expérimentés, le snorkeling est accessible à tous. Espèces et fonds marins varient d'une île à l'autre, mais avec un peu de chance, vous barboterez au milieu de bancs de poissons multicolores, de raies et, clou du spectacle, d'une bande d'otaries curieuses.

C'est de janvier à avril que les eaux sont les plus chaudes. Pour plus de confort, apportez votre propre masque.

877 NAGE DANS LES ÎLES (GRÈCE)

Les eaux qui lèchent la Grèce sont parsemées de plus de 6 000 îles. Les circuits sont une formule très répandue, mais soyez original en les visitant à votre rythme et de la façon la plus écolo qui soit : la mer est ici idyllique, turquoise et calme, et vous invite à nager sur de longues distances en faisant halte régulièrement dans les criques et sur les plages qui bordent les côtes, tant pour reprendre des forces que pour découvrir la terre ferme. Les Cyclades font un excellent point de départ : très proches les unes des autres, elles offrent des traversées de difficulté modérée et sont relativement peu visitées. Vous foulerez des criques accessibles seulement à la nage, vous apercevrez des phoques moines et des dauphins dans leur élément et, le soir venu, vous détendrez vos membres fatigués dans d'accueillantes *tavernas*.

Swimtrek (www.swimtrek.com) propose des circuits d'une semaine à la nage dans les Cyclades.

878 CANOË SUR LES BOUNDARY WATERS (MINNESOTA, ÉTATS-UNIS)

Bordant la frontière canadienne, les 4 000 km² de lacs et de forêts infestées d'ours de la Boundary Waters Canoe Area Wilderness (réserve naturelle de canoë des eaux frontalières) invitent à jouer les Davy Crockett. En canoë, embarcation solide et facile à maîtriser, vous ne tarderez pas à pagayer nonchalamment en admirant loutres, orignaux et pygargues à tête blanche, ne rejoignant la terre ferme que pour franchir, canoë au-dessus de la tête, les quelques mètres qui vous séparent du lac suivant, ou pour camper dans une modeste clairière. Le soir, bercé par les cris plaintifs du plongeon huard, vous vous émerveillerez devant la clarté du ciel étoilé – et prierez pour qu'un ours ne dévore pas votre petit-déjeuner.

Entrez dans la Boundary Waters Canoe Area Wilderness depuis la ville de Duluth, à la pointe ouest du lac Supérieur.

879 RAFTING SUR LE ZAMBÈZE (ZAMBIE)

Entre les rapides, qui portent des noms du genre The Muncher ("le masticateur") ou Gnashing Jaws of Death ("mâchoires de la mort"), et les crocodiles rôdant sur les berges, difficile de dire ce qui fait le plus peur sur le Zambèze. Mais malgré les torrents de classe V et les gros reptiles carnivores, il suffit d'un bon guide et d'un casque pour partir à l'assaut du fleuve. Embarquez en contrebas des chutes Victoria, à Livingstone, et c'est parti pour une journée de vagues et de tourbillons dans les spectaculaires gorges Batoka. Pour une aventure plus longue, des expéditions de plusieurs jours sont proposées : plus loin en aval, on campe sur des plages isolées où des hippopotames passent dire bonjour.

Au départ de Livingstone, la grande saison de rafting dure d'août à octobre.

880 SURF AUX ÎLES MENTAWAI (INDONÉSIE)

Ce petit archipel au large de Sumatra est un paradis tropical, surf en prime. Les plages de sable blanc jalonnées de palmiers sont battues par des tubes et rouleaux à la température idéale. Et le peuple mentawai vaut à lui seul la visite : isolé du reste de l'Indonésie pendant des siècles, il conserve une culture très vivante. Entre deux sessions de surf, prenez le temps d'un trek dans le parc national de Siberut avec un guide local.

Les meilleures vagues déferlent d'avril à octobre.

LES DIX PLUS BELLES RANDONNÉES EN EUROPE

UN SAC À DOS LÉGER, DE BONNES CHAUSSURES DE MARCHE, UNE CARTE FIABLE : VOUS VOILÀ PARÉ. À VOUS LES ÉTENDUES SAUVAGES DU VIEUX CONTINENT.

Le mur d'Hadrien traverse les superbes paysages du Northumberland

881 RANDONNÉE DANS LES CARPATES (ROUMANIE)

Principale chaîne de montagne d'Europe centrale, les Carpates couvrent pratiquement un tiers du territoire roumain ! Surnommés les Alpes de Transylvanie, les imposants monts Făgăraş, dominés par le Moldoveanu (2 544 m), point culminant du pays, enchanteront les amateurs de randonnées sportives. Vous pouvez aussi opter pour les monts Apuseni et en profiter pour visiter la merveilleuse grotte de glace de Scărişoara ; ou partir sur les sentiers du parc national de Retezat, réputé pour ses nombreux lacs glaciaires. Les monts Bucegi, au sud de Braşov, sont également très appréciés pour leurs sentiers bien balisés et leurs refuges (les *cabanăs*) ouverts toute l'année.

Bien que Dracula n'ait probablement jamais séjourné en Transylvanie, le château de Bran est aujourd'hui associé à sa légende. Les plus courageux peuvent le rejoindre au terme d'une randonnée difficile mais spectaculaire au départ de Buşteni.

DAVID ELSE / LPI

882 RÉSERVE NATURELLE DU KARADAG (UKRAINE)

Sur les bords de la mer Noire, en Crimée, se dresse l'imposante silhouette du Karadag ("montagne noire" en tatar), un volcan éteint du jurassique. Ses flancs, sculptés par les éléments, sont aujourd'hui émaillés de spectaculaires formations rocheuses. Un circuit de randonnée de 7 km (4 heures) permet de s'immerger dans ce paysage insolite. Sachez toutefois que vous ne pourrez pas vous y rendre seul. Dans un souci de protection de l'environnement, les sorties s'effectuent en groupe et sont encadrées par un guide de la bio-station de la réserve, située près de la petite bourgade isolée de Kourortnoe.

Deux randonnées par jour, sauf le mardi (adulte/enfant 30/15 uah). Prolongez le plaisir en admirant les formations rocheuses depuis la mer (les bateaux partent de Feodossia) ; vous passerez sous l'arche de lave de la Porte d'or et profiterez d'une halte baignade.

884 VIA ALGARVIANA (PORTUGAL)

Cette traversée de l'Algarve d'est en ouest est particulièrement

883 MUR D'HADRIEN (ANGLETERRE)

Quand l'empereur romain Hadrien décida d'ériger un mur pour protéger le nord de l'Angleterre des incursions des Pictes d'Écosse, il n'imaginait certainement pas que son ouvrage d'art servirait d'itinéraire de choix aux randonneurs du XXIe siècle. Long de 135 km, de Bowness-on-Solway, en Cumbrie, à Wallsend dans le comté de Tyne and Wear, ce National Trail (nom des sentiers de randonnée officiels) relativement accessible associe vertus de la marche et découverte de la culture britannique. Si les menaces d'invasion ne sont plus à l'ordre du jour, certains tronçons du mur d'Hadrien sont intacts, et un excellent musée a été créé sur le site des fouilles du fort romain de Segedunum.

Le fort (www.segedunum.com) fut occupé pendant trois siècles avant d'être abandonné. Le musée est ouvert de 10h à 17h d'avril à octobre et de 10h à 15h de novembre à mars (adulte/enfant 3,95 £/gratuit).

recommandée à tous les amoureux de grands espaces et de solitude. 240 km séparent la paisible Alcoutim, sur le Rio Guardiana, à la frontière espagnole, du Cabo San Vicente, qui se jette dans l'océan Atlantique à l'extrême sud-ouest de l'Europe. Un périple de deux semaines vous attend le long de modestes chemins ruraux, de pistes forestières et de petites routes goudronnées escaladant des collines où sommeillent de vieux moulins à vent. La Serra de Caldeirão et celle de Monchique, point culminant de la région, sont réputées pour la beauté de leurs versants boisés.

Succombez en chemin au charme de Silves et de son château maure. Vous trouverez toutes les infos pratiques relatives à cet itinéraire sur le site www.algarveway.com.

886 TOUR DU MONT BLANC (FRANCE, SUISSE, ITALIE)

Partez pour 11 jours de marche autour du plus haut sommet d'Europe occidentale. L'ensemble du parcours (167 km), très fréquenté l'été, est de difficulté moyenne. Vous cheminerez de villages en hameaux, traversant cols et vallées, dans un décor grandiose d'aiguilles effilées, de sommets enneigés, de glaciers, de lacs de montagne et de forêts de sapins. Le Val Veni, côté italien, et le Grand Balcon Sud, au pied des Aiguilles Rouges de Chamonix, offrent quelques-unes des plus belles vues sur le massif. Si le temps vous manque, sachez que plusieurs tronçons de cette vaste boucle (souvent les moins intéressants pour les randonneurs) peuvent être parcourus en téléphérique.

De nombreux refuges jalonnent le parcours, mais ils affichent vite complet l'été. L'office du tourisme des Houches (www.leshouches.com), au départ du parcours, peut vous aider à effectuer vos réservations. Il est aussi possible de camper.

885 CIRCUIT DE RANDONNÉE UKK (FINLANDE)

La plus longue piste balisée de Finlande, cet itinéraire de près de 250 km offre l'occasion rêvée de partir à la découverte des paysages sauvages de la taïga. La ville de Kuhmo, près de la frontière russe, fait un excellent point de départ. Que vous partiez vers le nord en direction de Lentiira, ou vers le sud pour explorer les vastes forêts de conifères du parc national de Hiidenportti, vous trouverez tous les 10 à 20 km des *laavu* (abris) le long du chemin. Emportez des jumelles : peut-être aurez-vous la chance de pouvoir observer un ours brun, un loup, ou même un lynx, trois espèces de prédateurs présentes dans la région.

Avant de repartir, faites un détour par le village de Kalevala. Situé à 3 km de Kuhmo, ce musée en plein air (adulte/enfant 11/5,50 €) présente la vie d'autrefois en Carélie.

887 CINQUE TERRE (ITALIE)

Imaginez cinq petits villages côtiers reliés par un sentier surplombant la Méditerranée, offrant d'impressionnants points de vue sur le littoral ligure, et menant par endroits à de ravissantes petites anses aux eaux cristallines. Le *sentiero azzuro* n'excède pas 12 km et se parcourt aisément en une journée. Mais prévoir une étape – dans le petit port de Vernazza ou à Corniglia, perché sur une corniche – présente plus d'un avantage : vous aurez plus de temps pour vous baigner et pour savourer la beauté du paysage (vert vif des vignes cultivées en terrasses sur fond bleu) et, le soir venu, vous pourrez goûter au vin blanc local en picorant des anchois.

Pour accéder au sentier, vous devrez être muni d'une carte (3 €/24h), distribuée par les bureaux du parc national des Cinque Terre. Plus d'infos sur www.cinqueterre.it.

888 CÔTE DE GRANIT ROSE (FRANCE)

Le murmure des vagues, les agrégats de granit aux couleurs délicates rehaussées par les nuances de bleus de la mer et du ciel, les restaurants des petits villages de pêcheurs traversés en chemin, tout concourt à faire de cet itinéraire un ravissement pour les sens. Au départ de Trégastel, vous emprunterez d'anciens sentiers douaniers, descendrez vers les plages de sable et de galets, remonterez le long de chemin rocailleux en haut des falaises, d'où vous pourrez contempler les îlots s'étirant vers le large, notamment, le dernier jour, en approchant de l'estuaire de la Jaudy.

Trois jours suffisent pour parcourir ce chemin côtier. Vous pourrez planter votre tente dans les campings de Port-l'Épine et de Porz Hir. Les cartes IGN (1/25 000) Lannion Perros-Guirec et Paimpol vous seront utiles.

GARETH MCCORMACK / LPI

Randonneurs se réfléchissant dans un petit lac devant la face sud du mont Blanc

889 ASCENSION DU MONT OLYMPE (GRÈCE)

Nul besoin d'être doté de pouvoirs surnaturels pour atteindre le sommet de l'Olympe. Il suffit d'être en bonne santé et de se munir d'une paire de chaussures de marche confortable. Les dieux grecs avaient quitté leur antique résidence depuis longtemps lorsque, en 1913, les premiers "mortels" parvinrent en haut du Mytikas (2 917 m), pic le plus élevé du massif. Le sentier principal part d'un minuscule hameau, Prionia, à 18 km de Litochoron, dans le nord du pays. La dernière partie de l'ascension, dans les rochers du Kaki Skala (littéralement "mauvais escalier"), peut s'avérer éprouvante. Mais tout en haut, le panorama est époustouflant !

Comptez 2 jours de marche, avec une nuit en refuge et prévoyez des vêtements chauds, y compris au mois d'août.

890 CHEMIN DE SAINT-JACQUES-DE-COMPOSTELLE (FRANCE, ESPAGNE)

Contrairement à ce que son nom laisse entendre, il n'y a pas un mais plusieurs chemins de Saint-Jacques. Côté français, on dénombre 4 itinéraires historiques (les routes du Puy-en-Velay, de Vézelay, de Tours et d'Arles), fréquentés par les pèlerins depuis le XIIe siècle. Le franchissement des Pyrénées est bien entendu un moment-clé de ce parcours d'environ 1 500 km, tant sur le plan spirituel que pour la majesté des paysages qui s'y déploient. Parvenu au col de Roncevaux ou à celui du Somport, vous poursuivrez l'aventure du côté espagnol le long du fameux Camino Francés.

Le carnet du pèlerin (ou *credential*) permet de bénéficier de tarifs préférentiels dans certains hébergements.

DIX ASCENSIONS POUR (PRESQUE) TOUS

CES MERVEILLES NE SONT NI L'EVEREST NI LE K2, CERTES. MAIS ELLES N'ONT PAS GRAND-CHOSE À VOIR NON PLUS AVEC LES VERTES COLLINES DE VOTRE ENFANCE. VOUS VOILÀ PRÉVENU !

891 MONT ELBROUZ (RUSSIE)

À des lieues des sommets célèbres des Alpes, les pics jumeaux du discret Elbrouz (5 642 m) sont pourtant le point culminant de l'Europe. À cheval sur la frontière russo-géorgienne, l'Elbrouz domine le Caucase et en impose aux alpinistes : il surplombe les sommets environnants de près de 1 000 m et des glaciers grignotent ses abords. Il ne présente cependant pas de véritable difficulté technique et est même doté d'un télésiège à 3 800 m, d'où partent la plupart des ascensions. Non loin du télésiège se trouve le camp 11 : de là, comptez encore huit heures pour atteindre le sommet.

Le téléphérique part d'Azau et monte jusqu'aux refuges Garabashi. Ne prenez pas l'aventure à la légère, l'Elbrouz fait régulièrement des victimes.

892 MONT OLYMPE (GRÈCE)

C'est une ascension proprement divine qu'offre le toit de la Grèce, domaine mythique des divinités grecques. L'Olympe a toujours ses pèlerins dévots, les randonneurs, qui font en deux jours l'ascension de son sommet le plus haut, le Mytikas (2 917 m). La voie d'ascension la plus prisée part du petit village de Prionia, à 18 km de Litochoro. Il faut ensuite 2 heures 30 pour atteindre le refuge A, et environ 3 heures supplémentaires jusqu'au sommet du Mytikas. Une fois en haut, n'oubliez pas de signer le registre des visiteurs !

On peut faire l'ascension en un aller-retour sur 2 jours en partant du refuge A près de Prionia. L'hébergement en dortoir coûte 20 €.

893 BROMO (INDONÉSIE)

Du massif volcanique du Tengger, sur l'île de Java, émergent trois volcans. Le sommet fumant du Gunung Bromo (2 392 m) est le plus modeste des trois, mais c'est lui dont on vient faire l'ascension. La route la plus facile et la plus fréquentée part de Cemoro Lawang, sur les bords de la caldeira de Tengger, qu'on rejoint par la ville de Probolinggo. Vous passerez par la "mer de sable" et, dans l'heure, aurez atteint le sommet du Bromo, où vous apprécierez la vue sur son cratère fumant. Comme sur toutes les montagnes de la planète, l'idéal est d'arriver au sommet au lever du soleil.

Les agences de voyages de Solo et de Yogyakarta peuvent réserver des minibus (assez médiocres) pour Bromo pour 100 000 à 150 000 roupies indonésiennes.

894 DJEBEL TOUBKAL (MAROC)

Le toit de l'Afrique du Nord, à 4 167 m, est étonnamment accessible. Du début du sentier dans le village d'Imlil, à deux heures de voiture de Marrakech, il faut cinq heures de marche pour rejoindre le refuge de Toubkal situé à environ 3 200 m, juste en contrebas du versant ouest de ce géant du Haut Atlas. De là, les trekkers font généralement un aller-retour rapide vers le sommet et rentrent à Imlil dans la journée. Les passages les plus difficiles consistent à grimper dans de longs éboulis : effet sables mouvants garanti.

Prenez un taxi de Marrakech à Imlil et comptez une demi-journée de marche facile pour rejoindre le camp de base.

895 MONT CERVIN (SUISSE)

L'imposant Cervin (Matterhorn en allemand) est aussi photogénique que séduisant pour l'alpiniste digne de ce nom. La silhouette du "Doigt de Dieu", ainsi qu'on le surnomme, se mérite au terme d'une ascension technique. Si sa forme pyramidale a mis en échec les premiers alpinistes, l'arête du Hörnli, la plus empruntée, est considérée aujourd'hui comme une voie relativement facile. L'ascension débute généralement en haut du téléphérique du Schwarzsee. Les alpinistes passent la nuit au refuge du Hörnli avant de partir pour atteindre le sommet à l'aube.

Rejoignez en train la ville de Zermatt, excellent camp de base pour l'ascension, à bord du Glacier Express. Des véhicules électriques (les seuls autorisés ici) vous conduiront jusqu'aux sentiers.

896 MONTAGNE DE LA TABLE (AFRIQUE DU SUD)

Ce sommet plat, à 1 086 m d'altitude, sert de sublime toile de fond à la ville du Cap et abriterait plus de 300 sentiers de randonnée. Pourtant, beaucoup les ignorent au profit de l'ascension, et au pas de course s'il vous plaît. Pour ce faire, la voie passant par la Platteklip Gorge est la plus directe. La progression est cependant plus facile en suivant la Jeep Track, qui traverse les montagnes de la Back Table, mais le faible dénivelé fait que c'est aussi l'une des voies les plus longues. Comptez deux à trois heures par la Platteklip Gorge. Au retour, battez tous les records en revenant en quatre minutes par le téléphérique.

Au sommet se trouve un café bien fourni (mais cher). Les tricheurs empruntant le téléphérique au retour devront débourser environ 70 rands.

897 ADAM'S PEAK (SRI LANKA)

Ce sommet (2 243 m) alimente l'imaginaire sri lankais depuis des siècles. Lieu de pèlerinage millénaire, l'Adam's Peak serait l'endroit où Adam posa le pied sur terre après avoir été chassé du paradis et où le Bouddha laissa son "empreinte sacrée" sur le chemin du paradis. D'innombrables marches attendent les pèlerins. Janvier et février sont les mois les plus animés. Le reste de l'année, le temple au sommet est déserté. Lorsque l'aube illumine la montagne sacrée, une ombre parfaite du pic se projette sur les nuages en contrebas.

Au choix, deux ascensions : l'une de trois heures, au départ du village de Dalhousie, l'autre de sept heures, à partir de Ratnapura.

898 MONT SINAÏ (ÉGYPTE)

Parti les mains vides, Moïse rapporta de son ascension quelques tablettes de pierre. Il vous faudra pour votre part emporter un sac de couchage et des vêtements chauds pour attendre l'aube au sommet du point culminant de la péninsule du Sinaï. L'ascension commence au monastère Sainte-Catherine, d'où vous pouvez suivre la piste chamelière ou bien expier vos péchés en grimpant les Marches du Repentir. Par la première, il faut deux bonnes heures pour atteindre le sommet, à 2 285 m d'altitude, avec à la clé une vue spectaculaire sur le désert, les montagnes déchiquetées et les profondes vallées alentour.

Montez par la piste qui zigzague à flanc de montagne, et revenez par les bien nommées Marches du Repentir (au nombre de 3 750). Des hébergements sont installés autour du monastère.

899 MONT FUJI (JAPON)

Bienvenue sur ce mont emblématique du Japon pour l'ascension, dit-on, la plus fréquentée de la planète. S'élevant à 3 776 m derrière Tokyo, le mont Fuji est le point culminant du pays du Soleil-Levant. La saison officielle des ascensions s'étend de juillet à août, mais vous seriez bien avisé de venir un peu avant ou après pour éviter une foule parfois aussi imposante que la montagne elle-même. La montée à partir du point de départ habituel prend environ 4 heures 30. Partez à temps pour arriver à l'aube et assister au lever du soleil avant que les nuages ne vous importunent.

De Tokyo, prenez le bus express au départ de Shinjuku : le voyage dure 2 heures 30, coûte 2 600 yens et vous laissera à la cinquième étape de Kawaguchiko.

900 HALF DOME (ÉTATS-UNIS)

Surplombant la vallée de Yosemite telle une déferlante pétrifiée, le Half Dome est un fascinant chef-d'œuvre géologique et un rêve pour les grimpeurs. Le sentier s'ouvre dans la vallée à Happy Isles, pour une ascension avec plus de 1 000 m de dénivelé ; le dernier tronçon, l'ascension de la face nord-est, est facilité par des câbles. Le sommet, sorte de plaine rocheuse de 2 ha, offre une vue splendide sur tout le Yosemite, en particulier depuis la face nord-ouest, en saillie. L'ascension peut se faire en une longue journée, mais vous pouvez camper sur le versant nord-est.

Si vous êtes novice, préparez-vous soigneusement : emportez une lampe torche et de l'eau en quantité, car les rangers ne viennent chercher que les randonneurs gravement blessés.

IDÉES DE VOYAGE

…X PARCS AMÉRICAINS HORS DES SENTIERS BATTUS

HABITATIONS AMÉRINDIENNES, FORTERESSE OCÉANIQUE OU IMMENSE RÉSEAU SOUTERRAIN : LES ÉTATS-UNIS ONT BIEN PLUS À OFFRIR QUE LES SEULS GEYSERS DU YELLOWSTONE.

901 SEQUOIA (CALIFORNIE)

Qui eût cru que la Californie, l'État le plus peuplé des États-Unis, pouvait renfermer un site méconnu, un parc "secret" ? Tandis que la plupart des amateurs de nature filent vers le Yosemite, les mieux informés lui préfèrent le Sequoia National Park, dans le sud du massif de la Sierra Nevada. Il doit sa faible fréquentation à sa difficulté d'accès, 84% du parc étant totalement sauvages et accessibles uniquement à pied ou à cheval. Mais, entre autres merveilles, vous y attendent ces colosses du monde végétal que sont les séquoias géants (jusqu'à 85 m de hauteur) et le point culminant des États-Unis hors Alaska, le mont Whitney, à 4 421 m d'altitude.

Juillet et août constituent la haute saison, et les campings affichent des tarifs vertigineux. Les mois de septembre à novembre sont très agréables, moins fréquentés, mais il y a des risques de neige.

902 GATES OF THE ARCTIC (ALASKA)

L'Alaska reste l'une des plus belles régions naturelles de la planète, et le Gates of the Arctic National Park est peut-être le plus beau parc national américain. Sauvage, isolé et situé entièrement au-delà du cercle arctique, il s'étend sur pas moins de 39 460 km². La visite n'a rien d'une promenade de santé : le parc n'abrite ni route, ni sentier, ni infrastructure, et le seul centre d'accueil se trouve à la sortie de la Dalton Highway, près de la ville de Coldfoot. Entouré de torrents, de grizzlis affamés et des sommets imposants des Brooks Mountains, vous avez plutôt intérêt à savoir vous débrouiller dans la nature.

La plupart des visiteurs arrivent dans le parc en hydravion (www.airarctic.com) depuis Fairbanks, à 320 km au sud-est.

903 BRYCE CANYON (UTAH)

À 330 km au nord-est de Las Vegas, ces paysages spectaculaires sont à des années-lumière du kitsch tape-à-l'œil de la cité aux mille casinos. Dans le Bryce Canyon National Park, les arches de pierre et les cheminées de fée parées de rouge et d'orange vif n'ont d'ailleurs rien à envier aux néons de Sin City. Souvent ignoré au profit des parcs nationaux de Zion et du Grand Canyon, plus accessibles, celui-ci est pourtant un chef-d'œuvre de la nature. Sa pièce maîtresse est le canyon qui lui donne son nom : long de 19 km, large de 5 km et atteignant jusqu'à 240 m de profondeur, il est parsemé de fragiles aiguilles rocheuses s'élevant à 60 m dans la vallée : un spectacle magique que Las Vegas n'égalera jamais.

Le ciel offre un spectacle tout aussi fascinant : grâce à l'isolement et à l'air pur du Bryce Canyon, on y voit par nuit claire quelque 7 500 étoiles, soit trois fois la moyenne nationale. Plus de renseignements sur www.nps.gov/brca.

WES WALKER / LPI

Ce paysage rocheux de Bryce Canyon impressionne autant qu'il émerveille

904 SHENANDOAH (VIRGINIE)

Avant la création au milieu des années 1930 du Shenandoah National Park, ce petit coin verdoyant de Virginie était pour l'essentiel réservé à l'agriculture et couvert de pommiers. Un calme bucolique règne encore sur la Skyline Drive, longue de 169 km, l'axe principal à travers le parc. Ici s'élèvent les doux sommets des Blue Ridge Mountains, de modestes collines au regard du gigantisme des États-Unis, avec pour point culminant le mont Hawksbill, à 1 235 m d'altitude. Le parc Shenandoah est l'endroit idéal pour se détendre, randonner dans la campagne et camper sur de grasses prairies à l'ombre de chênes imposants. Des plaisirs simples qui sont parfois un luxe.

En selle ! Découvrez les sentiers à cheval comme un fermier des années 1930 : la balade d'une heure (30-50 $US/pers) est proposée d'avril à novembre. Consultez le site www.visitshenandoah.com.

905 HAWAI'I VOLCANOES (HAWAII)

Hawaii est loin de se situer hors des sentiers battus du tourisme, mais son Hawai'i Volcanoes National Park et ses merveilles volcaniques méritent plus de louanges. La Grande Île se compose de cinq volcans d'âges divers se recouvrant les uns les autres, dont le plus haut de la planète. Le Mauna Loa, s'il s'élève à "seulement" 4 169 m au-dessus du niveau de la mer, descend sur 5 000 m supplémentaires jusqu'au plancher océanique, et bat donc allègrement l'Everest, ce qui n'est tout de même pas rien. Avec ses plages de sable noir, ses vieux tunnels de lave et ses coulées pyroclastiques, c'est un parc national où l'on voit la Terre à l'œuvre.

Vacances nature et luxe ne vont pas toujours de pair : pour une fois, installez-vous sur la plage de Waikiki à l'Halekulani (www.halekulani.com ; chambres 425-7 000 $US), sans doute le plus bel hôtel de Hawaii.

906 MESA VERDE (COLORADO)

Les montagnes Rocheuses font la réputation du Colorado, et à juste titre, mais les guides touristiques oublient souvent le Mesa Verde National Park et sa riche histoire amérindienne. Près du Four Corners (carrefour entre le Colorado, le Nouveau-Mexique, l'Arizona et l'Utah), ce parc recèle de nombreux trésors archéologiques que l'histoire des États-Unis tend à méconnaître. Parmi ses atouts figurent les étonnantes habitations troglodytiques des Indiens Pueblo, bâties au XIIIe siècle, creusées sur quatre niveaux dans les falaises de canyons à couper le souffle. Plusieurs sont accessibles, offrant une visite aussi éclairante que ludique.

Step House et Spruce Tree House sont les seules habitations troglodytiques que l'on peut visiter sans guide. Les autres visites s'effectuent sur réservation préalable au Far View Visitor Centre (3 $US/pers).

EDDIE BRADY / LPI

La mer cristalline encercle le fort Jefferson, inachevé, sur les îles de Dry Tortugas

907 BIG BEND (TEXAS)

Hauts sommets, forêts séculaires et geysers bouillonnants ne suffisent pas à résumer les grands parcs américains. Dans le Sud profond, sur près de 400 km à la frontière entre le Texas et le Mexique, le Big Bend National Park recèle des trésors géologiques et paléontologiques. Avec d'importants dénivelés, de 550 m à 2 400 m d'altitude, ce parc se targue de conditions climatiques extrêmes, du désert brûlant des profonds canyons qui bordent le Rio Grande aux hauteurs plus froides des monts Chisos. Près de la frontière, des fouilles archéologiques ont révélé que la région était déjà il y a plusieurs millénaires une zone très convoitée par les hommes.

Le parc de Big Bend, isolé, est peu fréquenté. Les aéroports les plus proches sont ceux de Midland/Odessa (à 330 km) et d'El Paso (à 580 km), tous deux au Texas.

909 WIND CAVE (DAKOTA DU SUD)

Rares sont les grottes classées parc naturel, à l'instar du Wind Cave National Park ("grotte du vent"), situé non loin de la ville de Hot Springs, dans le Dakota du Sud. Son réseau souterrain, qui comprend plus de 200 km de grottes connues, est le quatrième plus long du monde, et le site est célèbre pour ses formations de calcite en nids d'abeille, les *boxworks*. Des circuits guidés permettent de découvrir les cavernes qui doivent leur nom aux vents de 100 km/h qui soufflent parfois à leur entrée. De retour à l'air libre, on peut camper à Elk Mountain, à deux pas des prairies et des forêts de pins ponderosa où vivent bisons, élans et antilopes d'Amérique.

Une visite du Wind Cave National Park passe par une découverte de ses merveilles souterraines : les visites guidées de 1 heure 30 sont proposées toute l'année. L'été, arrivez tôt (8h) pour éviter les foules.

910 CRATER LAKE (OREGON)

Si les Grands Lacs américains sont célèbres dans le monde entier, beaucoup ignorent que les États-Unis abritent aussi le neuvième lac le plus profond de la planète. Plongeant à 594 m, les eaux bleu marine du Crater Lake occupent une caldeira en plein cœur du Crater Lake National Park. Le parc ne manque pas de merveilles, dont on retient notamment des paysages lunaires tout de ponce et de cendres, ainsi que d'immenses flèches de lave érodées par le temps. Pour une petite balade, nous recommandons les 4 260 km de la Pacific Crest Trail, qui s'étend du Mexique à la frontière canadienne.

Le clou de la visite ? Une sortie en bateau sur le Crater Lake au départ de Cleetwood Cove (juillet à septembre, selon la météo ; adulte/enfant 26/15,50 $US). Renseignements sur www.craterlakelodges.com.

908 DRY TORTUGAS (FLORIDE)

Pour changer des Everglades et de leur bon million de visiteurs annuels, mettez le cap sur la pointe sud de Key West pour prendre le large et découvrir un mélange étonnant de biodiversité marine et d'histoire militaire. À environ 110 km des côtes, le fort Jefferson est une gigantesque forteresse côtière : inachevée, elle se dresse avec splendeur en plein golfe du Mexique. Autour des sept îles coralliennes des Dry Tortugas gisent de nombreuses épaves coulées par des pirates et volent près de 300 espèces d'oiseaux, dont des noddis bruns, des fous masqués et de magnifiques frégates. Une combinaison qui sort de l'ordinaire et justifie largement le voyage.

L'unique hébergement du Dry Tortugas National Park est un camping sommaire (3 $US/pers) offrant une vue sublime sur la côte près de fort Jefferson. Il ne dispose d'aucune infrastructure, veillez à emporter tout le nécessaire.

LES BARS ET RESTOS LES PLUS ÉTRANGES

VOUS PENSIEZ CONNAÎTRE LES LIEUX LES PLUS BRANCHÉS ? VOUS N'ÊTES PAS AU BOUT DE VOS SURPRISES...

Effrayant et oppressant, ce musée-bar de Gruyères fait vraiment froid dans le dos

911 HOBBIT HOUSE (PHILIPPINES)

Ce bar-restaurant de Manille rend hommage à Tolkien et se présente comme "le seul bar au monde appartenant à des hobbits et tenu par des hobbits", en réalité une équipe de personnes de petite taille. Le cadre rustique à base de boiseries ne manque pas de charme. Si vous êtes grand, baissez-vous pour franchir les portes ! La Hobbit House est réputée pour ses concerts.

Des groupes s'y produisent tous les soirs. Plus d'informations sur le site www.hobbithousemanila.com.

912 RED SEA STAR, EILAT (ISRAËL)

Situé à 5 m sous la mer Rouge, en Israël, le Red Sea Star ressemble étonnamment à l'antre de Stromberg dans *L'Espion qui m'aimait*. L'intérieur de ce bar-restaurant décline le thème marin avec des tabourets en forme de méduse et des éclairages ressemblant à des étoiles de mer. Derrière les grandes baies vitrées, poissons et autres créatures marines intrigués viennent lorgner sur les plateaux de fruits de mer ! En regardant bien, vous apercevrez peut-être un navire passer au-dessus de votre tête.

Le Metro Bar, sur le toit de l'établissement, est ouvert de 19h à 3h. Le bar sous-marin ouvre à partir de 10h. Pour plus de renseignements, consultez www.redseastar.com.

913 CASA PONCHO (ESPAGNE)

"Une bière, imbécile !" l'insulte manque d'originalité et ne vaudra sans doute pas à ce client une consommation gratuite. Mais il se sera défoulé sur le serveur plutôt que sur sa famille, et c'est le but recherché par le patron du Casa Pocho, un bar situé dans la station balnéaire de Cullera, près de Valence, en Espagne. Les clients ont parfois besoin d'extérioriser leurs frustrations explique-t-il. Et il va même jusqu'à les provoquer un peu. Attention, s'exprimer en langage fleuri n'empêche pas la bonne humeur…

Si vous passez par là, laissez libre cours à votre humour et à votre imagination et insultez copieusement le serveur. À défaut de vous valoir quelques verres, l'exercice vous défoulera.

SIME/BERGAMIN CLAUDIO / 4CORNERS

914 BAR GIGER, À CHUR, ET CHÂTEAU SAINT GERMAIN, À GRUYÈRES (SUISSE)

L'artiste suisse H. R. Giger est surtout connu pour avoir inventé la créature Alien de la saga du même nom. C'est aussi à ce graphiste que l'on doit l'ambiance effroyable des célèbres longs-métrages. Giger est à l'origine du concept des "bioméchanoïdes", mutants d'une grande intelligence à mi chemin de la machine et de l'alien. Une atmosphère que l'on retrouve dans la déco de ses bars en Suisse. Le cadre est sombre et oppressant – on a le sentiment d'avoir été envoyé dans l'espace, condamné à une fin inéluctable. Les chaises laissent une sensation horrible, celle d'être assise sur les genoux du monstre.

Les bars sont généralement ouverts tlj de 10h à 20h30. Pour plus de renseignements, voir le site officiel de H. R. Giger (www.hrgiger.com).

JONATHAN SMITH / LPI

Le propriétaire des lieux serait-il fan de Depeche Mode ?

915 DEPECHE MODE BAAR, TALLINN (ESTONIE)

Voici un bar entièrement conçu en hommage à Depeche Mode, formation des années 1980 célèbre pour ses tubes à base de synthé (et ses coupes de cheveux). Cet établissement d'Estonie est assidûment fréquenté par des fans d'une maigreur absolue et tout de noir vêtus. Ils sirotent des cocktails baptisés des titres des grands succès de leurs héros, sur fond de chansons mélancoliques signées… Depeche Mode. Photos dédicacées, œuvres d'art du groupe et souvenirs de tournée ornent les murs, tandis que des écrans passent en boucle les clips. Le rêve pour certains…

L'adresse : Voorimehe 4, à Tallinn. Le site : www.depechemode.ee/bar/.

916 ALBATROSS (JAPON)

L'Albatross est un bar aussi exigu que ses voisins du passage Shomben Yokocho, à Tokyo. Difficile de tenir à plus de dix personnes dans cet établissement sur trois niveaux, dont l'un accueille une galerie d'art. L'endroit est si petit qu'un trou a été percé dans le plancher des étages supérieurs pour que le barman puisse vous passer votre commande. Attention de ne pas tomber dedans lorsque vous tenterez de ressortir pour respirer un peu mieux.

Ouvert de 18h à 3h. Prenez le métro jusqu'à Shinjuku et empruntez la sortie ouest jusqu'à Shomben Yokocho.

917 NASA (INDE)

Comme son nom l'indique, ce bar de Bangalore joue la carte de l'espace intersidéral. Personnel en combinaison spatiale, décor évoquant l'intérieur d'une navette, bar intitulé Fuel Tank (réservoir à carburant), toilettes baptisées Humanoid Disposal (déchets d'humanoïdes), spectacles de rayons lasers, tables fixées par des empennages de fusée, images de la Terre vue de l'orbite à travers des hublots aux murs… Il ne manque ici qu'un écran de protection contre la chaleur, mais les cocktails procurent une sensation rafraîchissante bienvenue.

Descendez Church Street, le bar NASA se trouve en face du showroom de United Colours of Benetton.

918 REGATTA HOTEL (AUSTRALIE)

Les toilettes pour hommes de cet établissement de Brisbane sont surnommées les “w.-c. avec vue”. Un immense miroir sans tain est accroché au mur du fond. Nombreux sont les clients s'y rendant pour la première fois, naïfs et quelque peu pris de boisson, qui, après coup, constatent avec horreur la présence d'un individu en train de les dévisager de l'autre côté. Détendez-vous : vous pouvez observer les passants mais eux ne vous voient pas ! Combien de temps avant qu'un bar ne propose la situation inverse ?!

Vous pourrez découvrir l'histoire de l'hôtel en profitant d'un forfait visite guidée et déjeuner (25 $AU). Plus d'infos sur www.regattahotel.com.au.

919 RED ROOM (ÉTATS-UNIS)

Dans ce bar de San Francisco, tout est rouge : des murs aux plafonds, en passant par le sol, les chaises, les sofas, les rideaux, les bouteilles et la vaisselle. Encore un verre ou deux et on se croirait dans une scène de cauchemar à la David Lynch, où tout le monde parle à l'envers et où de petites créatures étranges entament des mouvements de contorsionniste défiant le temps, l'espace et la gravité.

Le Red Room se trouve au 827 Stutter Street, dans le centre de San Francisco. Comptez 10 $US le Martini.

920 MARTON (TAIWAN)

Ce restaurant de Taipei est déconseillé aux âmes sensibles, car il a pour thème… les toilettes ! Les assiettes sont ici en forme de cuvette de w.-c., version asiatique ou à l'occidentale. À vous de voir si vous êtes capable de déguster un curry ou une glace au chocolat dans cet établissement d'un goût douteux. Bien entendu, les chaises sont en forme de toilettes et la déco toujours dans le même esprit.

Le Marton se trouve au 101 YiZhong Street dans le district nord. Ouvert tlj de 11h à 20h. Menus de 35 à 100 $NT.

LES COURSES LES PLUS FOLLES DU MONDE

PLUS VITE, PLUS HAUT, PLUS LOIN. COURIR CONTRE LA MONTRE ET SES SEMBLABLES EST INSCRIT DANS LES GÈNES HUMAINS. À VOS MARQUES…

921 L'ULTIMATE BANGER CHALLENGE (EUROPE/AFRIQUE)

Le Challenge Plymouth-Banjul est une course automobile qui a du cœur. À bord de tas de ferraille cotés 100 £ ou moins, les participants se frayent un chemin cahin-caha de la Grande-Bretagne à l'Afrique, généralement jusqu'à la Gambie, en passant par le Maroc, le Sahara occidental, la Mauritanie et le Sénégal. Les véhicules qui parviennent à terminer la course sont vendus aux enchères au profit d'une bonne cause, tandis que certains continuent la course jusqu'à Bamako, au Mali. Si désensabler une vieille Fiat Uno dans le Sahara ou jouer du cric quelque part du côté de Tombouctou est pour vous synonyme de vacances géniales, inscrivez-vous.

Seuls les véhicules avec conduite à gauche peuvent participer à la course principale. Inscriptions sur www.plymouth-dakar.co.uk.

922 LE CHAMPIONNAT DU MONDE DE COURSE D'ESCARGOTS (ANGLETERRE)

Dans l'esprit du slogan qui préside à cette course – "*Ready, Steady, Slow*" ("à vos marques, prêts, ralentissez") – environ 200 participants se rassemblent pour ce championnat annuel qui a lieu dans le Norfolk, en juillet. La course se déroule sur une piste circulaire de 33 cm de rayon et chaque athlète porte un numéro collé sur sa coquille. Le record du monde est détenu depuis 1995 par Archie, un escargot qui boucla le circuit en 2 minutes. Les propriétaires d'escargots et leurs champions se rendent chaque année au village de Congham pour tenter de pulvériser ce record en mettant toute la bave.

Le championnat se déroule dans le cadre de la kermesse de l'église de Congham. Renseignements et images des éditions précédentes sur www.snailracing.net.

Montgolfières multicolores lors de la Great Reno Balloon Race

JUDY BELLAH / LPI

923 LA GREAT RENO BALLOON RACE (ÉTATS-UNIS)

Tous les ans en septembre, et depuis 27 ans, le ciel de Reno s'emplit de ballons. Cet événement en Technicolor – le plus grand rassemblement gratuit de la spécialité aux États-Unis – fait l'émerveillement de quelque 140 000 spectateurs, tandis que les pilotes se battent pour remporter le premier prix, d'un montant de 20 000 $US. Il ne s'agit pas d'une simple course : les attractions comprennent notamment le "Balloon Blackjack" et le fameux "Hare and Hounds", simulation aérienne d'une chasse à courre, durant laquelle 100 dirigeables pourchassent deux "lièvres" fournis par la Wells Fargo Bank. Ceux qui ont vu leur banquier souffler de l'air chaud dans un ballon ne le regardent plus jamais de la même façon.

Renseignements sur www.renoballoon.com.

924 LE MIDNIGHT SUN MARATHON (NORVÈGE)

Si vous êtes fin marathonien, le "marathon du soleil de minuit", qui a lieu en juin à Tromsø, au-dessus du cercle polaire arctique, devrait vous titiller les orteils. L'épreuve commence sur le pont de Tromsø, long de 1 km, avec vue sur les montagnes aux sommets enneigés. Bien qu'elle commence à 20h30, la course se déroule au grand jour. Si vous voulez découvrir la forêt norvégienne et aspirez à un défi encore plus grand, les organisateurs du Midnight Sun ont aussi créé le Polar Night Marathon, une course nettement plus glaciale qui a lieu en janvier, à la lumière des aurores boréales.

Il existe aussi une version courte du Midnight Sun, qui débute à 22h30. Pour participer, visitez le site www.msm.no.

925 LA "HILL CLIMB" DE CATFORD (ANGLETERRE)

Fondé en 1886, l'historique Catford Cycling Club donne aux cyclistes amateurs l'occasion de souffrir chaque année au mois d'octobre. La Hill Climb porte le titre de "la plus ancienne épreuve de grimpeurs du monde". Les participants doivent gravir une pente à 25% longue de 646 m dans les collines du Kent. Les meilleurs viennent à bout de l'épreuve en deux minutes ; les autres peuvent mettre un certain temps. En 1887, la toute première course du genre limitait le poids des tricycles à 20 kg, mais, de nos jours, la plupart des grimpeurs optent pour des engins plus légers, avec moins de roues.

Depuis l'A21, gagnez Sevenoaks puis Stubbs Woods pour rejoindre la ligne de départ. Itinéraire et palmarès sur www.catfordcc.co.uk.

Dérapage contrôlé d'un coureur de la Cape Epic, parcours off-road au départ de Table Mountain

926 LA GROUSE GRIND MOUNTAIN RUN (CANADA)

Le Grouse Grind est un sentier de chasse centenaire situé dans l'un des paysages de montagnes (Grouse Mountain) les plus beaux de Vancouver. C'est un sentier de randonnée difficile ouvert toute l'année, mais aussi le cadre d'une course qui a lieu en septembre. Le parcours mesure seulement 2,9 km, mais il s'agit de gravir 2 830 "marches" abruptes. Si un marcheur moyen vient à bout du sentier en deux heures environ, les précédents gagnants de l'épreuve ont abattu la besogne en un peu moins d'une demi-heure. Chaussez vos chaussures de marche, serrez les dents et pensez à la vue que vous aurez, une fois au sommet.

Après la course, offrez-vous la descente en tyrolienne qui vous fait survoler la montagne à 50 km/h. Prix : 70 $C. Plus d'infos sur www.grousemountain.com.

927 ULTRA-TRAIL DU MONT-BLANC (FRANCE, ITALIE, SUISSE)

L'ultra-trail désigne les courses d'endurance dont la longueur excède celle du marathon (42,195 km) – généralement de beaucoup. Ainsi, les participants à l'ultra-trail du Mont-Blanc doivent parcourir, selon la course à laquelle ils s'inscrivent, 98 ou 166 km (il y a même une épreuve de 245 km, à effectuer en équipe pour des raisons de sécurité).

NIC BOTHMA / LPI

928 LA CAPE EPIC (AFRIQUE DU SUD)

Laissez le Tour de France se dérouler sans vous et allez pédaler dans la Cape Epic, une course de VTT de 9 jours qui se déroule en mars dans la province du Cap-Occidental. Le parcours change tous les ans. Il comprend des côtes horribles, des virages en épingle à cheveux et des descentes cauchemardesques, le tout dans des paysages sauvages et fantastiques. Après un départ qui a généralement lieu à Table Mountain, près du Cap, les coureurs longent la pittoresque Gordon's Bay, puis font l'ascension des vignobles de Villiersdorp. Le parcours combine risques de chute et douceur des paysages. Avec un peu de chance, vous arriverez au bout et vous goûterez quelques crus du Cap à l'arrivée.

L'inscription pour une équipe de deux coureurs est de 20 000 rands, logement compris. Plus d'infos sur www.cape-epic.com.

Vous vous sentez de taille ? Alors sachez que l'épreuve se déroule en milieu naturel, ce qui signifie en l'occurrence à travers les montagnes avec les dénivelés et les conditions climatiques que cela implique. En contrepartie, les paysages traversés sont somptueux.

Toutes les infos indispensables sur www.ultratrailmb.com. Pendant que votre compagnon ou votre compagne fait preuve d'héroïsme, partez déguster les spécialités des vallées traversées.

929 COURSES DE CHAMEAUX MONTÉS PAR DES ROBOTS À ABOU DHABI (ÉMIRATS ARABES UNIS)

Ces dernières années, l'habitude d'employer des enfants pour monter les chameaux lors de ces courses spectaculaires s'est perdue et la plupart des jockeys sont maintenant des robots. La saison des courses s'étend d'octobre à fin mars et les chameaux parcourent entre 4 et 10 km, aiguillonnés par leur petit robot. On estime que 14 000 "vaisseaux du désert" environ habitent la région. N'espérez pas miser sur l'un de ces "canassons" : les paris sont illégaux dans les Émirats. L'excitation de la course n'en est pas moins au rendez-vous !

Le champ de course Al Wathba se trouve à 45 km à l'est d'Abou Dhabi. Les courses ont lieu les jeudi et vendredi. Entrée gratuite.

930 COURSE DE FROMAGES À COOPER'S HILL (ANGLETERRE)

Lieu : Cooper's Hill, dans le Gloucestershire. Matériel : une meule de double gloucester. But de l'exercice : faire rouler la chose aussi vite que possible au bas de la colline jusqu'à la ligne d'arrivée. Tout le monde peut participer à cette course vieille de plusieurs siècles qui a lieu en mai. Attention cependant, en 1997, un fromage lancé à pleine vitesse, frisant les 100 km/h, a renversé et blessé un spectateur.

L'entrée est gratuite (parking : 5 £). Il suffit de monter sur la colline et de se lancer. Plus d'infos sur www.cheese-rolling.co.uk.

LES PLUS GRANDS CHEFS-D'ŒUVRE DE L'ARCHITECTURE

TOUS CES ÉDIFICES SONT GRANDIOSES, CERTAINS D'UNE BEAUTÉ À COUPER LE SOUFFLE… CE N'EST PAS LE MOMENT D'OUBLIER SON APPAREIL PHOTO.

931 MUSÉE GUGGENHEIM (ESPAGNE)

Le musée Guggenheim, inauguré en 1997 à Bilbao, au Pays basque espagnol, est un remarquable exemple d'architecture moderne. Conçu par Frank Gehry, cet édifice époustouflant présente un entrelacement de rubans recouverts de titane. La réalisation de cet ensemble est un clin d'œil au passé industriel de la ville, mais aussi aux structures arrondies du musée Guggenheim de New York, imaginé par Frank Lloyd Wright. On en oublierait presque les œuvres d'art à l'intérieur.

Le musée compte 20 galeries. Les visites guidées se réservent deux semaines à l'avance.

932 PALAIS DU POTALA (TIBET)

Surplombant la ville sacrée de Lhassa, le palais était le siège du gouvernement tibétain et la résidence d'hiver du dalaï-lama. Aujourd'hui plus célèbre pour son imposante architecture que pour ses occupants, cet immense édifice sur 13 niveaux compte des milliers de pièces. Sa structure évoque celle d'un *gompa* (temple) bouddhique traditionnel. Plus de 7 000 personnes auraient participé à sa construction au XVIIe siècle. Le site est devenu un musée de la République populaire de Chine.

Horaires : 9h30-13h et 15h-18h. Prenez un taxi depuis l'arrière de la colline ou grimpez le difficile sentier sur l'avant du site.

933 TAJ MAHAL (INDE)

Le monument le plus romantique du monde ? À condition toutefois de ne pas prêter attention à la cité industrielle tentaculaire qui l'entoure, aux innombrables *rickshaws* et vendeurs ambulants. Décrit par le poète indien Rabindranath Tagore comme une "larme sur le visage de l'éternité", le Taj Mahal fut bâti à Agra par l'empereur Shah Jahan. Le souverain souhaitait dédier un mausolée à sa seconde épouse, Mumtaz-i Mahal, décédée en 1631 en donnant naissance à leur 14e enfant. Cet extraordinaire édifice de marbre blanc est donc une ode à l'amour, ce qui explique la présence de nombreux jeunes couples qui arpentent le site, des étoiles dans les yeux.

Horaires : du lever au coucher du soleil (6h-19h), sauf le vendredi, jour de prière. Entrée pour les étrangers : 750 roupies. Non loin, dans le quartier de Taj Ganj, se trouvent les hôtels les moins chers d'Agra.

934 SAGRADA FAMÍLIA (ESPAGNE)

Certainement la cathédrale la plus extraordinaire du monde, fruit de l'imagination débridée d'Antonio Gaudí. L'édification de la Sagrada Família à Barcelone commença en 1882 et… demeure inachevée compte tenu de la complexité de l'architecture pensée par Gaudí. La cathédrale comportera à terme trois façades et 18 flèches, la plus haute (170 m) symbolisant Jésus-Christ. Il est prévu que cet édifice légendaire soit terminé en 2026, pour le 100e anniversaire de la mort de son architecte. C'est presque à regret qu'on imagine la cathédrale un jour réalisée.

Renseignements sur www.gaudiallgaudi.com, plus complet que le site officiel.

935 MOSQUÉE DE L'IMAM (IRAN)

Donnant sur l'une des plus grandes places du monde, la mosquée de l'Imam est un remarquable édifice érigé à Ispahan, en Iran, au XVIIe siècle. Elle est intégralement recouverte, à l'extérieur comme à l'intérieur, de céramiques bleu pâle et jaune dont les nuances varient en fonction de la luminosité. Haut de 54 m, le dôme principal est orné de mosaïques aux motifs floraux stylisés. Le portail d'entrée (haut de 30 m) offre un exemple exceptionnel de l'architecture safavide (1502-1772). Pour orienter la mosquée vers La Mecque, il fut imaginé qu'elle formerait un angle de 45 degrés par rapport à l'entrée, elle-même dans l'axe de la place.

Des vols quotidiens relient Téhéran et Mechhed à Ispahan. Une fois sur place, préférez le bus pour vous déplacer.

936 PALAIS D'HIVER (RUSSIE)

Abritant le fameux musée de l'Ermitage, ce joyau de Saint-Pétersbourg fut construit sur les rives de la Neva par Francesco Bartolomeo Rastrelli pour servir de résidence d'hiver aux tsars. S'étirant sur toute la longueur d'une rue, le palais est considéré comme un chef-d'œuvre de l'art baroque, style dont on retrouve la richesse et l'originalité des ornementations. Des statues se dressent au bord du toit de cet édifice vert et blanc. Rien d'étonnant à ce que le palais d'Hiver constitue le point d'orgue d'une ville conçue dans le souci de démontrer que la Russie était capable de rivaliser avec la beauté architecturale de l'Europe.

Faites coïncider votre séjour avec les festivités du Nouvel An orthodoxe (6 janvier) qui durent jusqu'au 13 janvier.

937 JAISALMER, RAJASTHAN (INDE)

L'immense silhouette de ce gigantesque château de sable se dessine dans l'infinité du grand désert de Thar. Le fort de Jaisalmer, avant-poste du Rajasthan, fut construit au XIIe siècle sur une colline haute de 80 m. Il compte 99 bastions en saillie, 3 épaisseurs de murs et de monstrueuses portes destinées à refouler les envahisseurs. Aujourd'hui, nombreux sont ceux qui les franchissent : lavandières, vendeurs d'épices, réparateurs de montres – une grande partie des habitants vivent derrière les murs en grès de ce géant, faisant de ce vestige historique un lieu plein de vie.

Des bus et des trains assurent la liaison entre Jaisalmer et Jodhpur, à 300 km. La fête du Désert a lieu chaque année, en février, près de Jaisalmer.

938 MUSÉE OSCAR NIEMEYER (BRÉSIL)

Conçu par Oscar Niemeyer, célèbre architecte à qui l'on doit de nombreuses réalisations dans la capitale brésilienne, Brasília, le musée de Curitiba présente une architecture des plus surprenantes. Sa principale galerie a la forme d'un œil géant, en équilibre sur un support de couleur jaune. On y accède par une rampe aménagée au-dessus d'un bassin. À l'intérieur de cet édifice surnommé "l'œil", on constate que le design du musée mêle fantaisie et élégance dans tous ses aspects.

Assistez au festival de théâtre de Curitiba qui a lieu fin mars : pendant 10 jours, les salles de spectacles et les rues de la ville accueillent quelque 300 représentations.

939 SAINTE-SOPHIE (TURQUIE)

Basilique orthodoxe élevée au VIe siècle, ce joyau architectural situé au cœur d'Istanbul a par la suite été transformé en mosquée flanquée de quatre minarets, puis en musée dès 1935. Cette immense structure, conçue en seulement cinq années, est surplombée d'un imposant dôme de 31 m de diamètre et de 56 m de hauteur. La base du dôme est entourée d'une couronne de fenêtres qui, de l'intérieur, donne l'impression que la coupole flotte au-dessus du bâtiment.

La mosquée se trouve à Sultanahmet, principal quartier historique d'Istanbul, plus facile à découvrir à pied. L'édifice est ouvert de 9h à 16h tlj sauf lundi.

940 NOUVELLE BIBLIOTHÈQUE D'ALEXANDRIE (ÉGYPTE)

Inaugurée en 2002, la Bibliotheca Alexandrina est inspirée de son ancêtre, la bibliothèque d'Alexandrie fondée au IIIe siècle av. J.-C. et considérée comme un remarquable édifice antique. Située sur les rives de la Méditerranée, cette structure est sans conteste la première grande réalisation architecturale du nouveau millénaire. Sa position inclinée évoque un disque solaire s'élevant des flots. L'immense rotonde est prévue pour accueillir 8 millions d'ouvrages.

L'entrée coûte 20 livres égyptiennes pour les visiteurs étrangers (les Égyptiens bénéficient d'un tarif préférentiel). L'accès aux collections antiques est plus onéreux, de même que l'entrée du remarquable planétarium. Consultez www.bibalex.org.

LE MEILLEUR DES TRADITIONS

QUI OSERAIT REMETTRE EN QUESTION DES COUTUMES PLUS QUE CENTENAIRES ?

SIMON GREENWOOD / LPI

Un peu d'huile d'olive et ce sera parfait…

941 LE HIGH TEA AU RITZ (LONDRES)

C'est bien simple, ils ont tous soupé au Ritz, de Charlie Chaplin à Johnny Depp et d'Evelyn Waugh à Hugh Grant. À votre tour. Asseyez-vous à une place de choix dans la Palm Court donnant sur les Royal Gardens et voyez comme on se retourne pour évaluer votre célébrité ou votre allure. Le gratin londonien fréquente cette institution depuis 1906, date à laquelle César Ritz ouvrit l'établissement. Le thé y est accompagné de scones à la *Cornish clotted cream* (crème épaisse de Cornouailles), de pâtisseries fraîches et d'un assortiment de sandwichs. Mais ce qu'on mange compte nettement moins que de s'offrir, dans toute sa gloire, aux objectifs des paparazzi, s'il y en a.

Il est recommandé de réserver (www.theritzlondon.com/tea) et d'être "habillé" (jeans et baskets ne sont pas autorisés).

943 LE SINGAPORE SLING À SINGAPOUR

Peu de cocktails fleurent l'opulence coloniale comme ce breuvage lorsqu'on le déguste à Singapour, dans le célèbre Raffles Hotel, et surtout au Long Bar, lieu de fêtes pour les expatriés depuis des décennies. C'est le barman Ngiam Tong Boon, au début du XXe siècle, qui a créé ce cocktail, mélange de gin, de cherry et de Bénédictine dans des proportions à peu près égales, parfois dilué avec de l'eau de Seltz. Aujourd'hui, le Long Bar propose sa propre version, à un prix incitant à en savourer chaque gorgée, tout en admirant l'environnement luxuriant de l'hôtel, l'un des plus chargés d'histoire de l'Asie du Sud-Est.

Si le cocktail ne suffit pas à votre soif de nostalgie, réservez une chambre au Raffles (www.raffles.com/en_ra/property/rhs).

944 LE NARGHILÉ AU CAIRE (ÉGYPTE)

Prendre une bouffée dans l'un des nombreux cafés à narghilé du Caire ne s'accompagne pas de cérémonies particulières, mais c'est la manière idéale de terminer un repas ou de savourer un verre de thé. Le narghilé filtre la fumée de tabac à travers de l'eau et les aficionados prétendent que la fumée est plus pure, car la chaleur est indirecte, encore qu'il soit parfois difficile de l'aspirer à travers les tuyaux emmêlés. Le tabac ordinaire est très apprécié, mais il est souvent parfumé par de la mélasse ou des arômes non traditionnels comme le café, la menthe, l'ananas ou même le bubble-gum. Certains établissements ont leur propre mélange d'arômes.

Le narghilé s'appelle aussi chicha ou shisha dans de nombreux pays, notamment en France. C'est ainsi qu'on trouve plusieurs bar à chichas à Paris.

942 LA TOMATIÑA À BUÑOL (ESPAGNE)

Toutes les traditions ne sont pas synonymes de protocole et de respect des anciens. Témoin cette énergique célébration de la récolte des tomates, l'un des plus grands gâchis de nourriture du monde. Gens du cru ou de passage se pressent dans les rues d'une petite ville de la province de Valence pour se jeter mutuellement des tomates mûres. Selon cette tradition en vigueur depuis 1952, les femmes doivent être habillées de blanc et les hommes se mettent torse nu pour lancer plus de 100 tonnes de fruits. L'événement a pris une telle envergure que certains commerçants bâchent désormais leur devanture pour la protéger des salissures.

On peut s'enrôler pour la bataille sur www.latomatina.org.

945 LA PRIÈRE À JÉRUSALEM

Quelle que soit votre religion, regarder ceux qui prient en silence devant le Mur des lamentations, près du Saint des Saints, est un spectacle pénétrant. Les portes du paradis s'ouvrent sous l'effet de la prière : inutile, donc, de crier. Accessible aux non-croyants, c'est un lieu sacré entre tous pour les juifs. Certains rabbins proposent que les vrais croyants viennent y prier 40 jours d'affilée pour prouver leur foi. D'après les kabbalistes, le Mur serait le lieu où toutes les prières des juifs se retrouveraient afin de monter au ciel.

Aller à Jérusalem est souvent risqué. Tenez-vous au courant des dernières restrictions concernant ce secteur et ne les prenez pas à la légère.

FRANK CARTER / LPI

Geisha exécutant consciencieusement les mouvements de la cérémonie du thé à Kyoto

946 LA CÉRÉMONIE DU THÉ À KYOTO (JAPON)

Préparez-vous à ce qu'un grand nombre de rituels et de petits saluts précèdent votre première tasse de thé, car cette cérémonie peut durer jusqu'à quatre heures. Si tout, depuis la position des tasses jusqu'à l'ordre dans lequel il faut boire, obéit à une précision zen, c'est pour vous rappeler qu'il faut savoir vivre lentement et apprécier chaque geste. Le *matcha* (thé vert) peut être accompagné d'une foule de choses, du *tenshin* (en-cas) au *kaiseki* (repas comprenant quatre plats). Les plus belles cérémonies sont celles des maisons de thé du vieux Kyoto ; elles peuvent s'assortir de musique ou de démonstration de danse.

En dehors de Kyoto, allez par exemple à Nara, à l'Isui-en et musée d'Art Neiraku, un endroit inoubliable dominé par un pavillon de thé ouvert, au sol tapissé de tatamis.

947 LE BUZKASHI EN ASIE CENTRALE

Si certaines des traditions déjà évoquées vous paraissent trop tranquilles, optez pour le buzkashi. À première vue, il s'agit d'une sorte de polo pratiqué par les Afghans, les Kazakhs, les Tadjiks, les Kirghiz et les Ouzbeks. En y regardant de plus près, la balle est en réalité une chèvre décapitée, que se disputent à grands renforts de cris deux groupes d'hommes difficilement identifiables. Sport officiel du Kirghizstan, le buzkashi requiert des chevaux très bien entraînés à manœuvrer, tandis que leur cavalier tente de s'emparer de la carcasse.

C'est en Afghanistan que vous aurez le plus de chance d'assister à un match, parfois au golf de Kaboul. Dans d'autres pays, ce sport est parfois appelé *ulak tartysh* ou *kok boru*.

948 NOURRIR LES FANTÔMES AFFAMÉS EN CHINE ET AU-DELÀ

La croyance chinoise veut que les portes de l'enfer s'ouvrent durant le septième mois lunaire, laissant les fantômes revenir sur terre. Ces derniers ne sont pas des zombies assoiffés de sang ; plutôt débonnaires, ils sont en quête de nourriture et de distractions. Les familles préparent des festins et des spectacles dans lesquels une place est réservée aux ancêtres disparus. On brûle aussi la monnaie de l'enfer, des morceaux de papier achetés avant le septième mois, que les défunts pourront dépenser dans l'au-delà.

Certains vont jusqu'à brûler des téléphones – portables ou non – ou des voitures, toujours en papier, rien n'étant trop beau pour les chers disparus.

949 LE SAUNA EN FINLANDE

Ne vous étonnez pas si un Finlandais vous propose de passer un moment avec lui dans le plus simple appareil : le sauna est au cœur de la vie finlandaise. Politique, affaires, petit verre, tout a droit de cité dans ces pièces embuées. Les meilleurs saunas sont chauffés par un feu de bois et surplombent un lac où l'on peut se jeter tout nu. Pour une séance vraiment réussie, les finlandais se fouettent à l'aide d'un *vihta* (bouquet de branches de bouleau).

Après ou pendant le sauna, il est de coutume de boire soit de la bière, soit un gin long drink, un cocktail aromatisé au pamplemousse.

950 LA CÉRÉMONIE DU KAVA DANS LES ÎLES DU PACIFIQUE

Dans le Pacifique sud, plusieurs sociétés ont élaboré un rituel autour d'une boisson préparée avec une plante dont on ne sait trop s'il s'agit d'un remède miracle, d'un narcotique ou d'une substance toxique. Élaboré dans les règles, le kava provoque une légère griserie. Autrefois, la cérémonie consistant à placer un bol de kava au centre d'un cercle servait à accueillir un visiteur ou à entamer des négociations de paix entre insulaires. Aujourd'hui, elle sert plutôt de coup d'envoi à des jam-sessions à base de chants traditionnels et de reggae.

Seuls les hommes participaient jadis à cette cérémonie, mais de nombreuses communautés autorisent désormais les femmes à s'y joindre.

LES SPORTS LES PLUS EMBLÉMATIQUES

D'AUCUNS DISENT QUE LE SPORT EST LE REFLET D'UN PEUPLE ET DE SA CULTURE – ET ILS ONT RAISON ! LA PREUVE EN DIX DISCIPLINES.

951 FOOTBALL (AMÉRIQUE DU SUD)

Rien ne rassemble mieux les Sud-Américains que le football, authentique passion nationale dans chacun des pays du sous-continent. Le Brésil détient le record du nombre de victoires en Coupe du monde, et les supporters brésiliens ne font pas dans la tiédeur, enflammant les stades à coups de percussions, chants et danses dans les gradins. La légende du football retient le nom du grand Brésilien Edson Arantes Nascimento...ou plutôt son surnom, Pelé. Chaque année, la Copa Libertadores oppose les sélections nationales latino-américaines.

Le stade Maracanã, à Rio de Janeiro, est la Mecque du football. Il est desservi par le métro (arrêt Maracanã), mais le quartier étant un peu chaud, allez-y plutôt en taxi si vous n'avez pas d'ami sur place.

952 SURF DE GROS (HAWAII)

Hawaii se trouve pile sur la route des grandes houles se formant dans le Pacifique. Il y a plusieurs siècles déjà, tout l'archipel était à l'eau chaque fois que gonflaient les vagues. De nos jours, la houle d'hiver se traduit parfois par d'immenses vagues pouvant atteindre 10 m, soit des conditions idéales pour entrer dans la légende du surf. L'île d'Oahu en particulier est réputée pour la puissance de ses murs d'eau. Mais ces forces de la nature imposent le respect, et il faut pas mal de talent et d'audace pour aller les affronter.

La Quiksilver/Eddie Aikau Memorial Big Wave Classic, la plus prestigieuse des compétitions de surf de gros, se tient à Waimea Bay sur l'île de Hawaii (la Grande Île) entre décembre et février.

954 COURSES D'ASCOT (ANGLETERRE)

Les courses royales d'Ascot se tinrent pour la première fois en 1768 sous la forme d'une compétition équestre de quatre jours. C'est aujourd'hui un événement de réputation internationale qui dure cinq jours, durant lequel chevaux et jockeys rivalisent désormais avec queue-de-pie, robes et chapeaux extravagants. La tradition de la "Procession royale" est apparue en 1825, avec le défilé de cinq carrosses, dont celui du roi,

953 CORRIDA (ESPAGNE)

Elle existe depuis le milieu du XVIIIe siècle, d'où sa place de choix dans la catégorie "emblème culturel", mais des voix de plus en plus fortes souhaiteraient la voir aux oubliettes. Les aficionados ferment les yeux sur l'inégalité d'un combat dans lequel le taureau est affaibli avant la corrida puis par les banderilleros, préférant s'intéresser au talent et au courage du matador et à la beauté de ses passes. Pour preuve de la vivacité de cette tradition, l'Espagne compte 400 arènes.

La *temporada* des corridas s'étend de mars à octobre ; la Plaza de Toros de Madrid est un de ses temples. À noter, Barcelone s'est déclarée ville anticorrida.

MIGUELINUS / ISTOCK IMAGES

Toréador paré de son habit de lumière attendant de pied ferme que la bête soit lâchée

jusqu'au centre de l'hippodrome.
Le célèbre hippodrome d'Ascot, qui peut accueillir 80 000 personnes, fut fermé de 2004 à 2006 pour subir une rénovation complète.

Les courses royales d'Ascot se tiennent du 16 au 20 juin. Comptez au moins 46 £ pour un billet pour les tribunes. Plus de renseignements sur www.ascot.co.uk.

955 GRANDE FINALE DE L'AUSTRALIAN FOOTBALL LEAGUE (AUSTRALIE)

Chaque année en septembre (généralement le dernier samedi du mois), Melbourne est prise d'un accès de folie à l'occasion de la finale du championnat national de football australien (*footy*). Le sport le plus populaire d'Australie reçut son coup d'envoi en 1958 grâce au cricket, sport alors dominant : le football australien devait permettre aux joueurs de cricket de se maintenir en forme hors saison. La finale se joue sur le vénéré Melbourne Cricket Ground (MCG), mais mouvements, passes et décisions d'arbitrage sont scrutés sur les télévisions du monde entier.

Melbourne est le siège de l'Australian Football League (AFL). Pour assister à un match au grand stade MCG, rendez-vous sur www.mcg.org.au.

956 BOZKACHI (ASIE CENTRALE)

Sorte de polo guerrier, le *bozkachi* se pratique avec, en guise de balle, la dépouille d'un veau, d'une chèvre ou d'un mouton décapitée et éviscérée, raidie par un séjour préalable dans l'eau froide. Des cavaliers survoltés se ruent sur le *boz*, le but étant pour chacun de s'en emparer et de parcourir le terrain avant de le

C'est en reproduisant à l'infini les gestes de leurs héros que ces jeunes deviendront peut-être à leur tour des champions de *muay thai*

957 BOXE THAÏE (THAÏLANDE)

Ambiance survoltée et techniques martiales de haut vol caractérisent le spectacle du *muay thai* (boxe thaïe), complété par une cérémonie d'ouverture des matchs en musique et des parieurs acharnés dans tout le stade. Les matchs se limitent à cinq reprises de trois minutes avec deux minutes de repos entre chacune. Parmi les techniques classiques figurent coups de pied au cou, coups de coude dans le visage et la tête, genoux dans les côtes et coups de pied circulaires dans les mollets. La boxe thaïe serait apparue dès le XVe siècle comme technique militaire lors des affrontements entre le Myanmar (Birmanie) et la Thaïlande.

Assistez à une rencontre au stade Lumpini, sur Rama IV Rd à Bangkok, en réservant par l'intermédiaire de votre hôtel. Les combats ont lieu les mardi, vendredi et samedi ; comptez environ 1 000 bahts.

FELIX HUG / LPI

replacer dans son cercle. Nez cassés, épaules luxées et jambes brisées font partie de ce divertissement musclé grâce auquel les peuples nomades d'Asie centrale développent leur remarquable maîtrise équestre.

Navrus, la fête du printemps, est la période idéale pour assister à ce jeu en en Afghanistan (*bozkachi*), au Kirghizstan (*ulak-tartysh*), au Kazakhstan (*kökpar*) ou au Tadjikistan.

958 LUCHA LIBRE (MEXIQUE)

La *lucha libre* (lutte libre), le catch mexicain, se caractérise par son côté aérien et spectaculaire, plus que par une démonstration de violence et de puissance. Les *luchadores* (lutteurs), qui s'affrontent à deux ou par équipes, portent un masque aux couleurs crues et évoluent à la manière de mimes. L'affrontement entre "*faces*" (gentils)/"*heels*" (méchants) du catch américain met cette fois aux prises les *técnicos* (appréciés pour leur technique) et les *rudos* (leurs adversaires plus brutaux), et donne lieu à d'incroyables renversements de situation. La règle veut néanmoins que le gentil l'emporte au final.

Les flamboyants *luchadores* se produisent toutes les semaines dans l'Arena de México et l'Arena Coliseo, à Mexico.

959 BEACH-VOLLEY (BRÉSIL)

Apollons en maillot de bain et Vénus en Bikini jouant au volley sont devenus dans les années 1980 un spectacle courant sur les plages d'Ipanema et de Copacabana. Le premier tournoi international hors concours eut lieu en 1986 à Rio de Janeiro, où 5 000 spectateurs furent les premiers à découvrir toutes les techniques du beach-volley. Mais c'est après son accession au rang de discipline olympique lors des Jeux de 1996 à Atlanta – où des Brésiliennes remportèrent l'or et l'argent – que le sport a connu une extension foudroyante.

Le championnat annuel de beach-volley de Rio se tient de janvier à février sur la plage d'Ipanema, à quatre pâtés de maisons de Copacabana.

960 SUPER BOWL (ÉTATS-UNIS)

La finale du championnat de la National Football League (NFL) des États-Unis est le grand événement du football américain. Elle se déroule chaque année dans un stade différent, et aucune équipe de la NFL ne l'a jamais disputée à domicile. Organisée le dernier dimanche de janvier ou le premier dimanche de février, elle réunit quelque 60% des téléspectateurs américains. Cette retransmission est par ailleurs réputée pour ses spots de publicité extravagants tant dans leur concept que dans leurs prix, les 30 secondes se monnayant 2,4 millions de dollars en 2005.

Pour connaître le stade où aura lieu le prochain Super Bowl, connectez-vous sur www.nfl.com. Pour avoir la chance de trouver une chambre dans la ville organisatrice, réservez le plus tôt possible.

DIX MONUMENTS COLOSSAUX

TOMBEZ EN ARRÊT DEVANT DES CONSTRUCTIONS HORS DU COMMUN, PAR LEUR TAILLE COMME PAR LEUR STYLE, SOUVENT PROCHE DU MAUVAIS GOÛT.

961 LE PLUS GROS BISON DU MONDE (ÉTATS-UNIS)

Les dimensions de ce bison monumental d'une soixantaine de tonnes ont de quoi laisser pantois : 8 m de hauteur sur 14 de longueur. On peut le voir depuis la route I-94, dans le Dakota du Nord (et sur plusieurs sites web qui lui sont consacrés). Surnommée la "ville du bison", Jamestown abrite aussi le musée national du Bison, non loin de la statue. Des troupeaux de bisons en chair et en os, de taille beaucoup plus modeste, paissent dans les parages.

De l'I-94, prenez la sortie 258 et empruntez la Highway 281 vers le nord. Obliquez à droite au niveau des feux de signalisation et poursuivez vers l'est. Impossible de rater le bison.

962 MÉGA-KIWI (NOUVELLE-ZÉLANDE)

La ville de Te Puke s'est proclamée "capitale mondiale du kiwi", une distinction méritée, due à la douceur de son climat et à la fertilité de ses sols. Une énorme sculpture représentant une tranche de ce fruit a néanmoins été érigée en vue d'impressionner les autres prétendants au titre. Grimpez à bord d'une KiwiKart pour visiter les plantations des alentours avant de revenir admirer une nouvelle fois l'emblème de la ville.

Découvrez toutes les particularités de votre fruit préféré sur www.kiwi360.com. Une excursion en KiwiKart coûte 20 $NZ (les enfants, familles et groupes bénéficient de tarifs réduits).

963 ATOMIUM (BELGIQUE)

Conçu en 1958 pour l'Exposition universelle de Bruxelles, l'Atomium est tout simplement splendide : l'édifice reproduit la structure d'une molécule de cristal de fer agrandie 165 milliards de fois. Réalisé en acier recouvert d'aluminium, il est fait de 9 sphères d'un diamètre de 18 m chacune, reliées entre elles par des tubes de 3 m de diamètre. L'ensemble mesure 102 m de hauteur et pèse plus de 2 400 tonnes. La sphère du sommet abrite un restaurant ; dans les autres sont présentées des expositions scientifiques, essentiellement consacrées aux "utilisations pacifiques de l'énergie atomique".

Ouvert tous les jours de 10h à 18h. Station de métro la plus proche : Heysel, à Bruxelles. Renseignements sur www.atomium.be.

964 BIG BANANA (AUSTRALIE)

Icône nationale pour les uns, attraction touristique la plus étrange et la plus grotesque du pays pour les autres, la banane en béton de Coffs Harbour – 13 m de longueur, 5 m de hauteur et 3 m de largeur –, réalisée en 1964, a marqué le début de l'engouement pour les "*big things*" ("gros trucs") en Australie (voir le Mouton géant, en Nouvelle-Galles du Sud, par exemple). Le parc d'attractions dont la Big Banana marque l'entrée possède entre autres curiosités une patinoire et une piste de ski. Les enfants adoreront et les fans de banane resteront des heures dans la boutique de souvenirs. Les autres peuvent passer leur chemin…

Ouvert tous les jours de 9h à 16h (www.bigbanana.com). De Coffs Harbour, empruntez la Pacific Highway vers le nord sur quelques kilomètres.

965 RODINA MAT (RUSSIE)

Statue guerrière monumentale, la Rodina Mat ("Mère patrie"), à Volgograd (autrefois Stalingrad), rend hommage aux "héros de la bataille de Stalingrad" (1942-1943). Ses proportions gigantesques (83 m de hauteur pour un poids de 8 000 tonnes) la classent parmi les plus hautes statues du monde. Réalisée en métal et en béton, l'impressionnante Mère patrie, la bouche déformée par la fureur, brandit une épée de 33 m de longueur… de quoi régler son compte à la statue de la Liberté.

Pour vous rendre à Volgograd, prenez un train au départ de Moscou ou en Ukraine.

966 ÉPÉES DANS LE ROC (NORVÈGE)

Ces trois épées en bronze de 10 m de hauteur fichées dans la roche, au bord d'un fjord magnifique, à Stavanger, commémorent la bataille de Hafrsfjord (872), qui marqua l'unification du royaume de Norvège sous le commandement du célèbre Harald "A la belle chevelure". La plus grande épée représente le souverain victorieux, les deux autres les malheureux vaincus. Conçus par Fritz Røed, un artiste local, ces bronzes imposants ont été fondus en Italie.

Du centre de Stavanger, prenez le bus S29 jusqu'à Hafrsfjord. Si du sang viking coule dans vos veines, n'oubliez pas votre maillot pour piquer une tête dans le fjord.

967 PADRÃO DOS DESCOBRIMENTOS (PORTUGAL)

Ce monument de 52 m de hauteur se dresse au bord du Tage, à Lisbonne. Il est dédié aux audacieux navigateurs portugais de l'époque des Grandes Découvertes qui, aux XV et XVIe siècles, ouvrirent de nouvelles voies maritimes commerciales vers des destinations situées à l'autre bout du monde. Il représente la proue d'une caravelle sur laquelle ont été sculptés trente personnages emblématiques de l'âge d'or du Portugal, dont Vasco de Gama, Magellan et le roi Manuel Ier.

Du centre de Lisbonne, prenez le tram n°15 jusqu'à Belém. Consultez www.lisbonexperience.pt pour plus d'informations.

968 BOUDDHA D'USHIKU (JAPON)

Il a été nécessaire d'assembler 6 000 plaques de bronze pour donner forme à la plus grande statue du monde, un bouddha de 120 m de hauteur (base et socle compris). Plusieurs étages ont été aménagés à l'intérieur. Au 4e, à 85 m au-dessus du niveau du sol, à la hauteur de la poitrine d'Amitabha, une plate-forme permet d'observer les environs. Le monument fait trois fois la taille de la statue de la Liberté. L'un de ses doigts mesure 7 m de longueur.

Le Grand Bouddha se trouve à 15 minutes en taxi de la gare ferroviaire d'Ushiku. On peut aussi prendre le bus n°1 en sortant de la gare.

969 LE PLUS GRAND BUGGY AMISH DU MONDE (ÉTATS-UNIS)

Si la culture et les traditions amish n'attirent pas encore des foules de touristes, Berlin, dans l'Ohio – au cœur du pays amish –, fait de son mieux pour changer cette situation. Cette petite ville est dotée de "la plus grande horloge à coucou du monde" et a possédé "la plus grande tomme de fromage du monde" – qui a fini par être entièrement mangée. Elle s'enorgueillit désormais de présenter au public le plus grand *buggy amish* du monde, une carriole pesant 545 kg, mesurant plus de 3 m de hauteur et près de 4 m de largeur… De quoi transporter un sacré nombre de passagers !

Si la communauté amish vous intrigue, réservez un circuit auprès de www.amish-r-us.com : vous découvrirez le fameux buggy, mais aussi les pâtisseries amish et un atelier de fabrication de courtepointes.

970 CASTOR GÉANT (CANADA)

À Odessa, dans l'Ontario, un castor en fibre de verre (ou une matière du genre) haut de 4 m, aux dents proéminentes et à la longue queue plate, se dresse au bord de la Highway 401, à l'entrée d'un parc d'attractions. D'après le *Beaver Tales Magazine*, cette représentation du rongeur serait une allégorie du Canada. Euh, un emblème plutôt, non ?

Le National Beaver Day (Journée nationale du castor, le 29 février) est le moment le plus indiqué pour vous rendre sur place. Indications routières et présentation des attractions sur www.thebigbeaver.com.

DIX VILLES INATTENDUES OÙ FAIRE LA FÊTE

EN QUÊTE DE TERRITOIRES ENCORE IGNORÉS DES NOCTAMBULES ? DE DESTINATIONS OÙ DANSER SOUS LA NEIGE OU LE SOLEIL ? CAP SUR…

Un petit cocktail pour échauffer les esprits avant un tango *muy caliente* dans un bar animé de Buenos Aires

971 BELGRADE (SERBIE)

En 1999, les habitants de Belgrade organisaient des concerts en plein air sous les bombes de l'Otan, laissant perplexes beaucoup d'étrangers. Les années où l'actualité écartait les voyageurs de la Serbie et de sa dynamique capitale sont révolues et de nombreux visiteurs découvrent aujourd'hui ce que les Serbes savent depuis longtemps : Belgrade est une ville qui bouge. Avec son héritage de ville intellectuelle et sa population exubérante, elle est riche d'une vie nocturne aux multiples visages, des repaires pour initiés aux restaurants et aux bars animés de Skadarlija, en passant par les soirées sur des barges organisées l'été sur la Sava ou le Danube. Les plus grands musiciens internationaux viennent jouer au Sava Centar, et le festival estival EXIT de Novi Sad, à une heure de Belgrade, est l'un des meilleurs d'Europe.

Pour plus de renseignements sur Belgrade, visitez le site www.tob.co.yu/eng (en anglais).

972 MONTRÉAL (CANADA)

Les mineurs de la Nouvelle-Angleterre ne sont pas les seuls à venir prendre un verre dans la dynamique capitale francophone ville décontra prisée des vo joie de vivre, plaisirs du sk La populatio vieux quartie ville un côté On y trouve des cafés à la mode européenne, des clubs de jazz, des discothèques bondées et une foule de bars qui ferment tard, sans compter un festival de théâtre en juillet.

Visite virtuelle de la ville sur www.montrealcam.com. Tout ce que vous devez savoir sur Montréal est sur www.tourisme-montreal.org.

MICHAEL TAYLOR/LPI

973 BUENOS AIRES (ARGENTINE)

Avec son mélange unique de cultures européenne et sud-américaine, et sa passion pour la danse, la capitale argentine offre un terrain fertile à la vie nocturne. Les *barrios* (quartiers) de Buenos Aires proposent toute une gamme de divertissements. Cela va du pub irlandais à la fête monstre chez des particuliers. On peut aussi se détendre dans des clubs de jazz qui swinguent ou danser toute la nuit en bord de mer. Certains clubs et centres culturels organisent des cours pour apprendre le tango ou la salsa comme (et avec) les *porteños* (habitants de Buenos Aires).

Fin août se déroule le Festival mondial du tango et, en octobre, le Festival international de guitare.

MERTEN SNIJDERS/LPI

Le titanesque Burj Al Arab Hotel de Dubaï scintillant de mille feux sous un magnifique coucher de soleil

974 DUBAÏ (ÉMIRATS ARABES UNIS)

Pour ceux qui ont les moyens, la capitale mondiale du consumérisme clinquant est inégalable. Dubaï surpasse tout ce qu'on peut imaginer en matière d'hôtels de luxe, de galeries marchandes chics et de métaux précieux exhibés dans les vitrines. C'est aussi une ville cosmopolite, où travaillent des gens venus des quatre coins de la planète. Si vous n'êtes pas invité à une soirée privée sur le yacht d'une célébrité, mêlez-vous aux frimeurs du monde entier, dans les bars et night-clubs de la plus décadente des villégiatures moyen-orientales.

Quittez les galeries climatisées pour rencontrer le vrai Dubaï. Attractions locales, vie nocturne et grands événements sont à découvrir sur www.dubai.com.

975 THESSALONIQUE (GRÈCE)

La deuxième ville de Grèce ne manque pas de classe, avec ses innombrables boutiques de mode, ses salons de beauté et de coiffure, sa population nombreuse renforcée par une importante université (plus de 80 000 étudiants). Pendant les longs mois où les autres destinations grecques sont en hibernation, la vie nocturne reste intense à Thessalonique, que ce soit dans les cafés bohèmes, les bars latinos, les discothèques où l'on danse sur de la house ou dans les *bouzoukia* (clubs où l'on joue du bouzouki sur un mode pop-folk). Bref, vous trouverez largement de quoi vous occuper après avoir visité les sublimes églises byzantines, les musées et les ruines.

Fêtes, concerts, restos et le reste sur www.saloniki.org. Branchez-vous sur les radios locales, comme Eroticos et Zoo Radio.

976 LA PAZ (BOLIVIE)

Dans la capitale bolivienne, à plus de 3 000 m d'altitude, l'alcool monte plus vite à la tête. On peut avoir chaud et suer à grosses gouttes par une glaciale nuit andine en se rendant dans l'une des nombreuses boîtes chics de la ville. Les Boliviens sont accueillants et, grâce à l'afflux de voyageurs, on parle plusieurs langues à La Paz. Au programme, bars de grand standing, cafés m'as-tu-vu et restaurants où l'on joue de la musique traditionnelle bolivienne. Au marché des sorcières (Mercado de Brujas), on peut acheter des remèdes traditionnels aymara contre la gueule de bois et les esprits importuns.

Les informations disponibles sur www.boliviaweb.com vous donneront une idée de ce qui vous attend.

977 LE CAP (AFRIQUE DU SUD)

Avec la Coupe du monde 2010 et les voyageurs supplémentaires qui vont affluer, la fête n'est pas près de faiblir dans cette ville déjà réputée pour sa vie nocturne. Après vous être prélassé durant la journée sur l'une des plus belles plages du monde, offrez-vous un verre au clair de lune dans un bar à cocktails. À deux heures de là, donnant sur l'océan Indien, l'élégant village balnéaire de Mossel Bay vous attend avec encore plus de belles plages et plus de luxe. Il faut absolument goûter quelques-uns des vins élaborés par les maîtres de chais sud-africains, mondialement reconnus, soit dans un bar du Cap, soit dans une cave des environs.

Avant d'aller faire la fête, optez pour la plage de Camps Bay, le château du XVIIe siècle ou encore l'Artscape Theatre. Plus d'infos sur www.aboutcapetown.com.

978 BAKOU (AZERBAÏDJAN)

Bakou s'est métamorphosée depuis qu'elle est devenue, dans les années 1990, une plaque tournante de l'exploitation pétrolière et gazière en mer Caspienne. Tournant le dos à son passé communiste, la ville a pris des airs de ruche capitaliste, sans renoncer pour autant aux délices de ses traditions. Cette nouvelle donne économique n'a pas manqué de rejaillir sur la vie nocturne. L'afflux d'argent, la présence de milliers d'employés de compagnies pétrolières venus de tous les horizons et de consultants aisés ont fait de Bakou la ville de tous les excès dans un pays pourtant musulman et traditionnel.

Les meilleurs bars, clubs et restaurants se trouvent aux alentours de la place de la Fontaine. Côté discothèques, les habitants recommandent le X-site.

979 AUCKLAND (NOUVELLE-ZÉLANDE)

La capitale néo-zélandaise possède des myriades de cafés, bars et restaurants accueillant une clientèle jeune et branchée. On rencontre de bons bars en bord de mer, des clubs incroyables (certains sont ouverts 24h/24) et une foule de lieux de concerts, qui vont de la musique folk, à Devonport, jusqu'à des manifestations plus bruyantes du côté de Mont Eden. Si vous n'avez pas trop bu, lancez-vous de la Sky Tower pour une descente de 328 m le long d'un câble durant laquelle vous atteindrez les 85 km/h.

Appréciez le talent des chefs d'Auckland à partir de 25 $NZ, durant le festival Taste of Auckland (www.tasteofauckland.co.nz), en mars. Pour connaître les sites à ne pas manquer, rendez-vous sur www.viewauckland.co.nz.

980 TEL-AVIV (ISRAËL)

Détendue, hédoniste, accueillante, Tel-Aviv se couche tard. Les innombrables bistrots, pubs et bars à cocktails commencent à se remplir vers minuit, heure à laquelle les night-clubs entrent dans la danse jusqu'à l'aube. Une foule cosmopolite se joint aux Israéliens au son de la musique funk, pop, house et techno (en plus des concerts de tout gabarit) dans de nombreux lieux branchés.

Rendez-vous à Jaffa pour explorer le secteur historique de la place de l'Horloge. Promenade virtuelle en 3D sur www.3disrael.com.

DIX VILLES INATTENDUES OÙ FAIRE LA FÊTE

LES MEILLEURS ITINÉRAIRES EN BATEAU

MER DÉMONTÉE OU LAC AUX EAUX PAISIBLES ? FAITES VOTRE CHOIX ET EMBARQUEZ POUR L'AVENTURE DE VOS RÊVES.

981 AMAZONE (AMÉRIQUE DU SUD)

Entre sa source discrète, dans les Andes péruviennes, et son embouchure, près de Belém, au Brésil, l'Amazone s'étire sur plus de 6 200 km. Elle possède un débit 12 fois supérieur à celui du Mississippi, et charrie un cinquième de l'eau douce de la planète. Des bateaux à petite vitesse (au confort variable) relient Manaus à Belém, au Brésil, ou Trinidad à Guayaramerín, en Bolivie. Les rives du fleuve sont jalonnées de villages de jungle. Le voyage dure entre quatre et six jours.

En partant de Manaus en juin, vous assisterez à une célèbre parade aquatique, la Processão de São Pedro.

L'éclatante couleur émeraude de ses eaux fait de la baie d'Along l'un des plus beaux bijoux du Vietnam

982 DISKO BAY, GROËNLAND (DANEMARK)

La ville d'Ilulissat est située en bordure d'un fjord glacé de 40 km de longueur qui produit 20 millions de tonnes de glace par jour. Naviguer au milieu des icebergs est une expérience sensationnelle. Les géants aux reflets bleus flottent dans la baie, dissimulant sous l'eau le plus gros de leur masse – les sept huitièmes en général. De nombreux voyagistes proposent des croisières dans le fjord et la baie à bord de navires bien équipés.

Une croisière de 19 jours à destination de Disko Bay part de Copenhague en août. Coût : 12 000 $US. Plus d'infos sur www.5stars-of-scandinavia.com.

983 PARC PROVINCIAL QUETICO (CANADA)

Rien de tel pour plonger au cœur des contrées sauvages du Canada que de se laisser glisser en canoë sur les eaux paisibles des lacs du nord de l'Ontario. Ajoutez à ce plaisir celui de bivouaquer, et vous aurez toutes les chances de surprendre un orignal s'approchant des rives. Les amateurs n'oublieront pas leur matériel pour une séance de pêche sportive. Si ce parc de 4 800 km² est réputé pour ses 1 500 km d'itinéraires de canoë, il est aussi possible de le parcourir à pied, éventuellement accompagné d'un guide.

Comptez 80 $CA/jour pour tenter l'aventure (boissons, tente et canoë compris). Renseignements sur www.canoecanada.com.

984 BACKWATERS DU KERALA (INDE)

Le réseau de rivières, de canaux et de lagons qui s'étend le long de la côte du Kerala est un terrain d'exploration passionnant. De petits bateaux en bois naviguent sur les lacs peu profonds, bordés de palmiers et de carrelets chinois, ou le long de canaux ombragés. Un circuit très apprécié de 8 heures relie Alappuzha à Kollam, avec un arrêt à la mission de Matha Amrithanandamayi, l'une des rares femmes gourous indiennes.

Réservez un bateau-maison sur www.houseboatskerala.net. Les habitants de la région conseillent d'explorer la côte Malabar en commençant par les canaux d'Alappuzha, la Venise de l'Orient.

MARK DAFFEY / LPI

985 BAIE D'ALONG (VIETNAM)

Naviguer dans la baie d'Along, dont les eaux émeraude sont parsemées de quelque 3 000 îles calcaires, est une expérience sublime. Les îles, toutes petites, sont dotées de plages et de grottes creusées par la houle et le vent. Dans les forêts clairsemées qui couvrent les rochers résonne le chant des oiseaux. Plus de 300 embarcations attendent sur le quai de Bai Chay pour emmener les visiteurs sur ces eaux. Les excursions d'une journée durent entre 4 et 8 heures. Les circuits de 2 jours, plus rarement proposés, sont pourtant préférables.

Une excursion réservée par un hôtel coûte entre 35 et 95 $US la journée ; les prix sont plus avantageux pour les circuits longs (jusqu'à 9 jours). Départs quotidiens.

CHRISTOPHER GROENHOUT / LPI

Nul besoin de faire escale pour admirer l'architecture des îles grecques

986 D'ÎLE EN ÎLE (GRÈCE)

Avec plus de 1 400 îles, la Grèce est le pays d'Europe qui possède le plus de kilomètres de côte. D'une île à l'autre, les paysages varient du tout au tout, entre la luxuriance semi-tropicale des îles Ioniennes et des îles du nord-est de la mer Égée et le décor minéral, écrasé de soleil, des Cyclades. Chaque île possède un service de ferry, assuré par différents types d'embarcations allant des navires géants (sur les lignes principales) à de modestes caïques (pour les trajets plus courts).

La meilleure saison pour visiter les îles s'étend de mai à octobre. Comptez environ 1 200 € pour un circuit en bateau de 8 jours ou prenez un ferry au port du Pirée, à Athènes, puis organisez-vous pour poursuivre votre route d'île en île.

987 ÎLES GALÁPAGOS (ÉQUATEUR)

Embarquez pour une expérience inoubliable : la découverte de la vie sauvage des îles Galápagos, à 1 000 km des côtes de l'Équateur. Vous nagerez au côté des lions de mer, approcherez des pingouins et fréquenterez les fous à pieds bleus. Mais, surtout, prenez soin de respecter cet environnement, l'un des plus menacés de la planète. Les bateaux d'excursion vont du petit yacht au grand navire de croisière. Les plus courants sont des bateaux à moteur de taille moyenne pouvant transporter jusqu'à 20 passagers, pour une durée de trois jours comme de trois semaines, le long d'itinéraires fixes.

Pour affréter votre propre bateau, comptez environ 1 400 $US/pers pour 8 jours, plus 110 $US pour l'accès aux îles.

988 FJORDS (NORVÈGE)

Depuis plus d'un siècle, la légendaire ligne de ferry de Hurtigruten relie entre eux les villes et les villages de la côte norvégienne. Toute l'année, 11 ferries modernes circulent entre Bergen et Kirkenes, tout au nord. Le circuit de 11 jours prévoit des escales dans 34 ports et offre de nombreuses occasions d'excursions à terre. On peut aussi ne faire qu'une partie de la croisière. L'itinéraire complet vous permettra d'admirer des îles et des fjords fabuleux, à la lumière du soleil de minuit, des monastères médiévaux et des villes de style Art nouveau.

Le circuit de 4 jours (durée minimale recommandée) depuis Oslo coûte environ 2 845 couronnes. On peut partir à toute époque de l'année.

989 CANAL DU MIDI (FRANCE)

Cette merveille d'ingénierie de 240 km de longueur (de Toulouse à l'étang de Thau), avec ses aqueducs et sa centaine d'écluses, est une invitation à la détente. Louer un bateau, pour quelques jours ou plus, est chose facile étant donné la pléthore de compagnies fluviales implantées dans la région. Tout le monde peut prétendre à être capitaine de son navire puisque le permis bateau n'est pas nécessaire. Si vous êtes d'humeur festive, libre à vous d'amarrer votre embarcation et de profiter du charme des villes ponctuant les bords du canal : dégustez un authentique cassoulet à Carcassonne ou goûter les délicieux vins de pays du Languedoc à Narbonne.

Le prix de la location varie selon la taille et la catégorie du bateau. Plus d'infos sur http://www.leboat.fr.

990 VOLGA (RUSSIE)

Le nom de Volga est synonyme de voyage, de grands espaces et de dépaysement. Ce fleuve, le plus long d'Europe (3 530 km), fait depuis des siècles partie du réseau navigable le plus étendu d'Europe. Entre mai et septembre, vous pourrez embarquer pour une croisière qui vous fera découvrir le pays sous un autre angle. En descendant le fleuve de Moscou à Astrakhan, vous prendrez le temps de savourer les magnifiques paysages qui s'offrent à vous tout en faisant escale dans des villes tranquilles, dont les centres historiques sont particulièrement bien préservés.

Vodohod (www.vodohod.com) propose les tarifs les plus intéressants car ils sont destinés aux touristes russes, mais il existe plusieurs agences en France qui peuvent organiser votre voyage.

DU TRÈS CHAUD AU TRÈS FROID

EMPILEZ LES COUCHES DE VÊTEMENTS POUR AFFRONTER UN FROID POLAIRE, PUIS QUITTEZ TOUT POUR ENDURER DES CHALEURS EXTRÊMES.

991 STATION VOSTOK (ANTARCTIQUE)

Installée à proximité du pôle Sud géomagnétique, à environ 3 500 m au-dessus du niveau de la mer, la station de recherche russe de Vostok affiche en permanence des températures glaciales. Un record de froid y a été enregistré le 21 juillet 1983 : – 89,2°C ! Non loin, le lac Vostok, l'un des plus grands du monde, est enfoui sous 4 km de glace. Ses eaux pourtant ne gèlent pas, même si elles ne dépassent jamais – 3°C. C'est le lac le plus froid de la planète.

Le site www.iaato.org recense différents circuits en Antarctique. La Russie a abandonné la station Vostok en 2003, faute de combustible en quantité suffisante pour la chauffer.

992 STATION EUREKA (CANADA)

Située sur le 80e parallèle, dans l'extrême Arctique, cette base de recherche canadienne est l'endroit habité le plus froid du monde. La station météorologique Eureka a été fondée en 1947, sur l'île d'Ellesmere, dans le territoire canadien du Nunavut. La température annuelle moyenne est d'environ –20°C et, en hiver, le thermomètre voisine avec les –40°C. Les amateurs de froid polaire devront débourser une somme importante pour ajouter ce site à leur palmarès : l'unique solution pour s'y rendre consiste à prendre un vol au départ de Resolute, pour un prix de 20 000 $US.

Si votre budget le permet, pourquoi ne pas visiter l'île d'Ellesmere l'été ? Pour connaître les voyagistes spécialisés, consultez www.nunavik-tourism.com.

993 OÏMIAKON (RUSSIE)

Rien d'étonnant à ce que la Sibérie détienne le record de température la plus froide enregistrée dans l'hémisphère Nord. Les thermomètres du village d'Oïmiakon, en république de Iakoutie (Sakha), à environ 350 km au sud du cercle polaire, sont descendus à – 71,2°C en 1926. Dans le hameau, une plaque a été posée en souvenir de ce jour mémorable. Si l'idée de venir vous engourdir dans cette région soumise à un froid extrême vous tente, préparez-vous à affronter d'abord les 800 km de routes cahoteuses qui la séparent de Iakoutsk.

Pour vous y rendre, demandez à monter à bord d'un des camions-citernes qui ravitaillent en eau la bourgade (les eaux de la région sont toutes gelées).

994 DENALI (ÉTATS-UNIS)

En montagne, le froid mordant est chose courante, mais le Denali, dans la région arctique, enregistre des températures extrêmes. Également appelée mont McKinley, cette montagne de l'Alaska est le plus haut sommet d'Amérique du Nord. Le Denali détient aussi le titre de montagne la plus froide du monde, avec des températures atteignant – 40°C. Seuls les alpinistes confirmés se lancent à l'assaut de son sommet (généralement par la West Buttress), qui culmine à 6 194 m. On peut se contenter de l'admirer d'un peu plus loin, depuis le parc national de Denali.

Pour une expérience unique, effectuez un vol au-dessus du mont McKinley et atterrissez sur le glacier. Réservations sur www.flydenali.com.

995 OULAN-BATOR (MONGOLIE)

Perchée à 1 300 m au-dessus du niveau de la mer dans la steppe mongole, Oulan-Bator serait la capitale la plus froide du monde. En janvier, les moyennes maximales ne dépassent pas – 16°C. Depuis que la ville s'est ouverte à la modernité ces dernières années, on trouve de plus en plus d'occasions de se soustraire à ce froid glacial. Oulan-Bator abrite ainsi plusieurs musées : l'un est notamment consacré au chameau, un autre aux persécutions politiques. On peut aussi visiter Gandantegchinlen Khiid, le plus grand monastère de Mongolie, où vivent quelque 500 moines.

La capitale se réchauffe au moment des festivités du Naadam, qui célèbrent la culture et les traditions mongoles. Plus d'infos sur www.nadammongoliannaadamfestival.com.

996 AL AZIZIYAH (LIBYE)

C'est dans cette ville, à 40 km au sud de Tripoli, qu'a été enregistrée le 13 septembre 1922 la plus forte température de l'air jamais relevée sur la planète (57,8°C). Le plus étonnant est qu'Al Aziziyah se trouve non pas en plein cœur du Sahara, mais à moins d'une heure de route de la mer Méditerranée – une agréable solution de repli si le mercure devait de nouveau atteindre de tels sommets.

Aucun train ne dessert la ville : vous devrez vous y rendre en bus. Les hôtels sont rudimentaires, les restaurants très abordables (moins de 5 $US).

997 DALLOL (ÉTHIOPIE)

Sur le site de Dallol, dans la dépression Danakil (nord de l'Éthiopie), l'Afrique descend à 116 m au-dessous du niveau de la mer, provoquant une envolée du mercure. C'est ici qu'a été enregistrée dans les années 1960 la température moyenne de l'air la plus élevée du globe : 34,4°C sur une période de six ans. Si vous trouvez cela encore un peu frais, traversez la plaine de sel jusqu'au volcan de Dallol, le plus bas au monde, et attendez la prochaine éruption.

L'hiver est la période la plus propice pour découvrir la zone de Dallol (les températures baissent de novembre à mars). Pour organiser une excursion dans la région, connectez-vous sur www.imageethiopia.com.

998 DASHT-E LUT (IRAN)

Le superbe désert du Dasht-e Lut, dans le sud-est de l'Iran, s'avère une véritable fournaise. En 2004 et 2005, ce plateau désertique a enregistré les températures en surface (et non de l'air) les plus élevées de la planète, dépassant le seuil des 70°C. Le Dasht-e Lut rivalise en outre avec le désert chilien d'Atacama pour le titre de zone la plus aride du monde. Nulle créature ne peut survivre dans la partie centrale du Lut, pas même les bactéries. L'est du désert, plus touristique, abrite des dunes sculptées par les vents, atteignant 500 m de hauteur.

Yazd (la ville la plus sèche d'Iran) se trouve aux confins de deux déserts, le Dasht-e Lut et le Dasht-e Kavir. Pour pénétrer dans le désert, vous devrez vous joindre à des nomades.

999 VALLÉE DE LA MORT (ÉTATS-UNIS)

C'est dans la légendaire vallée de la Mort, en Californie, qu'a été enregistrée la deuxième température de l'air la plus élevée jamais atteinte : 56,7°C. Au milieu de l'été, le thermomètre affiche en moyenne 47°C dans cette région qui est aussi la plus aride du pays. On y trouve pourtant des pistes de randonnée, des complexes hôteliers et un terrain de golf aux greens impeccables ! Encerclée par les montagnes, la Vallée de la Mort s'enfonce à 86 m au-dessous du niveau de la mer à Badwater, l'un des points émergés les plus bas du globe. Une géologie qui explique en partie la chaleur écrasante de l'endroit.

Moins de 3 heures de route séparent Las Vegas de la vallée de la Mort. Venez à Noël pour échapper à la foule. Choisissez un véhicule équipé, en plus de la clim, d'un châssis surélevé pour éviter toute avarie dans les endroits reculés.

1000 BANGKOK (THAÏLANDE)

Ville la plus chaude du monde selon l'Organisation météorologique mondiale, la capitale thaïlandaise affiche une température moyenne annuelle de l'air d'environ 28°C. La période allant de mars à mai est la plus chaude. La ville est alors saturée de brouillard, avec une température pouvant monter à 34°C et un taux d'humidité de 90%. En décembre, le mercure redescend à 31°C, sans que le taux d'humidité ne diminue. Même à la meilleure période de l'année, Bangkok demeure une ville moite et étouffante.

L'endroit le plus chaud de la capitale est l'interminable Sukhumvit Road.

INDEX

ACTIVITÉS
SOUS-INDEX

1000 IDÉES DE VOYAGE
3e édition, octobre 2012

Traduit et adapté de l'ouvrage
1000 Ultimate Experiences

Traduction française

12 avenue d'Italie, 75627 Paris cedex 13
☎ 01 44 16 05 00
@ www.lonelyplanet.fr

Imprimé par I.M.E .
(Imprimerie Moderne de l'Est),
Beaume-les-Dames, France

La plupart des photos publiées
dans ce guide sont disponibles auprès
de Lonely Planet Images
www.lonelyplanetimages.com

Dépôt légal
Octobre 2012
ISBN 978-2-81612-144-5

Responsable éditorial Didier Férat
Coordination éditoriale Dominique Bovet
Coordination graphique Jean-Noël Doan
Maquette Gudrun Fricke
Couverture couverture originale adaptée par Alexandre Marchand

Traduction Christine Bouard, Florence Guillemat-Szarvas et Julie Marcot

Un merci soutenu à Claude Albert, Frédéric Dalléas, Émeline Gontier, Michel MacLeod, Marjorie Bensaada et Nicolas Benzoni pour leur précieuse contribution au texte
Merci également à Dominique Spaety

Rédaction :
Andrew Bain
Carolyn Bain
Sarah Baxter
Paul Bloomfield
Frédéric Dalléas
Chris Deliso
Belinda Dixon
George Dunford
Simone Egger
Will Gourlay
Abigail Hole
Scott Kennedy
Anja Mutić
Brandon Presser
Chris Rennie
Craig Scutt
Simon Sellars
Paul Smitz
Amelia Thomas
Sam Trafford
Jayne Tuttle
Nigel Wallis
Meg Worby
Karla Zimmerman

Photographies de couverture
(de gauche à droite)
1 : **Stu Smucker / LPI**, Culture de riz en terrasses près de Lai Chau, nord-ouest du Vietnam
2 : **Merten Snijders / LPI**, Le Burj Al Arab Hotel, Dubaï, Émirats arabes unis
3 : **Holger Leue / LPI**, Vue aérienne des îles Whitsunday, Australie
4 : **Ruth Eastham et Max Paoli / LPI**, Contemplation des pitons rocheux rouges de Monument Valley, Arizona, États-Unis

En Voyage Éditions | un département **place des éditeurs**

place des éditeurs